宋代史研究会
研究報告第七集

# 宋代人の認識

## ――相互性と日常空間――

汲古書院

# 宋代人（そうだいびと）の認識——相互性と日常空間——

## 目次

宋代史研究会研究報告第七集

# 相互性と日常空間
## ――「地域」という起点から――

岡　元司・勝山　稔・小島　毅・須江　隆・早坂俊廣



### はじめに

「地域」という言葉を耳にしたときに、われわれはいったいどんなイメージを抱くであろうか。帰郷してバスに乗り、方言が聞こえてきたときに、あるいは、地元の駄菓子屋や小さな貸本屋などで、優しいお婆さんが出てきたときに、都心では味わえない妙な親しみや安心感、連帯感を覚え、「地域」住民としての自覚を持つ人もいるであろう。またあるいは、幼いときに遊んだ神社の境内に思いをはせ、秋祭りの折に集まってくる大勢の人々が住む空間に「地域」をイメージする者もいるであろう。一方逆に、転居を繰り返したがために、一つの「地域」へのアイデンティティを明確には意識できないままに育った者もいるかもしれない。このように、「地域」といっても、人それぞれにより、その認識の仕方はまちまちである。しかし、それをどう認識したのかを見れば、ある人は、どれだけ故郷が好きで、どんな感性をもち、何によって人との結びつきを感じるのか、その人のふるさとは、どういう特色をもったところなのか、あるいは、ある人がどのような境遇や環境で育ったのか、幼い頃に遊んだ空間は、どれだけの広がりをもちどのような情趣をたたえていたのかなどなど、まさしく、人間と人間の世界が、くっきりと見えてくるのも事実である。

われわれ編集委員は、そんな思いを共有しつつ、では一体、中国の宋代に生きた人々は、現代の日本に生きる人々が言うところの「地域」を、どう認識していたのであろうか、あるいは、そもそも「地域」という言葉自体が存在していたのであろうかということに、大いなる関心を抱くに至ったのである。こうして、〈宋代史研究会研究報告第七集〉編集方針には、先ず、以下に掲げる基調が設定された。

> 第七集は「地域」という視点を設定し、宋代及びその後の時代の人たちが、現代のわれわれが「地域」と呼称する領域分節をどう認識していたのかを、史料に見られる彼らの言説を手懸かりとして、社会史・思想史・宗教史・文学史の各分野から、分析・解明することを全体の基調とする。

従って、少なくとも、本書の企画の出発点は、あくまでも「地域」にあったのである。そこから出発したのは、各編集委員の如上の関心のみならず、近年における「地域」史研究の高まりという傾向にも影響を受けるところが大きかったからである。しかし、本書の書名が、『宋代人（そうだいびと）の認識——相互性と日常空間——』となっていることからも明らかなように、われわれにとってそれは、あくまでも出発点でしかなく、「地域」自体が結論のレベルとはなり得なかったのである。

何故、われわれは「地域」を超えて思考しようとしたのであろうか。一体、本書では、何を語ろうとしているのであろうか。本稿は、本書が成るに至った過程を、より具体的には、本書のテーマ決定に至る試行錯誤のプロセスを明らかにし、それを通して、本書が意図し、かつ目指したものが何であるのかを、ひいては、本書の独自性がどこにあるのかを、明確に呈示しようとするものである。

## 一　近年における「地域」史研究

われわれが、近年の全般的な「地域」史研究の動向を探るために、第一の検討材料としたのは、一九九七年七月から刊行が始まった、『地域の世界史』全十二巻（山川出版社）であった。本シリーズは、「地域」の再検討、再評価を目的に掲げ、「地域」概念が、人類の諸活動を認識・説明する上で、どれほどの広がりと有効性を持つものなのかを探ろうとしたものであり、「地域」を特定の枠や概念で固定せず、できる限り柔軟に捉えようとしたところに、最大の特色を見出せる。このシリーズにおいて、総論的な位置を占める第一巻から第三巻では、従来の「地域」に関する固定観念を取り払うために、「地域」概念や、「地域」を考えるための理論的枠組み、「地域」研究のアプローチの問題などに再検討が加えられ、「国家」を含めた「地域」を見直すなど、新視角が模索されている。そして第四巻以降では、「地域」にまとまりを与える幾つかの要素、すなわち、移動・とき・信仰・生活・市場などが、現実の歴史の中でどのように作用していたのかを探ろうと試みられており、本シリーズの各論部分になっている。

このように、このシリーズは、大変大部なものであり、一概にすべてにわたって、ここで論評することはできないが、「地域」概念を固定しないという編集方針が、かえって各著者に誤解を与え、シリーズ全体としては言うまでもなく、一冊ごとにどれだけテーマとしての統一性を保ちえたのかとなると、不充分なように見受けられる。しかし中でも、われわれが最も関心を持ち、大いに参考になったのが、第二巻『地域のイメージ』である。本巻は、人間が、自分と自分が属する集団、地域をどのように認識してきたかという自己認識（アイデンティティ）に最大の関心を寄せ、人々が持つ地域像、すなわち地域のイメージを探るというところに重点が置かれている。本巻を検討対象の中心とした勉強会を経て、われわれ編集委員は、中国宋代における時人の「地域」認識に関して、益々関心を高めると同時に、中国史研究における「地域」、乃至は「地域社会」という用語や、「宋朝国家」等の表現の問い直し、「国家」と「社会」という二元論的捉え方が、果たしてどれだけ有効なのかなど、様々な問題点を自覚することとなった。

そこで次に、中国史研究における「地域社会」論について、その現状を探ることにした。近年、明清史研究者を中心として組まれた特集、「中国「地域社会論」の現状と課題」（『歴史評論』第五八〇号）[1]、及び伊藤正彦（一九九八）には、幾つかの特徴的な、あるいは共通した指摘を見出すことができる。第一に、「地域社会論」それ自体に、共通の概念や分析手法が確立しておらず、普遍的な方法論が欠如しているという指摘である。第二に、「地域社会論」が展開された原点・淵源を、いずれも、一九八一年に名古屋大学で開催されたシンポジウム「地域社会の視点――地域社会とリーダー――」における、森正夫氏の提起に求め、その提起を受けて進められた「地域社会論」の成果と限界性に言及している点である。そして第三に、伝統中国を「国家」と「社会」という二元論的枠組みで捉え、「地域社会論」では、「国家」が不明瞭であるとともに、それが「地域社会」をどう統治していたのかについて説得的に論じていないという指摘である。こうして、一九八〇年代以降、本格化したとされる「地域社会」研究が総括されつつある中で、明清史研究者を主たる執筆者とした山本英史編『伝統中国の地域像』（慶應義塾大学出版会、二〇〇〇）が出版された。本書においてもまた、その序章で、我が国における地域研究のあり方の変遷が述べられ、森正夫氏の提唱以降、岸本美緒氏による再評価を経て、「地域社会」研究が本格化したことに言及している。しかし、『歴史評論』における指摘や、山本英史編（二〇〇〇）所収の各論文が、単に「地域に即して」記述をおこなったものが多く含まれているという傾向を鑑みるに、すべての論者が、どれだけ森正夫氏の提起した手法の本質を理解し得ているのか、むしろ評価すべき部分を、充分に評価しきれていないような気がしてならないという疑念が、われわれの中で沸々とわき上がってきたのである。勿論、その手法を評価するか否かは、各人の任意ではあるのだが。

そこで次に、そもそも森正夫氏が提唱した「地域社会」研究とは何であったのか、どういった部分に重点が置かれ、どこにその意義を見出せるのか、その所論について言及することにしたい。

## 二　方法概念としての「地域」

そもそも森正夫氏が、「地域社会」研究に関心を持った契機は、以下の四点に集約されるといってもよいように思われる。第一に、明末清初の社会変動を、当時の史料の書き手が、地域的な場に即して認識していた事実に着目したからである。特に森氏は、地方志の「風俗」の記述には、府・州・県における士大夫の危機意識、社会秩序認識を見出すことができ、中でも県におけるそれを主として抽出できると指摘している。第二に、遊民・無頼の反乱、抗租反乱、都市民変における士大夫との対抗などの民衆反乱は、地域的な場を単位として生起していると感じたからである。第三に、戦後日本の中国史研究の主流を占めていた、階級分析による中国史理解の方法に限界性を感じたからである。そして第四に、従前から存在していた、いわゆる谷川道雄氏の「共同体」論、重田徳氏の「郷紳支配」論、宮崎市定氏の「士大夫と民衆」の結合の場としての「郷里」といった考え方にヒントを得て、リーダーのもとに統合されている地域的な場を想定したのではないかと考えられる。(2)

以上のような契機から発想を得た森氏の「地域社会」論の特色は、「地域社会」という、人間が歴史的に形成してきた社会を把握するための方法に関する概念を、実体概念と方法概念という相異なる二つの概念に区分して考えていこうとした点にある。上述のシンポジウムにおける森氏の基調報告には、省―府―県などのように、一定の具体的な地理的界限を伴ったものとして認識される、実体概念としての「地域社会」に関する説明につづいて、さらに以下のようにある。

> しかしながら、今一つ、すぐれて、ある特定の方法的立場を体現する、いわば方法概念として用いられる場合があるのではないか、と私たちは考えております。すなわち、私たちは、地域社会という概念、さまざまな仕方で実体としての地域的な枠組みと結びつきながらも、たとえば、基層社会（上層乃至表層社会に対する）、地方社会（中央権力に対する）、周縁社会（中心乃至中枢社会に対する）という概念がそうであるように、事物を把握する方法的立場を示すものとして用いることができるのではないかと考えております。（中略）階級的矛盾、差異を孕みながらも、広い意味での再生産のための共通の現実的課題に直面している諸個人が、共通の社会秩序の下におかれ、共通のリーダー（指導者、指導集団）のリーダーシップ（指導）の下に統合されている地域的な場を、私たちは、地域社会と規定いたします。地域社会とは、固有の社会秩序に貫かれた地域的な場であり、意識の領域をも包括した意味での地域的な場であることに改めてご注意いただきたいと思います。（中略）地域社会の視点の特徴は、対立し、差異を持つ諸個人が、他方で統一され、共同している、その統一・共同の契機に、意識の領域をも含めて注目しながら、地域的な場をとらえることにある。対立物の統一の契機・構造を、意識の領域をも含めて、徹底的に考えていくことにある、と言えましょう[3]。

すなわち、森氏の「地域社会」論は、むしろ方法概念としての地域社会という視点に重きが置かれているのである。しかも、「意識の領域をも包括した」、「意識の領域をも含めて」という言葉が連用されているところからも明らかなように、あるいは、そもそもの発想の契機が、当時の士大夫たちの「危機意識」「社会秩序認識」を、「地域的な場」

に即して理解しようとしていたところにあったように、意識論、認識論としての性格を強く持っていたことは、推測に難くない。

しかし、その後の「地域社会」を標榜する研究が、むしろ森氏の予想に反して、多くの場合は、実体に即した形で展開され、その所論自体が、「国家がない」、「この範疇では説明できない現実が存在する」などといった批判をあび、限界性を指摘されることになったのは、何故なのであろうか。方法概念としての「地域社会」が、十分に理解されなかったのは、どうしてなのであろうか。その最大の原因は、「地域」という語のもつ曖昧さにあるような気がしてならない。つまり、「地域」という言葉ゆえに、いつしか方法概念としての「地域社会」が、一人歩きをはじめ、実体概念と混同されるようになってしまったのではないだろうか。「地域」という言葉が含まれていたがゆえに、実体のない「地域」、漠然とした「地域的な場」といわれてもみても、それがなんであるのか、十二分に理解してもらえなかったのではないだろうか。

勿論、だからといって、森氏が提起した、実体概念と方法概念という区分の有効性が、失われたことにはならないはずである。何故ならば、森氏自身が意図していたか否かは別として、方法概念としての「地域社会」という視点を確立し、意識論、認識論の立場を重視したがゆえに、その提唱それ自体が、後に、思想・文学の研究者をも巻き込む可能性を孕むことになったからである。この点は、もっと評価されてしかるべきではないだろうか。だからこそ、われわれは、思想・文学の研究者をも含めた学際的な立場から、「地域」について、史料に即して、宋代人に語ってもらう、語らせる、という時人の認識を重視する視点を、先ず本書の基調として設定したのである。

本稿の「はじめに」で引用した、当初の基調が作られるに至った経緯は、以上の通りである。そこで次に、われわれが対象とする宋代における地域社会史研究について、回顧してみることにしたい。

## 三　宋代地域社会史研究の回顧

「地域」を対象としておこなわれてきた研究は、大きく言って三つの流れに大別できるであろう。一つは、「戦後」の歴史学において大きな主題となっていた土地所有制との関連において地域をしぼっておこなわれた分析である。周藤吉之氏の一連の土地所有制・農業史の研究、それに対する宮﨑市定氏の批判、そして先進と辺境の問題を論じた柳田節子氏、そして華北・長江中下流域・四川の土地所有から唐宋変革の流れを追った佐竹靖彦氏の研究などは、これらの研究の中でも代表的なものと言えよう。

もう一つは、「水利史」という分野として積極的な研究がおこなわれた。古くは池田静夫氏から始まり、いずれも書物としてまとめられた吉岡義信氏の宋代黄河史研究、長瀬守氏の宋元時代の華北・江南水利史研究、斯波義信氏の宋代江南経済史研究などが代表的であり、本格的な分析と長期的スパンでの理論化がおこなわれた。この流れは、今なお本田治氏および小野泰氏の両浙路の水利史研究などへと受け継がれている。

そして最後の一つが、「地域社会」へのアプローチである。本書と最も関わりのある部分なので、以下、少し詳しく流れを回顧しておきたい。さかのぼれば、官僚の家系を分析した周藤吉之氏の研究は、地域社会史についての先駆と言えよう。これを具体的な地域に即して本格的に分析していったのが、一九六〇年代における青山定雄氏の華北・四川・江西の官僚の系譜・婚姻関係の研究である。さらに伊原弘氏は、一九七〇年代に発表した一連の論文において、両浙路および四川の士大夫の婚姻関係や定居士人の存在について論じ、北宋から南宋への士大夫の変化に注目していた。また、森田憲司氏も既にこの時期に、地域社会における名族に関して史料面から分析をおこなっていた。

他方、米国においては、ロバート・ハートウェル氏をはじめとして、エリートに対する関心が高いのが宋代史研究の一つの特色となっていたが、ロバート・ハイムズ氏は、その関心を受け継ぎつつ、更に南宋に対する伊原弘氏の着目に触発される形で、江西撫州のエリートについての著書を執筆した。ハイムズ氏の研究は、宋代における社会的流動性の高さを認める見解を批判して、エリートの家族のステータスがしばしば長期間持続していることを論じ、また、婚姻・移住・自衛・社会救済・宗教などの活動範囲が南宋になって地域化する点を指摘した。詳細なデータを用いたその分析手法は、「地域社会史」を宋代史研究において重要な課題へと押し上げたと言ってよいであろう。

これに前後して、米国においては、著書だけに限って挙げても、明州の史氏一族に関するリチャード・デービス氏の研究、四川のフロンティア開発に関するリチャード・フォン・グラーン氏の研究、南福建の地域社会を商業との関連で捉えたヒュー・クラーク氏の研究、徽州における地域開発と宗族との関係を長期的視点で論じたハリエット・ズルンドルファー氏の研究など、宋代、あるいは宋代を含んだ地域社会史に関するケーススタディが進行した。また、ハイムズ氏が研究対象とした江西撫州は、北宋の王安石、南宋の陸九淵の出身地であったため、氏の地域社会史研究は、思想との関連性を重視したものとなっていた。のちに出版された、ハイムズ氏とコンラッド・シロカウアー氏共編になる論集 *Ordering the World* においても社会史と思想史との接点が多様な角度から論じられた。さらに論集の執筆者の一人であるリンダ・ウォールトン氏は、書院の拡大を地域社会史との関係で捉えた専著を出している。南宋の思想・政治を語るうえで重要な地域である婺州については、ハイムズ氏の手法を批判的に継承したビバリー・ボズラー氏が、地域社会における親族のあり方を詳細に分析した。

こうした米国での地域社会史の優れた研究成果と時を同じくして、日本でも一九九〇年代に入り、地域をしぼって分析対象とした社会史研究が積極的におこなわれるようになった。具体的には、両浙路については、常州・温州などの都市エリートについての伊原弘氏の研究、義役などに関して台州黄巖県の地域社会を思想史と関連づけて論じた寺地遵氏の研究、両浙路温州について科挙合格者をめぐる婚姻関係を永嘉学派と関連させて分析した岡元司の研究などが見られる。また、福建路については、科挙合格者の大量輩出と家族との関係について論じた佐竹靖彦氏の研究や、莆田の有力一族の婚姻関係などを分析した小林義廣氏、同じ莆田の有力一族の発展と地域の祠廟の関わりを通じて、祠廟を中心とした宗族ネットワークのあり方を論じた須江隆の研究、また、道学派内での朱子学の普及をあつかった小島毅の研究、道学者の人的ネットワークを分析した市来津由彦氏の研究などがある。

以上のように九〇年代に入り、地域社会史研究がさかんに取り組まれると同時に、そのテーマも多様化してきた[4]。その中で、近年の日本における地域社会史研究の共通した特色としては、次の二点を挙げることができよう。

一つは、地域社会におけるエリートと科挙との関係についての具体的な分析が進みつつあることである。この点は、南宋に入って活動が地域化しつつも、依然として王朝との関係を保ちながら存在していたエリート層のあり方を考察するうえで重要な課題であると言える。

そしてもう一つは（日本の明清史研究の現況と比較してひそかに自負しているところであるが）、宋代史研究の場合、社会史だけでなく、思想・宗教・文学などのさまざまな分野の研究者が、「地域社会」という接点によって相互乗り入れし、研究交流が活発に進んでいるということである。その交流の「場」として、歴史・思想・文学などのさまざまな研究者が学問分野の垣根をこえて集う宋代史研究会の研究合宿やシンポジウムなども、小さからぬ役割を果たしているとわれわれは考えている。国内はもちろん、海外の研究者も含めた研究者どうしのこうした柔らかな結びつきが、従来取り上げられなかったような問題関心を地域社会史の中に見出す動きに結びついていると言ってもよく、たとえば、当時の人々の意識、読者層と思想との関係、思想家をとりまくコミュニケーションなど、新たな視角が生まれつつあるのは、まさに宋代史研究会というコミュニケーション空間の存在、およびそこを主たる足場にした研究者相互のネットワーク形成が大きく寄与しているのである。

## 四　シンポジウム「中国人の〈地域〉像——宋代史研究者からの提言——」

われわれ編集委員の中からきわめて自然に、第七集の編集方針の柱に「地域」を据えようという意見が出てきたのも、以上のような研究動向の影響を強く受けてきたからに他ならない。何度か編集会議を行った際にも、「地域」という表現の妥当性については様々に議論を戦わせたものの、方針そのものが揺らぐことは一度も無かったと言ってよい。そして、企画をより発展・深化させるために、一九九九年八月二十二日（日）、宋代史研究会夏合宿においてシンポジウムを開催した（本書三四一・三四二頁参照）。「中国人の〈地域〉像——宋代史研究者からの提言——」と題したそのシンポジウムの基本方針は、もちろん「宋代及びその後の時代の人たちが、現代のわれわれが「地域」と呼称する領域分節をどう認識していたのかを解明すること」であった。シンポジウムの「総論」部分を、編集委員を代表して須江隆が担当し、「各論」部分を、その時点で第七集への執筆を依頼していた四名の方々（田中正樹氏・緒方賢一氏・前村佳幸氏・横手裕氏）に、論文執筆の中間報告も兼ねて担当していただいた（シンポ直後に在外研究に出発された横手氏は、その後、残念ながら執筆を辞退された）。このシンポジウムと直接的な関連性はなかったものの、その夏合宿では、いわゆる「地域社会論」者の代表格の如く言及されることの多い岸本美緒氏の発表も含まれており、開催者サイドとしては、この企画に対して少なからぬ自信を持って挑んだことは事実である。

しかし、このシンポジウムでわれわれが直面せざるを得なかったのは、企画の意図が聴衆サイドにほとんど伝わっていないという現実であった。その場で、あるいはその後に寄せられたご批判やご意見は、(1)「シンポのテーマと発表内容との関連性が不明である」、つまり「シンポのテーマに〈地域〉を標榜していながら地域史研究になっていない」、(2)「「地域」への着目は明清史研究が始めたわけでなく、宋代史研究にも豊かな蓄積があるにもかかわらず、それに対する言及が少ない」という二点に集約できるかと思われる。

これらの批判を、われわれは厳粛に受け止めたつもりである。そして、再協議した結果、シンポの準備段階で編集委員側の意図が十分に明示しきれていなかったのではないかとの反省が出された。「シンポのテーマに〈地域〉を標榜していながら地域史研究になっていない」という批判は、各論を担当したパネリストの方々に向けられたものであるというよりは、シンポを準備した編集委員にこそ向けられたものであると、われわれは解釈した。田中報告では、「蜀学」が現実的には成立し得ないにもかかわらず、人々の頭の中では「蜀学」が成立せざるを得なかった事態について指摘がなされた。緒方報告では、風俗や人情が沸き起こってくる「倫理空間」としての「家」が着目されていた。前村報告では、（自立的な秩序は薄いかもしれないがそれでも）ある種のまとまりを維持している「鎮」が検討の俎上に載せられた。横手報告でも、「宮観」という「場」を検討することの重要性が指摘された。伝統中国の人々が「現代のわれわれが「地域」と呼称する領域分節をどう認識していたのか」を検討しようとする、われわれ編集委員の「意図」を実に見事に汲み取って下さった問題視角だったのである。

このように考えてくると、われわれの意図を託そうとした「地域」という看板自体にも何らかの問題があったのだ、と判断せざるを得なくなる。言うまでもなく、われわれが「地域」という言葉に託そうとしたのは、「地理的に固定された、全体に対するある部分」のことではない。そのような「かたまり」ではなく、「まとまりの場」の様態こそが、われわれの分析対象である。ここで言う「まとまりの場」とは、人々の意識や視点が交錯しそれらが協働的に作り出す、秩序の源泉としての空間・場所のことである。「あらかじめ・外在的に・引かれた線の内部」を問題としたいのではなく、当時の人々の「線の引き方そのもの」、「線やその線が作り出す場・空間に対する思い」、そういったものを問題としたかったのである。思うに、このような問題視角に対して「地域」という看板をかぶせてしまったために、聴衆には誤解を、そしてパネリストには不安を抱かせてしまったのであろう（その証拠に、見事な報告を準備された当の本人から、「自分の報告内容で本当によいのか」との確認が寄せられた）。編集会議を何度も開き「地域」という表現に誰もが疑問を抱きながらも、それを消化・昇華できなかった編集委員の側に少なからぬ過失があったのである。世に言う「地域社会論者」が、「地域」という言葉ゆえに陥ってしまった陥穽（より正確には、賛同するにせよ批判するにせよ、「地域」という言葉から「地理的に固定された、全体に対するある部分」しか構想できない論者が無意識の内に陥る陥穽、と言うべきか）に、われわれもはまってしまったというわけである。

(2)の批判については、宋代史研究における豊かな成果を継承・顕彰することにわれわれも吝かではない。しかし、それらの成果が思想や文学の研究者も巻き込む運動にはならなかったという点を、先行研究を批判的に総括するというのではなく、それらを継承すべきわれわれ自身の問題として考えてみたい。このことは「〈地域〉を標榜していながら地域史ではない」という、(1)の批判を生む原因にもなっていると思われる。第二節で触れたように、森正夫氏の提言が画期的だったのは、一つには、氏の言う「秩序意識」の問題が、思想・文学研究での問題とかみ合った点に求め得るのではなかろうか。言い換えると「社会経済史」の枠内でされていた「地域」論が、その射程を飛躍的に広めたわけである。また、第三節で取り上げたハイムズ氏の業績がある世代に「インパクト」を持ち得た（彼が、前節でも触れた青山定雄氏や伊原弘氏の研究成果を十二分に利用しているのが事実だとしても）のも、彼の「Neo-Confucianism」に対するこだわりに一因があるように思われる。本書が思想・文学の研究論文を多く収録しているのも、このような流れを受けてのことである。

以上、シンポジウムに対して寄せられた批判と、それをわれわれがいかに受け止めたのかについて述べてきた。これらの批判がなければ、「地域」から始まったわれわれが「地域」という看板を降ろそうとは考えなかったであろう。批判をお寄せ下さった方々に、ここで感謝の辞を述べておきたい。とはいえ、「それにしても、なぜ「相互性と日常空間」なのか？」という疑問は、多くの読者においていまだ解消されていないであろう。節をかえて、この点について詳しく見て行くこととする。

## 五　「地域」から「空間」へ——本書の基本的視角と手法——

ある「地域」に着目し、その「地域」に関連した問題について調査検討しようと試みる際、必ずおこなわねばならないのは、複雑に絡み合った諸事情を一つ一つ解きほぐしていく作業である。その中には、国家のしくみや政策と関係する事柄もあれば、階級の構成に連関性をもつ問題もあろう。しかし、それだけではない。民間社会の生活の様子、宗教・思想などによって知られる民間人たちの意識の構造などを理解しておかねば、地域社会についての体系的な理解を深めることはなかなかできるものではない。つまり地域社会における人々の「日常空間」がいかなるものであったかを捉える必要性が出てくるわけである。そしてその理解をより明確化するには、当時の人々における生き生きとした現実への視点を持つことが不可欠であろう。それなくして、歴史的な理解は不可能なのである。

こうした日常空間へのアプローチにとって、まず一つ重要であると考えられるのは、いかにその世界を「内面的」に理解できるかという点である。その方法としてわれわれは、「史料」に即しての理解という点を強調しておきたい。ただし、このように「史料に即して」と言った時に、われわれが留意しているのは、単に各種の史料から関連した記述を断片的に多数集めてきて、それらの断片をもとに、われわれの問題意識に即した(近い)歴史像を構成するというのではない。むしろ、史料そのものに対して、もっとじっくりと向き合わなければならないと考える。史料は、成立する過程において既に「叙述する」「編集する」「添削する」という行為自体によって様々な位相における変容を強いられ、その変容が歴史的な推移につれて複雑化して行く(例えば「解釈される」「整理される」「選択的に保存／廃棄される」という行為を通して)。そうした点も含めて、史料そのものの性格を再確認しつつ、それが書かれた文脈に即して読み、その史料が意図している（あるいは、無意識的ではあれ意図せざるを得なかった）ことを読みとらねばならない。われわれは、こうした作業を通してこそ、地域社会の実状により即した形で、「日常空間」を再構成することが可能になると考えている。

その意味で、本書の執筆者たちは多様な史料を主たる史料として論文を執筆している。地域における祠廟の記録、さまざまな家の家訓、思想家の系譜を記した学案、知識人によって書かれた手紙や墓誌銘などの諸史料を、作者たちが書いた目的や背後関係を踏まえて読み直し、また作者たちがその中で強調したかったことを読みとる作業を、われわれはおこなっている。従来の歴史学においてまだ十分に活用されていなかった白話小説を主な史料として論じたものもある。また、現地調査を取り入れた執筆者もいる。このように史料そのものにより注意深く接し、また対象とする「地域」への理解をじっくり深めつつ、地域社会の人々の「論理構造」に可能な限り迫ろうと試みたのが、われわれの諸論文であると言える。

そしてもう一点、ここで強調しておきたいのは、このように地域社会に深く入り込み、「史料」を通して内面的に理解しようとすればするほど、意図せずして自然に浮かび上がってくるのが、「他者」という存在とそれとの関係性である。われわれが言う「日常空間」とは、単なる「日常生活が営まれる空間」にとどまらない。「日常」という語には、「自然で、とりたてて意識されることのない、解釈という加工もさして施されていない、しかも人間にとって基本的で不可欠な」という意味をわれわれは託している。しかも、それは、単純に一枚岩的な、固定的に整序された空間ではない。多様な現実や意識が絡み合った、流動的で複雑な性質を帯びた「場」のことでもある。

科挙による官吏登用が拡大し、社会の流動性が格段に増した宋代社会は、地域社会の秩序の中においても、柔らかな人間相互のつながりが複雑に入り組み、新たなコミュニケーションがさまざまな形でとられるようになった時期として捉えることができる。その多様なコミュニケーションが成立する相互性の「場」がどのようなあり方をしていたのか、そして、その背後にどのような意識があったかを問うことは、人的結合に重きを置く中国伝統社会の特色をあぶり出していくためにも重要な課題であると考えたい。

したがって、先の「内面的な理解」という言葉に戻るならば、それは、ある個人の体験を思い入れたっぷりに鑑賞することでは、当然ない。当時の人々によって生きられた世界を追体験するということは、当時において持続的に生起していた意識の軌跡を現代のわれわれもなぞろうとすることではある。しかし、その持続的に生起する意識それ自体が、すでに「他者」の存在によって支えられている。「他者」との照応関係によって初めて、持続的な意識が成立・展開するからである。われわれの試みる「内面的理解」とは、個人の・個人的体験を、個人的意識に従って追い求めることではなく、持続的に生起する意識の内部にも及んでいる当時の「日常空間」における「相互性」を見出すことである。

「地域」からスタートしたわれわれがたどり着いた「相互性と日常空間」という概念は、おおむね以上のような含意によって使用されている。われわれは、単に好みの「地域」を紹介しようとしているのでも、好みの思想家に対する信仰告白をしようとしているのでもない。史料と真剣に対峙した時、その史料に色濃く刻印されている「日常空間」を浮き彫りにし、しかも、それらがどこにおいてもさまざまな思惑や視線が絡み合った複合体として構成されているという事実を論証することこそが、われわれの目的である。

このような「相互性」をともなった「日常空間」が、宋代においていかなる様態をしめしていたのか。本書においては、歴史学・哲学・文学という異なったディシプリンを基礎とした研究者たちが、社会史・思想史・文学史などさまざまな視角からの学際的アプローチをおこなっている。まさに「相互」の議論から生まれてきた問題意識をもとに本書の諸論文は執筆されているのである。

## 六　宗教・思想・生活・日常倫理・人間関係——本書の構成——

本書は、第Ⅰ部、日常空間の諸相、及び第Ⅱ部、相互性の諸相の二部から成っている。先ず第Ⅰ部は、当時の中国人たちが認識していた様々な日常空間について、史料の生成者の立場から考察した論文五篇を収める。

須江論文は、ある碑文の一節に見られる「地域」観に着目し、その碑文自体の緻密な史料論的考察を通して、それが誰の、どういう「地域」観なのかを、碑文の刻印の中から読みとっている。須江が分析を加えた碑文は、鎮、乃至は郷という領域に比定された、土神を祀った祠廟を核とする、礼的秩序によって統合された日常空間を物語っていた。しかも一見すると、それは、現地の父老が、「地域」住民としての認識を描写したものであるかのように思えた。しかしその碑文が、実は「廟牒」という尚書省の公文書を碑刻したものであることから、そこに見出せる日常空間は、南宋政権の中枢にいた科挙官僚たちの、土神の霊験や父老を媒介とする民間秩序維持を目指した、地方統治理念としての認識空間であり、実体として存在する日常空間ではなかったと指摘する。さらにまた、そうした認識を、当時の科挙官僚たちがもっていたことから、祠廟を核としてまとまりあった「地域社会」が、現実世界で機能していたことを想定せねばならないと言及し、結論としている。

そして実際に、商工業が営まれる地方小都市、鎮における土地神廟の機能をはじめとした、その内部構造を解明したのが、次の前村論文である。ここでは、歴代の住民によって編纂された鎮志を手がかりとして、鎮の空間構成、住民構成、職役改革、信仰・祭祀などの多様な視点から、現実的な日常空間である鎮の内部構造が検討されている。前村の分析によれば、鎮社会をリードし、秩序維持につとめたのは、在地の読書人層であり、彼らは監鎮官をはじめとした官員との連帯をはかり、共同で鎮内の諸問題を解決していた。また、鎮における超越的な存在であった土地神廟は、鎮の守護者として住民の信仰を集め、その帰属意識や連帯感を高める機能を果たしていた。読書人層は、監鎮官とともに、土地神廟の振興につとめ、鎮内の全体的利害の調整、社会秩序の安定を目指したのである。以上の考察を通して、鎮社会の構造においては、都市民の自生的な力量の成長と国家の行政機構とが常に対立的であるという図式は、必ずしも適切ではなく、むしろ両者の関係は、より柔軟で伸縮するものとして捉えるべきであると言及している。

鈴木論文は、浙東地方において信仰を集める伍子胥・防風・銭鏐等の英雄神の来歴や機能を、文献資料や現地調査による口頭伝承等の取材を通して考察を試みた。鈴木は長江を境に中国の南北で異なる神々が信仰されていることを指摘し、その理由を分析する。日常空間に生きる人々は、さまざまな祈願を託す存在として神々についての物語を編み出し、その物語は、狭い意味での歴史叙述とあいまって当時の歴史認識を形成していた。そして、このような神々が地域文化と密接に結びついている現象は、生活の場を共有する者たちの観念世界とその空間的拡がりを理解する有効な鍵となるのではないかと指摘する。

勝山論文は、都市における近隣認識に焦点を絞り、日常空間の認識についての問題を考察している。勝山は都市における「職業化した媒酌人（媒婆・牙婆）の普及」に着目し、この職業的媒酌人が社会的需要として定着した背景には、近隣による配偶者斡旋が都市において急激に減少したことがあるのではないかと予想し、従来の史学的史料とあわせて、当時の都市民の生活諸相が活写されている白話小説の記事からも近隣に関する記事を蒐集し、都市における近隣の基本構造を分析した。その結果、近隣において相互交流が行われる面識エリアは僅か十戸前後に過ぎず、都市においては従来の地縁周旋による婚姻の仲介機能が弱小化し、有効に機能しなくなったことが判明した。なおそれは単純に近隣関係の希薄化を示すのではなく、（当時の隣保制における連帯責任と相互監視が半ば義務付けられていることもあり）狭い領域であるが農村よりも更に私的情報にも精通しあい、事あるごとに近隣が自家に介入するなど、都市における近隣は過度とも言える濃密な相識関係を構成していたことを指摘する。

緒方論文は、家訓を題材にして宋代における「家」の発生を論じる。朱子学が用いる絶対倫理ではなく、いわば普段着の文言において使用された日常倫理を通して、当時の家長たちの意図を探ろうとする試みである。従来存在した（と彼らによって思念されていた）静謐な秩序をもつ「家」という空間はすでに崩壊し、財産などをめぐって成員間が相争う状況が現出していた。そうした場において、どのように秩序を構築し、次の世代へと「家」を存続させていくか。家訓にはそのための模索が刻み込まれている。その分析を通じて明らかになったのは、「家」とは決して自明な存在ではなく、したがって治国・平天下の前段階をなすものとして簡単に位置づけうるような場ではないということであろう。家訓とは、血縁者同士が相互に不断の闘争を展開する日常空間における統治術だったのかもしれない。

続いて第Ⅱ部では、第Ⅰ部と問題意識を共有しつつも、「相互性」という要素をより強く意識した論考四篇を収めている。

まず、早坂論文は、「婺州」あるいは「浙東」という、思想家人士にとって日常性を強く帯びた空間において、一つの物語がいかに生成・継承されていったのかを歴史的に、かつ批判的に検討することを試みている。「婺州」は、南宋期においては朱熹の論敵・政敵を数多く生み出した地域であったが、後には、「朱子学の正統を受け継ぐ」地域と顕彰されるようになり、この学統から宋濂ら明朝創生期に活躍する思想家群も輩出される。早坂論文は、そのような地域学派の展開を歴史的に跡付けながらも、それを実体としてではなく、「物語」の転変として読み解く。そこでは、「物語」を生み出す思想家相互の思惑がいかに絡み合っていたか、逆に「物語」が学派結集、学派宣揚の手段としていかに機能したかについて、検討が加えられている。また、ポスト「婺学」の時代においても「婺学」理解の視点がいかにその「物語」に縛られていたのかも指摘し、思想史理解に対して従来とは異なる「読み」を提示しようとしている。

続く田中論文は、杜撰な編集の俗書としての多種多様な蘇軾詩文集をも視野に入れて「メディアの中の蘇軾イメージ」を追跡するとともに、蘇軾にまつわる詩話や詩注の盛興に着目して、その意味を解明している。蘇軾は宋代における「メディアの寵児」であり、彼に関する出版物が数多く出版され、科挙受験者の手本として彼の古文が広く読まれた。また、当時としては例外的な現象として、彼の個人詩文集に対して複数の注釈がつけられており、そうした注釈行為は「注疏学の俗化」現象とみなしうる。この論文においては、これらの指摘によって、高雅な文学鑑賞や高遠な経書注釈とは異なる、より日常空間に即した形での蘇軾イメージが読者に提示される。また、出版を視野に入れた田中論文の示唆により、「蘇氏蜀学」という（実体を伴わないにもかかわらず、根強く支持されている）学派像を再検討する手がかりが与えられたと言えよう。

市来論文は、朱熹に学んだ門人たちについて検討することを通じて、朱子学が形をなしていく過程を考察する。文集に収録されることによって今日読むことができる朱熹の膨大な書簡群を名宛人ごとに分類し、また、『朱子語類』において多くの条の記録者をつとめた弟子たちの分析を行うことによって、朱熹門人集団の特色と傾向を明らかにすることを試みている。ここで取り扱われている「門人集団」という場は、内部の人間にとっては問題意識と言説編制を共有する日常的空間として存在しており、それゆえに部外者からは一枚岩の党派性をもつ集団としても見られていた。ただし、市来が分析しているように、その集団内部は決して均質ではなく、師事期や世代によって朱熹との関係を異にする側面をあわせもっていた。門人集団は、朱熹を中核としながら、その周囲に不定形な広がりをもっていたとも言えよう。書簡もしくは講席を通じた師とのやり取りという相互性のなかで、朱子学という思想流派は形成されていったのである。

市来論文が書簡に着目したのに対し、岡論文は、文集に収録された墓誌銘を利用し、その執筆対象者の統計的分析から、永嘉学派の代表的思想家である葉適をめぐる人的結合のあり方の具体的な姿を検討する。そして、そこから浮かび上がってくる知の重要性への関心から、岡論文では、墓誌銘にえがかれた人物たちの生育過程などについての記述を通して、どのようにして知の能力が形成されていたかを整理する。また、その過程において鍵となる役割をもっていた家庭環境について分析を加え、日常的な場の最たるものとも言える家庭が、知識人の相互交流にとっても意味を有していたことを指摘している。近年、史料としての墓誌銘に対して、社会史研究者の関心が高まり始めているが、今後、書簡や、相互にやりとりされた詩をはじめとする諸史料とも併せて比較検討を重ねていくことにより、当時の人々の相互関係を、更に明確にしていくことが可能となるであろう。

本書は、各執筆者がこれまで個別に進めてきた研究の延長線上につむぎだされた成果を集めたものである。と同時に、以上述べてきたように、これらの論文は『宋代人（そうだいびと）の認識――相互性と日常空間――』という本書のテーマにふさわしく、相互性と日常空間とをキーワードとして交錯し、互いに関連するように構成されている。九本の論文が奏でる旋律はそれぞれに異なるが、全体が一つの楽曲として響いていれば幸いである。

## おわりに

われわれは「地域」から出発した。しかし、「地域研究」は、「地域」そのものを終着地とするのではなく、「地域」から何が見えてくるかを明らかにする必要があろう。単に「地域に即して」記述をおこなうのが「地域研究」ではない。その先に何が見通せるのか、われわれはその一つの像を示すことを試みたつもりである。その像の成否については読者諸賢の判断を仰ぐしかないが、われわれ自身は、ささやかながらも確固たる野心をもち、また、それぞれの関心手法に共鳴しつつも安易な妥協を排し、真剣に議論をぶつけ合って、本書の編集に取り組んできた。忌憚のないご批判、建設的なご意見を切望する次第である。

## 註

（1）本特集には、山本進（一九九八）、三木聡（一九九八）、井上徹（一九九八）、山田賢（一九九八）の四論文が所収されている。

（2）森正夫（一九八二a）、同（一九八二b）、及び同（一九八三）を参照。

（3）森正夫（一九八二b）を参照。

（4）中国においても、近年になって、「地域」を標題に掲げた著書（例えば、程民生著『宋代地域文化』）や、「浙東」「楚」「蜀」などの地域名を冠した研究（例えば、管敏義主編『浙東学術史』、高令印等著『福建朱子学』）が陸続と出版されている。しかし、その議論の水準と日本の史学界への影響度という点から、ここでは、それに対する紹介・論評を割愛した。

## 参考文献

（和文）


青山定雄（一九六三）「宋代における華北官僚の系譜について」（『聖心女子大学論叢』二一）

――（一九六五）「宋代における華北官僚の系譜について（二）」（『聖心女子大学論叢』二五）

――（一九六五）「宋代における華北官僚の婚姻関係」（『中央大学創立八十周年記念論文集』）

――（一九六七）「宋代における華北官僚の系譜について（三）」（『中央大学文学部紀要・史学科』一二）

――（一九六七）「宋代における江西出身の高官の婚姻関係」（『聖心女子大学論叢』二九）

市来津由彦（一九九〇）「福建における朱熹の初期交遊者達」（『東北大学教養部紀要』五四）

――（一九九三）「南宋朱陸論再考――浙東陸門袁燮を中心として――」（宋代史研究会研究報告第四集『宋代の知識人――思想・制度・地域社会――』汲古書院）

――（一九九八）「朱熹・呂祖謙講学試論」（宋代史研究会研究報告第六集『宋代社会のネットワーク』汲古書院）

伊藤正彦（一九九二）「義役――南宋期における社会的結合の一形態――」（『史林』七五―五）

――（一九九八）「中国史研究の「地域社会論」」（『歴史評論』五八二）

井上　徹（一九九八）「宋元以降における宗族の意義」（『歴史評論』五八〇）

伊原　弘（一九七二）「宋代明州における官戸の婚姻関係」（『中央大学大学院研究年報創刊号』）
――――（一九七四）「宋代婺州における官戸の婚姻関係」（『中央大学大学院論究（文学研究科編）』六―一）
――――（一九七六）「宋代官僚の婚姻の意味について――士大夫官僚の形成と変質――」（『歴史と地理』二五四）
――――（一九九〇）「中国宋代の都市とエリート――常州の発展とその限界――」（『史潮』新二八）
――――（一九九一）「中国知識人の基層社会――宋代温州永嘉学派を事例として――」（『思想』八〇二）
岡　元司（一九九五）「南宋期温州の名族と科挙」（『広島大学東洋史研究室報告』一七）
――――（一九九六）「南宋期温州の地方行政をめぐる人的結合――永嘉学派との関連を中心に――」（『史学研究』二一二）
――――（一九九八）「南宋期科挙の試官をめぐる地域性――浙東出身者の位置づけを中心に――」（前掲『宋代社会のネットワーク』汲古書院）
――――（一九九九）「宋代地域社会における人的結合――Public Sphere の再検討を手がかりとして――」（『アジア遊学』七）
岡崎文夫・池田静夫（一九四〇）『江南文化開発史――その地理的基礎研究――』弘文堂書房
小野　泰（一九八七）「宋代明州における湖田問題――廃湖をめぐる対立と水利――」（『中国水利史研究』一七）
――――（一九九〇）「宋代浙東の都市水利」（『中国水利史研究』二〇）
小島　毅（一九九六）『中国近世における礼の言説』東京大学出版会
小林義廣（二〇〇〇）『欧陽脩　その生涯と宗族』創文社
佐竹靖彦（一九九〇）『唐宋変革の地域的研究』同朋舎
――――（一九九五）「宋代の家族――宋代の家族と社会に関する研究の進展のために――」（『人文学報』二五七）
――――（一九九八）「唐宋期福建の家族と社会――閩王朝の形成から科挙体制の展開まで――」（『中央研究員歴史語言研究所会議論文集』五）
斯波義信（一九六八）『宋代商業史研究』風間書房
――――（一九八八）『宋代江南経済史の研究』汲古書院
須江　隆（一九九八）「福建莆田の方氏と祥応廟」（前掲『宋代社会のネットワーク』汲古書院）

周藤吉之（一九五四）『中国土地制度史研究』東京大学出版会
――――（一九六二）『宋代経済史研究』東京大学出版会
――――（一九六五）『唐宋社会経済史研究』東京大学出版会
――――（一九六九）『宋代史研究』東洋文庫
寺地　遵（一九九三）「南宋末期台州黄巖県事情素描」（吉岡真編『唐・宋間における支配層の構成と変動に関する基礎的研究』平成三・四年度科学研究費補助金一般研究(c)研究成果報告書）
――――（一九九六）「義役・社倉・郷約（南宋期台州黄巖県事情素描、続篇）」（『広島東洋史学報』創刊号）
――――（一九九九）「方国珍政権の性格――宋元期台州黄巖県事情素描、第三篇――」（『史学研究』二二三）
長瀬　守（一九八三）『宋元水利史研究』国書刊行会
本田　治（一九七五）「宋代婺州の水利開発――陂塘を中心に――」（『社会経済史学』四一―二）
――――（一九七九）「宋・元時代浙東の海塘について」（『中国水利史研究』九）
――――（一九八二）「宋元時代の浜海田の開発について」（『東洋史研究』四〇―四）
――――（一九八四）「宋元時代温州平陽県の開発と移住」（『佐藤博士退官記念中国水利史論集』、国書刊行会）
――――（一九九六）「宋代温州における開発と移住補論」（『立命館東洋史学』一九）
――――（二〇〇〇）「南宋時代の災害と復元のシステム――乾道二年温州を襲った台風の場合――」（『立命館文学』五六三）
三木　聡（一九九八）「明清時代の地域社会と法秩序」（『歴史評論』五八〇）
宮崎市定（一九五二）「宋代以後の土地所有形体」（『東洋史研究』一二―二、のち『宮崎市定全集』一一、岩波書店、一九九二、所収）
森　正夫（一九八二ａ）「問題の所在の提示」（名古屋大学文学部東洋史学研究室編『中国史シンポジウム　地域社会の視点――地域社会とリーダー――』）
――――（一九八二ｂ）「中国前近代史研究における地域社会の視点―中国史シンポジウム『地域社会の視点――地域社会とリーダー――』基調報告」（『名古屋大学文学部研究論集』八三、史学三〇）
――――（一九八三）「宋代以後の士大夫と地域社会」（谷川道雄編『中国士大夫階級と地域社会との関係についての総合的研

究』昭和五十七年度科学研究費補助金総合研究(A)研究成果報告書）
森田憲司（一九七七）「『成都氏族譜』小考」（『東洋史研究』三六―三）
柳田節子（一九八六）『宋元郷村制の研究』創文社
――（一九九五）『宋元社会経済史研究』創文社
山田　賢（一九九八）「中国明清時代史研究における「地域社会論」の現状と課題」（『歴史評論』五八〇）
山本英史編（二〇〇〇）『伝統中国の地域像』（慶應義塾大学地域研究センター叢書）慶應義塾大学出版会
山本　進（一九九八）「明清時代の地方統治」（『歴史評論』五八〇）
吉岡義信（一九七八）『宋代黄河史研究』御茶の水書房

（中文）
管敏義等（一九九三）『浙東学術史』華東師範大学出版社
高令印等（一九八六）『福建朱子学』福建人民出版社
程　民生（一九九七）『宋代地域文化』（宋代研究叢書）河南大学出版社

（欧文）
Beverly J. Bossler (1998), *Powerful Relations: Kinship, Status, & the State in Sung China* (*960-1279*), Harvard University Press.
Hugh R. Clark (1991), *Community, trade, and networks: Southern Fujian Province from the third to the thirteenth century*, Cambridge University Press.
Richard L. Davis (1986), *Court and Family in Sung China, 960-1279: Bureaucratic Success and Kinship Fortunes for the Shih of Ming-chou*, Duke University Press.
Robert P. Hymes (1986), *Statesmen and Gentlemen: The Elite of Fu-chou, Chiang-hsi, in Northern and Southern Sung*, Cambridge University Press.
Robert P. Hymes and Conrad Schirokauer eds. (1993), *Ordering the World: Approaches to State and Society in Sung Dynasty China*, University of California Press.

Richard von Glahn (1987), *The Country of Streams and Grottoes: Expansion, Settlement, and the Civilizing of the Sichuan Frontier in Song Times*, Council on East Asian Studies, Harvard University.

Linda A. Walton (1999), *Academies and Society in Southern Sung China*, University of Hawai'i Press.

Harriet T. Zurndorfer (1989), *Chage and Community in Chinese Local History : The Development of Hui-chou Prefecture, 800-1800*, E.J.Brill.

# I　日常空間の諸相

# 祠廟の記録が語る「地域」観

須江　隆



## はじめに

南宋時代の末期、咸淳六年（一二七〇）十二月に、浙江の湖州烏程県に立てられたある碑文の一節に言う。

例えば、徳清県の新市鎮も、やはり本州の管轄下に属しております。その鎮の土神には、以前封号と廟額が下賜されました。それなのに南潯鎮だけには、いまだにかかる下賜がおこなわれておりません。これでは、まことに典礼にもとっていると思います。まだ鎮が創設される以前でしたならば、単なる郷村に過ぎませんので、申し上げるべき糸口すらございませんでした。しかし、今や、鎮が創設されてほとんど二十年になります。その間、鎮の駐在官が、毎年季節に応じて祈りを捧げると、しばしば霊験を顕わし、僧徒の朝夕の焚香修行は、益々懇ろになりました。この廟は、正しく神明に祈福消災を申し上げる場所なのであります。

この文章を見る限り、その書き手は、少なくとも郷村から鎮へという生活空間の変化をはっきりと自覚し、土神を祀った祠廟という宗教施設の存在を通して、鎮という場に住民としての意識を、すなわち「地域社会」というものを認識していたかのように思われる。確かに、南宋時代の浙江の特色として、各地に多数の鎮が創設されたことは、周知の事実であるし、(1)加えて、かつて筆者は、宋代において、各地で祠廟が簇生していった特異な史実に着目して、祠廟を核としてまとまりあった「地域社会」が、在地のエリート層によって形成乃至は再編されていった事実を指摘したこともある。(2)従って、そうした点からすれば、かかる解釈も充分に可能であるのかもしれない。しかし、上記の一節を如何に解釈すべきか、その解釈の妥当性を追究するためには、少なくとも、引用の碑文が、どういう性格のもので、誰によって、何のために書かれたのか、如何なる文脈の中で記された一節なのかを、緻密に分析することが必要不可欠であろう。

実は、先に引用の文章は、「嘉応廟勅牒碑」（『呉興金石録』巻一二）という題名のついた、祠廟の記録に関わる碑文の一節である。本稿では、その解釈をめぐって、上記史料を様々な角度から分析するのみならず、さらには、同質性の高い複数の他の碑文に解析を試みることを通して、祠廟の記録に見られる宋代人の「地域」観を解明することを目的とする。また同時に、その「地域」観が、どういう立場の人々によるものであり、何のために祠廟の記録に刻印されたのかについても究明してみたい。

## 一　「嘉応廟勅牒碑」について

### （1）構　成

本稿の冒頭で引用の碑文の一節を如何に読むべきか。先ず本節の（1）では、その部分を含む標題の史料について、その全文を引用し、構成について解説していきたい。なお、引用史料中の、上の数字は行数を、丸数字は段落ごとのまとまりを、ゴチック体は冒頭で引用の一節を、それぞれ示している。

勅賜嘉応之廟

尚書省牒　七巷社首□□

礼部状「準咸淳六年正月二十七日勅節文『中書門下省尚送礼部申【両浙運司奏［本司拠安吉州申《拠承節郎・監安吉州南潯鎮事陳栄状申〈拠御前提挙所使臣張良嗣并七巷父老華元実等列状（①世居烏程県震沢郷之南林、故老相伝、此地有崔承事・李承事二公居焉。其存心也根於仁、其処事也勇於義。宣和間、方寇擾攘、声揺郷郡、二公率郷丁捍禦、果獲全安。或値凶年飢歳、争出廩粟以賑給、人皆徳之。暨二公卒、莫不銜恩思慕、自以為報之罔極、乃卜地於市中、設祠宇而並祭之。衣冠服飾、効郷党護境二神貌像、七社人煙、歳時節朔、以饗以祀、雨暘必祈、疾疫必禱、所求輒応、顕異莫能具述。②嘉定乙亥、飛蝗蔽天、郷民羅拝於廟、或泣或訴。越翌日、忽疾風起於庭下、蝗之避去者幾半、余悉自斃。是歳乃亦有秋、咸竭力奉事、廟貌一新、酬答神貺。嘉熙庚子、旱荒、飢莩枕藉于両廡、頗覚穢褻、香火僧厭而禱之。是夜神告之曰、窮民無帰、居我廊宇、以避風雨。我若譴怒、彼将疇依。於此尤見其根心之仁、愈無窮已也。淳祐壬寅、待制趙伉夫道経南潯、偶値雷雨暴作、湍流奔湧、舟不能前。趙公驚怖、左右謂、此地有神曰崔・李二王、祈之無不験。遂黙禱之、俄頃帖然舟獲到岸。而謁於祠下致謝、畢見其廟未有額、慨然書之。今猶存也。宝祐甲寅、狄浦塩寇嘯聚、村落多被其害。且垂涎南潯、以為市井繁阜・商賈輻湊之所、意在剽掠。妄求懇禱、所抽十余籤、所擲十余珓、皆不協吉。群盗相顧、愕然輒遏兇暴、欲挙二像棄之於水、似覚拘攣而掣其肘、乃畏懼潜遁。景定辛酉、水災比近、頑徒有鼓衆借糧者、市戸焚香禱告、忽一日、群兒駕舟囲繞、未幾随散。或問之曰、倏来而倏去、何也。賊応之曰、昨夜南潯之南有二人若神、身長丈余、立於人間屋上、諭我等、踰月方許汝来此也。今且退去、一月後復来。聞者喜懼相半、不十日、即就擒戮。此二項益見神之顕異垂庇、毎惓惓於艱難危急之時、殆二天也。人之還以答神休、豈不能伸一喙耶。③恭惟国朝愛民如子、凡神之有恵於民者、必載於祀典、蓋敬神所以愛民□。**如徳清之新市、亦隷本州管下、其鎮土神、嘗有恩封廟額。独南潯未嘗挙行、尤為欠典。未創鎮以前、特郷村爾、無階可陳。今創鎮幾二十載、前後鎮官歳時祈禱屢験、僧徒晨夕焚修愈勤、此廟正係祝聖祈禱去処。**茲遇聖天子初登大宝、増崇祀典、恩霈方新、良嗣等謹述家伝・人誦之実跡、列状乞備申施行。〉本鎮保明詣実、申州乞施行。〉州司所拠承節郎・監安吉州南潯鎮事陳栄申到土神霊跡因依、本州保明是実、申本司乞施行。》本司已照例差官、詢究覈実、委有霊跡、保明是実、伏候勅旨。〕本部照条勘当、具申朝廷、準批；送下寺擬封申。除已連送太常寺、擬封去後。拠本寺回申、安吉州南潯鎮土神崔・李二承事擬封二字廟額、今欲擬嘉応廟為額、合行降勅、申乞施行。本部備申朝廷、伏候旨揮。】□□二十五日、奉聖旨；依奉勅如右。牒到奉行。前批、三月空日空時付礼部施行、仍関合属去処。』本部開具前銜後擬下項、伏乞朝廷給降勅牒施行、伏候旨揮。」

牒奉勅；宜賜嘉応廟為額。牒至準勅。故牒。

咸淳六年十二月□日牒

この史料を解析するに当たっては、先ず全体が尚書省の牒文、すなわち、いくつかの文書行政の足跡を示した公文書、「廟牒」であることを念頭に置くことが肝要である。実際に、碑文の末尾には、「同簽書枢密院事兼権参知政事趙某、右丞相某某、太傅平章軍国重事魏国公某某」という記銘があり[3]、全体的には、宋朝権力の中枢にいた人達の意識が色濃く反映した史料であることが分かる。さて、肝心の構成についてだが、この文書の主要部分は、四行目から二十二行目までの（　）で囲まれた列状であり、ゴチック体で表示した冒頭の一節もその文書に含まれている。この列状を発端として、それを受けた鎮官の状申、さらには知州の上申、転運使の上奏、中央での礼部と中書門下省との文書のやりとりが重層的に盛り込まれた構造になっている。その構造を分かりやすく図示すると、左記〈図〉1の通りとなる。また、文書の流れは、〈図〉2の通りである。これらの図からも明らかなように、そもそもの列状が、多く

〈図〉1

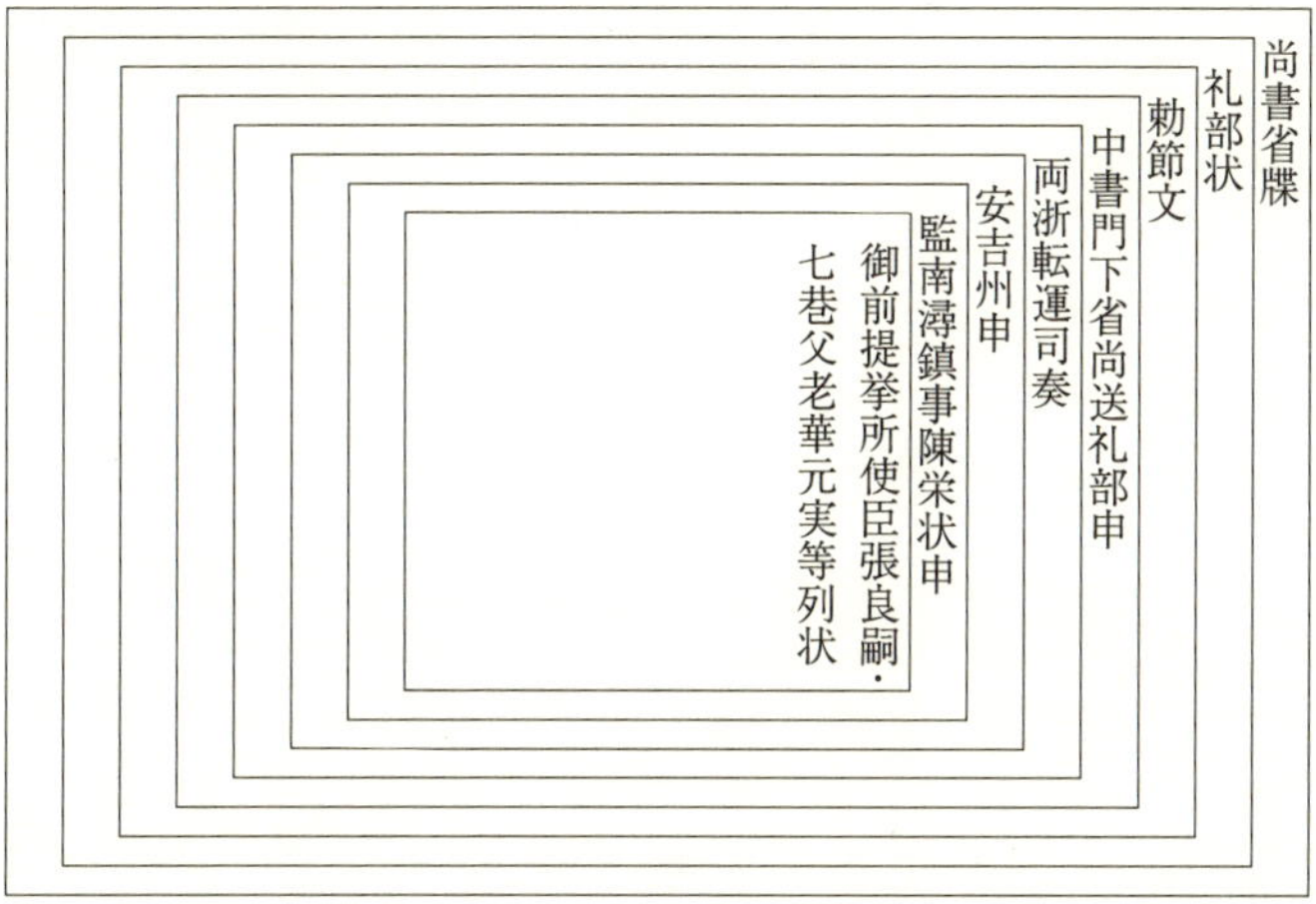


〈図〉2

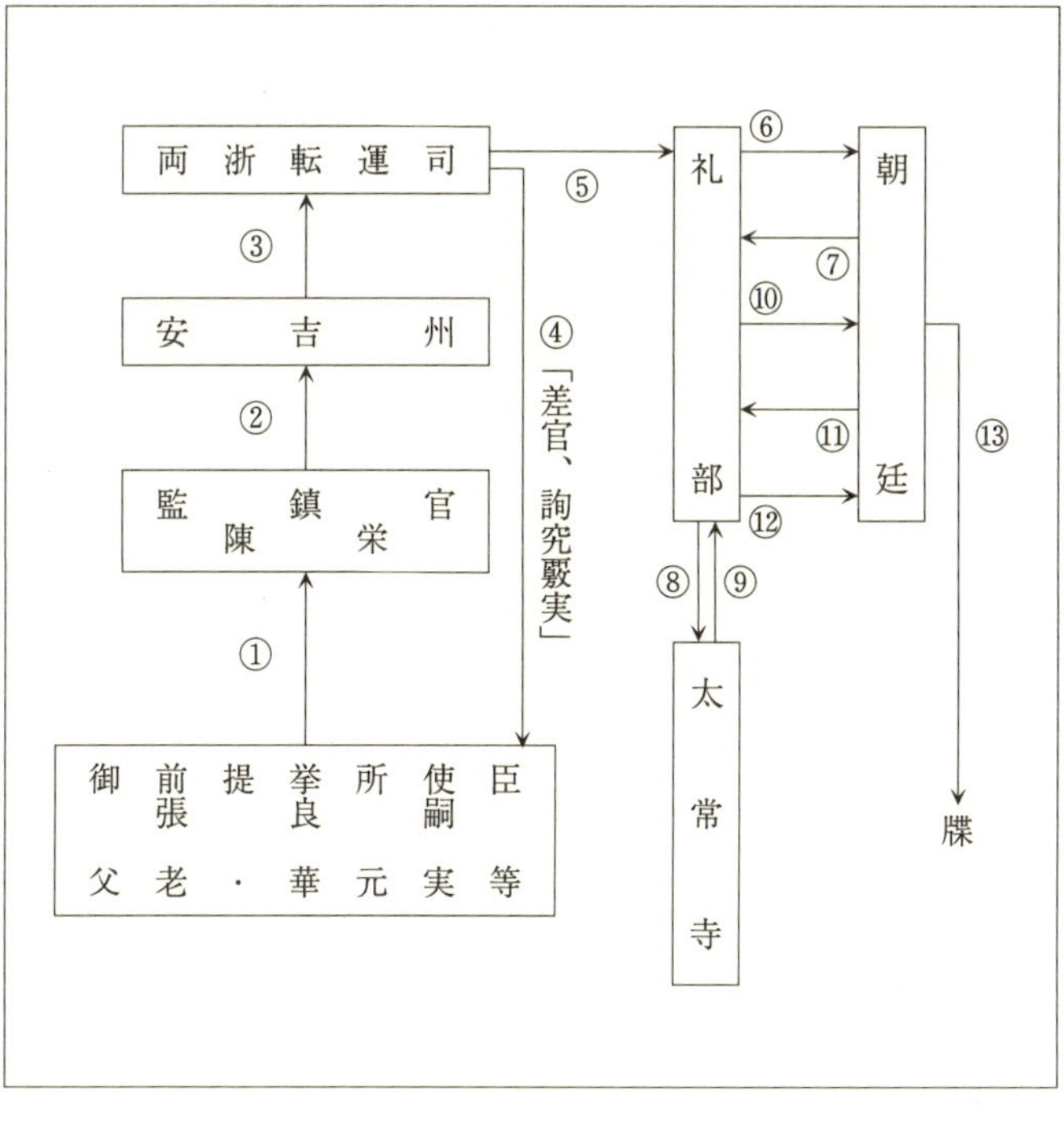

の地方官のみならず中央の官僚の手を経て、なおかつ最終的に内容が容認されたがために、尚書省の牒文として公にされたわけである。従って、この文書で主体をなす列状の内容については、どこまで現地の事実が語られているのか、一体誰が何のために記したものなのか、厳密かつ詳細に検証することが必要不可欠であるし、そうした文脈の中で冒頭の一節を解釈すべきであろう。そこで次に、この文書の列状の内容について検討したい。

（2）内容とその検証

本文書の四行目から始まる列状は、①②③の三つの段落からなる。ここでは、それぞれの段落について内容を解説し、個々の事柄について検証を加えていくことにしたい。

先ず①の段落では、この祠廟の来歴が、土地に伝わる伝承に基づいて述べられている。その概要は以下の通りである。

我々は、代々烏程県震沢郷の南林に居住しているものでございます。見識のある老人の言い伝えによりますと、この地には、崔承事郎と李承事郎の二公が居住しておりました。彼らは、その心もちは仁に根ざし、ことを行うに当たっては義に基づいた決断をいたしました。宣和年間に方臘の賊軍が騒擾し、その噂に安吉州の人々が動揺すると、二公は郷の役人を率いて防衛に当たり、結局無事でした。あるいは、凶作や飢饉の年には、二公は競って倉にある穀物を放出し、被災者に施し与えたので、人々は皆、その行いを有り難く思いました。二公が亡くなると、居民は皆、その恩を感じて慕い、限りなくその恩義に報いようとして、祠廟を建てるのにふさわしい市中の土地を占い、祠宇を設けて二公をお祭りしました。土地の人々は、毎年一定の節日や朔日になると、廟神に飲食物を供えて祭祀し、雨天晴天続きの折、流行病が蔓延した折には必ず祈りを捧げ、廟神はいつもその要求に応えてくれました。神様が顕わされた現象が、いかに不思議なものであったのかについては、詳しく述べることができないほどです。

この段落からは、先ず、ここで祀られれている廟神が、生前、反乱軍が迫った時や飢饉の折りに徳行のあった崔承事郎（正九品）と李承事郎という二人の人物であったことが分かる。ただし、前掲の引用文書の二十二行目からも明らかなように、この廟神は、監鎮官の状によると、「土神」と規定されており、それ以上の官衙でもその認識が踏襲されている。つまり、この廟神は、具体的には二人の人格であるにせよ、宋朝からは、「土神」として見なされていたということになる。また更に、この部分では、地方官としての在るべき理想的な姿、つまり仁義にかなった人民重視の行いが、明確に描写されるとともに、廟神が現地の人々の信仰をいかに多く集めていたのかについて、表現上、かなり強調されていることも明らかである。その手厚い信仰を受けた理由は、霊験が顕著であったからであり、その具体的な個々の霊験が、次の②の段落で列挙されている。

そこで次に、②の段落で述べられている霊験の概要を一つ一つ挙げ列ねて、現実世界で起こった出来事と対比させつつ、それらの意味するところを検討してみたい。霊験を箇条書きにすると、以下の通りである。

（1）嘉定八年（一二一五）、蝗が天を覆うほど大挙飛来すると、人民は祠廟にならんで拝礼し、その惨状に泣く者もあれば、訴えるものもいた。翌日、突然疾風が起こり、蝗のほぼ半数は退去し、残りはすべて潰滅した。そのため、この年は豊作に恵まれたので、人々は力を尽くして廟宇を一新させ、神の恩賜に報いた。

（2）嘉熙四年（一二四〇）、旱魃による災害が発生し、飢餓極まった者が、祠廟の東西の廊下に身を寄せ、非常に汚らわしい情況になっていた。香や燈明を司る僧はいやがって、どうにかしてほしいと廟神に祈りを捧げた。するとその夜、「窮民は帰るところもなく、我が祠廟の庇に留まり、雨風をしのいでいるのです。私がもし叱責すれば、彼らは一体誰に頼ることができようか」という神のお告げがあった。

（3）淳祐二年（一二四二）、待制の趙伉夫が南潯鎮を過ぎった折り、偶々突然の雷雨に遭遇し、水流が急になったので、船を進めることができなくなってしまった。趙公が恐怖していると、側近たちが「この地には神がおりまして、崔・李二王と申します。お祈りを捧げれば、必ず霊験が顕わされることでしょう」と言った。かくして心の中で祈ると、忽ちゆったりと落ち着いて、船は岸に辿り着いた。そこで趙公は、祠廟に拝謁して謝意をあらわしたが、この廟にはまだ廟額がないことを知り、憤りを感じつつ額を書いてあげた。今でもその額は残存している。

（4）宝祐二年（一二五四）、塩賊が、徒党を組んで村落に多大な害を及ぼし、さらに市場が栄え、商人が四方から集まる南潯鎮に目を付けて、掠奪をはかろうとした。事が上手くいくようにと、廟神に法外な要求をして祈りを捧げ、吉凶を占ったところ、すべてよからぬ啓示があった。盗賊たちは愕然として益々凶暴になり、二体の神像を持ち上げて河川に投げ捨てようとした。しかし、身体の自由がきかなくなって、肘を引っ張られるような感じがしたので、彼らは恐ろしくなってひそかに遁走してしまった。

（5）景定二年（一二六一）、近隣で水害が発生すると、横暴な輩が現れ、民衆を扇動聚集して、不法に糧米を借り入れようとした。商人たちが香を焚いて廟神に祈りを捧げると、一日にして、その輩は船を操り包囲したが、間もなくして散り散りになっていった。或る者が賊に「突然やって来て、突如として去るのは、どういう訳なのか」と尋ねると、賊はそれに答えて言った。「昨夜、南潯鎮の南方に、神のような姿をした二人が現れ、三メートル余りの身長で屋上に立ち、我々に対してこう諭した。『翌月になったら、はじめて、お前達が此処に来ることを許してやる。今はしばらく退去し、一月後に再び来るように』と」。それを聞いた者たちは、喜んだり恐れたりしたが、十日もしないうちに、ただちに生捕りにされて死刑に処せられた。

以上がこの廟神の霊験に関する記述である。（1）では蝗の撃退に、（2）では旱魃の発生による飢民の庇護に、（3）では舟行の安全に、（4）（5）では賊の退散に、それぞれ御利益があったことを伝えている。

これらはすべて不思議な言説ばかりであり、言うまでもなくフィクションである。しかし、一つ一つの言説を点検すると、すべてが虚飾であるわけではなく、むしろ巧みに現実世界で生起したことと関連づけて、極めてもっともらしく書き記されていることが分かる。例えば、（1）の蝗害については、嘉定八年の四月に蝗の大群が淮水を越えて南下し、長江一帯の穀物の苗を食べ尽くして臨安府にまで侵入したこと、被害が甚大であったため、夏から秋にかけて蝗を捕獲したものに、お上が穀物を与えたことが事実として記録されている。(4) また（2）の旱害や飢民の発生については、実際に、嘉熙四年に紹興府・臨安府・厳州といった安吉州近隣一帯で飢饉が起こり、紹興府ではこの年の夏税が免除されている。この年の旱魃は相当深刻であったようで、正殿を避け、常膳を減らし、臣下からの意見を求めるという災異に当たって人君が取る伝統的行動様式が、時の皇帝、理宗によって取られている。(5) 一方、（3）については、事実関係の確認はできないが、待制の趙伉夫というのは、宗室に関わる実在の人物で、魏王廷美の八世孫に当たる。開禧元年（一二〇五）に、筠州（江南西路）上高県の知県となり、憐れみ深い政治を行ったため、人民は彼のことを「趙仏子」と名付けたという。(6) 列状の中に見える言説は、こうした人物と当時現存した彼の手になる扁額とを強調することで、かなり現実味を帯びたエピソードとして、現地で語り継がれることになったのであろう。次いで、（4）の塩賊については、宝祐二年の閏九月に、提点浙西刑獄使であった包恢が、許浦・澉浦の両鎮に駐屯の諸軍を集めて、荻浦の塩賊を平定したという事実を確認できる。(7) 最後に（5）の水害については、景定二年六月に理宗自らが、安吉州の水害が甚だしいことに言及して、すぐに官員を現地に派遣して検視させ、凶作を賑済する措置を謀り実行すべきを述べている。またこれに対して時の宰相、賈似道も上奏し、この年の安吉州の水害にふれ、荒政の徹底を主張している。(8)

以上のように、②の段落に盛り込まれた霊験に関する言説は、すべてがフィクションではなく、現実世界で生起した事象との関連性が極めて高いといえる。しかも、それらの事象を分析してみた場合に、そのほとんどが、中央政府における周知の事実や、皇帝・宗室・宰相に関わる事柄であり、その上、農政・賑恤・治安維持といった宋朝が地方統治を行う上で、欠くべからざる重要事項であるという特徴を指摘できよう。

また、（3）（4）（5）の言説からは、いずれも南潯鎮の地域的個性を重視した記述になっているという特徴も指摘できる。周知の如く南潯鎮は、太湖周辺のクリーク地帯に位置している。後掲の〈図〉3からも明らかなように、南潯鎮内部は、クリークが縦横無尽に走っており、鎮内の水路は、嘉興府や烏鎮方面への重要な交通線であった。こうした地域においては、水害の発生は勿論のこととして、水路からやってくる盗賊についても、大きな社会問題であったことが予想される。実際に、明代においてではあるが、この辺り一帯は、所謂「湖賊出没して害を及ぼすこと」多く、「官府の力を以て内政を治め、最も意を輯防の事に注いだ」という。[9]すなわち、現地にとっても、宋朝にとっても、水路に関する防衛がかなり重要であったのである。こうした観点から、（3）（4）（5）の霊験の言説をみたときに、それらがいかに地域性に即したものになっているかがよくわかるし、そうすることで、かなり現実味を帯びた言説になっているということも確認できよう。加えて、宋朝が水害対策や水路の防衛を行う上で、極めて有り難い霊験が記されているということも明らかであろう。

さて、この廟神が如何に霊験あらたかであるのかを記した②の段落につづいて、最後の③の段落では、先ず、宋朝は人民を慈しむ政治を行うが故に、人民に恩恵をもたらす神々にも敬意を払ってきたのだという主旨の事柄が述べられ、次に、本稿で注目した冒頭の記述がつづいている。そしてさらに、「益々祀典を尊ばれる今の聖天子様の御代に遭遇したからこそ、家伝人誦の廟神の事跡を挙げ連ね、当鎮の土神にも廟額・封号が下賜されますよう、お願い申し上げる次第です」という、この列状の主体となっている者の言葉をもって結びとしている。

本列状の「仁徳ある地方官の神格化→宋朝の儒教的統治理念に適った具体的な廟神の霊跡→他鎮の土神を意識した上での廟額・封号の申請」という段落の展開に鑑みれば、冒頭の一節は、明らかにこの廟神への賜額・賜号を有利に運ばせるために、あるいは、宋朝の賜額・賜号という行為に妥当性を持たせるために導入した記述ということになろう。しかし、だからといって、その一節からは、当時の人々の「地域」観を見出しえないということにはならないであろう。何故ならば、土神の霊威が及ぶ鎮という一つの空間の認識を前提とした描写になっていることは、依然として有効だからである。そこで次に、どういった人々による認識なのかについて明らかにするために、この列状の主体について考察を深めたい。

（3）　列状の主体

本節の（2）で分析した列状の主体は、（1）で呈示した〈図〉2からも明らかなように、御前提挙所使臣の張良嗣、ならびに七巷父老の華元実らである。このうち前者の張良嗣については知る由もないが[10]、後者の華元実については考察すべき材料が幾つかあるので、ここでは主として彼について検討を加えたい。

先ず第一に、華元実という人物の当地におけるステータスについて考察してみたい。同治『南潯鎮志』巻一二、人物に引く、華文勝伝によれば、華元実の一族は、先祖の華天保が無錫より移り住んでより以来、代々、烏程県の南林（南潯の別名）に居住しており、祖父の華初成、父の華文勝のように、薦挙によって、官僚になったものもいたようである。同治『南潯鎮志』巻一七、選挙によれば、南潯鎮で宋代に進士及第を果たしたのは、張漴（慶元二年の進士）、朱柟（淳祐七年の進士）の二人を数えるのみである。科挙によるものではなく、薦挙による仕官であったにせよ、官僚を複数名輩出した一族として、華氏の当地における社会的なステータスは、かなり高かったことが確認できる。また経済的な側面からしても、華氏一族は、当地ではかなりの資産家であったようで、元実の父、文勝は私財を提供して地元にあった報国寺の鐘楼や仏閣を建造したり、通利橋という石梁を架けたりしている。そうした行いをしたために、文勝は居民からありがたがられ、その橋が華家橋と呼ばれるようになり、彼らが居住していた鎮内の区画も華家兜と名付けられたという。[11] 一方その子、元実にも、以下のようなエピソードが伝えられている。景定四年（一二六三）に、時の宰相、賈似道が公田法（政府が田を買い上げて軍費を賄う法）を実施し、浙西で田地を買い上げようとした折に、安価な銭貨や銀、絹、あるいは度牒や告身を代価として、ほとんど没収同然であったため、浙西路の六府州軍では、破産したり失業するものが大量に出た。[12] この時、華元実は、嘆息して田産の半分を政府に献納している。賈似道は、その見返りとして、元実を著作郎に取り上げようとしたが、元実は辞して受けず、それ以来、彼は門戸を閉ざし、監鎮官が、彼の元の所有地に、建物を造る度に、目通りを願ってきたが、会うことはなかったという。[13] 以上より明らかなように、華元実は、土地をはじめとしたかなりの資産を所有する富戸であり、鎮官が一目を置くぐらい、当地での高い名声を持つ人物であったということになろう。

第二に、「七巷父老」という華元実の肩書きに着目してみたい。それと関連して、本節の（1）で引用した「嘉応廟勅牒碑」の二行目には、「七巷社首」という記述が見える。この「七巷」については未詳であり、地名を表す固有名詞なのか、第七番目の巷なのか、七つの居住区画を表しているのか、判然としない。ただ、前掲の「嘉応廟勅牒碑」の七行目には、「七社人煙」という表現も見える。宋代においては「社」をつくって祭祀を行うということが民間で流行しており、「社」が一つの所謂「祭祀共同体」として機能していた。従って、華元実は、この鎮内の七つの居住区画（巷衢）、乃至は七つの祭祀連合体の長、世話役であったことは、推測に難くない。ここでいう七つの居住区画、乃至は祭祀連合体が、どれほどの規模であり、当時の南潯鎮において、どれだけの空間的位置を占めていたのかについては、勿論知ることはできない。ただ、南潯鎮が創設されたのは淳祐年間の末頃（一二五〇頃）であり、華元実は鎮の草創期に居住していたということ、さらには、本節の最後に掲げた〈図〉3、すなわち後世の南潯鎮図によると、華氏一族が居住していた報国寺や嘉応廟があった区域は、鎮の中でも最も古くから発達した中心地域であったということからして、彼は鎮全体を代表する父老であった可能性が高い。なお父老については、近年、柳田節子氏が、宋代

における その実態を、多様な視点から解明し、父老を、在地社会の中に足場を持つ指導層で、地方官の農民支配を下から支え、民間秩序維持の役割を果たしていた人々と位置づけ、郷村社会に対する王朝権力の支配や介入が、父老を媒介として行われていたことを指摘している。[14]先に考察したように、華元実もまた当地でかなりのステータスを持ち、複数の居住区画の秩序維持の役割を果たしていたわけであるから、柳田氏が指摘する父老の実像と合致する。こうした華元実の父老としての性格を考慮し、改めて本稿で注視した冒頭の一節に目を向けた場合に、確かに文書の中では、父老、華元実の「地域」観ということになるのであるが、むしろ別の主体のそれであるような気がしてならない。

そもそも「列状」というのは、この本文の末尾にも「家伝人誦の実跡を謹んで述べ」という文句があるように、供述をもとにして作成した「口書」であり、この場合は、本節の（1）で考察した本文書の構成・流れからして、鎮に対して宋朝が専任の官員として常駐させていた監鎮官が記した可能性が高い。[15]しかも、そこには、儒教的統治理念にかなった廟神の性格が記され、地方を統治する側、即ち宋朝にとって、極めて有利な霊験が、地域性に即して、かなりもっともらしく列挙されていた。そして何よりも、この文書全体が、皇帝の聖旨や勅を受けた公文書であることからして、冒頭の一節は、列状の主体となっている者、すなわち父老、華元実の「地域」観であるというよりも、宋朝の統治理念としての「地域」観、つまり、土神を核として礼的に統合された鎮という空間を単位として、在地の父老を介して統治しようという認識が表れた記述という可能性も十二分に考えられるのではないだろうか。そこで次節では、本節で考察した「嘉応廟勅牒碑」と同質の幾つかの「廟牒」を具体的に分析することを通して、如上の仮定を立証していくことにしたい。

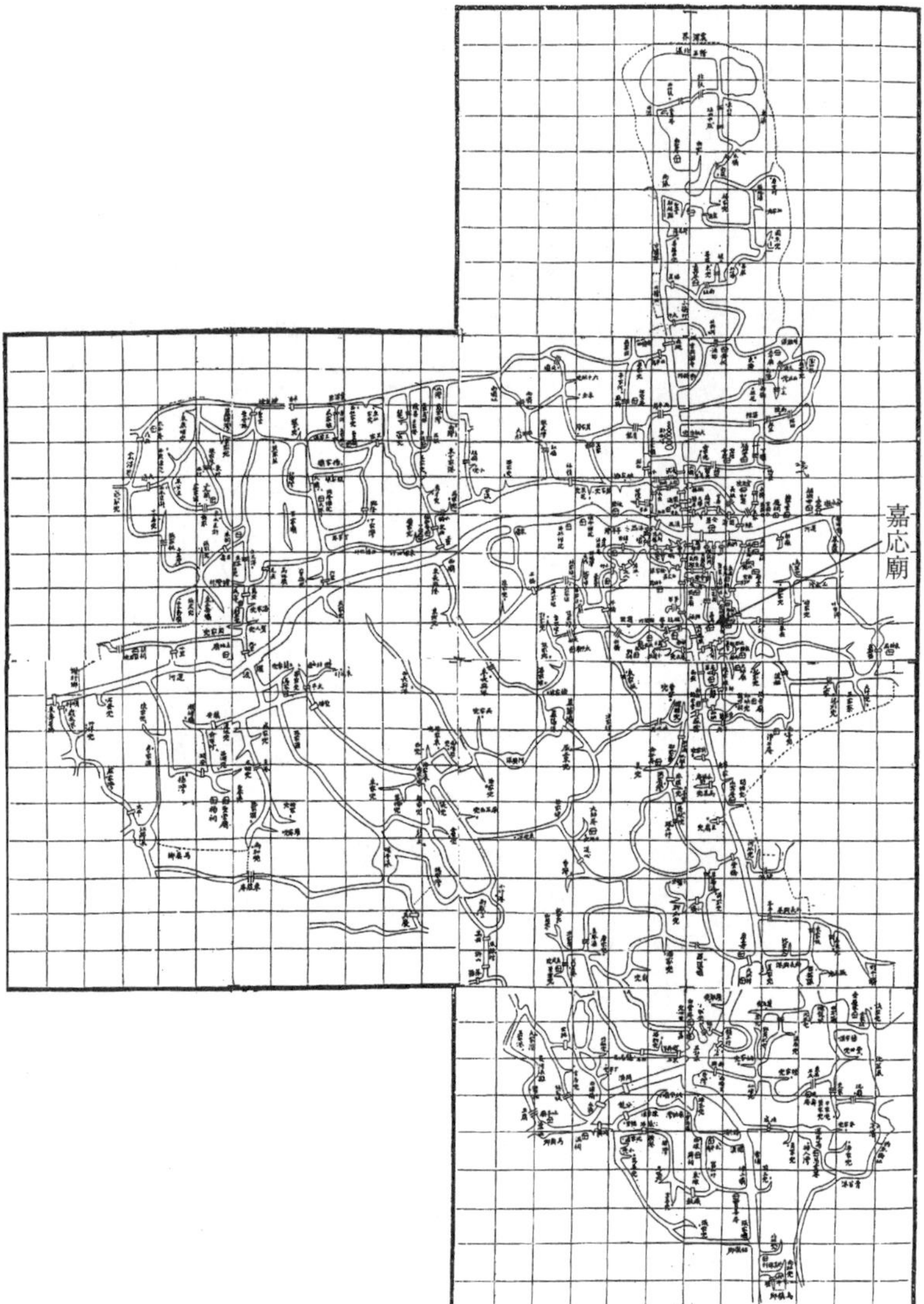


〈図〉3　「南潯鎮図」（民国『南潯志』巻首「南潯鎮郷図」に拠る）

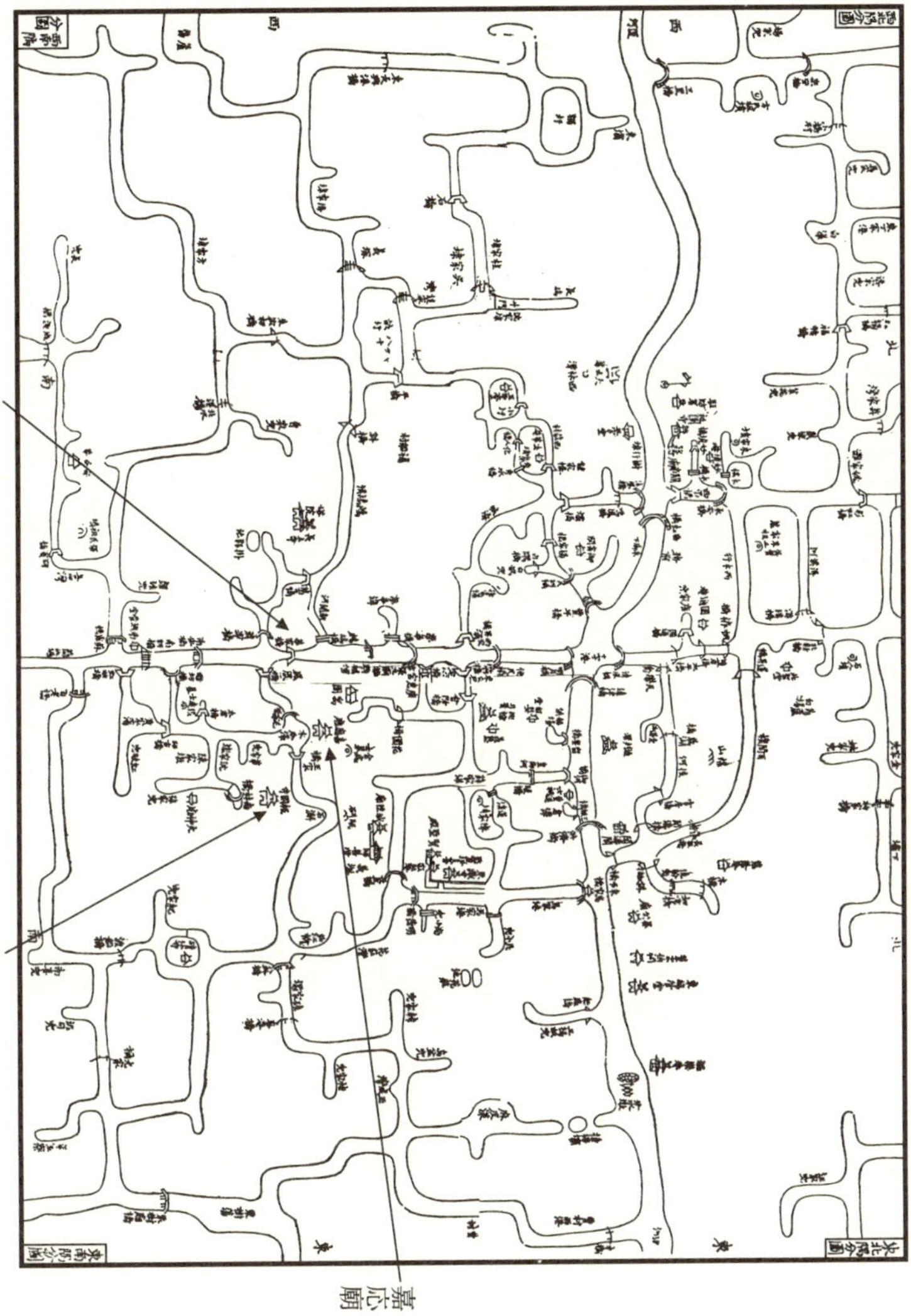


「南潯鎮中心部拡大図」（同治『南潯鎮志』巻首「校正南潯鎮志旧図」に拠る）

## 二　「廟牒」に見える「地域」観

本稿における冒頭の一節の中では、湖州徳清県新市鎮の土神についての言及がなされていた。そこで先ず、それに関する「廟牒」について検討を加えることにしたい。先に引用した「嘉応廟勅牒碑」の中に、「新市鎮の土神には、嘗て封号と廟額が下賜された」とあるように、この鎮の土神には、実際に紹興五年（一一三五）と紹興九年（一一三九）に宋朝により賜額・賜号され[16]、標題の二つの「廟牒」が残されている。

**（例1）**「宋永霊廟勅牒碑」「宋永霊廟加封勅牒碑」（『両浙金石志』巻八）

前者の「宋永霊廟勅牒碑」は、紹興五年に廟額「永霊」が下賜された経緯を伝える尚書省の牒文である。その文書の構成は、**〈図〉4**の通りである。前節で考察した「廟牒」に比して、内容的にはかなり簡略になっているが、列状の主体は、「湖州新市鎮**父老**陳脩等」となっており、それによると、この廟神は、土地保寧将軍と呼ばれ、方臘の乱に際して霊験を顕わしたため、この地区に賊軍の影響が及ぶことなく、人民が安堵したという[17]。ここでもやはり、治安維持に関わる霊験が記されている。一方、後者の「宋永霊廟加封勅牒碑」は、紹興九年に封号「顕佑侯」が下賜された経緯を伝える尚書省の牒文で、その文書の構成は、**〈図〉5**に示す通りである。列状の主体は、「湖州徳清県新市鎮**父老**市戸陸修等」であり、先に言及の、方臘の乱に関する霊験により、廟額が下賜された経緯に加えて、紹興七年（一一三七）七月の大旱魃、同八年（一一三八）二月の大雨に対する霊験が列記されている。このうち、紹興八年二月の大雨については未詳であるが、同七年七月の大旱魃については、実際に、時の宰相、張浚が官僚を率いて祈雨を行うことを願い出たのを受けて、皇帝自らが手詔を下し、旱災の政治的責めを負うべく、内外の臣民に実封言事を許している。そして、宰相の張浚、枢密院使の秦檜以下も引責して、罷免を願い出るような緊急事態に発展している

〈図〉4

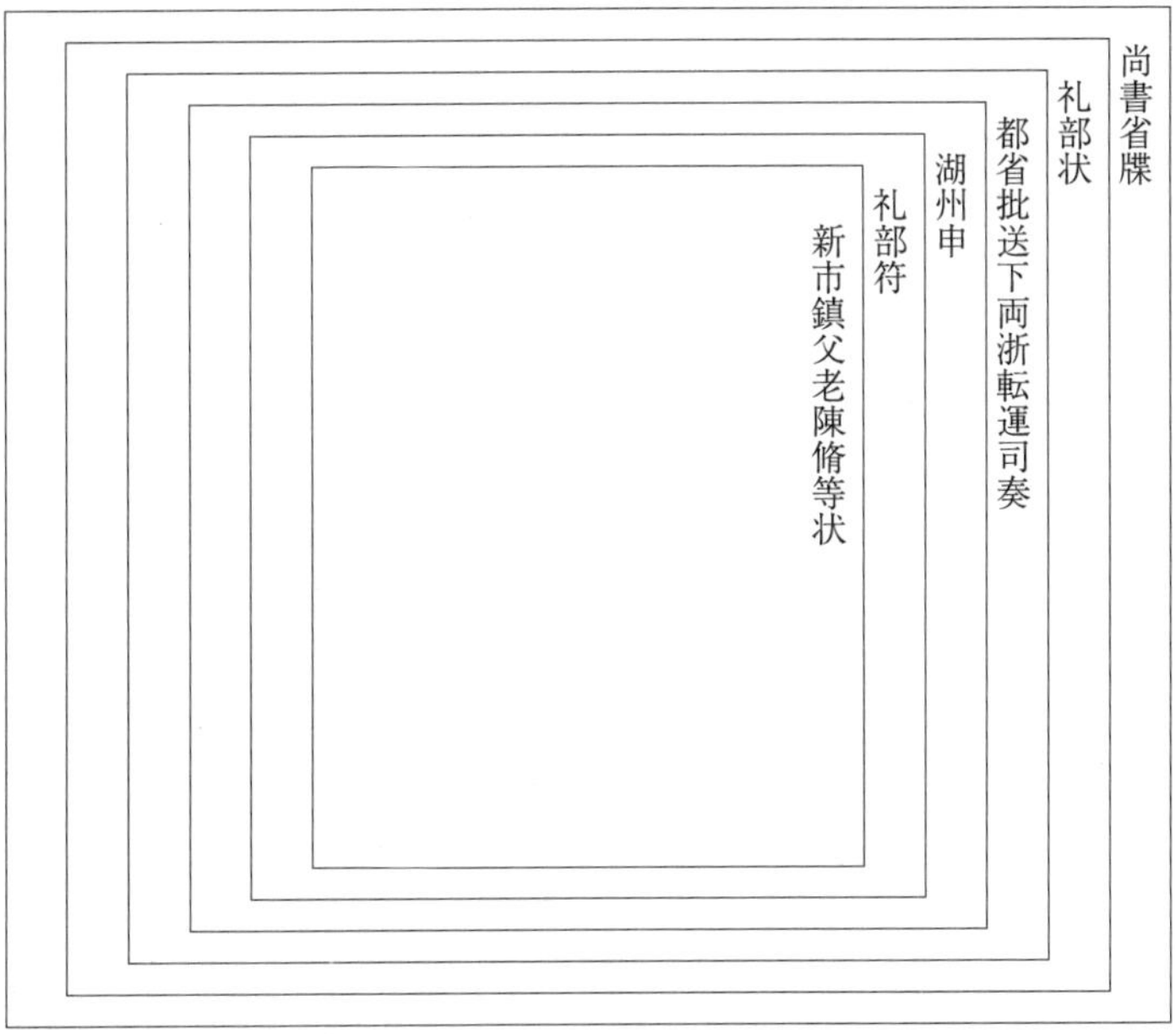
尚書省牒
礼部状
都省批送下両浙転運司奏
湖州申
礼部符
新市鎮父老陳脩等状

〈図〉5

尚書省牒
礼部状
都省批送下両浙転運司奏
湖州徳清県新市鎮父老市戸陸修等状

(『建炎以来繫年要録』巻一一二)。当時の中央政府にとっての、周知の重大事件に即したフィクションが、極めてもっともらしく列状の中に記されていたことになる。また前者、後者とも、文書中には、転運使による二度にわたる霊験に関する現地調査が行われた事実が記されている。いずれの文書とも、転運使によって派遣された地方官が、列状の主体である父老たちを召喚して、霊験の事実確認を行ったことを推測させるに足りる記述がなされている。

土神の霊威によって様々な災異が取り払われた鎮、地方官や父老によって秩序が保たれている日常空間の理想的有りようが、この「廟牒」には刻印されているのであり、この文書の主体をなす列状の内容は、在地の父老の意向というよりはむしろ、明らかに宋朝の統治理念と合致する記述となっていると言えよう。

**(例2)**「宋屠墟霊昭廟尚書省牒残碑」(『両浙金石志』巻一二)

この「廟牒」は、右記標題からも明らかなように、碑文の残存状況がかなり悪く、文書の全体的な構成や流れについては、判然としないところがある。ただ、文書中に、「未沐加封」、「朝廷加封施行」といった文言が見えるので、この廟に封号が下賜された経緯を記した牒文であることは、明らかである。また文書中に見える「臨安府銭塘県履泰郷耆老喩栄顕等」の列状によると、この廟で祀られているのは劉璋という人格神であるが、「本郷土地神」という表現も見えるので、履泰郷の土地神として見なされていたことが分かる。実際に、この霊昭廟は履泰郷の王家村に存立していたが、その廟神の霊威は、郷全体に及ぶものとして記されている。列状の中で列挙されている廟神の霊験は、以下の通りである。

①嘉定八年(一二一五)に旱魃が発生し、しかも蝗が銭塘県に侵入した。高姓の知県が自らこの廟に祈りを捧げると、蝗はあっという間に飛び去り、稲への被害はなかった。

②神旗と神兵の出現(欠字が多いため、未詳)。

③嘉熙二年（一二三八）七月、大水が発生し、郷民は……（以下不明）。
④疫病が流行し、多くの人々が患ったが、廟神に祈った結果、郷民は皆生活に安んじることができるようになった。
⑤淳祐□年に稲が成熟できたのは、次々と旱害や水害が起こっても、すべて廟神が守ってくれたからである。

こうした具体的な霊験を挙げ列ねた上で、「郷民のあらゆる要求に対して、廟神はすぐに応じてくれた」という文言で締めくくり、朝廷による加封の必要性を説いて、結びとしている。①は、前節で考察した「廟牒」中の霊験と、全く同じ事実に即したフィクションであり、③や⑤とともに旱害・水害・蝗害といった農政と密接に関わる霊験である。また②は未詳であるが、おそらく、賊の履泰郷への侵入を阻止した霊威を記したものであり、④の疫病治癒とともに治安維持に関わるものであろう。「廟牒」に記された霊験の類似性を指摘できよう。ただこの「廟牒」では、鎮ではなく、郷という日常空間が舞台となっている。しかしこの事例では、先に述べた霊験の類似性のみならず、以下の点にも同質性を見出せることを、むしろ強調しておきたい。第一に、耆老（父老）が列状の主体となっている。第二に、文書中には、転運使による霊験調査にあたり、耆老が召喚されるなどの記事が見え、彼らが郷全体の秩序維持を期待される存在として描写されている。従ってそこからは、宋朝が父老を媒介として郷村支配を行おうとしていた意識を読みとることができる。第三に、土地神（土神）の霊威によって礼的に統合された空間が記されている。

（例3）「宋霊顕廟賜額勅牒碑」（『両浙金石志』巻一三）

右、標題の碑文は、景定五年（一二六四）九月に、嘉興府城内にあった土神祠に対して、廟額「霊顕」が下賜された経緯を記した尚書省の牒文を刻したものである。その文書全体の構成は、〈図〉6に示した通りである。ここで列状の主体となっているのは、父老ではなく、挙人に相当する郷貢進士や生員に匹敵する待補進士たちである。その列状には、

〈図〉6

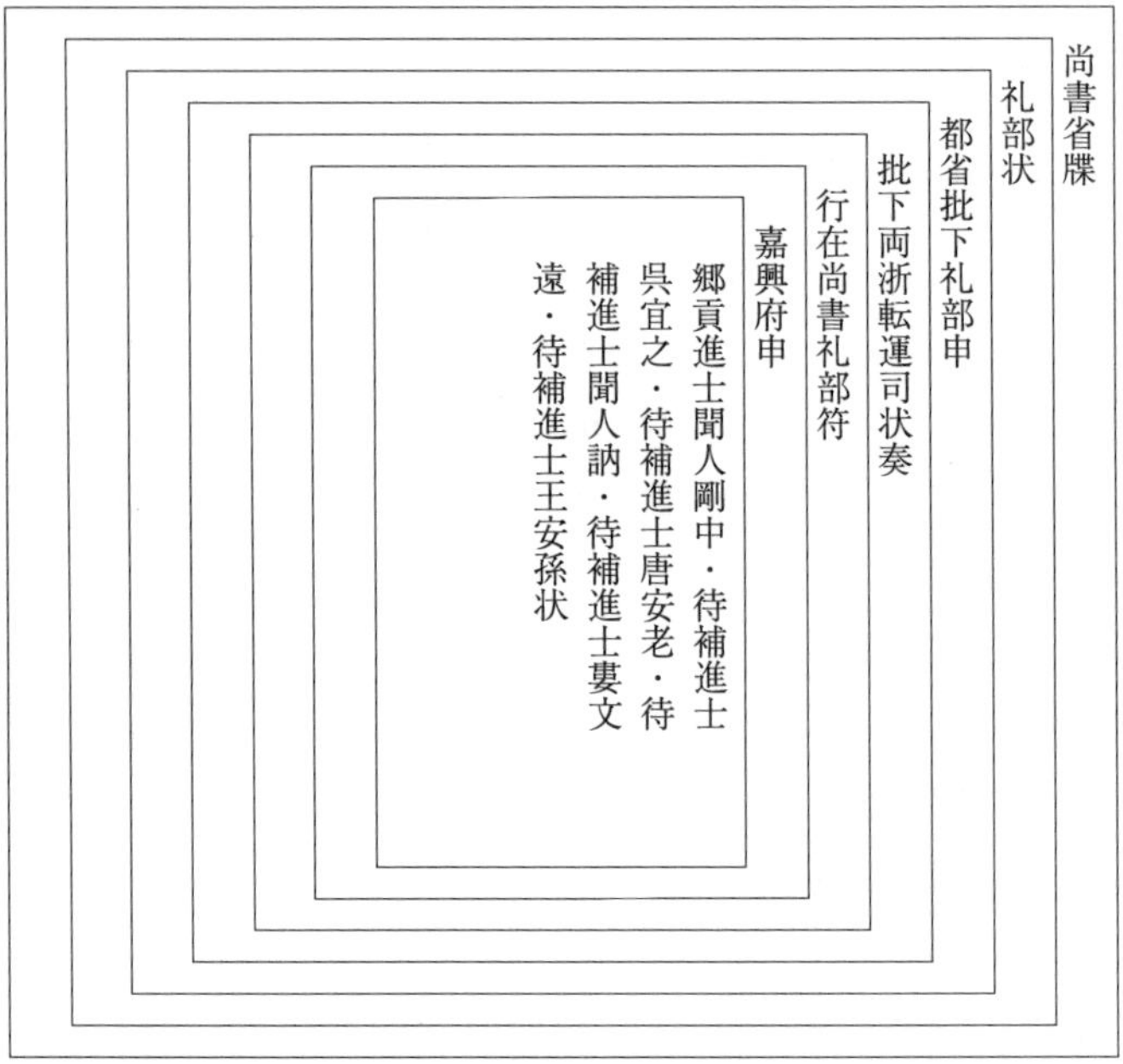


嘉興府の望呉門あたりに、土神施府君（名は伯成）を祀った祠廟があり、祠宇が建てられてから数百年余りになります。居民は皆、帰心敬仰し、旱害、水害、疫病に遭遇する度に祈りを捧げると、廟神はその要求に直ちに応えてくれました。近頃、旱災が発生しそうであったので、我々は国事のために憂慮し、士人と庶民を集めて祠廟にお祈りしました。すると、期日を定めて雨を降らせ、人民に恩恵をもたらして下さいました。このように極めて霊跡があるのに、いまだに封号がないのは、甚だ典礼に悖っているのではないでしょうか。どうか賜額・賜号のご許可を下さり、府城内すべての士人と庶民の帰心敬仰の気持ちに応えていただけますようお願い申し上げます。

とあって、土神を核として、士庶一体となってまとまりあった礼的に統合された「地域」観を、そこに見出すことができる。また、この列状を受け取った嘉興府の申文によると、事の真偽を確かめるために、嘉興県主簿の施信子を現地調査に向かわせ、当地の住人である保正や父老を召喚して、彼らの供述を取らせたことが記されている。施僖子の嘉興府に宛てた状申に言う。

お指し図に従って、直ちに嘉興府北門外三十二都にある施府君廟の辺りに行き、保正の沈春、父老の計四一、李三八、呉七六、張小三を召喚して供述を取りました。引差人[18]が計四一らを本保に出頭させ身柄を拘束したので、事実を究明いたしましたところ、彼らより上件の事情の本末をえました。彼らは、本都の住人であり、実際に本廟の近隣に居住しております。施府君は九歳の時より神となり、廟宇が立てられてから百年余りになります。ここに居住する人民は皆、福を被り、禍を受けたことがございません。わずかに天の巡り合わせにより、水害、旱災、疾患に遭遇することがあっても、廟神にお祈りすれば、必ず感応して下さったそうです。また、十人余りの在城の官員も財を備えて香燭を購入し、本廟で経文を唱えて雨乞いをすると、予期した通り、以後、雨を降らせて救済してくれたそうです。明らかにこの霊験は、列状中のそれと実際に符合いたします。この申し立てに、嘘偽りはございません。

ここからも、土神を祀った祠廟を中心とした官民一体となった世界を見出すことができるし、かかる日常空間の秩序を維持する上で、父老が官民を媒介する存在として期待され、認識されていたことを読みとることもできよう。この「廟牒」で、列状の主体が、父老ではなく、郷貢進士をはじめとした在地の士人層になっているのは、これらの言説の舞台が、鎮や郷ではなく、嘉興府城内であるからであろう。すなわち、当地の階層構成をある程度考慮し、列状の主体を士人層にして地域性に即した記述にすることにより、言説それ自体に現実味を帯びさせようとしたからではないだろうか。

**（例４）「文応廟牒」**（『越中金石記』巻五）

この「廟牒」は、紹興府諸曁県陶朱郷に存在した松山廟[19]に、嘉熙四年（一二四〇）九月、「文応」の廟額が下賜され

〈図〉7

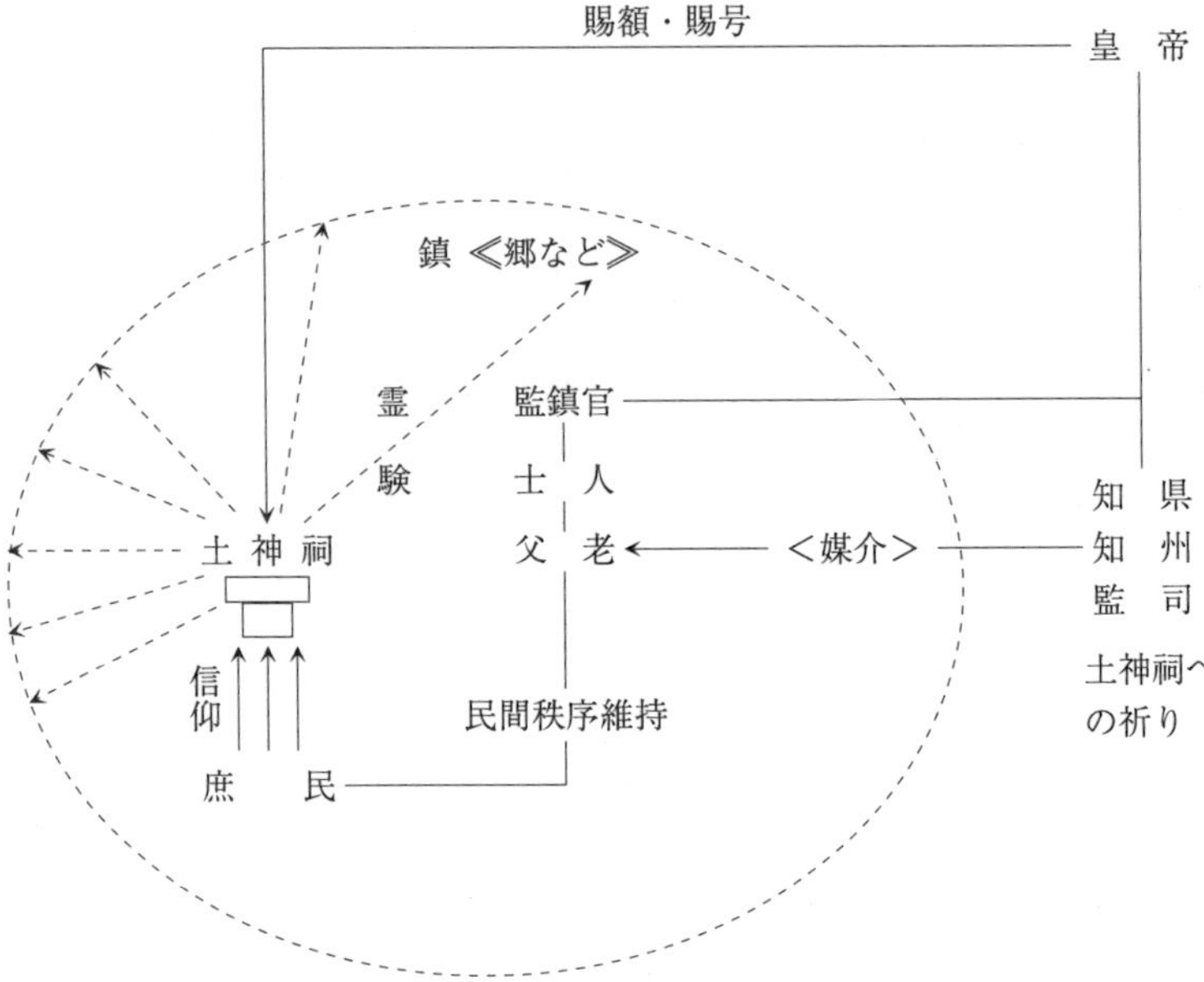


た経緯を示した尚書省の牒文である。筆者は嘗て本文書を拙論で分析したことがあるので、内容の詳細については、前稿を参照していただきたい[20]。ただ、本稿でもなおかつ敢えて取り上げたのは、本「廟牒」と、史料系統を異にする祠廟の記録、すなわち、「文応廟記」（『越中金石記』）とでは、いずれも賜額に至った経緯を記したものであるにもかかわらず、内容上の相違点を見出すことができるからである。

「文応廟牒」（以下、「前者」と表記）では、その文書の骨格をなしている列状の主体が、父老の宋禧ら五十一名となっており、現地の父老による請願が、賜額に至る発端として記されている。しかも賜額が認可される上で、決定的要因となったのが、方臘の乱をはじめとした郷土保全に関わる霊験を廟神が発揮したことにあった。ところが「文応廟記」（以下、「後者」と表記）では、賜額に至った決定的要因として、水害の危機を救ってくれた神恩に報いるために、現地の下役人と庶民とがその顚末を上奏したことがあげられ、前者で強調されていた方臘の乱に関する霊験は、補足的に言及されている傾向が強かった。

同じ事柄について記したものであるにもかかわらず、こうした相違が生じた原因は、両者の史料系統が異なり、その碑文の形成過程が違うからである。前者が、地方官衙の文書と中央官衙のそれとにより重層的に構成された公文書であるのに対して、後者が現地の利害が反映された「廟記」だからである。[21] 従って、本稿でいくつか考察した、前者と同質の史料の中で、祠廟を核とした「地域」において、父老が主導性を持っているかのように記されているのは、宋朝の意向がストレートに反映された現れとして、むしろ解釈すべきなのである。

以上の分析から明らかなように、「廟牒」と呼ばれる祠廟の記録は、宋朝側の論理によって構築された公的な記録であり、従って、そこに表された言説は、そうした史料的性格を加味した上で解釈しなければならない。それぞれの「廟牒」には、共通して、鎮乃至は郷に霊威を及ぼす土神が必ず記されていた。しかも、天災や人災によって、鎮乃至は郷の秩序が攪乱されるに際し、その土神に対して官民（地方官・士人・父老・庶民）一体となって祈りを捧げた結果、土神が境域を保全する霊験を発揮し、居民に安定した暮らしを提供してくれたという経緯が克明に描写されていた。そして、神への報恩を願う、信仰心の厚い居民の要求に応じ、父老がそうした経緯を取りまとめて供述・上申し、各レベルの地方官による厳密な行政手続きを経て、宋朝が賜額・賜号を認可したという記述をもって、結びとしている。「廟牒」に描写された世界の概念図を示すと、〈図〉7のようになる。同じタイプの史料に、こうした共通性を見出せる以上、そこに描出された世界は、勿論、我々日本人の「地域」観ではなく、現代社会に生きる中国人のそれでもなく、紛れもなく、当時の宋朝が理想とした地方統治理念、それが集約された秩序維持空間であったと結論づけることができるのである。

## おわりに

本稿の冒頭で引用した、或る碑文の一節に見出せた「地域」観は、一見すると、それを含む「列状」の主体とされている父老の認識であるかのように思われた。しかし、以上の考察から明らかなように、その一節、さらには「廟牒」が語る〈図〉7で呈示した「地域」観は、宋朝の父老を媒介とする地方統治理念が集約された、いわゆる礼的秩序によって統合された空間であった。従って、「廟牒」に記された世界は、かかる地方統治を宋朝が厳格に実行していたという実態を描写したものではなく、あくまでも理念の世界ということになる。より厳密に言えば、こうした「廟牒」は、南宋時代に碑刻されたものがほとんどなので、南宋政権の中枢にいた科挙官僚たちの理念ということになろう。しかし、祠廟が簇生した宋代社会において、宋朝が廟神の霊験を利用して祠廟を通じて積極的に在地社会に介入し、それらを支配しようとしていたことは、紛れもない事実である。また一方で、宋朝がそうした理念を持っていた以上、当時の中国社会において、祠廟を核としてまとまりあった「地域社会」が、現実世界である程度機能していたことを、当然のことながら想定せねばならないであろう。

ところで、「廟牒」は、最終的にその文書を受領したであろう知州や知県をはじめとした地方官によって、碑文として建立されているが、宋朝は、賜額・賜号の経緯を記した「廟牒」を、何故、碑文に刻印して、各地の祠廟に立てさせたのであろうか。最後に、その理由について簡単に考察・言及して、結びとしたい。

本稿の第一節で分析をした「嘉応廟勅牒碑」には、先ず、その祠廟の神、すなわち、生前その地の地方官であった二人の人物が、その後、どういう経緯で祀られるようになったのかについて記されていた。そして次に、具体的な廟神の有り難い霊験についての記述や、「宋朝は人民を慈しむ政治を行うが故に、人民に恩恵をもたらす神々にも敬意を払ってきたのだ」という、宋朝の政治の姿勢に関する一節も含まれていた。それらの内容を、宋朝側の論理から解釈するならば、人民から慕われ、没後も神として崇められるような地方官とは、どうあるべきなのか、神々のどういう霊験が人民の安寧をもたらすのか、つまり、どういう治政を人民は望んでいるのか、理想的な「地域社会」の姿とは、どういうものなのか、かかる宋朝が理想視する地方政治の在り方を集約したものが、正しく「廟牒」ということになるのではないだろうか。すなわち、「廟牒」の内容は、多分に、現地に赴任した牧民官にとっての地方政治のマニュアル的性格を帯びていたことになる。「廟牒」の性格を以上のように仮定した上で、それを碑文に刻印した理由を考察するならば、赴任先の現地において、「正祠」に拝謁し、定期的に祭祀することを責務としていた牧民官[22]に、目の当たりにするであろう碑文を通じて、父老を介した人民教化、地方統治を徹底させることが、宋朝にとっての最大の目的であったということになろう。またそうしたところに、かえって、地方統治にあたって、神々の霊験を利用せざるを得なかった南宋政権の脆弱性や内的問題点を垣間見ることもできるのではないだろうか。

## 註

（1）斯波義信（一九六八）、同（一九八八）、傅宗文（一九八九）などを参照。
（2）須江隆（一九九三）、同（一九九四b）、同（一九九八）を参照。
（3）『宋史』巻二一四、宰輔表によれば、咸淳六年当時の「同簽書枢密院事兼権参知政事趙某」とは、趙順孫のことであり、「右丞相某某」、「太傅平章軍国重事魏国公某某」とは、それぞれ、馬廷鸞、賈似道を指す。
（4）『宋会要輯稿』瑞異三―四七、嘉定八年四月の条を参照。
（5）『宋史全文続資治通鑑』巻三三、嘉熙四年五月から七月の条を参照。
（6）『宋史』巻二三四、宗室世系表、及び同治『南潯鎮志』巻二六、「嘉応廟勅牒碑」に引く、沈登瀛『南潯備志』を参照。

（7）『宋史』巻四四、理宗紀、『宋史』巻四二一、包恢伝、及び『敝帚藁略』巻一、「奏平荻浦寇劄子」を参照。

（8）『宋史全文続資治通鑑』巻三六、景定二年六月乙巳の条を参照。

（9）同治『南潯鎮志』巻一、疆域、『同』巻三、河渠、及び岡崎文夫・池田静夫（一九四〇）を参照。

（10）張良嗣について、参考までに、『呉興金石記』巻一二、「嘉応廟勅牒碑」に引く、沈登瀛『宋牒釈證』では、彼の肩書きとして記されている提挙官の職事が、具体的に著されていないことを根拠として、進納によって官を得た、南潯鎮に居住する富民ではないかと考証している。

（11）同治『南潯鎮志』巻一二、人物に引く、華文勝伝を参照。

（12）賈似道の公田法については、『宋史』巻四七四、姦臣伝、賈似道の条、及び宮崎市定（一九五九）を参照。

（13）註（11）に引く、引用文献を参照。

（14）柳田節子（一九九九）を参照。

（15）監鎮官については、前村佳幸（一九九八）を参照。

（16）宋朝の賜額・賜号については、須江隆（一九九四a）、同（一九九九）を併せて参照してほしい。

（17）方臘の乱に関する霊験、言説については、須江隆（二〇〇〇a）、同（二〇〇〇b）を併せて参照してほしい。

（18）引差人については、未詳。役所などへ、出頭人を召喚する胥吏、あるいは役人のことか。

（19）松山廟は、別名、朱太守祠と呼ばれ、前漢の会稽太守、朱買臣を祀った祠廟で、後漢の陽嘉三年（一三四）に建てられたという伝承がある（『越中金石記』巻五、「文応廟牒」及び「文応廟記」）。

（20）註（17）に引く、引用文献を参照。

（21）「廟牒」と「廟記」の史料的性格については、註（17）に引く、引用文献を参照。

（22）小島毅（一九九一a）、同（一九九一b）を参照。

## 参考文献

岡崎文夫・池田静夫（一九四〇）『江南文化開発史――その地理的基礎研究――』弘文堂書房

小島　毅（一九九一ａ）「正祠と淫祠——福建の地方志における記述と論理——」（『東洋文化研究所紀要』一一四）
（一九九一ｂ）「牧民官の祈り——真徳秀の場合——」（『史学雑誌』一〇〇―一一）
斯波義信（一九六八）『宋代商業史研究』風間書房
（一九八八）『宋代江南経済史の研究』汲古書院
須江　隆（一九九三）「徐偃王廟考——宋代の祠廟に関する一考察——」（『集刊東洋学』六九）
（一九九四ａ）「唐宋期における祠廟の廟額・封号の下賜について」（『中国―社会と文化』九）
（一九九四ｂ）「社神の変容——宋代における土神信仰をめぐって——」（『文化』五八―一・二）
（一九九八）「福建莆田の方氏と祥応廟」（宋代史研究会研究報告第六集『宋代社会のネットワーク』汲古書院）
（一九九九）「熙寧七年の詔——北宋神宗朝期の賜額・賜号——」（『東北大学東洋史論集』八）未刊
（二〇〇〇ａ）What Do Inscriptions Tell Us?: The Discourse Fond in the Records of Temples. In The Research Group of Historical Materials in Song China, ed. *The Study of Song History from The Perspectiveof Historical Materials.* (ICANAS 2000 提出論文)
（二〇〇〇ｂ）「宋代における祠廟の記録——『方臘の乱』に関する言説を中心に——」（『歴史』九五）
傅　宗文（一九八七）『宋代草市鎮研究』福建人民出版社
前村佳幸（一九九八）「宋代の鎮駐在官」（『史学雑誌』一〇七―四）
宮崎市定（一九五九）「南宋末の宰相賈似道」（『アジア史研究』二、東洋史研究叢刊四―二、東洋史研究会）
柳田節子（一九九九）「宋代の父老——宋朝専制権力の農民支配に関連して——」（『東洋学報』八一―三）

〔付記〕本稿は、財団法人鹿島学術振興財団研究助成金、および、三菱財団人文科学研究助成金による研究成果の一部である。

# 烏青鎮の内部構造——宋代江南市鎮社会分析——

前村佳幸



## はじめに

小論は、宋代中国の人々が集合して生活し諸々の活動を営んだ場＝「空間」として、都市と農村の結節点として商業を核に生成し発展していった市鎮（商業集落の総称）に注目し、その内面に対して社会史的なアプローチから検討を加えようというものである。

宋代においては県の新設は少なく、県城が大幅に増加することはなかった。そのため、社会経済の進展に応じて叢生し、時に県城を凌ぐ勢いを示すものもあった市鎮は、当時の社会構造を理解する上で重要な存在意義をもつ。ただし、従来の研究を総括すると、その流通経済上の地位の解明に重要な成果を上げてきた反面[1]、市鎮の内部に形成される社会の実態とその特質に関しては十分な研究蓄積がなされていないようである。市制の崩壊に代表されるように、唐代後半以降、国家の商業や都市に対する直接的な統制が次第に縮小していったことはほぼ確実であろう。しかし、それを重視するあまり、都市住民の自治が伸長し国家との関係が希薄になったことを過度に力説するならば、実態と乖離したものとなりかねないのではないだろうか。宋代都市の理解を深めていくためには、唐末五代の政治的混乱を収束して中央集権を確立し、華北喪失後もそれを保持した宋朝との関係を見過ごすことはできないであろう。なおこの点と関連しては、官僚機構の収奪や圧迫によって都市の成長や健全な市民社会の形成が阻害されたという理解が根強いように思われる。(2) こうした、単純な要素による論断や西欧史の経験を基準とした評価を下すことに筆者は躊躇を覚える。なぜならば、傅宗文氏による総合的な研究（傅　一九八九）などが公にされているにもかかわらず、鎮に代表される市鎮社会の内実や時代相はいまだ十分に解明されていないし、そこには、官僚による統治の存続を可能にしたのは何か、当時の住民はそれをどうとらえ如何に接していたのか、旧中国特有の集権国家或いは地方行政は都市に対してどのような影響を及ぼしたのか、吟味すべき問題が山積しているからである。

上記のような問題関心を抱く筆者は前稿（前村　一九九八）において、宋代の鎮が住民の生活空間であると同時に行政的統治の単位でもあることに注目し検討を行った。その結果、鎮の市政を監督する国家の行政機構の存在は必ずしもただ単に鎮内部の社会秩序を阻害するものとみなすことはできず、南宋では監鎮官と住民との間に協調的な関係さえ確認できたのである。こうした側面をもつ宋代における鎮の基本的性格を明らかにするために、さらに検討を要するのは、鎮住民の内面にどのような社会的諸関係や統合意識が展開したのか、ということである。そこで小論では、宋代以降市鎮が最も発達した江南地方に着目し、(3) 前稿で扱った鎮のなかから烏青鎮をとりあげ、この課題に取り組みたい。烏青鎮（現浙江省桐郷市烏鎮鎮）では、沈平撰『烏青記』以来、住民により嘉靖・万暦・康熙・乾隆・民国期において方志が編纂されている。(4) 宋末元初に成立したとみられる『烏青記』或いは『烏青誌』四巻は残念ながら失われているが、その内容の一部は後の方志に踏襲されている。また、その芸文志等には宋代の文章が収録されており、現存の宋代史籍では断片的な史料しか見いだせないことの多い鎮とその住民に関して、同一地域に即した内在的な分析が可能になると確信している。

## 一　宋代烏青鎮の空間、住民・生活

烏青鎮については、林和夫氏により六朝時代に溯るその起源から民国期に及ぶ長期的な概要と変遷が明らかにされている（林　一九八四）。さらに、その歴史的な集落の造形と建築物を扱う研究成果も上げられている（高村　一九九三）。しかし、各時期にそれぞれ異なる特色を示すであろう鎮の具体像は、当該期の市鎮全体に共通する性格や社会全体との連関性を探る上で重要な素材を提供すると考えられる。そのため、いったんは対象期間を限定して、より詳細な状況を解明していくことが必要である。本章では、宋代における烏青鎮の空間構造、住民構成とその生活の諸側面について、その特色をできる限り明らかにし、同鎮の基本的な存在形態を把握したい。

### 空　間

宋代における烏青鎮の町並みについては、「趙宋の時、尤も富麗を称せらる。市逵は縦七里横四里なり」（明・王済「烏青二渓編」）とする記述から、[5] 南北（縦）を貫く運河と東西（横）方向の水路が交差し、前者を軸としてその両岸に沿って家屋が展開し、現在みる鎮の原型がすでに確立していたことがうかがわれる。南北方向の運河（市河）は、大運河のバイパスとして、石門・崇徳県（杭州方面）、平望（蘇州方面）に接続していた。そして東側の水路は、青鎮の常豊橋（現応家橋）、西側の水路は烏鎮の安利橋（現常春橋）のあたりで市河に合流していた。なお行政区画上は、東岸は青鎮（青墩鎮）、西岸は烏鎮（烏墩鎮）として、それぞれ嘉興府（秀州）崇徳県清風郷、湖州烏程県崇孝郷に属し[6]、市河により分断されていたのである。当時の鎮の総人口、職業・世帯構成などについて、体系的で確実な史料を見付け出すことはできない。林氏の挙げる史料によれば、清代に「万家」「万戸」という表現がある一方、十六世紀から民国期にかけての具体的戸数は四千から五千程であり（林　一九八四）、宋代の規模がこの範囲を超えることはなかったであろう。そして南宋には、青鎮が烏鎮に対して「土宇居民三の一に及ばず」（一二一一）とされ[7]、さらに「青鎮縦は烏鎮と等しく、横は之に半ばず」（前掲「烏青二渓編」）という記述もあるので、両岸は必ずしも均等に発展しておらず、集落の規模と住民数において著しい格差の存在していたことがわかる。この状況は後に詳しくみるように、住民の意識と行動に強い影響を及ぼしたのである。その一方で、両岸は烏青鎮として一体のものとみなされていた。例えば、烏鎮に庁舎を構えていた監鎮官の正式な職名は「監安吉州（湖州）・嘉興府烏青鎮税兼兵兼主管煙火公事」といい、両岸を一括して管轄し、一定の司法的権限と武力により鎮の防火体制と治安を維持する責務を帯びていたのである（前村　一九九八）。

このような両岸を密接に結びつける上で橋梁は欠かせなかったであろう。北宋紹聖年間（一〇九四～九七）以降建造されたものとして、『嘉泰呉興志』巻一九・橋梁に記載される済遠橋（現南花橋）と興徳橋（現北花橋）は、烏鎮と青鎮の間に架けられていたものである。後者は南宋紹興年間（一一三一～六二）に建造され、木造とはいえ橋上には「亭」が設けられていたというから[8]、わりに大型のものだったとみられる。烏鎮の安利橋もまた紹興年間に建造され、石造（鑴石工巧）であったが、特に注目されるのが、湖州・太湖方面の水路と市河の合流点にあり、青鎮との間に架けられた衆睦橋（現売魚橋）にも接していたことである[9]。その橋詰のあたりは「上緊之地」（『烏青記』）と記録され[10]、後に「今は市集無く、上緊の地に非ざるなり」（民国『烏青鎮志』巻一三、橋梁）とあるのを鑑みれば、宋代には市が立ち、交易地として相当賑わっていたことがわかる。附表は、南宋における鎮の領域を特色づけたであろう主要な建物につ

## 61　烏青鎮の内部構造

### 宋代烏青鎮略図

| | | |
|---|---|---|
| ①衆睦橋（現売魚橋） | ②安利橋（現常春橋） | ③興徳橋（現北花橋） |
| ④常豊橋（現応家橋） | ⑤衆安橋（現紫梗橋） | ⑥済遠橋（現南花橋） |
| ⑦福興橋 | ⑧慶元橋 | ⑨通安橋 |
| ⑩元祐橋 | ⑪淳熙橋 | ⑫広済（普済）橋 |

原図は民国『烏青鎮志』所収の「烏青鎮市街図」をトレースしたもの。
□は各氏の邸宅・園林類、卍は仏教寺院、◆はその他の宗教的施設を示す。

**附表　南宋期の烏青鎮における衙門・寺廟・邸宅**

烏　鎮

| 名　　称 | 所　在　地 | 成立年代 | 創設者関係者など | 存立期間・後身 |
|---|---|---|---|---|
| 監鎮衙 | 普静寺南 | 北宋 | 重建（1261） | 宋末 |
| 商税務 | 衆安橋北 | 北宋 | —— | 宋末 |
| 酒務・第一春亭 | 通安橋南 | 南宋紹興以降 | —— | 宋末 |
| 普静寺 | 広済(普済)橋東 | 南朝梁 | 呉越更名普静 | 民国 |
| 広福寺 | 淳熙(談家)橋西 | 北宋治平 | 賜今額（1163） | 清代 |
| 福田寺(石仏寺) | 淳熙橋西 | 南朝梁 | | 近年再建 |
| 慈雲寺 | 通安橋南 | ？ | 南宋淳祐賜寺額 | 近年再建 |
| 白蓮塔院 | 上智潭之南 | 北宋崇寧 | | 民国 |
| 北利済院 | 利済橋南 | 南宋 | もと張俊の庄 | 民国 |
| 西利済院 | 通利橋西 | 南宋 | 道士祝道誠 | 元末 |
| 嘉会院 | 広済橋西秦府南 | ？ | ？ | 元末 |
| 佑聖宮 | 梯雲橋南 | 唐代 | 裴休 | 民国 |
| 東嶽行宮 | 元祐橋北 | 北宋(1092) | 監鎮官鮑安昌 | 民国 |
| 観音堂 | 官人橋北 | 宋代 | ？ | 民国 |
| 法華懺堂 | 衆安橋南 | 宋代 | 胡大士 | 民国(青蓮庵) |
| 寿寧経堂 | 西寺巷 | ？ | ？ | ？ |
| 円義庵 | 東嶽行宮後 | 北宋熙寧以降 | 円義禅師遵式 | 民国 |
| 月林庵 | 広済橋西 | 宋代 | 鎮人沈少師 | 元末 |
| 烏将軍廟 | 上智潭之北 | 唐代憲宗時？ | 副将呉起？ | 民国 |
| 広恵廟 | 淳熙橋西 | 南宋(1175) | 安定郡王趙伯皞 | 元末 |
| 東平王祠(のち顔家聖堂) | 善利(二井)橋西南 | 南宋建炎 | 顔天傑 | 民国(城隍廟) |
| 安定郡王趙伯皞故府 | 顧家橋東 | 南宋 | 寧宗皇伯祖 | —— |
| 秦申王檜園(秦府) | 広済橋～淳熙橋 | 南宋 | | —— |
| 王安撫彦故宅 | 大悲橋西 | 南宋 | | —— |
| 顧尚書巌故宅 | 通安橋北 | 南宋 | 顧尚書花園之処 | 顧家巷 |
| 丁節度勝故宅 | 平等橋東 | 南宋 | | —— |
| 丁鶴林南故宅 | 全家(全利)橋東南 | 南宋 | | 丁家巷 |
| 沈少師・子皞侍郎故府 | 金鼓橋西 | 南宋 | 沈侍郎百花庄 | 沈家巷 |
| 沈知丞故宅 | 獅子橋西 | 南宋 | 張即之題 | 元末 |
| 沈左蔵故宅 | 安利橋北 | 南宋？ | | 宋末 |
| 屠省元瓚故宅 | 善利橋西北 | 南宋 | | 元末(六杉園) |
| 黄百万雝故宅 | 飛蓋橋 | ？ | ？ | —— |

青　鎮

| 名　　称 | 所　在　地 | 成立年代 | 創設者関係者など | 存立期間・後身 |
|---|---|---|---|---|
| 密印寺 | 興徳橋東 | 南朝梁 | 昭明太子 | 民国 |
| 宝閣寺 | 密印寺西 | 北宋慶暦 | 密印寺僧如賓 | 民国 |
| 天台広福塔院 | 密印寺東 | 北宋 | 寿聖塔院を改名(1162) | 民国 |
| 奉真道院 | 通徳橋南 | 南宋建炎 | 沈承節・張承信 | 民国(高等小学) |
| 修真観 | 印家巷 | 北宋(998) | 道士張洞明 | 戯台現存 |
| 崇福宮 | 福興橋北 | 宋南渡後 | 法師葉彦球(1137) | 民国 |
| 姚家聖堂 | 莱市橋東 | 宋代 | ? | 民国(興福禅院) |
| 十六観堂 | 密印寺東 | 宋代 | 張刺史 | 元末 |
| 観音庵 | 青鎮之北柵 | 南宋(1264) | 慧禅師 | 明代 |
| 車渓祖関 | 寿聖塔院の南 | 宋代 | 郷法師 | 明代 |
| 索度明王廟 | 寿聖塔院の東 | 北宋末(1126) | 監鎮官周離亨 | 民国 |
| 沈平故宅(東皐園) | 広安(茅)橋東 | 南宋 | —— | ? |
| 莫尚書沢故宅 | 朝宗門内 | 南宋 | —— | ? |

【典拠】万暦『烏青鎮志』巻1（公署・第宅・門坊街巷・橋梁）・巻2（祠廟寺観）、康熙『烏青文献』巻2（第宅・園亭・祠廟・寺観）、乾隆『烏青鎮志』巻6（祠廟・寺観）・巻7（園第）、民国『烏青鎮志』巻13（橋梁）・巻15（祠廟）・巻16（寺観）・巻17（園第）。

いてまとめたものであるが、烏鎮に集中していることが一目瞭然である。これは烏鎮の規模が青鎮より単に大きいだけでなく充実していたことを示しているだろう。

ところで、鎮は北宋末期から南宋初期の建炎年間（一一二七〜三〇）にかけて戦乱の脅威にさらされ、とりわけ方臘の乱では「徽宗宣和庚子（一一二〇）、睦寇方臘鎮を犯し半を燬く」（万暦『烏青鎮志』巻二、祥異志）と記録されるように、甚大な打撃を被っていた。しかし、つづく紹興年間において上記のような重要かつ精巧な橋梁が建造されたことは、宋朝の南渡により国都が非常に近くなり、かつ北来の士大夫をはじめ多くの新住民を迎えたこととも関連して、鎮が戦災から立ち直りより一層発展していく趨勢を示したものとみることができよう[11]。南宋の住民による鎮志『烏青記』最大の特色は当時における鎮の繁栄ぶりを誇示することにあった（森　一九九六）。

『烏青記』によれば、南宋期の烏鎮安利橋の界隈には「妓館戯劇」の類がおかれ[12]、興徳橋西詰（烏鎮波斯巷）の南瓦子もこの時期のものと思われるが[13]、ここにはさらに八仙楼が営業していた[14]。こうした官営の酒楼・酒店や茶館が烏鎮を中心にいくつか設けられており[15]、酒類は豊富に供応されていたようである。これらは、「銀葉撥刀麵」により広く「京浙」の評判を得た青鎮の殷郎食店などとともに[16]、内外の人々をひきつけ消費活動の格好の場となっていたとみて間違いなかろう。四つの草市が開かれたという[17]烏青鎮は交易地として活況を呈していたばかりでなく、盛り場も擁していたのである。この状況を反映してか、監鎮官管下の商税務は市河と並行する安利橋と衆安橋（現紫梗橋）の間——即ち烏鎮にあり[18]、南宋になると、政府は専任の酒務官を配置して酒の醸造・販売を直接管理するようになった[19]。なお、鎮に市壁が築かれることはなかったけれども[20]、元末の動乱に至るまでは青鎮を統括する崇徳県城も同様であった[21]。その一方において、鎮の内部には州県城のように街路に基づいた区分がなされていたようである[22]。

以上俯瞰してきたように、烏青鎮における都市的要素はかなり明瞭であるといえよう。ただしここで指摘しなければならないのは、市河の沿岸から内側に入ると、寺院や士大夫・大官・功臣等の邸宅・園林・庄が分布し（附表参照）、いわば文人の愛好してやまない田園的な景観[23]もまた濃厚であったと推測されることである。つまり、当時の烏青鎮を商工業の中心、商人の拠点という一般論的性格のみでとらえては、その全体像を理解することは難しいのである。附表において整理したように、鎮には南朝時代にさかのぼる普静寺（烏鎮）や密印寺（青鎮）のような古刹が健在である一方、北宋から南宋にかけて創建された寺廟が数多く、そこに鎮のもつ重要な側面の一つ——宗教活動の舞台——を見いだすことができる。こうした多面的な性格の背景を理解するために、次に各層の住民についていくつかの例を挙げて検討し、あわせてその生活の一面にも触れてみよう。

### 住民構成と生活

さて、正徳『桐郷県志』は『烏青記』（本鎮旧記）の内容について「土俗に勝事尤も多し」と評し、これを典拠として「蓋し此の地三州の会・水陸の交に当り、南渡以後、士大夫多く卜築して焉に楽寓す。其の地人に因りて勝（さかん）なり」

（巻一、市鎮）と述べる。つまり、鎮の繁栄をその立地条件の良さに加えて、南宋期に多くの「士大夫」が流入・定着したことによるものと指摘しているのである。青鎮の属する嘉興府に注目すると、宋朝の南遷にともない市鎮に移住した士大夫の少なくなかったことがうかがわれる。(24)

そして、歴代烏青鎮志の選挙志と伝における宋代の部分には、(25)壺・張・莫・顧・趙・沈姓が見いだされ、あまり確実でないと思われるものを除いた進士十三名中八名（全て南宋）が莫氏でその卓出ぶりが目を引く。そのなかには、莫抃・沢、顧元龍・巖父子のように二代つづけて進士身分を獲得して仕官したものがおり、北宋神宗期の進士一名から六代目に再び官僚を輩出するようになった壺氏（徴・嘉賓父子）の例もある（万暦『烏青鎮志』巻二、例貢表・武職表）。なお趙氏は宗室であった（同封贈表）。莫抃・沢父子の一族は青鎮に「世居」していたといい、(26)及（抃の従子）、光朝（及の従弟あるいは従子）、之禦（抃の従子）ら進士科合格者や如之（之禦の弟あるいは光朝の姪）・蒙（抃の従孫）などの特奏名進士とされる人士は、その家系に連なる。さらに『烏青文献』は莫若沖を挙げる。(27)これは南宋初期に杭州仁和県より崇徳県に移ってきた莫琮の子であり、(28)同姓だからといって必ずしも同族ではないことがわかる。また張姓の進士としては、朱熹と同年で清風郷出身の張然という人が記載されているが、開封府を本貫とする張掄（十二世紀中の人）が朝廷より青鎮に「第」を賜わるなど、(29)複数の家系があったようである。顧氏については、本地人かどうか判然としない。ただ、その屋敷の跡地一帯が地名となっており（附表参照）、官僚として任地を歴任しても、莫氏同様、(30)退休の際にはそこで過ごしたのであろう。

ここで、主に都市部の住民（坊郭戸）に対して課せられた「科配」の免除に関する規定を取り上げよう。これは、鎮における士大夫・功臣及びその一族＝官戸の経済活動を理解する上で参考に値する。

諸て坊郭品官の家は、科配を免ず。若し営運し民と利を争わば、鎮・寨の城市に在りては第一等に及び、県の第三等、州の第四等なる者は並びに免ぜず。監司は至る所で常切に検挙覚察せよ。（『慶元条法事類』巻四八賦役門、

科敷・賦役令）

本来坊郭の官戸はすべて科配負担を免除されるけれども、「営運」している場合、その上等戸を対象外とするものであるが、次の二点が重要であろう。一つは、鎮と寨が州県城に準じて「城市」とされていることであり、いま一つは、都市に居住する官戸が往々にして商業活動に関わり「民と利を争」っていたことである。この規定によれば、県城では三等戸まで対象外にもかかわらず、鎮と寨では一等戸を除き全てに認められており条件の緩やかだったことがわかる。これは、士大夫などを吸引する利点となったのではないだろうか。ともかく、南宋の法典において以上のような内容が制度化されていることは、鎮在住の士大夫層も商業的活動を収入源とすることがかなり一般的であったことを示している。ところで、『烏青記』の編者沈平（十三世紀中の人）は、詩文の著作に没頭して『東皐唱和集』『東皐遺稿』『烏青拾遺』を遺し[31]、「処士」といわれた人物であった[32]。官途につこうとしなかった沈平が文人的生活を享受できたのは[33]、租田など収入をもたらす資産を有していたからであろう。また、僧侶達の修行＝生活のために鎮内に僧坊を建て田地を寄附する者もいた[34]。このように、鎮在住の「士大夫」は入仕せず科挙制度による資格や地位さえもたない者など多様な形態を含みつつ、総じて経済的にも豊かで烏青鎮社会における上層を構成していたと考えられる。では、一般的な住民とはどのようなものであったのだろうか。宋代烏青鎮の基本的性格が発達した商業集落である以上、農漁業者やその兼業者の存在を考慮しても、住民の主流は商工業者（とりわけ商人）であったと思われる。しかしながら、この点に関しては先にも述べたように史料がほとんどなく、その具体像を示すことは難しい。そこで、南宋の名医として知られた王克明（一一一二～七八）の伝記、葉適撰「翰林医痊王君墓誌銘」に注目してみよう[35]。

これによると王克明は、「数百千里を常として人の急に赴」くというその精力的な往診のため鎮には不在がちで、「幹局有りて姑に事うること甚だ孝」であった妻の聞人氏が「能く生を治め子に教え、園池屋宅を繕」い「富者」となることに寄与したという。医官として従軍したこともあり、「賢郷大夫」が「自ら屈して」交際した王克明は鎮において権勢を誇った人物のようだが[36]、その一生は、客商として頻繁に外出したであろう商人の居住形態をも彷彿させてくれる。烏青鎮在住の裕福な商人達も同様に、遍歴の末かその途上において、鎮に邸宅を構え留守の家族を養い財産を蓄えていた様子がうかがわれるのである。なお、王克明の本貫は江南東路饒州楽平県で「其の術を以て江淮に行游し、蘇湖に入り、最後に烏鎮に家」した。また聞人氏は、運河により鎮とも密接に結ばれていた嘉興県（嘉興府）の出身というから、この地方に移り住んでから迎えたのであろう。王克明一家もまた鎮の優れた立地・環境に惹かれて、その終の住まいを定めた新来の住人だったことがわかる。

さて次に紹介する史料は、作者何薳（一〇七七～一一四五）[37]が烏鎮に寓居していたときに見聞したもの[38]であり、当時、鎮の住民から敬愛されていた主人公の施氏が六十歳代でなお健在なので、おそらく十一世紀後半から十二世紀初め頃における烏鎮の一齣である。

湖州烏墩鎮沈氏の婢に、其の隣里之を「施妳婆」と呼ぶ者あり。年六十余にして鬖両髻、明らかに其れ尚お処子なり。年二十にして沈氏の婢と為る。大疫に会い、主公主母継いで亡われ、独だ二女子を余す。各おの十数歳にして、旁親の依りて生を為す可き無し。施即ちに旁舎に傭舂し、或いは草履を織り、縫紉の事に与り、銭を得て以て二女に給し、且つ之を教護す。長大に至るや、良を択び配と為し、更めて為に其の子を撫抱し、力を尽くして奴事す。鎮人皆な知りて之を敬愛す。大家出遊する毎に、則ち舎を仮守し、余物前に満つるも、一毫も移さざるなり。今に至るも尚お在り。（何薳撰『春渚紀聞』巻四、雑記「施妳婆」）

この逸話でまず看取されるのは、沈氏のような家内労働用の雇傭人（妳婆）を抱える、いわば中流以上に属するというべき家庭（商家だったのではなかろうか）が不意の事態により容易に没落・断絶してしまうことがあったことと、その一方において主家の遺産があったにせよ、施氏のごとく賃仕事で日銭を得て自活し家人を養育することも十分可能であったということである。また、鎮の街頭でのみもの（漿）を売る老婆もいた[39]。「城市に売買駢集し、細民以て客旅に営求すべ」しというように、(40)こうした小販も人の往来の活発な烏青鎮では生業として成り立ち易かったとみられる。このような例から、宋代の烏青鎮では零細な生計を営む人々も一定の社会層を形成していたと推測される。

以上、宋代とりわけ南宋期の烏青鎮が実に多種多様な出自・階層・地位の人々に生活と生計の場を提供していたことを確認してきた。なお住民の流動性については、先の諸例から「主戸少なくして客戸多し。往来定らず口は尤も記し難し」(41)という当時最大級の鎮と同様に高かったとみてよいだろう。このように一定の規模の市鎮には、資産家や士大夫・士人・文人層をひきつける利点に富み、「細民」と呼ばれた人々にとっても、なんらかの生業にありつく機会が多く、農村に比べて外部からの流入・定着が容易であったことは確実である。そして、そのように開かれた空間であったことはその繁栄と密接に関連しているのであろう。また、それはどちらかというと経済的な条件（立地や後背地・市場の状況など）に大きくよるものと思われる。それでは、宋代の烏青鎮における社会結合にはどのような特色が見いだされるのであろうか。現存する史料によれば、当時の烏青鎮に閉鎖的で成員相互の保護・規制をはかるような団体的結合や住民側を代表する自治的な組織役職を確認することはできない。そのため、そうした形態に代わる内発的な社会関係がいかなるものであったのか、小論においてはその検討が特に望まれるところである。

さて、万暦『烏青鎮志』について森正夫氏は、鎮の史書としての編纂意図を読み取り、とりわけ芸文志巻四が「一家・一族を越えた烏青鎮自体の歴史に関わる文献資料」によって構成されていることを指摘する（森　一九九六）。同志には「青鎮徙役之碑」や「烏墩鎮土地烏将軍廟記」などの宋代文献も収録されており、これらの一次的史料を通じて上記の課題に接近することができる。以下、その内容を検討してゆこう。

## 二　「青鎮徙役之碑」にみる青鎮社会

寧宗嘉定二年（一二〇九）の中秋に建立された「青鎮徙役之碑」は[42]、青鎮の住民に対する職役差充の免除を国家に認めてもらった経緯を碑刻したものである。以下に全文の書き下しを掲げる（行論の便宜上番号を付した）。

①本朝、仁厚を以て国を立つるは漢唐を度越す。良法の美意は万世を歴るも変う可からざる者なりて、要は民に便ならしむるを出でざるのみ。故に役法の差顧（差僱）は、温荊二公の賢の見る所を以て、稍や偏く之を行う。一時は猶お病を以て告ぐるも、熙寧より今に至ること百三十余年なり。免役の銭は除かれず、而るに差募の法は並びに独女戸・単丁と夫の郡県坊郭とを用てし、著して令甲に在り。悉く免充を得て、民実に之を便とす。党（も）（儻）し邑の大夫以て属心せざれば、則ち吏奸は並縁して其の手を高下し以て谿壑の欲を資（ほしいまま）にし、而うして民の病を滋すこと甚しきは、立法の本意に非ざるなり。②烏青鎮、湖秀の間に分たれ、水陸輻輳し、生歯は日に繁く、富家大姓は浙右に甲たり。是より先、四安・新市は坊郭法を用て、傍郷の物力多く立つる所の戸を就けて充応［応役］せしめ、民は奠枕を獲たり。唯だ青鎮のみ地陋く役煩わしく、事力（勢力）無し。以て上に継訴せるも、且つ令為る者、類ね簿書を汩（おさ）め期会に供うのみにして、民の疾病を視ること秦越の若し。然して請うも輒ち中格せらる。近歳以来、巨室は圮困、窮弱は転徙し、民力は愈いよ以て罷れ［疲罷］（罷弊し）、市区は愈いよ以て索寞なり。保伍正長の間ま更替に当る［有る］や、郷胥弄鬻［弄法］して、甲乙互いに推し、歳を累ぬるも役に執くこと無き者有り。朞功［期功］の近親・百年の姻娅と雖も、一旦相い視ること仇の若し。論は糾紛し（訐訟糾紛し）、風俗の不美の如き［（風俗の不美）］は甚し。有識の士、之が為に浩歎す。③是に於て、前湖南提挙常平茶塩事張公頎、郷の宦達・里の俊造と偕に勇於を与にして義を為すや、進士沈揚休・免解進士張承徳・沈繪・莫沂・張玉・沈洒・張由・張田の若きは、相い率いて崇徳令尹趙公与浚に告ぐ。已にして之を常平使者林公拱辰・嘉興郡太守林公良に上るや、以て経久に行う可しと為さざる莫し。顧ち［故に］朝に請いて夕に報ずるに、一に四安・新市を以て準と為す可し、と。是れ自り、富者は［復た］多貲［（多資）］に憑藉し以て重困せず、夫の貧

貧なる者は各おの安生楽業を得て富戚に望むこと無く、党［郷鄙］の内は歓然として恩を以て相い接し、里巷の中［間］は恵然として情を以て相い通ず。士は相い与に学に力め、民は相い与に市に歌い、而うして足跡は訟庭に登らず。④これ誰の力ならんや。遂に合辞して之を守令に帰さんとせば、則ち曰く「吾、特に爾らの請に従いて之を監司に上すのみ」と。又た合辞して之を部刺史に帰さんとせば、則ち又た曰く「吾、聖天子仁厚の意を奉行し以て爾ら民に便ならしむるに過ぎざるのみ。吾何ぞ之を力むるにか焉有らん」と。昔、康衢之歌、堯〈に〉曰く「爾の〈［我が（われら）］〉蒸民を立つるは、爾が極に匪ざるは莫し。識らず知らず帝の則に順う」〈＝『列子』仲尼第四〉と。然らば則ち今日の挙は其れ唯だ吾が君の賜のみならんや。鎮人、将に上賜を侈（ほしいまま）にせんとす。以て方来に昭示し、是に於て書さん。⑤嘉定二年中秋日、寄理従政郎・新監行在点検所糴場莫光朝記し并びに書す。奉直大夫・主管建寧府武夷山沖祐観・崇徳県開国男・食邑三百戸張頠隷額す。修職郎・監湖州嘉興府烏青鎮税兼兵主管烟火公事趙善垍立石す。

①における「役法差顧（差僱）」は、王安石・司馬光をそれぞれ領袖とする新旧両政権下で動揺しつつも基本的に南宋でも施行された免役法（募役法）を指すのであろう。①では、独女戸・単丁戸と州県城（郡県坊郭）の戸のみに限って「免充」することが法制化されており、彼らにとって都合がよかったことを述べている。「免役之銭」が徴収されつづけたにもかかわらず、「差募之法」が一部に制限されていたことを記す①は、南宋における役法の特色を明確に指摘した部分といえる。そして②によると、青鎮では四安・新市鎮のように「坊郭法」が適応されておらず「保伍正長」が課せられていたため、その負担により住民が困窮化し鎮の活力が失われたという。「保伍正長」とは、南宋において地方行政末端の実務を遂行した保正副・大小保長などを指すとみられるが、周知のとおり、これは経済的にも負担が大きく一家の破産を招く重役として忌避されていたものである。青鎮の場合、その就役をめぐって「郷胥」が暗躍し住民同士で押し付けあったために、親族や姻戚の間柄でさえ険悪になっていたという。「郷胥」とは、民戸の

資産（物力）を審査して就役の順序（役次）を決定していた郷書手のことであり（梅原　一九八九）、これに贈賄して就役を逃れる者がいて、不公正な役次に異議を申し立てる訴訟が続出したために生じた事態であったことが読み取れる。③は、こうした状況に危機感を抱く人々が所管の知崇徳県趙与浚を経て両浙西路提挙茶塩公事林拱辰・知嘉興府林良に請願を行い、四安鎮・新市鎮と同様に扱うことを認めてもらい、懸案を解消したことを記す。これは①の「免充」や②に「就傍郷物力多所立戸充応」とあることから、雇銭納入により郷村戸のように直接就役しなくても済むようになったことを意味するのであろう。なお、請願を速やかに聞きいれてくれた知県知府・監司ひいては皇帝に対する感謝の意を表明する④につづけて、⑤では、その経緯を碑文とした士大夫の姓名・官職・位階と監鎮官趙善埴によって本石碑の建立されたことが示されている。

さて、以上の内容整理を踏まえて青鎮の状況を探ってみよう。都市部（州県城）の住民としての坊郭戸は、北宋期より役法をはじめとして郷村戸と区別され比較的軽い負担で済んでいた。そのため、王安石は戸数の少ない州・軍・県の整理統廃合を推進して州・軍城を県城へ県城を鎮へと降格し、さらに募役法の施行によって坊郭戸からも助役銭を徴収して都市と農村のあいだに横たわる不均衡を是正しようと試みたが、前者は都市民の強い反発を招いて結局多くが復旧されたし（佐伯　一九三九）、後者の免役銭・助役銭は南宋になると財源化して就役者への雇銭に充てられることはなかった（曾我部　一九四一）。当時の都市には農村と比べて国家によって優遇される側面があったのである。南宋期、都市民（城郭）には「募人充役」が一律に認められており[43]、制度上、官府より本人が就役を強要されることはなかった。しかし、郷村戸においては一部を除いて認められず、就役の負担軽減と役次の公平を実現するために義役が展開することになる（周藤　一九六六）。その一方、①に「郡県坊郭」とあるように、州県城では金銭を納入し代役を充てるかたちで実際の就役は北宋から一貫して免除されており、四安鎮や新市鎮のように少なくとも一部の鎮でも適応されていたのである。

以上のことから考えて、政府から都市としての扱いを受けることは、就役負担による破産やその忌避のために紛争が恒常化していたという農村部と対照的に、商業的な経済活動に専念するための好条件をもたらしたといえよう。その不振が先ず「市区」において表現されるように、主に商工業を営んでいたであろう青鎮の一般住民がかかる扱いを希求するのは必然であった。しかしながら、共に「義を為す」③とはいえ、国家の課す徭役負担に対して青鎮の住民達が選択したのが、資産を供出し連帯して対応する義役ではなく個別に対処できる〝募人充役〟であったことは興味深い。この事実は、郷村部以上に住民同士の結びつきが必ずしも相互扶助の強化を志向していくものではなかったことを示唆していないだろうか。[44]いずれにせよ、現実に住民の間に経済的な格差と不公平感が広がり、その軋轢が内部の社会秩序を大きく蝕みつつあった青鎮では、国家の都市制度による優遇こそが問題解決の鍵とされるにいたったのである。このことは、複雑に分化した鎮社会の秩序が安定するためには、国家の行政の枠組みにうまく適応することが重要であったことを物語っている。

なお、②では「烏青鎮」が湖州の四安鎮や新市鎮などよりも経済力のあることが強調されているが、これは対岸の烏鎮ないしは烏鎮・青鎮両方を合わせた場合に該当するのである。南宋初期、四安鎮に配置される官員に烏青鎮と同様の権限を与えようとした際に「其れ四安鎮、人烟繁盛なりて梅渓・烏墩の下に在らず」（一一四四）とあるし、[45]烏青鎮の商税額は新市鎮より常に高く設定されていた。[46]宋代の湖州では烏鎮が卓出していたのである。したがって、碑文では一切触れていないが、烏鎮では四安鎮や新市鎮と同様、「坊郭」としての諸制度を既に適応されていたと考えられる。だからこそ碑文の題目では〝烏青鎮〟でなく〝青鎮〟とあるのであり、請願が行われたのも湖州・烏程県と嘉興府・崇徳県双方ではなく、青鎮を管轄する後者と監司（部刺史）だけなのであった。それ故、本碑文が対象とするのは青鎮及びその住民、関係者に限定されることに注意されたい。ならば、どうして青鎮では役法上郷村と同じように扱われたのであろうか。前章でも述べたように、当時の青鎮の規模は烏鎮の三分の一程度でしかなかったし、②でも「唯青鎮地陋役煩、無事力（勢力）」と言明されている。このことが、北宋後半の地理書『元豊九域志』などに鎮として記載されながらも、実際には相応の扱いを受けていなかった要因として考えられる。しかしそれでも、請願は幾度も行われていたようであり、青鎮の住民側では清風郷一般としてではなく烏鎮と同じ扱いを求め続けていたとみられる。

それでは、なぜこの時期になってようやく、鎮においてかくも切実であった「坊郭法」の実現をみたのであろうか。この点については、単に弊害が極まったことや当局者の個人的資質に帰すのではなく、次の二点を指摘しておきたい。第一点は商業集落としての青鎮の価値が評価されたことである。「緡銭五十万有奇」を集めて行われた土地神廟（索度明王廟）の改修は、本碑の建立から二年後のことであった（詳細は次章）。これは、費用の大部分をまかなったであろう青鎮住民の経済的な力量をうかがうに足る。こうした特色をみて当局としても、その生活を安定させる「坊郭法」の適応は青鎮の振興につながり、ひいては財政収入の実質増をもたらすものとして是認したのではないかと考えられる。[47] 第二点は、そうした鎮の状況を官府に訴え、住民側の代表としての役割を果たした士人層の影響力である。③には、前湖南提挙常平茶塩事の張頠[48]を筆頭として「進士」「免解進士」など九名の名が列挙され、⑤の莫光朝は淳熙一四年（一一八七）の進士で莫沢（抃の子）・莫及とイトコ同士であった。[49] なお、ここにみられる「進士」「免解進士」は、挙人レベルの資格保持者に過ぎず、厳密には士大夫ではない。しかし、南宋ではこうした層も士人として尊重され特別な地位を得、その郷土に根差した活動も顕著になるという。もっとも、士人層は張頠や莫光朝のような官僚士大夫と比べて役法上の特権が大きく制限されていたから、その負担は彼らにとっても決して無関係ではなかった。

このように請願者自身の直接的な利害が背景にあり、かつ自らの功績を顕示する意図も指摘できようが、碑文全体の基調として看取されるのは、鎮全体の問題に危機意識を抱き解決に乗り出す在野の読書人の姿勢、並びに彼らを通じた住民と国家の良好な関係を後世に伝えてゆこうとするものといえよう。そして、③における「里巷之中、恵然以情相通。士相与力于学、民相与歌于市、而足跡不登於訟庭」という表現は、まさに彼らの望む秩序像そのものに他ならない。以上のような、自らを鎮社会における中核と位置付ける士大夫・士人層のリーダーシップは様々なところで発揮され[50]、住民の生活に多大な影響を及ぼしたと考えられるのである。

ところで、最近の研究では須江隆氏が、在地の祠廟が地元の読書人や有力者層によって振興され国家の公認をも獲得するといった状況を解明しており、市鎮に関しては新市鎮の事例を挙げている（須江　一九九四）。烏青鎮においても、万暦『烏青鎮志』の芸文志に土地神に関する「廟記」が収録されており、類似性が想定されるのである。次章では、そこに示される廟のあり方を通じて烏青鎮社会に対する理解を深めていきたい。

## 三　土地神廟の成立

先ずは宋代における宗教的施設の状況を把握するために、再び附表を参照しよう。これによると、六朝時代にさかのぼる三つの寺を除き、そのほとんどがこの時代に創建されたものであることがわかる。そして、さらに注目されるのは、宋代において実に多種多様な名称・形態の施設が叢生し、その多くが民国期に至るまで存続したことである（当然幾度かの再建を経ているが）。鎮の住民はだれしも常に、沈氏に降りかかったような予測しがたい災厄を恐れていたであろうし、神仏に対する信仰心もまた普遍的にあったのだろう。例えば「『記』に云く、内に胡大士の建つる法華懺堂有り。毎年七月十五日、夜に至るや、街に沿いて踊経礼拝す、と。今に至るも遺習尚お存す」（万暦『烏青鎮志』巻一、門坊街巷志・周家巷）というように、宋代から続く信仰があった。また、東平王祠[51]と月林庵[52]は創設者が同姓の偉人や自分の先祖（いずれも唐人）を祀ったものであり、ことに多くの資産家・士大夫が居住し鎮が繁栄を極めた南宋期には多彩な信仰・祭祀が展開したようである。

そして、北宋末期から南宋初期にかけて、方臘の乱（一一二〇～二一）を皮切りに金軍の侵攻や軍人の謀反が江南で相次ぎ、鎮もまた重大な危機にさらされた時期には、[53]性空という僧侶が反乱軍を説得する一幕もあった。[54]また、烏鎮の慶善庵には朝廷より「利済院」の院額を下賜されたが、これは庵主の祝道誠が貧者病人の救済や行き倒れの埋葬につくしたことによるものであった。[55]これら南宋の例から、鎮における宗教者の活動が鎮社会に対して大いに貢献するものであったことを窺い知ることができる。しかしながら、筆者は数ある寺廟のなかでも、烏鎮・青鎮双方に成立し「廟記」を残す土地神廟に最も重要な意義を見いだせると考える。以下、確認しよう。

### 烏将軍廟

中国の祠廟に祀られる諸神の神性は自然神と人格神とに大別されるが、烏鎮の烏将軍廟、青鎮の索度明王廟の神は後者に属し、万暦『烏青鎮志』によれば、毎年「八月十二日」「十一月十一日」をそれぞれ生誕日とし住民による祭祀が挙行されていたという（巻二、祠廟寺観志）。そのうち烏将軍廟に関しては、淳熙一四年（一一八七）の莫淵撰「烏墩鎮土地烏将軍廟記」（万暦『烏青鎮志』巻四、芸文志、所収）によって南宋の前半には既に確立していたことが判明する。[56]毎年盛大に祭祀が行われるのも、「神主為るの神、捍患除災に炳霊彰異なり。鎮に属するの人其の庇に頼るを獲る」と信じられていたからであるが、その具体的な霊験については、

> 国朝宣和庚子（一一二〇）、睦寇竊かに発す。人騎境を圧するも、拒ぐ所のもの有るが若し。即ち讋（おそ）れて奔る。建炎改元（一一二七）し、金人渡江す。過ぐる所の或（くに）尽く劉さる。游騎鎮を距つこと纔か数里なり。民皆震恐し、聚りて祠に禱るや、已にして賊自ら遁る。会たま賊中自り来る者有り。第いで雲蒸霧塞し旌旗空を蔽うを見て、官兵有りと疑い故に返り、居る者安堵す。実に神陰かに之を相くなり。……時に或いは雨暘期を愆わば、請に随いて感ず。淳熙庚子（一一八〇）夏、旱魃虐を為す。郡将吏を遣して敬を致すや、嘉霔即ちに畀（たま）わる。凡そ人に

疾災艱阨有りて、一たび之に祈る或らば、応捷すること枸鼓なり。今に迨び屋を比べ、富庶は衣冠と為り、神の庇を淵藪すること屋し。

とあって、方臘や金の軍勢を鎮に寄せつけず旱魃の際には祈願に即応して慈雨を降らせたし、個々の住民にも福を授けてくれるという。では、この神はなぜ鎮の守護者となったのであろうか。その経緯について次のように述べる。

夫の神の世系の若きは、史に其の伝を佚い、里居も亦た考う可からず。故老の伝う所は烏侯諱賛と謂う。典午氏の東に仕う。戎を揔べ南討し、車渓に至りて歿す。裨将呉起墓を池の西北のかたの偏に就し、後に起余兵を集め檇李を経て城邑五つを下して還る。豆觴を設け神に謁するや、神卒に憑り言いて曰く「子の功有るは悉く吾の助く所なり。吾当に永に茲の土を佑くべし」と。観る者翕然たり。起敬い遂に祠を池の右に剏め、儀像焉に備わる。

烏将軍が仕えた「典午氏之東」とは東晉司馬氏のことであろうか。しかし湖州の方志である『嘉泰呉興志』巻一三・祠廟には、「烏将軍廟、烏墩鎮に在り。一に烏戍将軍と名づく。唐烏重胤の族子なるも、史に其の名を失う。李錡反くや、将軍之と戦い死す。鎮の普静寺に葬むられ、遂に此に廟食す」とあり、この廟記では、その来歴を普静寺など鎮の古刹より古い時代にさかのぼっているようである。さらに、最初の引用個所では外敵の侵入から鎮住民の生命財産を守ったことが強調されているけれども、その実態は既に示した通りである。本廟記は、同廟への廟額下賜を朝廷に申請した折に、「以て神の霊異の実を誌し、不朽の伝を為す」ために執筆されたものであった[57]。こうした脚色は祭神の権威・格式を高めようとする廟記につきものなのであろう。なお、現存する中央レベルの祀典史料（『宋会要輯稿』礼）に烏将軍廟と索度明王廟は確認できないが、先の『嘉泰呉興志』はそれから十数年後に成立したものなので、少なくとも地方官府に公認される存在であったことは確実である。須江隆氏によれば、こうした在地の祠廟の公認は朝廷から廟額を下賜されることにより確定するが、その際には当局による厳密な審査をパスしなくてはならなかったという（須江　一九九四）。『嘉泰呉興志』が唐代を起源としているのは、そうした審査の過程で妥当な線に落ち着いたことによるのかもしれない。

索度明王廟

青鎮の索度明王廟については、嘉定四年（一二一一）の「重修土地廟記」（万暦『烏青鎮志』巻四、芸文志、所収）と題する石刻史料がある。以下、その内容をみていこう。

西のかたは則ち土壌広袤なりて居民阜殷し、廟は往来の衝に当り、献享は旁午す。東のかたは則ち土宇居民三の一に及ばず、廟も又た塔院の東南の隅に僻在し、出入せば必ず径り、牲酒を奉り以て告ぐる者は往往に其の浮屠を溷すを患い、而うして罕に至るのみ。故に其の祠宇或いは興り或いは廃れ、西廟の繕理に人有りて常久に替(すた)れざるに若かざるは、神の威霊に非ず。偏に顕晦有るは、蓋し其の托す所の地勢の然らしむるなり。東廟の神は「索度明王」と曰う。祀の由来は久しく湮没して伝無く、其の始まる所と其の因る所とを知る莫し。而うして今の廟の建つるは則ち靖康丙午（一一二六）秋七月なり。歳久しく風雨を治めず、摧剝上漏旁穿し、幾ばくも蓋障する無く、像設のみ僅かに存し、香火継かず。見る者徒だ矉蹙歎息して其の責を任ずる者有る莫し。

本廟の成立は烏将軍廟よりも遅く北宋最末期のことであったが、この頃には廟宇の腐朽がひどく、烏将軍廟（西廟）の充実ぶりと全く対照的な状態であったことがここでは率直に述べられている。またその要因として、青鎮の力量が烏鎮にはるかに及ばなかったことが示唆されているが、神像を風雨にさらし祭祀も途絶えがちな有様は良心の呵責を感じさせるものであったという。そこで、次のような改修事業が行われることになったのである。

嘉定四年夏五月、里の善士乃ち相い率いて権鎮忠翊郎張君経に請うや、之が為に勧導して諸檀に丐い、施に緡銭五十万有奇を得る。吉を歴び霊を協せ材を市い工を鳩め、凡そ梁楹榱棟の腐撓せる者は蓋い、瓦壁磚の圮欠せる者は撤して之を新しくし、堲して之を塗る。貌像を飾り器用を備え、諸廃は具に修まり、威儀に赫たる有り。祈畛顧瞻せば、敬を起し畏を起す。作は六月癸巳に始め、役を十月辛丑に訖る。免解進士張玉・莫浚・張由・実戸（戸？）の里人顔椿等は実に之を佐けて商較繕修し、謹みて出納を司り浮費を汰ぐ。而うして実用に務むるは則ち莫君抗なり。

多額に及ぶことが必至の資金の調達においては、先ず監鎮官代理（権鎮）の張経に依頼して捐金を呼びかけてもらっている。しかし、その出納や工事監督などの実務面は、専ら住民主体で行われていることがわかる。ここでは、主導的な役割を果たした人物として莫・張・顔氏が挙げられているが、これまで示してきたように、彼らが鎮における大姓に属していたことはほぼ確実である。[58] とりわけ莫氏の貢献ぶりが目を引くが、張玉・張由は二年前の「青鎮徙役之碑」にも名を連ねているし、さらに官僚身分をもつ莫浚・張愿・莫子昌を中心として石碑が建立されるなど、[59] 廟宇の改修は、これに先立って行われた「坊郭法」の適応と同様に士大夫・士人層抜きには実現しがたいものであったことが指摘できよう。

### 土地神廟と鎮社会

ここで改めて確認すると、以上の史料は士大夫・士人によって記述され碑刻されたものである。「烏墩鎮土地烏将軍廟記」の撰者莫淵は「鎮人進士」であった。[60] さらに「索度王廟記」（一一七六）が、鎮に滞在していた万珪なる官人の手に成り、[61]「重修土地廟記」の撰者張佖もまた住民ではなかった可能性がある。[62] とはいえ、万珪にその執筆を依頼したのは「進士」莫若震・張松であり、彼らは莫淵と同じく鎮在住の挙人であったとみられる。では以上のように、士人層が土地神廟を重視しその振興に尽力するようになったのはなぜであろうか。そして、一般的住民にとって土地神廟とはどのような存在だったのだろうか。

さて、烏将軍廟域内には上智潭という池があり、そこに群棲していた鼉（大すっぽん）は土地神の霊威に関わるものとみなされていた。[63] 次のような出来事も土地神が多くの住民に畏怖されていたことから生じたのである。

烏青墩鎮、湖秀二郡の間に在りて、烏將軍廟有り。前に一池あり。黿其の中に居りて、孳息すること日に繁く、窟穴漸いよ深し。其の大なる者は甕盎の如し。毎春夜に卵を岸草に遺す。鎮人竟に取りて之を塩づけし、以て包苴の物と為す。靖康初（一一二六）、右史周離亭監鎮税に謫せらるや、其の患を為すを慮り、韓退之に効いて文を為り之に投じ、呉松江の中に徙す。衆漁りて争取し、鬻ぐに庖に充つるを以てし、数日にして尽く。（方勺撰『泊宅編』巻六）

黿の卵が盗まれるという事件が住民の間に不安感を生じさせるものであったようであり、方臘の乱で市街の半分を焼失し華北が金軍に蹂躙されているこの時期、監鎮官である周離亭はそうした状況を放置できなかったのであろう。ここでは韓愈が潮州で鰐魚を退治したように黿は捕り尽くされてしまうけれども、先の『嘉泰呉興志』には「前に大池有り。方十余畝なりて黿多し。人敢て捕えず」とあり、廟に対する畏怖心にあまり変化のなかったことがうかがわれる。[64] なお、周離亭は宣和七年（一一二五）に左遷の身で着任したが、[65]「索度王廟記」は、彼の夢に神が現れたことが索度明王廟建立の縁起であったと記す。[66] そして、その修建の際にも監鎮官（代理）の協賛があったことは先に述べておいた。また、「烏墩鎮土地烏将軍廟記」によれば、朝廷に対する同廟への廟額下賜申請は先ず「鎮」を通じて行われたという。[67]

このように両土地神廟は監鎮官も深く関与する、あるいはそうせざるを得ない存在であったが、それは廟が最も住民の崇拝を集め、その一体感の醸成に寄与していたからであろう。また廟の振興に積極的であった鎮在住の士大夫・士人層にとっては、その望ましい秩序を確立する上で格好の媒体だったのではないだろうか。以下の「重修土地廟記」の一節は、かかる層の廟に対する位置付けを理解する上で興味深い。

湖秀の間に鎮有り。河を画して界と為す。西のかたは烏鎮と曰い、東のかたは青鎮と曰う。名は二つに分ると雖も、実は同一の聚落なり。鎮に各おの土地神有り、号して「東西廟」と為す。……廟既に成り、牲を割き酒を酹ぎ以て之を落す。合辞し言いて曰く「茲の廟の今に迄ぶこと八十余年、修まらず且つ壊る。既に吾が里に庇庥せば、則ち当に里の財力を合せ以て之を理新すべし。歳比登らざるに自り、吾が里の富家右室は十に其の九を空しくし、其の施す所を裒むるも以て費を贍すに足らず。是に於て、暑を冒して奔趨し、諸を其の隣に乞いて厘かに事を成す。其の艱たるや是くの如し。後八十余年なりて艱を今より益さば、則ち廟の興壊未だ知る可からざるなり」と。偈曰く「然らず。二廟の神、各おの地を分ちて職を受くと雖も、其の精爽の交通すること水の地中を行くが如く、往くとして在らざる無く、報応響答す。彼の彊此の界の異なる有らず、特だ人自ら異にするのみ。両鎮の人をして爾の心を二つにして、吾は吾が神に事うのみと曰うこと毋く、相い与に寅奉すること一の如くならしめよ。庶幾わくは、二廟の一つに葺わざる有らば、則ち心を併せ力を協にし財を出し役を助けて之を経め之を営み、百千年を期して永に壊れざらしめんことを」と。是れ後の人に望む所なり。因りて其の語を碑陰に刻み、以て重修の記と為す。

その趣旨を敷衍すると次のようなものであろうか。「土地神が鎮を守護してくれる以上、住民はその廟宇を立派にしなくてはならない。しかし、鎮は決して裕福ではなく資産家の供出にも限界があり、近隣に助力を求めた。これまでの苦難を鑑みれば将来どうなるのか心配である。しかし、対岸には西廟（烏将軍廟）がある。市河を隔てて烏鎮・青鎮と呼ばれるが、実質的には一つの鎮であり、廟もまた東西に分かれているとはいえ、強く感応しあうものである。だから、両岸の住民はそれぞれの土地神だけを尊重するのではなく、双方の振興につとめるのが正しいあり方なのである。このことを後々まで伝え廟を永遠に保つために修建の次第を碑刻する」と。

以上のように、青鎮側の言説には両岸を合わせた烏青鎮としての意識がみとめられる。そして、かかる意向を受けた監鎮官の呼びかけもあって、実際に烏鎮側の協力を受けたのであろう。土地神廟は烏鎮・青鎮各自の象徴であると同時に、連帯のよりどころとなる可能性をも有していたのである。管見の限り、当時の烏青鎮社会に宗教的世俗的を問わずこれに替わり得るものを見いだすことはできない。なお、本廟記の原碑（縦一八六×横七九㎝）は桐郷市博物館の碑廊に現存するが、これには地方志では省略された内容がある。それは、碑末における「同幹」「幹修」を務めた無位無官の人々の芳名であり[68]、修建事業が広範な層の支持をうけて実現したことが判明する。南宋の烏青鎮において、土地神廟は一般住民・在野の読書人・駐在官とを結びつける固有の性格を強めていったといえよう。

## おわりに――南宋期における烏青鎮の社会構造――

各章でみてきたように、宋代の青鎮は烏鎮に比べて遜色があった。しかし、士大夫・士人層を中心とする運動によって住民に対する職役割り当て上の優遇（徙役）が認められ土地神廟が整備されるなど、南宋においてはその格差を縮めようとする活動が展開したのである。他方、烏鎮ではかかる層により土地神廟の権威づけ（廟額の下賜）が試みられていた。このように、自らの生活の場である鎮に対して、士大夫や士人達はその振興や社会秩序の安定に強い関心を示し共に行動したのである。地域に密着する読書人層の姿は南宋期の特色として知られるが、烏青鎮についていえば、それは一般住民の意向を反映するものでもあったといえる。既に確認したように、鎮の社会構成は複雑であり格差も甚だしく、それは繁栄を極めた南宋においてより一層進行したと考えられる。そのため鎮内部には、疑惑や反目ひいては対立・抗争を引き起こしかねないものが伏在していたことであろう。その緩和のため、とりわけ鎮社会の上層にいる士大夫・士人には何かと率先して行動することが必要とされたのではないだろうか[69]。

なお、烏青鎮の土地神廟は住民の自然な畏怖の念と信仰を集め、国家により公認され得る性格をも有しており、鎮においては超越的存在だったといえよう。また、国家の行政権を代表して鎮を管理する公式な機関として監鎮官が常駐し、住民側の活動にも関与することがあった。この二つの存在に対して烏青鎮の読書人や有力者が関係をもったのはなぜであろうか。往々にして商業にも関与する富裕者として、読書人層のリーダーシップには任意性が強いように思われる。[70]また、彼らに依存する一般的住民の側に緊密な横のつながりがあったことを示す史料を見付け出すことはできない。こうした固定的なまとまりを欠く住民全体の上に両者のごとく中立的で権威のある存在があることは、鎮社会内部の秩序を確保する上で重要な要素として位置付けられていたとみられる。

そして、烏青鎮は流動性に富む開かれた空間であり続けた。しかしこのことは、住民によって鎮全体の秩序や公益を自律的に維持するのが困難であったことも意味する。明代後半には、県昇格の廃案、通判の配置を経て同知が駐在するようになった（林　一九八四）。治安の悪化を訴える地元郷紳の要請に応えてのことで、住民の侵食による市河の淤浅化や塩賊の跳梁するなか、「今日専官の設くるは此れ要領を為すなり」（万暦『烏青鎮志』巻一、河渠水利志）と歓迎されており、国家の関与が後退したわけではなかったのである。こうして、鎮の立場や利害を表明する力量をもつ有志によってリードされ、官員と共同で問題の解決をはかる状況もまた基本的に継続していったと考えられる。

以上、小論にて検討・確認してきたことについては、単に西欧中世都市的な自治の未熟ないしは共同体の不成立として受け取られるかもしれない。この点と関連して、旧中国の都市住民が〝公共領域〟的なものを拡大させてきたにもかかわらず、国家の支配・統制から離脱できず、独自の政治権力や市民社会を形成しなかったことを重視するフィリップ・ホアン氏の見解などは看過されるべきではない（Huang　1991）。勿論、それがただちに住民の政治的無力や無意識を意味するわけではない。烏青鎮の読書人が官府にある面で依存し土地神廟を重視したことについては、その権威を借りて鎮を支配するためというよりも、むしろ厳然として存在する格差や階層の違いを踏まえた上で、いかに全体的な利害を調整して社会秩序の安定を実現するか、そのための内発的な努力・営為として理解することも可能ではないだろうか。読書人層が鎮で社会生活を送ろうとすれば、その立場上一般住民の存在や立場を無視しにくかったし、官府の当局者もまた彼らの志向を全く意に介さないわけにはいかなかったのである。このような構造においては、都市民の自生的な力量の成長と国家の行政機構とが常に対立的であるという図式は必ずしも適切ではないように思われる。両者の関係はより柔軟で伸縮するものとして捉えるべきであろう。

宋代の一事例を通じて筆者が得た理解は、さらなる検討を要するものである。今後は、市鎮がより一層展開していく明清・近代に関する新しい研究動向を念頭におきつつ[71]、市鎮社会の長期的な歴史的展開をとらえるための糸口を得ることにも努めていきたい。

**註**

（1）具体的な諸研究については、拙稿（前村　一九九八）を参照されたい。

（2）その典型として、（蔣　一九八二）（陳　一九九〇）を挙げる。

（3）劉石吉氏の専著（劉　一九八七）、（斯波　一九七五）（呉　一九九三）を参照。

（4）そのうち、万暦・李楽纂撰『烏青鎮志』五巻、康熙・張園真纂『烏青文献』十巻、乾隆・董世寧纂『烏青鎮志』十二巻、民国二十五年刊『烏青鎮志』四十四巻首一巻が現存している。小論では、『中国地方志集成』郷鎮志専輯・第二三冊（上海書店、一九九二）所収影印本をテキストとし、『烏青文献』については康熙・春草堂刻本（上海図書館蔵）を利用した。

（5）万暦『烏青鎮志』巻一、河渠水利志。

（6）康熙『烏青文献』巻二、門坊。

（7）張佀撰「重修土地廟記」（万暦『烏青鎮志』巻四、芸文志）。

（8）康熙『烏青文献』巻二、橋梁。

（9）康熙『烏青文献』巻二、橋梁。「鎮之中魚鮮」が集まったという衆睦橋もまたこの時期に存在していたと考えられる。

（10）同上。

(11)　同時期の類例として、浙東明州小渓鎮の仲夏橋再建に関する次の記事を挙げよう。「古有大橋。径趨小渓。宣和中、断之以防寇、一方病渉商旅以絶。紹興八年（一一三八）、通判舒国佐率郷豪重建、定其址而未遂。鎮官游彦忠成之、荘漢英・張允明・荘椿輸財鳩工、柱板皆以石。縦一百六十尺、衡十有二尺。費緡銭二千有奇。経始于十四年之八月、落成于次年之仲夏。呉秉彝記」（『宝慶四明志』巻第一二、鄞県志巻第一）。

(12)　万暦『烏青鎮志』巻一、門坊街巷志・北瓦子巷。

(13)　万暦『烏青鎮志』巻四、遺事

南瓦子、在波斯巷内。有儲史二妓、通於六芸。及有江湖雑劇佳者。後廃。

(14)　万暦『烏青鎮志』巻一、第宅志・園亭。

(15)　民国『烏青鎮志』巻一〇、古蹟・烏墩寨

按（明・趙桓撰）『感古集』、宋有杏花荘。在普静寺南長明堂巷。具煙水林墅之趣。内有園楼酒肆。毎春杏花爛熳時、好事者多於此宴楽。『烏青記』彷彿武陵花園。八仙楼在波斯巷。『烏青記』有楼八間、周遭欄楯、夜点紅紗梔子燈、鼓楽歌笑、至三更乃罷。慶和楼在烏将軍廟東。『烏青記』元宵灯火此最繁盛。太平楼在善利橋西南。『烏青記』為楼二十余所、可循環。走中搆台、百技闘于上。天隠楼在甘泉巷。菡茗軒在安利橋南。和豊楼在西寺巷。芙蓉館在西茅家巷。凡此皆官店也。或為酒楼、或為茗館、極一時之盛。倶宋末兵燹廃。

(16)　康熙『烏青文献』巻二、門坊・印家巷。

(17)　正徳『桐郷県志』（上海図書館蔵）巻一、市鎮（青鎮）。同志では、「宋志」「淳祐志」が典拠とされているが、これは十三世紀半ば頃成立の黄天直修『語渓志』十巻を指すものとみられる。

(18)　万暦『烏青鎮志』巻一、公署志。

(19)　同右。これは、紹興三十一年（一一六一）における楊存中による買撲酒坊の献上以降のことであろう（斯波　一九七五）。

(20)　康熙『烏青文献』巻二、門坊・首言。

(21)　万暦『崇徳県志』（上海図書館蔵）巻一、城濠。

(22)　歴代の鎮志に街坊に関する項目が立てられ、『烏青記』が典拠とされていることから、市街地が拡大・周密化したであろう明清期ほど細分化されていなかったにせよ、既に坊・街・巷の類が設定されていた可能性はきわめて高い。因みに現存する

唯一の宋代鎮志である『澉水志』には、坊巷門があり澉浦鎮内部の区分について記述している。

(23) 南宋には、鎮在住の詩人丁南（号鶴林）により「烏青八景」が定められた。鎮をめぐる自然の風物を主題としたものである。万暦『烏青鎮志』巻五・芸文志、参照。

(24) 『至元嘉禾志』巻三・鎮市、康熙『桐郷県志』（内閣文庫蔵）巻一土地部・市鎮（濮院鎮）、参照。

(25) 万暦『烏青鎮志』巻二・進士表、同巻三・人物志、乾隆『烏青鎮老』巻八・科第。

(26) 『至元嘉禾志』巻一三、人物・崇徳県

宋莫抃字慶叔。世居是邑之青鎮。孝宗隆興間、登進士第。子沢、光宗紹熙間、亦登進士第、官至尚書。

(27) 康熙『烏青文献』巻四・進士、同巻六・詩の附伝。

(28) 『至元嘉禾志』巻一三、人物・崇徳県。

(29) 張掄撰「高宗皇帝御書蓮社記」張園真序文（康熙『烏青文献』巻九、文）、参照。

(30) 正徳『桐郷県志』巻六、人物・宋

莫抃、字慶叔。世居青鎮。繇太学登進士第。主撫州金渓簿、歴舒州録参、知興国軍大冶県、通判常州・郢州。任満、同年在要津者列薦乞補内職。公性恬退、請郡得寄臨汀、施丐祠帰。自号「知足居士」。初其兄弟析居、日挙其屋、以義遜投、老猶未有所寓。至是、終築室以居、闢圃以自適。病且革、自誌其墓、止叙平生安分知幸意、故於官業皆略而不載。子沢、字充夫。踵世科登紹熙四年（一一九三）進士。初任龍舒教官、施改秩知寧国之施徳、入朝歴清要、仕至刑部尚書。晩謫居星渚、後得還故里、復元官卒。

(31) 呉泳撰「東皐唱和集序」（『鶴林集』巻三六）、民国『烏青鎮志』巻三八・著述上、参照。ただし、その文章としては、嘉熙己亥（一二三九）の「烏青鎮酒正題名記」（万暦『烏青鎮志』巻四、芸文志）が伝わるのみである。

(32) 崇禎『烏程県志』巻七、郷逸

沈平、字東皐。烏鎮人。雅好文。鄭清之・呉潜与之游、薦於朝欲官之、皆以疾辞不赴。人称為沈処士云。所著『東皐遺稿』『烏青誌』四巻、行于世。

(33) その旧居は附表参照。また、天台教院（青鎮）内にあった三高祠は沈平により設けられたものであり（万暦『烏青鎮志』巻二、祠廟寺観志）、その裕福さがうかがわれる。

（34）康熙『烏青文献』巻二、寺観
十六観堂、在密印寺東。宋張刺史建。僧衆各居一室観、修以三年為限。張捨田四百畝・茅蕩三百六十畝以供歳用。

（35）『水心先生文集』巻一三。次子大受が張掄の銘文に替えて再依頼したものであり、『宋史』巻四六二の伝もこれに拠る。

（36）葉適撰「運使直閣郎中王公墓誌銘」（『水心先生文集』巻一七）に「有医善為方。得賜帯、如従官、吏畏之。宴聖節、居郷監上、公按令黜其班。又有訟其留人子女者、奪以還民。医不勝忿挟他勢揺。公因力求去」とあり、王聞礼（一二〇六没）が監湖州烏青鎮であった時にある医官と激しく対立し、離任を切望するようになったことを記す。民国『烏青鎮志』巻二五・職官ではこの医官を王克明としているが、十分ありうることだと思われる。

（37）王洋撰「隠士何君墓誌」（『東牟集』巻一四）。

（38）何薳撰『春渚紀聞』巻四、雑記「宿生盲報」。

（39）万暦『烏青鎮志』巻三、雑志。

（40）『宋会要輯稿』食貨一八―二二裏、商税雑録、慶元六年（一二〇〇）四月九日。

（41）羅叔韶修・常棠纂『澉水志』地理門・戸口。

（42）万暦『烏青鎮志』巻四・芸文志、康熙『烏青文献』巻九・文など歴代鎮志に収録。正徳『桐郷県志』巻九文・上にも「青鎮徙役記」として収録されている。本章では万暦志を基本とした。引用文中の（　）は『烏青文献』、［　］は正徳県志との異同を指す。

（43）『建炎以来繫年要録』巻八八、紹興五年（一一三五）四月己未
仍許今後差物力高単丁、毎都不得過一人〈寡婦有男為僧道成丁者同〉。即応充、而居他郷別県或城郭及僧道並許募人充役。官司毋得追正身。

（44）碑文③に「夫貧貧者各得安生楽業而無望于富戚」とあることから、たとえ同族であっても格差の存在を当然としていて、それを平準化するような意識の薄かったことがうかがわれる。なお、註（38）前掲史料によれば、於潜県主簿沈純良（字忠老）は何薳の「従兄之壻」であったが、「余兄弟寓居烏墩、与忠老遊、愛其和易多学。忠老諸兄各宦遊相遠、亦欲相依為生、願得盲女為家」との記述から、純良は烏鎮の人で、その一族は多くの官僚を出す名家であったことが推測される。ここで、沈氏の孤児に身寄りがなかったという状況（＝第一章引用文）を想起すると、生活や生業を相互に保障するような社会関係

が住民間に広く展開していたことは考えにくいのである。

(45)『宋会要輯稿』方域一二―二〇表、市鎮雑録、紹興十四年七月一七日。

(46)『宋会要輯稿』食貨一六―八表。南宋期は(斯波　一九七五)に詳しい。

(47)嘉定一七年(一二二四)、「積欠動数千貫、未有一任能及額者」という実態を打開するため、烏青鎮における商税の定額が大幅に見直されることになった。当時、商税務のある鎮の求心力は「転運司約束不許於五里外欄税、客旅乗此多行私港、而本鎮鋪戸運貨停塌於数里之外、朝夕施取以帰此、場務所由販壊」と指摘されるように、商税務より五里離れた地点での収税を禁止する法令(徴収場の濫立を防ぐために何度か出されている)が裏目に出て、脱税をはかる鎮の商人が鎮外で交易するようになり低下していた(『宋会要輯稿』食貨一八―三〇・三一、商税雑録、嘉定十七年三月十四日)。課利収入を確保するためには、国家としても鎮における商業活動の安定に配慮せざるを得なかったのである。

(48)陸游による嘉定二年の序のある、陳造撰『江湖長翁文集』(蓬左文庫蔵)には、太守(知高郵軍)として檇李(嘉興府)張頠の名がある(巻二二「快哉堂記」など)。

(49)『至元嘉禾志』巻一五、宋登科題名。弘治『嘉興府志』巻三一桐郷県・人物には「莫光朝、字謙仲。及(扑従姪＝前文)同堂弟也。自幼従師受学、儁爽不凡。逮長深自刻励、至忘昏旦寒暑。博覧経記、下筆属文、頃刻数百言。尤邃於易、不拘伝注、推明旨意、反覆論究、超出衆見。聯中里選、登進士第。益閉戸読書以充其学。好為詩、句法新麗、識者謂其得意処不在唐人下。改秩知江寧、以撫字称」とある。

(50)註(47)前掲史料によれば、過重な商税額は住民の側からも問題視されており、淳熙十三年(一一八六)には鎮の「父老」による請願がなされ、若干の減額をみた。また、小渓鎮の橋梁再建では、建設資材を提供した荘漢英・張允明やその事業を「記」した呉秉彝の名が特筆されている(註〈11〉参照)。彼らの身分は定かではないが、一定の資産と教養・学識を有し鎮において主導的な立場にあったと考えられる。烏青鎮の興徳橋なども同様な経緯により成立したのではないだろうか。

(51)万暦『烏青鎮志』巻二、祠廟寺観志

東平王祠、今名顔家聖堂。本唐郡守顔真卿祠。建炎間、顔氏天傑自鳳陽来、葺之併祈唐忠臣張巡像、遂称東平両公、忠義不相下、並祈之可也。

(52)康熙『烏青文献』巻二、寺観

月林庵、在広済橋西。宋鎮人沈少師建、以祀其遠祖佺期（新旧唐書に伝アリ）者。嘗延高僧講誦円覚経懺、又名円覚庵。七月二十四日龍樹大士慶誕。少師官福州時、特賚荔枝供斎。人称其誠。徳祐末年（一二七六）廃。

（53）周麟之撰「葛文康公神道碑」（『海陵集』巻二三）の一節に、建炎四年（一一三〇）のこととして、「自金人蹂江浙、盗賊蜂起、人情恟恟、朝不謀夕。……有頃、孫誠於烏墩鎮殺傷官吏、居民散走」とあり、南宋初期にも戦災を免れなかったことがわかる。

（54）万暦『烏青鎮志』巻二、祥異志
高宗建炎戊申（一一二八）五月、嘉興徐明等乱軍至鎮、僧性空諭之乃去。

（55）万暦『烏青鎮志』巻三、方外志
祝道誠、烏鎮慶善庵道人。操履清修発心弘済。嘗募縁以済饑寒救病患、捨衣棺殯骸骨、歳無虚日。両浙漕運使方務徳奏其功行於朝孝宗、初度為僧、賜慶善庵額曰「利済院」。紹定元年（一二二八）春、結草龕坐化。進士顧元龍為之記。

（56）毎歳八月十二日為誕辰、必輻輳祠下、百物豊潔。薦享之者、蓋所以彰神之霊而答神之貺也。但廟無刻識、里懼湮没無聞。

（57）今年秋、状其事白於鎮、鎮請於州、州以次請于朝丐廟額、且属淵記。淵世沐神休、辞之弗獲、因募堅珉以誌神霊異之実、為不朽之伝云。皇宋淳熙十四年丁未冬十二月八日、鎮人進士莫淵撰。

（58）顔氏は烏鎮側に祠を建立しており（註〈51〉・附表参照）、両岸で活動していたと考えられる。

（59）従政郎・新平江府長洲県丞張佖撰。免解進士・平江府学正莫浚書。迪功郎・前監泰州如皐県買納塩場張愿題額。皇宋嘉定辛未臘月吉辰、承信郎・充皇太子宮医官莫子昌刊石。

（60）註（57）参照。

（61）万珪撰「索度王廟記」（『至元嘉禾志』巻二六、碑碣）
進士莫若震・張松募堅珉、将以掲神之休于永久、訪珪為之記。属来游是邦有年矣。幸竊頼神之庇。因其有請、姑為叙其大概、以俟後之博識君子而審訂焉。皇宋淳熙三年丙申六月乙亥、迪功郎・新荊門軍当陽県尉兼主簿主管学事万珪記。

（62）弘治『句容県志』巻六人物類・名宦に、邗城人で宝慶二年（一二二六）の知県張佖の名がある。

（63）莫淵撰「烏墩鎮土地烏将軍廟記」
祠前有池、名曰「上智潭」。劇旱不枯、淫潦不溢、有黿数十、出没其中。紹興春、虜使朝貢道崇徳、聞而異之、督吏至取、吏俄感疾、命之者亦形夢、而黿復帰。彼一互物爾。寧非貸神之余霊也耶。

（64）次のような故事もある。「宋建炎初、有盗発烏将軍墓者。黄蜂蛇虺騾集、盗駭散去」（万暦『烏青鎮志』巻四、遺事）。

（65）『建炎以来繋年要録』巻一三、建炎二年（一一二八）二月丙寅
朝奉郎周離亨充京城留守司参謀官〈離亨、宣和六年八月除起居郎、七年正月責監烏墩鎮税務。未知今自何官除、当攷〉。

（66）万珪撰「索度王廟記」
青墩有土地神廟、居密印寺之東、号曰「索度明王」。世祠茲土、左有東平王像、右有丁晉公像、並著厥称、独索度王名位世次不見于載述、使後無所考。蓋鎮人之奉王祠也、飲食必祭、水旱疾癘必禱、咸若有答。国朝宣和間、起居舎人周離亨謫莅鎮事、一夕夢有神人謁之曰「予居敝陋、幸公恵顧我」。翼日周訪諸叢祠、得王之像、適契夢中所見者。因為修祠宇創幃幄飾貌像。自是、人之奉事益勤、而王之霊益顕。独恨其役不為記文以伝于後。

（67）註（57）参照。

（68）註（59）「張愿題額」の後の部分に「／同幹顔椿・銭勒・管叙・沈俊・顔文□・顔晉？□・姚珪・顔吉・鄭遷・顔□・張実・顔慶・鄭夢訦　幹修□□□□□／」とあり、顔・銭・管・沈・姚・鄭・張姓一三名が確認でき、顔氏が五名を占める。本碑の閲覧にあたっては、桐郷市博物館の張梅坤氏らのご配慮を賜った。記してお礼申し上げたい。

（69）嘉定年間に舒州通判で致仕した壺徵（烏鎮）の場合、「為人好義軽財、嘗捐粟五百石以済鎮人」（乾隆『烏青鎮志』巻九、人物）として鎮社会での貢献が称賛されていた。

（70）例えば、「青鎮徙役之碑」に目立つ沈氏は「重修土地廟記」では註（68）部分も含めて沈俊一名のみである。

（71）近年、清・近代史方面では、市鎮社会の内面に問題関心を向ける成果が現われている。中国の伝統社会において市鎮が欠くことのできない要素であることを確認しつつ、その内部構造と変容について検討が試みられており、この種の研究は宋代から近現代に及ぶ市鎮のあり方を通じて伝統社会の確立・成熟・転換を捉える長期的な歴史理解に展望を開くものと思われる。中国側のものとして、（張　一九九九）（包　一九九八）を挙げておく。

**参考文献**

佐伯　富（一九三九）「宋代役法上より観たる鄭州廃置問題」（『中国史研究』第一巻、東洋史研究会、一九六九、再録）。

曾我部静雄（一九四一）『宋代財政史』、生活社。
周藤　吉之（一九六六）「南宋における義役の設立とその運営——特に義役田について——」（『宋代史研究』東洋文庫、一九六九、再録）。
斯波　義信（一九七五）「宋代の湖州における鎮市の発展」（『榎博士還暦記念東洋史論叢』、山川出版社）。
林　和生（一九八四）「中国近世における地方都市の発達——太湖平原烏青鎮の場合——」（梅原郁編『中国近世の都市と文化』、京都大学人文科学研究所）。
梅原　郁（一九八九）「宋代の郷司——その位置づけをめぐって——」（『劉子健博士頌寿紀念宋史研究論集』、同朋舎出版）。
高村　雅彦（一九九三）「水郷鎮の都市施設」「水郷鎮の事例」（陣内秀信編『中国の水郷都市』、鹿島出版会）。
須江　隆（一九九四）「唐宋期における祠廟の廟額・封号の下賜について」（『中国—社会と文化』九）。
森　正夫（一九九六）「江南デルタの郷鎮志について——明後半期を中心に——」（小野和子編『明末清初の社会と文化』、京都大学人文科学研究所）。
前村　佳幸（一九九八）「宋代の鎮駐在官」（『史学雑誌』一〇七—四）。
蔣　兆成（一九八二）「剖析中国的封建市鎮——兼論中国封建社会長期延続的原因——」（『学術月刊』第七期）。
劉　石吉（一九八七）『明清時代江南市鎮研究』、中国社会科学出版社。
傅　宗文（一九八九）『宋代草市鎮研究』、福建人民出版社。
陳　粋盈（一九九〇）「宋代鎮市与同期西欧城市幾個方面的比較」（『城市問題』第六期）。
呉　曉亮（一九九三）「南宋江南市鎮人口蠡測」（『雲南教育学院学報』第二期）。
包　偉民編（一九九八）『江南市鎮及其近代命運：1840～1949』、知識出版社。
張　研（一九九九）「清代市鎮管理初探」（『清史研究』第一期）。
Philip Huang (1991) "The Paradigmatic Crisis in Chinese Studies : Pradoxes in Social and Economic History" *Modern China*, vol. 17, no. 3.（中文版「中国経済史中的悖論現象与当前的規範認識危機」『中国農村的過密化与現代化：規範認識危機及出路』上海社会科学院出版社、一九九二）。

# 浙東の神々と地域文化
## ――伍子胥、防風、銭鏐を素材として――

鈴木陽一



## 一　はじめに

筆者は一九九三年八月から、一九九四年十二月まで杭州（現浙江）大学における在外研修の際、白話小説の文化的コンテクストを明らかにするために、浙江省から江蘇省にかけて、何回かの調査を行った。また、地域文化に関するいくつかの学会に参加し、多くの研究者から貴重な情報を得ることができた。その過程を通じて、小説、或いは広く物語の背景に、江南地域固有の神話と歴史とが複雑に絡み合って存在していることを強く感じた。

本来、神話、物語と歴史叙述の間には、過去に起きた（と信じられている）事実を、時間的順序に従って叙述するという重要な共通点がある。従って、今日言うところの歴史、文学、信仰など諸々が未分化であった時代には、歴史叙述と様々な物語がクロスオーバーするのは当然であった。歴史叙述の中に数知れない神話や物語が組み込まれ、神話や物語は歴史叙述との関わりの中で常に修正されながら伝承されてきたのである。その証左として、正史の叙述の大半が紀、或いは伝という名の個人の伝記によって占められ、そこには真実ではあっても事実ではない様々な物語が含まれていること、『三国志演義』が『三国志』によって書き換えを受けてきたことなどが直ちに挙げられよう。

但し、歴史叙述と物語のクロスオーバーは、物語的なものが時代と共に歴史叙述の中から排除されてきたというほど単純なものではない。今日でもなお、ある歴史的な事実や自然現象に対して、人々は物語的な、或いは神話的な解釈を施そうと試み、その解釈が多くの人々によって支持されていくのである。(1)従って、古代から現代に至るまで、人々の世界観の基層には歴史叙述と物語とによって形成された歴史認識があったと考えるべきであり、小説という形式の物語を解読することを目指す筆者にとっては、その認識のあり方を明らかにすることが特に重要なのである。そうした観点から、本稿では浙江から江蘇にかけてのいわゆる江南地域を視野に入れつつ、杭州を中心とした浙東地域の英雄形象に着目し、様々な神々や歴史上の人物が歴史叙述と物語の二つの世界を自由に往来していた状況を明らかにし、その意味するものについて考察を試みる。

## 二　呉の神としての伍子胥

杭州から紹興にかけての地域において、古くから信仰を集めていたと考えられる神格の一つは、伍子胥である。『史記』の列伝六によれば、伍子胥は本来楚の王族でありながら、流浪の揚げ句、越の句践と争っていた呉王夫差の寵臣となり、一時は呉に勝利をもたらす。しかし勝利に驕る夫差に対して諫言を尽くしたためにその逆鱗に触れ一死を賜り、死に際し越の勝利と呉の滅亡を預言する。これに怒った夫差はその亡骸を革袋に入れて長江へ投げ捨てさせた。これを哀れんだ地元の人々が亡骸を掬い上げて、廟を建立して葬ったとされ、その場所は「胥山」と呼ばれた。更に、唐・張守節撰『史記正義』に引用された『呉地記』によれば、胥湖という地名もあった(2)。この物語或いは歴史叙述は現代にまで受け継がれ、一九六二年採集の「伍子胥の死」という民間伝承は、ほぼ同一の物語内容を有している(3)。

ここで注目されるのは、この伝承には伍子胥を祀った廟の墓には「呉相国伍公之墓」とあるという歴史叙述とともに、伍子胥を湖を鎮める「湖神」、「濤神」に封じたという物語がある点である。ここには、夫差に殺された伍子胥がはじめ凶神となって、「水郷」である蘇州の場合は恐らく洪水というたたりをなし、それが祀られることによって河川や湖を守護する善神となるという、日本でいうところの御霊信仰に当たる神格化のパターンの一つが明らかに見て取れる。恐らく『史記正義』に引用された『呉地記』の記述以前に、少なくとも胥山という地名が存在した時点で、そのパターンは実現していたのであろう。伝承では、胥口付近のいずれかの丘に伍子胥の廟があり、そのために胥山と呼ばれていたこと、胥口付近の湖辺に伍子胥の廟があったことが記録されている。現在もなお蘇州から太湖にかけて胥門（蘇州西南の城門）、胥江（胥門付近から太湖の方へ向かう小運河）、胥口（胥江の太湖への注ぎ口、集落があり、かつては胥王廟があった）などの地名が、伍子胥に由来するという伝承と共に残っている。この他にも、伍子胥が蘇州という城郭都市を造り、越との戦争と飢饉に備え、城壁の煉瓦を糯米で作らせたという伝説(4)があり、胥口より南に下った洞庭東山にある軒轅宮は、本来伍子胥を祀る廟で「胥王廟」と呼ばれていたなど(5)、伍子胥信仰を示すものは蘇州城内から太湖にかけて幅広く分布しており、伍子胥は水と深く関わりながら、蘇州或いは太湖を守護する神として信仰されていたことが分かる。

一方、杭州では、宋・祝穆撰『方輿勝覧』、南宋・施諤撰『淳祐臨安志』のいずれもが、杭州の南の呉山が伍子胥の廟があるために胥山と呼ばれたこと、宋『太平寰宇記』には、呉山に伍子胥を祀った「忠清廟」があることを記す[6]。本来仇敵である越に属する杭州で、伍子胥は宋代には盛んに祀られるようになったのである。杭州の人々はこうした不気味な神を一体なぜ招来し、何を利益として得ようとしていたのか。

杭州の東南を流れ、閉鎖性の高い杭州湾に注ぐ銭塘江では、満潮の際に「天下の奇観」と称される大規模な海水の逆流が起こる。とりわけ春秋の大潮の際にはこの逆流の速度が時速十数キロ、波の高さが数メートルに達する大規模なものとなり、現在でも毎年のように見物人の中から逆流に呑まれる被害者が出るほどである。毎年繰り返されるこの自然現象に大雨や台風が重なれば、防潮設備の不十分な古代では大規模な洪水となることは避け難く、一旦洪水が起きた場合、海水の逆流によるものであるために田畑への被害は甚大なものとなった。しかも、良渚遺跡に見るように、古代から稲作（大半は水田耕作）に依拠するこの地域では、大量の水を確保する必要があるため、洪水の起きる危険のある場所を利用せざるを得なかった。人々はこの避けがたい、不思議な自然現象の原因を超自然的な存在に求め、特に大逆流が災いだけをもたらすものであることから、自分たちに敵意を抱く邪悪な存在が起こしているものと考えた。古代から、人々は堤防を築くという努力と共に、その邪悪な存在を押さえ込むことで危機を克服しようとしてきたのである。

その際、すでに呉の地で水神として信仰されていた伍子胥は、呉王夫差によって殺されたのだが、死の原因は結局越との戦いにあること、従って、銭塘江の逆流を引き起こす凶神として最も相応しい神格であった。恨みを呑んで死んだ伍子胥の鬼は、大逆流を起こすことで越に対して報復しようとしているのだと人々は考えていたのである。明・田汝成撰『西湖遊覧志』巻一二に引かれた唐・盧元輔の『胥山銘序』によれば、大逆流は非業の死を遂げた伍子胥が「濤神」となって起こしているものであった[7]。

では、凶神伍子胥が起こす大逆流はどのように鎮めればよいのか。『西湖遊覧志』の「忠清廟」の項目では以下のように述べる。

（伍子胥）の死骸が長江に浮かんでいたので、呉の人はこれを憐れんで岸辺に廟を建て祀った。伍子胥の名にちなんでこれを「胥山廟」と呼んだ。唐の景福二年に伍子胥は広恵侯に封じられ、宋の大中祥符には「忠清」の額を賜り、「英烈王」に封じられた。紹興三十年、額は「忠壮」と改められた。嘉熙年間のある時海水の逆流が甚だしく、七八十里に渡って大洪水となった。京兆尹の趙与懽が伍子胥に祈ったところ洪水は間もなく収まった。そこで、奏上して忠清廟に英衛閣を建立した。（『西湖遊覧志』巻一二）[8]

このように伍子胥を祀るに当たって、重要なのは場所であったが、結果として呉山が選択されたのにはおそらく二つの理由が考えられる。一つは西湖を取り巻き、呉山につながる一連の「西湖南山」は春秋期の呉越の時代、呉と越の境界に当たっていたこと、また、唐代以前の地形では、呉山の眼下を銭塘江は流れていたためである。呉越の境界であり、銭塘江に面した呉山に凶神である伍子胥を祀って鎮め、大逆流の被害を防ごうとしたのである。

しかしながら、伍子胥と呉山の結びつきは、銭塘江の運ぶ土砂の堆積によって、呉山と銭塘江との距離が離れていくにつれて薄れていったと思われる。五代末、呉越国の銭弘俶によって杭州の西南、銭塘江に面した月輪山麓に逆流を防ぐことを目的として六和塔が建立されていることを見ると、先に挙げた『咸淳臨安志』などに記載された時点では、すでに銭塘江は呉山から大きく離れていた可能性が高い。また、すでに地名が呉山となっていて、本来は胥山であるという解釈が必要となっていることから見て、呉山における伍子胥への信仰が次第に希薄になっていたものと思われる。元代に呉山の建築が徹底的に破壊されたこともあって、呉山の伍子胥廟は庶民の信仰を受けることはなくなっていった。

但し、伍子胥は最近の杭州で採集されている伝承の中では、相変わらず逆流を起こす恐ろしい凶神として登場する。民間伝承のレベルで見るならば、伍子胥は一旦杭州で受け入れられたように見えたものの、蘇州－太湖地域でのように水や都市の鎮護をする神として信仰されたのではなく、他の神格によって鎮められる対象にとどまっている。どうやら呉の神である伍子胥は、越では守護神としては受け入れられず、呉山が銭塘江と遠ざかるにつれて信仰は薄れていったのである。

## 三　越の神としての防風

このように、蘇州の神である伍子胥が杭州では受け入れられなかったと考えるいま一つの理由は、古代の越には伍子胥と類似の機能を有する、防風という固有の地方神が存在していたからである。そこでこの節では、防風について検討を進めていくことにする。

防風については『国語・魯語』に、会稽山において禹が地域の神を集めたとき、防風が遅参し、そのために禹に誅された神だという記載が見え、[9]『楚辞』、『山海経』、『史記』、『呉越春秋』などにもその名が見える、[10]現在の紹興を中心に浙東で信仰されていた神格である。その最大の特徴は巨人であることだ。

この神についての信仰については、梁・任昉『述異記』は以下のように言う。

今呉越間の防風廟では、土と木でその像を造るが、龍首、牛耳、眉はつながり目は一つである。昔、禹が涂山に会し、地域の王と誼を通じた際、防風氏が遅参したため、禹はこれを誅した。防風氏はその身の丈三丈、その骨は車に一杯になるほどであった。今、南方の民に防風を姓とするものがいるが、彼らは防風氏の後裔である。越の風習として、防風を祀るには、防風氏の時代の古楽を奏するが、竹を三尺の長さに切り笛のように吹き、三人が髪を振り乱して踊る。[11]

南宋・呉自牧『夢粱録』巻一四によれば杭州の「廉徳朱奥」[12]に、南宋『咸淳臨安志』によれば武康県にそれぞれ防風氏の廟があった。また、清の『古今図書集成』巻九七一には清代の武康に、清代重修『紹興府志』巻三六には紹興に、それぞれ防風氏の廟があったことが見える。しかし、こうした記述以外に、防風の信仰に関する記述は殆ど見えない。

こうした古代の記述に対応して、わずかに浙江省湖州市徳清県三合郷には防風に関する伝承と共に様々な遺跡が残っている。特に一九九三年時点で一部分が再現された防風祠は、かつては運河の船着き場に面して山門があり、複数の殿宇が続き、そこから背後の丘の中腹の洞窟に至るという大規模なものであったという。防風祠の復元の過程では、呉越銭鏐撰の廟記の碑、乾隆時期の碑などの現存が確認されている。また、この地域の伝承では八月二十五日が防風の誕生日であり祭りが行われていたという。[13]この遺跡を除けば、防風への信仰を示す史跡はほぼ皆無ではあるが、現在に至るまで浙東の広い地域で防風は信仰されていたものと思われ、杭州、湖州、嘉興、紹興から江蘇南部に至る広い地域の各都市で豊富な民間伝承が採集されている。

では、この防風はどのような機能を有する神として信仰されていたのだろうか。その答えは直接古代文献には現れてはいないが、防風が禹という治水神として敵対して殺されたということからして、防風もまた禹と共通する、少なくとも水に関わる神であると考えてよい。そして、古代文献の中で防風が誅殺された原因が遅参にあるとされていること、現代の民間伝承では、圧倒的に防風を治水の神とすることから、防風は地域の治水の神と考えてよい。従って、

「国つ神」に当たる越の地域の治水の神が、「天つ神」である治水神の禹に征伐されたというのが古代文献の基層にある物語と考えてよいであろう。

但し、禹に征伐されたことで地域の信仰は喪失されたわけではなかった。禹廟のある紹興ですら、採集された防風神話の質量に渡る豊富さから見て、民間では防風信仰が継続していたことは明らかである。[14] むしろ、中央から来た禹によって殺されたことで、防風は蘇州の伍子胥のように、たたりをなす神から水や地域を守護する神へと変貌して篤く信仰されても全く不思議ではなかったし、防風廟を護持し続けてきた湖州徳清県では明らかにそうした神格であった。しかし、浙東全域で見ると、禹に殺され、かつ禹と同一の治水という機能を有する神を信仰するということはやはり憚られることであったのかも知れない。防風は小説や戯曲の中に登場することはなく、伍子胥のように皇帝から官位を与えられることもなかったのだ。にもかかわらず、防風に関する伝承が、なぜ浙東全体にまで広がって残ったのだろうか。それを考える手がかりが浙江省海寧市塩官鎮の海神廟にある。

浙江海寧は明代以後、杭州湾が更に遠浅になったこと、銭塘江の河道に変化が生じたために逆流の被害が最も甚だしくなったところで、明万暦年間には占鰲塔（鎮海塔）が建立された。その後、この塔の背後に、清の雍正七年九月浙江総督李衛によって逆流鎮水の願いを込めて、銭塘江に面した岸辺から内陸に向かって何層もの殿宇が並ぶ壮大な海神廟が建立された。[15] 咸豊年間に大火で大半が焼失し、現在は牌楼と門、本殿など一部を残すのみだが、幸いにもその本殿には海神として伍子胥と呉越王銭鏐が残っている。この呉越王銭鏐という神格化された歴史上の人物は、後述のように深く治水と関わる形象であり、防風の信仰とも関わっているのである。

## 四　呉越王銭鏐

銭鏐（八五二～九三二）は字は具美、浙江臨安の人である。五代末期の動乱期、塩商でありながら私兵を集めて次第に勢力を有し、九〇四年には浙江、江蘇南部を平定した。その後、孫の弘俶が九七六年に宋に帰順するまで、呉から越にかけての地域を支配する安定した地方政権を確立することに成功したのである。

銭鏐政権が政策上最も重視したのは、銭塘江、西湖の治水であった。銭塘江に防潮堤を築き洪水を防ぎ、西湖を浚渫して飲料、農業用水を確保した。また、塩商出身の銭鏐は農業のみならず交易に力を注ぎ、銭塘江から杭州城内に水を引き込み運河の水量を安定させようとした。こうした多目的な治水政策が彼の政権を安定させ、わずか三代のうちに杭州の周辺に多数の寺院、仏塔などを建立させるなど経済的繁栄をもたらした。そうした彼の治水の事績が、水に依拠し水に苦しむ杭州、浙東の人々をして、銭鏐を歴史上の人物に終わらせず、神として信仰の対象とさせた要因の一つと考えられる。

また、呉越国の三代を通して、仏教が篤く信仰され、保俶塔、雷峰塔、六和塔など仏塔が数多く建立されたことも注目されよう。この時代の塔の殆どは現存しないが、全てランドマークとして重要な場所に建立されたもので、そうした場所に建立された多くの塔は洪水などを鎮めるためのものであると考えられていた。こうした鎮水、鎮魂に結び付く塔の存在も、銭鏐を神格化する一つの要因であった[16]。

銭鏐の神格化は早い段階から始まっていたようで、多くの稗史には共通した、超自然的な複数のエピソードが伝えられている。『西湖遊覧志餘』巻二二では銭鏐が大蜥蜴の生まれ変わりであるとされ、明末の張岱『西湖夢尋』「銭王祠」によれば、銭鏐が生誕の際の特異な現象を忌み嫌った父親に生後直ちに殺されそうになり、老婆の嘆願によって命拾いしたために「婆留」という幼名をつけられたとされる[17]。更に清『浙江通志[18]』巻二七九所引『呉越備史』に見える、銭塘江の逆流を矢を射ることで鎮めたことは、銭鏐についての、また銭塘江の大逆流についての代表的な物語として今日まで伝承されている。これに加えて、多くの資料が、彼が塩商の出身であり、博打をしたり、時に盗みをもはたらいていたことを記す。

こうした明から清にかけての伝承をまとめたような形で、銭鏐を主人公とした作品が短編小説集の一作品として刊行された。現存するのは、明・馮夢龍撰『警世通言』巻二一「臨安里銭婆留発跡」、明・周清原撰『西湖二集』巻一「呉越王再生索江山」、清・古呉墨浪子編『西湖佳話』「銭塘覇跡」の三篇である。特に明代刊行の二篇は内容の骨格がほぼ同一であり、前述のエピソードが全て盛り込まれており、かつ物語内容が銭鏐への信仰と密接に結び付いている。そこで、以下その物語内容を検討していくこととする。[19]

「臨安里銭婆留発跡」と「呉越王再生索江山」で着目されるのは、それが銭鏐の「発跡」の物語として語られていることである。「発跡」は南宋の語り物芸能の内容分類に現れる概念で、『夢粱録』を参照しつつ、『都城紀勝』の叙述に従えば、語り物の一つに「小説（一名銀字児）」があり、その内容には「煙粉、霊怪、伝奇、説公案」があるが、いずれも「撲刀杆棒及び発跡変泰」の物語であるとされる。[20] これを元の『酔翁談録』の中での作品分類に照応させてみると、『水滸伝』、『楊家将演義』という、英雄が神佑を得て成功を収めていくというパターンの物語に一致する。従って、この銭鏐の「発跡」をテーマとする小説は古いタイプの、民間の芸能に近いタイプの物語パターンによる作品と見なすことができ、それだけ民間の信仰を反映していると考えてよい。

この両者を比べてみると、「呉越王再生索江山」は「臨安里銭婆留発跡」と同一の物語内容を有しながら、杭州における銭鏐への信仰を示すエピソードを更に付け加えている。以下、その一つを示す。

皆様、およそ杭州人であれば、賢人君子であろうと、物売り、牧童であろうと、かの呉越王を褒め称えぬものはありません。奇々怪々なことであっても、何でも呉越王がどうのこうのとこじつけずにはおかないほどで、この英雄とそんじょそこらの豪傑とは訳が違うのでございます。さて、ここに一つ傑作な笑い話が御座います。かの宝石山の麓の石に一斗ばかりの大きさの鑿で刻んだ跡が御座いまして、これはいやはや何と呉越王の峯丸の跡だというので御座います。かつて、呉越王が未だ世に出ない時期に塩の行商を営んでおりまして、塩を天秤に担いで宝石山までやって参りますと、あいにくの大雨で足を滑らせすってんころりん、その拍子に石に峯丸の跡がついてしまったので御座います。後に、杭州のおふざけの好きな人がわざわざ鑿で跡を一斗大にまで広げてしまいました。そして大雨の後、雨水がたまるや田舎の純朴な人たちに「この峯丸池の水で目を洗えば一年は目を悪くすることはない。」とだましたので御座います。田舎の人たちはそれを信じて、本当にこの峯丸池の水で目を洗ったそうで、杭州の人々の悪ふざけはいつもこんな風なのです。

これに続けて、物語の語り手は呉越王がこの地域の人々を戦から救い、後世の人から英雄として崇拝されるようになったがために、その悪ふざけによるでっちあげすら信仰の対象になったことを述べている。

また、「臨安里銭婆留発跡」「呉越王再生索江山」ともに、矢を射て逆流を鎮め、防潮のための堤防を築かせたエピソードを有するが、前者では配下に命じて矢を射させるのみなのに対して、後者では銭鏐自ら巨大な鉄の矢を射て逆流を鎮めており、銭鏐に対して神佑があるというレベルから一歩進んで、彼自身を神とする傾向が一層進んでいる。また銭鏐の射た（ものと同じ?）矢が地中から発見され、それに因んで「鉄箭巷（鉄線巷の誤りか）」という名称が与えられたという牽強付会の地名の起源を述べる。

また、物語の結末には新たな因縁譚が書き加えられている。暗愚であったために、後に領土を金に奪われ自らも虜になる徽宗の夢枕に、銭鏐の霊が現れ、孫の銭弘俶が統一のために宋に返した領土の返還を求める。その後、北宋は滅び、南方に逃げた高宗が臨安に都するが、彼は銭鏐の生まれ変わりで、宋が呉越に領土を返還するという幽霊のお告げは見事に実現されたというエピソードである。これは銭鏐もまた祟りをなす神であったことを示す物語であって、祟りをなす神であるという過程を経ているということは、祀られることになった後、より強力に杭州を鎮護する善神へと変貌した可能性を示唆する。

以上見たように、杭州での信仰がいずれの物語の中にも反映しているが、明代の筆記→「臨安里銭婆留発跡」→「呉越王再生索江山」と、銭鏐自身がより神格化されて描かれている。しかし、これらの物語だけでは銭鏐への信仰を明らかにすることは難しい。では、最終的に銭鏐はどのような神として信仰されていたのだろうか。

すでに見たとおり、明代の小説において銭鏐は逆流を鎮める、治水の神としての機能をもっていたが、その要因の一つは銭鏐の歴史上の治水政策に基づくことはすでに述べた。しかし、銭鏐が神になる要因はそれだけではなかったらしい。銭鏐に関する現代の伝承を見ていくと、そこには地域の違いを越えてある共通の特色を見出すことができ、銭鏐がなぜ水の神たり得たかが神話レベルで明らかにされている。

①ある年、銭塘江に一人の巨人がやって来た。この巨人は本当に図体が大きく、銭塘江のこちら岸から向こう岸まで一またぎであった。みんなはこの巨人の名前など知らないものだから、銭塘江の一字をとって銭大王と呼んでいた。この大王は力も強く、自分で天秤を担いで大きな石を運んできて、やがて次から次と大小さまざまの石の山を築いてしまった。（『嘉興市故事巻』所収「制龍王（二）」[21]）

②銭大王は思った。二つの大きな山を運んできて、逆流を起こす潮神を押さえ込み、永遠に鎮めてしまおう。そこで大王は本当に二つの山を天秤で担ぎ、海へ運んでいって潮神をやっつけようとした。（『紹興市故事巻・上』所収「銭大王的伝説①」[22]）

③潮神を鎮めるために一万の弓の名手を手配したのだが一向に岸辺にやってこない。というのも、岸辺に来るには宝石山を通らなくてはならないのだが、この山間の道が狭くて一人ずつしか通れないのだ。このままでは大変

だと思った銭鏐は宝石山に馬で駆けつけ、山の南側の裂け目を一蹴り、たちどころに山は裂け、広い道が出来上がり、弓の射手たちは無事間にあった。（『杭州市故事巻・上』所収「銭王射潮」）[23]

これらの伝承は全て銭鏐が巨人神であることを示しているが、こうした現代の伝承をもとに前出の物語を見直してみると、すでに前述の「呉越王再生索江山」において、部分的ながら銭鏐は巨人神としての姿を現していたことが分かる。長く重い鉄の矢によって「潮神」を射ることができ、転んだだけで石に後を残す銭鏐はその時点で、山を蹴破るような巨人神の形象をすでに有していたのである。或いは前掲の海寧海神廟の銭鏐像が八メートルの巨大な立像であることもその証左となろう。明から清にかけて、銭鏐は歴史上の人物から大きく離れ（始め）、巨人神として信仰されており、それが小説に反映しているのである。

ではなぜ銭鏐が巨人神となったかであるが、これまでの議論を踏まえれば結論を出すのは決して難しくはないであろう。なぜなら、すでに見たように、民間で信仰されていた、水と関わりの深い巨人神防風が、浙江には存在するからであり、その形象を銭鏐が受け継いだと考えれば、銭鏐にまつわる様々な神話、伝説は全て十分に説明が可能だからである。繰り返し述べたように、銭鏐への信仰の基礎は、彼の治水の施策そのものにあるが、更に神として豊かな形象をもって人々の信仰を集めるには別の契機が必要であった。それが浙江の地方神で、禹に誅された防風だったのである。言い方を換えれば、禹に誅されたことで公然と信仰の対象にすることが憚られた防風は、宋に帰順した呉越国の銭鏐の形象を借用することによって再び広く浙東の人々の信仰を集めることができたのである。

神々の名称と機能の関係について余りに恣意的に考えることは避けねばならないが、中国の長い歴史の中で無数に近い神々が現れては消え、消えては現れを繰り返してきたことを考えれば、名称と機能とを固定的に考えることこそ危険である。仏教などの外来の神仏あり、各地方固有のこれまた数知れぬ神あり、更にはその神相互の、ということはそれを支える集団相互の矛盾、闘争、融合、吸収ありということで、神の名称、機能、位置づけなど何一つとっても長期間に渡って固定化されることはなく、常に激しく変動しているのである。強いて言えば、その変動の有り様に、地域や時代の刻印が押されていると見るべきであり、杭州などの浙東で、紀元前から現在まで巨人の治水神という形象が維持されてきたことが最も重要なのであって、名称はその形象を具体化するための――重要ではあるが――要因の一つに過ぎないのだ。

先に引用した紹興の「制龍王」の一つのヴァリエーションでは、明の太祖朱元璋（表記は「朱元龍」）が主人公となっている。その他に、浙江省内では禹はもちろんのこと、龍王から地方官に至るまで、様々なキャラクターが鎮水の神として物語に現れる。[24]無論それぞれの神格が物語に登場するには現実の、或いは物語の上での個別の背景が存在してはいるが、まず重要なのは鎮水の物語の中での機能であり、その物語の文化的な背景との関係は常に可変的なのである。

ここまでを簡単にまとめておこう。呉王夫差に対して、或いは越に対して恨みを呑んで死んだ伍子胥が銭塘江の逆流を起こす神となった。これを鎮めるために銭塘江に面し、呉越の境界である呉山に廟を建てて祀った。しかし、本来防風を治水の神とする越の地域では伍子胥を鎮水、鎮護の神とするには至らず、呉越王銭鏐が神となった時点では、銭鏐に鎮められる神格となった。また、銭鏐は神格化する過程で、越において古代から信仰されてきた防風の巨人、治水の神としての形象を受け継ぐこととなったのである。

この節の最後に、銭鏐のもう一つの側面について言及しておこう。それは、銭鏐が塩商の出身であるという事実に基づき、かつ浙江省の海岸、特に杭州湾が海塩の生産地であることと結び付いたもので、銭鏐が塩と密接に関わった神格になっていることである。その現れとして、明刊の小説では銭鏐が塩の密売に加わる「江湖の人」となっており、現代の伝承では更に直接に製塩と結び付いたものになっている。先に引用した海寧の銭大王を主人公とする「制龍王」

のヴァリエーションでは、銭大王は製塩のために銭塘江へ来たと語られている。[25] こうした物語内容からは、銭鏐が塩商、或いは製塩のギルドの神として信仰されてきた可能性を想起させるが、直接塩と関わるギルドとの関連は未だ明らかでない。しかし、銭鏐は紹興の紡績業のギルド神として信仰され、[26] 呉の水神伍子胥が蘇州において乞食のギルド神となっていることからして、[27] 銭鏐が塩と関わるギルドの神として信仰されていた可能性は十分にあると思われる。もしそれが明らかになれば、神への信仰と地域性、ひいてはそれを支えた集団の関係をも明らかにすることができるのだ。

## 五　神々は越境できるか

前節まで、杭州を中心とした浙東の地域と神々との密接な関係を論じてきたが、本来神と地域とはそれほど強く結び付いているのであろうか。はじめから地域性をもたない観音、龍神、玉帝、三清などはこうした議論の対象外として、例えば関帝は山西の地方神でありながら、明代以後特に全国に広がり、今や世界中にその版図を拡大しつつあり、地域と神との関係はそれほど不可分のものではないということが言えそうにも思える。

まず結論を言えば、関帝のようなケースは極めて特殊例外に属する。しかも、関帝の場合、山西の地方神であることが全国展開を可能にせしめたという点でもまさに例外なのであって、多くの神々にとっては、信仰されていた地域を越えて全国で信仰されるというのは殆ど不可能である。海外の中国人居住地域にまでその勢力範囲を拡大している媽祖ですら、中国国内では長江を越えて北進することができずにいる。また、これと対照的に西王母、驪山老母、泰山娘娘などの地母神グループは長江から南へいくことは極めて稀である。神の世界における南北対立は極めて明瞭である。

但し、南北それぞれの神々が長江を越えられない理由は必ずしも同一ではない。水上交通の安全を守護する媽祖の場合は、当然のことながら海や河川、湖沼の港、もしくはこれに準ずる場所に祀られねばならない。だからこそ、内陸部であっても、浙江の金華、衢州のように河川に面し、かつ福建商人が滞在するような所には必ず媽祖廟は作られるが、華北や陝西といったところでは水運の便に乏しく、福建商人もまれにしか訪れない、それゆえ媽祖を祀る必要はないのだ。これに対して地母神グループは、農作物の豊穣と子孫繁栄を願うものであるためにどこでも需要があるのだが、はじめからその地域固有の地母神が存在するか、さもなくば観音菩薩などがすでに受け入れられているために新たな神格が容易に受け入れられないのである。[28]前述の伍子胥がおそらくこのタイプで、防風及びその形象を受け継いだ銭鏐の存在によって受け入れを拒まれたのである。

ところが、浙江海寧における銭塘江大逆流に関する伝承の異なるヴァリエーションには、これと全く異なるタイプの物語がある。[29]この伝承では、伍子胥は夫差に殺される前、忠言に耳を貸さぬ夫差の態度に途方に暮れ、海寧へ来たという設定になっている。そこで伍子胥は、逆流を起こし、民の造った堤防を崩す妖怪、亀と蛇を退治するが、退治された亀と蛇とは始め石に、後に山に姿を変え、現在銭塘江の岸辺にある青山、長山になったというものである。この物語のポイントは生ける伍子胥が妖怪を退治するという点にあり、杭州、紹興の物語とは明らかに異なっているのだが、この物語の背景はおそらくそれほど複雑なものではない。というのは、海寧は現在の行政区分で言えば浙江だが、本来は呉に属するのであって、この地域で呉の伍子胥が鎮める側に回る物語があるのはある意味で当然であった。蘇州と杭州とで伍子胥の扱いが異なることは初めに見たとおりだが、その境目がどこにあるかについては古代の呉と越の境界が影を落としているのだ。

ここでもう一度銭鏐のことを考えてみると、伍子胥と銭鏐がそれぞれ信仰されている地域は部分的に重なり合いながらも、ほぼ補い合う関係にあることが分かる。銭鏐の伝説はほぼ浙江東部全域に広がっているが、江蘇及び湖州などの内陸部にはその物語が全くといってよいほど伝承されていない。呉越国の国王でありながら蘇州、太湖周辺には、民間伝承としては殆ど影響力がなかったことになる。これには呉と越の政治的、文化的境界の存在に加え、銭鏐と塩との強い結びつきが物語に反映していると考えられ、いずれにせよ物語とその伝承に対して歴史が強い影響を与えているのである。

このような神格と地域の強い結びつきは、神格にまつわる物語レベルでも存在する。四大伝説のうち「牽牛織女」伝説と「孟姜女」伝説は黄河の北から長江の南まで、それぞれの地域を舞台とした物語としてほぼ全国的に広がっている。これに対し、「白蛇伝」の場合はどこで語られるにせよ、許宣と白娘子の出会いと別れは西湖とその周辺の名所旧跡に、白娘子と法海の戦いの場は鎮江の金山寺に限定されている。これはそれらの場所が早くから観光地として確立し、しかも物語が多様な芸能で繰り返し上演されていたためであり、物語内容においてもほぼ同一で、ヴァリエーションはないに等しい。にもかかわらず、白娘子の修業時代というプロローグや彼女が雷峰塔に封じこめられてからの後日談は、管見の限り少なくとも浙江、江蘇、四川、天津の各地に広がっており、特に青青の敵討ちの部分がふくらんで、江南だけでも様々なヴァリエーションが生み出されている。[30]

「梁山伯と祝英台」の場合、一見したところ浙江との結びつきは「白蛇伝」より更に強固であって、物語の舞台は寧波から浙江を中心にした浙江省東部にほぼ限定されているといってよい。しかしながら、その物語内容は意外にも安定したものではなく、浙江省寧波ですら梁山伯が倭寇を退治したなど、いくつかのヴァリエーションが採集されており、唯一冥婚というモチーフが守られているにすぎない。[31] また、こうした物語内容の不安定さを説明するメタ物語も採集されており、[32]「梁山伯と祝英台」伝承の有り様は、「牽牛織女」、「孟姜女」とは無論のこと、「白蛇伝」とも大きく異なっている。

「梁山伯と祝英台」の重要なモチーフは若き男女の悲恋と死、そしてこれを救うための冥婚であり、このモチーフを繋ぐシンボルとしての鳥、或いは蝶が重要な役割を果たしている。しかし、こうしたモチーフを有する物語は「梁山伯と祝英台」だけではなく、志怪や伝記などに相思樹、相思鳥、冥婚などをモチーフとする物語が多数採録されていることで明らかなように、古くから中国の各地域で語られ読まれている、ありふれたタイプの物語であったのだ[33]。つまり、梁山伯と祝英台という固有名詞のついた物語は、例えば戯曲など芸能としての物語のレベルでは受け入れられても、社会の基層における民間伝承のレベルでは、すでに同一の内容を有する物語があるために容易には受け入れられないのである。言い換えると、悲恋―死―冥婚というモチーフそのものが梁山伯、祝英台という固有名詞を必要としないのだが、この点が、名称とモチーフとが不可分とさえ言える他の三伝説と明瞭に異なるため[34]、寧波ですら名前からモチーフが切り離されてしまい、様々なヴァリエーションを生み出している。

このように四大伝説の中でも物語と地域との関係は様々であり、物語の背後にある歴史の影響ばかりでなく、物語とその伝承、伝播の歴史が、地域との関係を決定することがある。しかもこうした物語の歴史、及び物語と地域との関係が、「梁山伯と祝英台」が倭寇と結びつけられる例のように、歴史認識にまで影響を及ぼすことがありうるのだ。

この節の最後として、地域と物語が密接に結び付いている分かりやすい例として、華北から東北に広がる「禿尾巴老李（尻尾のない李さん）」の事例をあげておこう。

子宝に恵まれぬ山東人の夫婦が龍神に願を掛けたところ子供を授かったのだが、それは龍神の子、龍であった。生まれるとすぐに天に昇り、黒龍江へやって来て先住の白龍と戦って勝利を収めた。生まれたとき父親に化け物だ、と思われて尻尾を切られたため、また母親の姓をもらったために「尻尾のない李さん」と呼ばれた。洪水や旱魃を防ぐために祈るとすこぶる霊験あらたかであり、また両親が山東人であるため、山東人の乗った船が黒龍江を航行するときには必ずこれを保護してくれるという[35]。

この物語は黒龍が白龍を退治する際に、人間の力を借りて石の饅頭を食わせるなど、物語の内容も興味深いが、それよりも華北から東北に大きく広がっていることが重要で、例えば北京の西郊、頤和園の少し先に黒龍潭があり、ここにも李さんはいる。[36]この物語の背景にあるのは山東人の華北、東北への出稼ぎ、移民という歴史そのものである。そうした歴史が古代から続く饅頭を食わせての妖怪退治のモチーフ（諸葛孔明の饅頭を想起されたい！）や、[37]龍という形象を借りて表現されているのだ。

些か雑多に例を挙げすぎたかもしれないが、神格、物語と地域とが強い結びつきがあること、しかも、その両者を結びつけているものは実に多様であることの一端は明らかにできたかと思う。少し乱暴な言い方になるが、ほとんどの神々が自らを生み出した地域にしっかりと縛り付けられているのである。

## 六　城隍神と地域性

浙江省のほぼ中央、永康市の郊外に方岩という岩山があり、この頂上に祀られているのが胡公という神で、神像の顔は紅く、その点では関帝に似るが、全体の服装は文神である。この神格は浙江永康出身の、胡則（九六三〜一〇三九）という北宋の実在の官僚に由来する。胡則は進士及第後半世紀近くを専ら地方官として過ごした。その間民百姓のために数々の善政を行い、死後直ちに胡則を神として信仰するようになったとされる。[38]その後出身地である永康を中心に金華、衢州へ、更には台州、温州へと信仰が広がっていった。杭州も、茶の産地として知られる龍井獅峰山に胡則の墓が造られたため、胡則の信仰の拠点の一つとなったと思われる。

しかし、胡則が神として信仰される契機を造り出したのは必ずしも庶民というわけではなかった。浙江省では北宋末、方臘を指導者とする農民反乱が発生し、永康の方岩も農民たちによって占拠されるに至った。こうした状況に対して、武力で鎮圧すると共に、集団の宗教的紐帯を切り崩し、朝廷の側に神佑があることを示すため利用されたのがこの地域出身の地方官胡則であった。鎮圧の過程で、地元の農民が信仰する「方岩神」の助けがあったことを奏上し、それによって人心の安定を図ったのだが、後から名無しの神ではということで、方岩と縁の深い胡則が記憶のかなたから引きずり出されたのである(39)。

このような背景で成立した胡公信仰であったが、永康を中心に、民間では広く信仰を集め、出生についての以下のような異常出生譚を伝承するに至った。

胡公の母は貧しさのために大きなお腹を抱えながら街へ物乞いに出た。ある日縉雲の静鶴県へ来ると突然お腹が痛み出した。ようやくの思いで村はずれの四阿までたどり着き、腰を下ろしたとたん胡公は母親の腹からとびだし産声を上げた。他郷にたった一人、顔見知りもいないこの村では自分で産婆をつとめざるを得ず、へその緒を噛み切ると村の近くの池に抱いていって産湯をつかわせた。ところが不思議なことに、二三度胡公を洗うと池の水の半分と胡公の顔は紅く染まってしまったのだ。(『方岩民間故事伝説』所収「胡公の顔はなぜ紅い」(40))

こうして、関帝ほどではないにせよ、「願えば叶う」民衆の神が永康に誕生した。民国二十二年重刊『光緒金華県志』によれば、金華の城隍神は「姓を胡」とするとあり、これは明らかに胡則のことを指す。にもかかわらず、『県志』にはその人物が誰であるかは「つまびらかにせず。」とある。小説や民間伝承では城隍はおよそ姓名をもたないのが通例であるが、民衆の信仰を集めるに至った胡公も、城隍神としてその名を残すことには成功しなかったのである。

城隍神は都市の民衆にとって最も身近な神の一人であり、この世とあの世の境にいる神として時に生死を司り、東嶽大帝や包公に仕える官僚であったために、最も恐れられる存在でもあった。中国の神々のヒエラルキーが現実の権力機構のヒエラルキーに酷似していることは言うまでもないことだが、中でも現実の官僚と最もパラレルな存在は城隍神であったため、宋代以後は朝廷が城隍神の存在について強い関心を払ってきた。特に明王朝は庶民レベルのイデオロギー支配に神経を使っていたがゆえに、城隍神についてもこれを支配することを目指した。洪武二年から三年にかけて、城隍神の制度を確立し、京師、開封などでは正二品、以下府、州、県のランクに合わせそれぞれ位を与え官に封じたのはそうした政策の一端である。また各都市に役所にならって城隍廟を造らせ、そこから宗教色を排除し、現実の官僚制度と完全に同一のもの、すなわち皇帝権力の及ぶ範囲におこうとしたのである。(41)

このような城隍神への明王朝の強い関心は、時に具体的に城隍神が誰であるかをも重視し、京師は無論、杭州を含むいくつかの重要な都市についても民衆の信仰のままに放置しておかなかった。その結果、杭州においては、新たに城隍神となったのが、成祖永楽帝の判断ミスで死刑に処せられた浙江按察史周新であった。冤罪による非業の死を遂げた周新は、御霊として民衆の支持を受け、城隍に転じたかに見えるが、実態はそうではなく、祟りをおそれた政府の主導によって神に祀り上げられた可能性が高い。そしておそらくはこの城隍神を認知させるべく、周新の死にまつわる物語が作られた。以下はその物語が小説化された「周城隍辦冤断案」（『西湖二集』巻三三）の末尾である。

ある日昼日中宮殿に紅い服を着たものが立っていたので、永楽帝はこれを怒鳴りつけた。するとその男はこう答えた。「私めは浙江按察史周新でございます。私めが忠義剛直であることから玉帝は浙江の城隍神にお命じ下さいました。陛下のために貪官汚吏を退治申し上げます。」そう言い終わると忽然として姿を消した。永楽帝は嘆息することしきりであった。後に周新は呉山の城隍廟前にいた人に乗り移り以下のように言った。「我はもと按察史の周新なり。我は玉帝により忠義剛直を以て城隍神に封じられたり。我が顔を彫りて像を作りて祀れ。我が誕生の日は五月十七日なるぞ。」人々はその霊験あらたかなるを見て、城隍廟をまるごと一新し、古い城隍神の像を羊市街に移した。

この小説の結末は現代の杭州で採集された城隍神に関する、「城隍の夢のお告げ」と題された伝承と見事に符合しかつ対照をなすので、以下概要を示す。

旱魃に苦しむ杭州の人々を救うため熱心に祈る若者に対して、呉山の城隍神は雨を降らせるためには玉皇山へ行き、二人の老人に救いを求めよと夢枕に立って教えてしまう。天機を漏らされたことに怒った玉帝は、城隍神を僻地流罪にしようとするが、民衆の嘆願を受け、城隍神の職を解くにとどめた。民衆は羊市街にこの首になった城隍神を祀る廟を新たに建て、「小城隍廟」と呼んだという。（『杭州市故事巻』所収「城隍托夢」[42]）

両者を比較すると、城隍神が交代したこと、以前の城隍神は羊市街に移されたことは全く一致しながら、小説では霊験あらたかでない城隍神が羊市街に、伝承では民衆に信じられた城隍神が羊市街にそれぞれ移動したとされる。つまり呉山の城隍神（周新）と羊市街の城隍神（胡則もしくは無名[43]）のどちらが霊験があるかという点において、二つの物語は正反対の評価をしているのだ。この伝承を見る限り、王朝が城隍神をも管理せんとした試みは成功したとは言い難いし、民衆はお上によって決定された城隍神＝周新よりも、昔ながらの城隍神、すなわち固有名詞をもたない、或は名を意識されない城隍神を受け入れていたのである。

地方官に出自をもつ胡則と周新との例を見てきたが、この場合、王朝の意向にもかかわらず、固有名詞付きの城隍神は必ずしも地域と結び付かなかった。しかし、胡公の例、或いは前掲の海寧の兪吉の例を見ると、地方官が神になるというケースは決してまれではない。また、地域とは直接関係はないが、包公をはじめとする公案小説の主人公は全て官僚であり、しかも神格化されている。従って官僚が死後神になるというシステムが存在していたことは確かであろう。にもかかわらず、なぜこの場合城隍神と固有名詞が結び付かなかったのであろうか。それを考える手がかりはやはり周新そのものにありそうに思われる。

周新は現実の官僚システムの上で浙江の按察史であったとき、讒言のため皇帝に殺されたが、その失敗に気づいた王朝は彼の死霊の鎮魂と人心の安定のために、この世とパラレルの冥界の官僚システムに取り込んだ。だがその際、二つの世界のシステムがパラレルであることにこだわったためか、周新の出身地である広東へ戻すことなく、冥界の官僚システムの中の同じ場所、同じポストへそのまま横滑りさせた。しかしその結果は、讒言による非業の死という民衆の信仰を集める条件を備え、物語まで設えられたにもかかわらず、杭州の人々の信仰を受けるには至らなかった。その理由として唯一考えられるのは周新が浙江人ではなく、広東の出身であるということだ。現実の政治制度として、公正さを確保させるための出身地と在職の地を切り離すという制度は、民衆の信仰のレベルでは必ずしも受け入れられるものではなかったのである。胡公の場合も、墓のある杭州ではなく、出身地に近い永康の方岩で信仰が盛んであったように、実在の人物に基づく神格の場合、地域との結びつきとは多くの場合人物の出身地との関係を意味すると考えてよさそうである。しかし、明朝が目論んでいたのはまさにそうした城隍神と地域との地縁による人的紐帯を切り崩し、現実の官僚制度を冥界にまで持ち込み、同一のシステムで動かすことであったのではないか。そうした上からの政策と民衆の意識のずれが前述の小説と杭州の城隍神の伝承の差異に現れていると思われるのである。(44)

## 七　まとめにかえて

ここまで、筆者は銭塘江の大逆流が誰に鎮められたのかを中心に、浙江の治水の神として伍子胥、防風、銭鏐の神格を検討し、それぞれが地域文化と密接に結び付いていること、また防風の形象が銭鏐に受け継がれて信仰されていることを論じた。また、地域文化と密接に関わる神格として城隍神を取り上げたが、これは銭鏐とは異なり、固有名詞をもたない神であることによって地域と結び付いていることを論じた。こうした観点から些か雑駁に議論を進めてきたが、地域文化と神々の間にどのように多様で密接な関係が存するか、歴史と物語が神々をめぐってどのように交差し、影響しあうかについて、その一斑程度は示し得たかと思う。古代から近代までの神話、物語から具体的な史実に関する叙述まで様々な内容を含む様々な文献と直接、或いは間接に反映された歴史は、現代の民間の伝承と地域文化という枠組みの中でしっかりと繋がっていることも、いくらかは明らかにすることができたのではないか。

なお、この論文を終えるに当たり、現代の口頭伝承を資料として多数利用したことについて少し意見を述べておきたい。筆者はかつて、中国の浙江の七夕の風俗について小論を草し、地域文化研究の重要性を主張したことがあるのだが、その際、中国の地方志が、例えば明清時代の民俗や信仰についてはまことに役に立たないことを痛感した(45)。こうした方面ではむしろ、現在の民俗学、人類学の調査報告や採集された口頭伝承の方がはるかに有用なのである。また、そうした資料を見ていくと、本文にも述べたように、古代の政治的、経済的、或いは文化的境界や流通のルートが、今日においてもなお有効であると思わざるを得ないことが少なくないのである。

無論、古代の地域文化の枠組みがすでに消滅していながら、調査の際には調査する側とされる側が共にその枠組みによって、イデオロギッシュに規制されてしまうということがあり得るだろう。従って、調査され、語られた内容が全て事実、或いは真実であるなどということは決してないと言ってよい。しかし、その枠組みの実態が消滅し、フィクションとなっていたとしても、現実を見るための枠組みとして機能しているならば、イデオロギーとして有効であり、それを無視して歴史や物語を見ることはできないと筆者は考えている。従って、明清の小説を研究対象とする筆者は、小説テクストとその周辺の筆記テクスト以外に、小説を産出した古代の歴史叙述と考古学的知見、そしてその地域の近現代における社会調査と多種多様な口頭伝承を、やむを得ずして採用した二次資料としてでなく、この三つのタイプの「テクスト」を組み合わせることで、小説という文字テクストを生きたテクストとして立ち上がらせ、その面白さを復元できるのではないかと考えている。(46)

古代の人々の豊富多彩な現実生活の集成としての歴史について、その豊かさを明らかにするためには今後更に多方面から、より多様な方法で研究を進めていくことが必要だと思われ、およそ歴史学の素養に乏しい筆者のこの一文がわずかでもヒントになれば幸いである。とはいえ、専家の方から見れば誤りや問題点も少なくないものと思われる。御叱正、御批判を心から願う次第である。

**註**

(1) 歴史と物語のクロスオーバー全般については、今日もはや常識になりつつあるので、野家啓一（一九九六）、小倉孝誠（一九九七）を挙げるにとどめる。例えば、雑誌『文学』（岩波書店刊行）の二〇〇〇年一・二月合併号における特集「『文学』の誕生」所収の論文は、いずれも旧来のジャンルにこだわらないものである。なお、中国の小説に限っての歴史と物語のクロスオーバーについては、その典型として『三国志演義』を本文中に挙げたが、これについては金文京（一九九三）を参照されたい。

(2) 伍子胥仰天歎曰「自若未立時、諸公子争立、我以死争之於先王、幾不得立。若既得立、欲分呉国予我、我顧不敢望也。然今聴諛神臣言以殺長者。」乃告其舎人曰「必樹吾墓上以梓、令可以爲器。而抉吾眼懸呉東門上、以観越寇之入滅呉也。」乃自剄死。呉王聞之大怒、乃取子胥尸盛以鴟夷革、浮之江中。呉人憐之、為立祠於江上、因命曰胥山。（『史記』巻六六「伍子胥列伝」）

「胥山」に『史記正義』は注して、以下のように言う。

『呉地記』云「胥山、太湖辺胥湖東岸山、西臨胥湖、山有古丞胥二王廟。」

(3) 『蘇州民間故事』（中国民間文芸出版社、一九八九年七月）五五頁。

(4) 前掲『蘇州民間故事』五三～五五頁。

(5) 『呉県文物』（共産党呉県委員会宣伝部、呉県文物管理委員会編刊。一九八七年十月）六九～七一頁、及び筆者自身による一九九四年七月の調査による。

(6) 呉山在銭塘県南六里、上有伍子胥廟、命曰胥山、有井泉清而且甘。（『方輿勝覧』巻一）

呉山……按『史記』呉人憐伍子胥以忠諫死、為立祠於江上、因命曰胥山。（『淳祐臨安志』巻八）

呉山之北、有寒泉迸溢、……今山上有忠清廟、天明宮……。（『太平寰宇記』）

(7) 属鏤之賜、竟及其身、鴟夷盛屍、投於水浜。憤悱鼓怒、配濤作神、迄今一日再至、海鴟群飛、陽侯夾従。仲秋闞望、杭人以旗鼓迓之、百城聚睹、大耀威霊、蕩潏千里、洪波砥平。（『西湖遊覧志』巻一二所引唐・盧元輔『胥山銘序』）

(8) 浮尸江中。呉人憐之、為立祠於江上、因命曰胥山廟。唐景福二年、封広恵侯。宋大中祥符間賜額曰「忠清」、封英烈王。紹興三十年、改「忠壮」。嘉熙間、海潮大溢、彌望七八十里、隤為洪流、京兆趙与懽禱於神、水患頓息、乃奏建英衛閣於廟中。（『西湖遊覧志』巻一二）

(9) 昔禹致群神於会稽之山、防風氏後至、禹殺而戮之、其骨節専車。（『国語』「魯語」）

(10) 呉伐越、堕会稽、得骨節専車。呉使使問仲尼「骨何者最大。」仲尼曰「禹致群神於会稽山防風氏後至、禹殺而戮之、其節専車、此爲大矣。」（『史記』巻四七「孔子世家」）

『山海経』巻一七「大荒北経」に「大荒之中、有山、名曰不咸。有粛慎氏之国。……有大人之国、釐姓、黍食。」という記述がある。これに対して郝懿行の箋は以下のように言う。

『晋語』司空季子説「黄帝之子十二姓中有僖姓、僖、釐古字通用、僖即釐也。」『史記・孔子世家』云「汪罔氏之君、守封

禺之山、為釐姓。」『索隠』云「釐音僖。」是也。『史記・孔子世家』の記述により、ここでいう「汪罔氏之君」とは防風氏に当たる。また、『楚辞』巻九「招魂」に「長人千仞」に対する王逸の注に『山海経』の同一箇所が引用されている。

(11) 今呉越間防風廟、土木作其形、龍首牛耳、連眉一目。昔禹会涂山。執玉帛者万国。防風氏後至、禹誅之。其長三丈、其骨頭専車。今南中民有姓防風氏、即其後也、皆長大。越俗、祭防風神、奏防風古楽、截竹長三尺、吹之如嗥、三人披髪而舞。(『述異記』巻上)

(12) 『夢粱録』巻一四「古神祠」の項に見える。但し、この地名の表記には何か誤りがあると思われる。また、この項の筆頭に挙げられているのは禹廟である。

(13) 一九九三年十二月一日から湖州市徳清県において「第二回中国防風神話学術検討会」が開かれ、ここで防風に関する多くの資料と知見を得た。この学術検討会については、拙稿（一九九四）を参照されたい。

(14) 張呂莫（一九九二）、四五~五七頁によれば、紹興では防風の廟を七尺廟と呼ぶが、これは発見された（?）防風の骨が七尺あった、つまり防風が巨人であったことと防風への信仰を隠そうとしたためである。また、農暦の三月五日が禹の祭りの日だが、「禹を拝むと腹が痛くなる。」という言い伝えがあって、庶民は禹を拝もうとしないという。

(15) 海寧、及び海神廟については、一九九三年の九月大逆流の日と、十二月の筆者自身の調査、及び『江南勝跡』（科学技術出版社、一九九三年十二月）三五七頁による。なお、塩官には「城隍廟」、乾隆帝の父と噂された陳閣老（宰相、陳元龍）の邸宅の一部、運河の一部が保存されているほか、銭鏐或いは銭鏐とイメージが重なるキャラクターによる大逆流の鎮水の物語についても、ヴァリエーションを豊富に伝承している地域である。歴史と物語、或いは歴史と信仰の重なり合う地点として、調査、研究が急がれるように思われる。

(16) 呉越国時代の仏教の概略については李祖栄（一九九七）、九三~九九頁を、同時期の仏塔については王士倫（一九九七）、一一四~一三四頁を、また、塔が水や妖怪を鎮める機能を有することについては、拙稿（一九九〇）、二三~二四頁をそれぞれ参照されたい。

(17) 銭武粛王居宮中、輪差諸院敏利老嫗監更。一夕、有大蜥蜴沿銀釭噏油、既竭、監更嫗異之、不敢語人也。明日、王曰「吾昨夜夢飲麻膏而飽。」監更嫗以所見対、王微哂。(『西湖遊覧志餘』巻二一)

一隣媼九十余、携壺泉迎於道左、謬下車亟拝。媼撫其背、以小字呼之曰「銭婆留、喜汝長成。」蓋初生時、光怪満室、父惧、将沈於了渓、此媼苦留之、遂字焉。（張岱『西湖夢尋』「銭王祠」）
(18) 民国二十三年商務印書館影印光緒重刊本による。
(19) 『警世通言』、『西湖二集』、『西湖佳話』については、「中国話本大系」（江蘇古籍出版社、一九九四年七月）所収の活字本テクストによった。
(20) 南宋時代の「説話」、「小説」についての『夢粱録』、『都城紀勝』、『武林旧事』の記述の解釈をめぐっては多くの議論のあるところであるが、ここでは「発跡（変泰）」が古いタイプの物語であり、英雄伝説とオカルト的な内容の双方にまたがっているということが確認できればよいので、あえて細かい説明を避けた。なお、筆者は今のところ、懐疑を抱きつつも、胡子瑩（一九八〇）の、特に一〇二～一二九頁の議論を、大筋において支持する。
(21) 浙江文芸出版社、一九九一年四月、四四～四五頁
(22) 中国民間文芸出版社、一九八九年一月、八九～九〇頁
(23) 中国民間文芸出版社、一九八九年十二月、三七～三八頁
(24) 海寧のある嘉興市の前掲『嘉興故事巻』が、大逆流に関する伝説を最も豊富に収録する。同書に大逆流物語として分類されたものだけでも十二篇で、その主人公は①朱元璋、②銭大王、③丁山（塩を焼く怪力の巨人）、④六和塔の神と龍女、⑤蚕姑娘（蚕の神）と龍王と地方官、⑥龍王と土地神、⑦地方官兪吉（浙江の農政官を勤めた兪士吉か）、⑧銭を姓とする地方官、⑨朱元璋、⑩観音と東海龍王、⑪戚継光、⑫康熙帝と雍正帝、とヴァラエティに富む。
(25) 『山海経外篇』（中国民間文芸出版社、一九八七年十月）二七三～二七四の「銭江潮的来源」では、銭大王は銭塘江を夾んだ杭州の向こう側、蕭山県の蜀山で塩を焼いていたとされる。
(26) 李喬（二〇〇〇）、二四七頁に引かれた『魯迅筆下的紹興風情』（裘士雄等著、浙江教育出版社、一九八五年。木山英雄訳『魯迅の紹興』、岩波書店、一九九〇年八月はその訳である）による。
(27) 李喬（二〇〇〇）、五五八頁による。それぞれのギルドで信仰されている神々は、ギルドの相違と共に、地域語との差異が大きく、また時代と共に変わったり、複数に増加したりする。ここにも、歴史と物語のクロスオーバーした社会背景がある。
(28) 郭蘊静（一九八六）、四二一頁によれば、天津では、海上交通を通じて媽祖信仰が伝わり、天妃宮が建立されたが、後に

「送子娘娘」、「眼光娘娘」が加えられ、そちらが主流になっていった。ここでいう「娘娘」は本来「王母娘娘」、すなわち西王母を意味する。『津門談古』（百花文芸出版社、一九九一年十月）七～九頁によれば、西王母は天津人であるとされており、神の機能、形象を読み替えるシステムがあったことを意味するものと思われる。

（29）前掲『嘉興故事巻』九八～九九頁、「伍子胥鎮妖」。これも註（20）に挙げた大逆流鎮水物語の一つである。

（30）天津の物語については、前掲『津門談古』三七～三八頁、「小青和白娘子在天津受難」を参照。また、江南の物語の代表としては、『江南十大民間叙事詩』（呉歌学会編、上海文芸出版社、一九八九年八月）所収の「小青青」を参照。

（31）『寧波市故事巻』（中国民間文芸出版社、一九八九年十二月）には八篇の異なるタイプの物語が収められている。

（32）前掲『寧波市故事巻』二九～三〇頁、「梁祝故事由来」によれば、杭州の私塾で学んでいる人々によって百種類の物語が作られたという。

（33）冥婚については澤田瑞穂（一九九〇）を参照。

（34）七夕伝説における、物語内容と登場する人物の形象との結びつきについては、小南一郎（一九九一）を参照。

（35）「尻尾のない李さん」については李剣平主編『中国神話人物辞典』（陝西人民出版社、一九九八年十月）三一五頁を参照。

（36）金受申編『北京的伝説』（北京出版社、一九八一）九一～九五頁に「黒龍潭」を収録する。また、『中国民間故事集成・北京巻』（同編集委員会編、中国ISBN中心、一九九八年十一月）二九〇～二九二頁には房山県で採録された物語を収めるが、その解説に「北京の郊外に広く伝わる」とし、門頭溝区の例を挙げる。

（37）饅頭は、河の神に捧げる人身御供の代わりとなるよう諸葛孔明が発明したものであるという物語がある。『五大奇書珍聞大観』（浙江文芸出版社、一九九四年一月）二六四～二六五頁に、湖北省谷城で採録された「饅頭的来歴」を収める。また、浙江風物伝説叢書寧波篇『鎮蟒塔』（浙江人民出版社、一九八六年四月）三〇～三四頁「小百嶺鎮蟒塔」では、山に住む大蛇に石を喰わせて退治する物語を収める。

（38）胡則については胡国鈞（一九九〇）、胡国鈞（一九八七）、胡国鈞（一九九一）、一八四～二二一頁を参照。

（39）胡国鈞（一九九一）、一九一～一九二頁を参照。

（40）顔の色を含む異常出生譚については大塚秀高（一九九四）を参照。

（41）宗力・劉軍『中国民間諸神』（河北人民出版社、一九八七年三月）一九四～二〇六頁所収の資料、及び『明史・礼志三』による。また、濱島（一九八八）を参照。

(42) 中国民間文芸出版社、一九八九年十二月、四九頁。

(43) 前掲『中国民間諸神』一九八～一九九頁所引『月令広義』では、杭州の城隍は胡総制であったが近来周御史に交替したとする。ここでいう胡総制とは胡公のことである。

(44) 城隍神に固有の名称が必ずしも存在しないことを、筆者は当初、土地神や竈神など民衆の生活に密着した神格と同様の、機能が名称となる傾向に由来するものと考えていた。しかし、初校時に小島毅氏より、神格から人格を剝ぎ取ることは明朝の政策の一つであるという指摘を受けたため、小島（一九九〇）を参照しつつ、あいまいな部分を削除し、あくまで杭州のケースに限った議論に書き改めた。

なお、城隍神については、名称の問題のみならず、清明節や中元節などの祭祀の際に果たす役割からみて極めて複雑な神格であり、この神をめぐる官と民の対立関係も錯綜していると考えねばならない。包公物語などとの関連もあるので今後更なる検討を要する課題である。

(45) 鈴木（一九九二）を参照。

(46) 但し、現代の社会調査や民間伝承については、八十年代以後急速に資料は増えたものの、学術研究の資料として大いに問題があることを見ておかねばならない。特に物語を研究する場合に重要な民間伝承については、資料の量が決定的に不足している。

現在最も容易に利用できる資料、『中国民間故事集成・浙江省』の基礎となった浙江省の各市の故事巻が十一種、十四冊、その基礎となった県、区の故事（＋歌謡・諺語）巻が八十三種、八十四冊である。この結果、例えば「白蛇伝」の故事が『集成』では五種のヴァリエーションが収められているが、基礎資料レベルではその数は少なくとも十倍以上あり、集成だけで論じることに強い不安を感じさせるのだ。幸い筆者は各市の故事巻のうち、杭州、紹興、嘉興、寧波、湖州、舟山、麗水の七種類を入手することができたため、浙東についてはある程度の見通しをもつことができたに過ぎない。今後こうした方面の研究を進めていくためには、同時代の資料が大量に必要になるが現状は容易ではない。依拠しうる資料の有効な活用のためにも、ジャンルを越えた交流と情報の交換が必要である。

## 参考文献


王士倫（一九九七）「寺塔之建　倍於九国」（杭州歴史叢編『呉越首府杭州』、浙江人民出版社、一九九七年六月）

大塚秀高（一九九四）「関羽の物語について」（『埼玉大学紀要・教養学部』第三〇巻、一九九四年）

小倉孝誠（一九九七）『歴史と表象』（新曜社、一九九七年四月）

郭蘊静（一九八六）『天津古代城市発展史』（天津古籍出版社、一九八六年）

金文京（一九九三）『三国志演義の世界』（東方書店、一九九三年三月）

胡国鈞（一九八七）『方岩胡公伝奇』（宝文堂書店、一九八七年十月）

胡国鈞（一九九〇）『方岩民間故事伝説』（浙江文芸出版社、一九九〇年三月）

胡国鈞（一九九一）「胡公大帝信仰与方岩廟会」（『中国民間文化』第四集、一九九一年四月）

胡子瑩（一九八〇）『話本小説概論』上・下（中華書局、一九八〇年五月）

小島毅（一九九〇）「城隍廟制度の確立」（『思想』第七九二号、一九九〇年六月）

小南一郎（一九九一）『西王母と七夕伝承』（平凡社、一九九一年六月）

澤田瑞穂（一九九〇）『鬼趣談義』（平河出版社、一九九〇年九月）

鈴木陽一（一九九〇）「『白蛇伝』の解読――都市と小説」（神奈川大学『人文学研究所報』No.23、一九九〇年三月）

鈴木陽一（一九九二）「七夕の伝説と祭祀習俗」（神奈川大学『人文研究』第一一二集、一九九二年三月）

鈴木陽一（一九九四）「江南の地域文化について――明清小説の視点から」（『中国－社会と文化』第九号、一九九四年六月）

張呂莫（一九九二）「防風神話：一組被歴史湮没的治水神話」（『中国民間文化』第六集、学林出版社、一九九二年六月）

野家啓一（一九九六）『物語の哲学』（岩波書店、一九九六年七月）

濱島敦俊（一九八八）「明清江南城隍考」（唐代史研究会報告第Ⅵ集『中国都市の歴史的研究』、刀水書房、一九八八年六月）

李喬（二〇〇〇）『行業神崇拝』（中国文聯出版社、二〇〇〇年一月）

李祖栄（一九九七）「寺院林立　梵音不絶――呉越国的仏寺」（杭州歴史叢編『呉越首府杭州』、浙江人民出版社、一九九七年六月）

**付記一**　本稿は、一九九八年八月二十四日、宋代史研究会における報告をもとに草したものである。会に於て貴重な御意見、御教示を頂きながらそれに十分に応えるだけのものを書き得なかったことに忸怩たる思いである。但し、原稿を書き終えた今、歴史と文学の研究交流の必要性を改めて痛感しており、今後ともそのために微力ながら努力していきたい。最後に、筆者に貴重な場を与えてくださった編集者に心より感謝する次第である。

**付記二**　本稿の初稿を書き上げた直後、寧波の梁山伯祝英台の廟を訪れる機会を得た。廟は広い面積の公園の一角にあり、行楽地として再開発されたものであった。その廟の中で『梁祝文化大観』（中華書局、二〇〇〇年六月）という梁山伯・祝英台故事の集大成とも言うべき資料を得た。三冊本の本書はそれぞれが八百頁を超える大冊であり、廟と公園の完成記念に梁山伯・祝英台のシンポジウムが開かれ、それに合わせて出版されたものと思われる。各冊は『故事歌謡巻』、『曲芸小説巻』、『戯劇影視巻』に分かれておりおそらくこの故事に関する最も網羅的な資料集と言えるであろう。更に『学術論文巻』も出版される予定で、シンポジウムで報告されたものはこの巻に収められると思われる。これまで梁山伯・祝英台の故事が浙江と江蘇のみに伝播していた感があったが、それは必ずしも正しくないことがこの資料集で明らかになり、それにあわせて一部文章を修正した。今後この資料の検討により考えを大幅に見直す必要が生ずるかもしれない。

# 白話小説に現れた「近隣」という地域について

## ――都市における婚姻環境の変化を手掛かりとして――

勝山　稔

# 問題の所在

本論集は、宋代人の「認識」についての考察を試みているが、小論では当時の都市生活者における近隣の領域・範囲という認識に着目し、検討を試みることとしたい。

近年所謂「社会史」的研究[1]が頓に活潑であるが、筆者は宋元から明清代にかけて広く人口に膾炙した白話小説の記事と、関連する社会風俗を知りうる史料とを照合して、当時の日常的な社会生活の実態の分析を試行している。これに従い本稿では、都市における「地縁的な面識を有し、日常的な交際を介して親密な関係にある隣接居住者の領域」（以下これを「近隣」と定義）の分析を介して、宋代から本格的に見られた「都市化」という現象を、社会生活の面からとらえ直したいと考えている。

中国歴代の「都市」については、考古学的調査や絵画資料の読解、そして都市プラン・儀礼空間を含めた「都市空間」論まで多彩な考察[2]が行われているが、本論に直截する分野に絞って掲げれば、入矢義高・梅原郁両氏による都市繁昌記の研究（入矢・梅原　一九九六）（梅原　二〇〇〇）や、斯波義信氏による都市研究（斯波　一九八三）、そして伊原弘氏の一連の考察（伊原　一九八八）（伊原　一九九一）と指を折ることが出来よう。また近年ではJ・ジェルネ氏（ジェルネ　一九九〇）や、菊池英夫氏による学説史的検討（菊池　一九九二）が挙げられる。またここで論じる近隣に就いては、宮崎市定氏の論考（宮崎　一九六四）や中村治兵衛氏による「四隣」概念の検討（中村　一九八〇）が見えるものの、前者は専ら「四家を隣とし、五家を保とする」をめぐる隣保制研究[3]の一環として捉えられ、後者も対象を村落に限定しているため、都市での純然とした地縁を検討したものは、管見の限りにおいて見出すことが難しい。

## 1　媒酌ノ言ハ信ズベカラズ——変質する媒酌——

近隣の問題を考察するに至ったのは、社会生活研究の一環として当時の婚姻習慣[4]に関して検討した拙稿での疑念の解明、或いはそのための第一段階たるべきことを目的としたからである（勝山　一九九六b）。

拙稿での主たる目的は「媒酌人の弊害」の原因究明にあった。南宋末から元代にかけては、媒酌人の悪行が広く社会問題化した時期であるが、そこには「諸男女婚姻、媒氏違例多索聘財」（男女の婚姻で、媒酌人が法外に高額な聘財を要求する[5]）」や、また「無得似前多取媒妁銭、濫餘設立、違者治罪」（以前のように多額の媒酌報酬を取り、みだりに設立することはできない。違反する者は治罪とする[6]）」とあるように、媒酌人が高額の聘財や報酬を要求する点で一致するが、何故にこの時期から高額な報酬が顕著化するのか。これについて従来の史料からは明確な解答を導くことが難しかった。

そこで各種白話小説の記事から媒酌人の事例を十数例抽出し、逐一その行動を精査するに、それらの媒酌人は、他者から「那婆子以売花粉為名、専一做媒作保、做馬泊六、正是他的専門」（彼女は表向きは花売りをしているが、本職は媒酌を行っている[7]）」と屢々記され、諸般の弊害は媒酌を専業（或いは副業）とする職業的媒酌人[8]の営利的収奪がその主たる原因であることが判明したのである。職業化した媒酌の輩は、仲介の謝礼である「媒銭」で生計を立てるため、両家への配慮よりも、多くの男女を効率的に捌くことに最も関心が置かれ、それが両家の条件不一致のまま強引に結婚させる傾向を生み、多くのトラブルを生み出した[9]。かくして宋代以後には「媒酌之言不可信」（媒酌の言は信用できない[10]）」というイメージが根付き、媒婆は社会の「六害」にランクされ[11]、中には「牙婆（媒酌を副業とする小売人）入宅すべからず[12]」と門前に張り出す家も見られた。

## 2　社会的需要を解く鍵――都市化に伴う地縁的結合の変化――

職業的媒酌人は以後根絶することがなかった。元代では職業的媒酌人を如何に抑制するかに尽力し、「官媒」という媒酌の許認可制度を試行[13]したものの、効果は上がらなかったことが各種史料から確認出来る。その事実から推察するに、やむに止まれず職業的媒酌に依存しなければならなかった「何らかの社会的需要」があったと考えるのが妥当であろう。この必要悪たる要因――社会的な需要とは一体どのようなものなのか。この検討作業を経る中で洗い出されてきたのが「地縁的結合の変化」というキーワードである。

古来からの農村（郷村）[14]では、耕作という屋外協同作業の性格も手伝い、自ずと居住地域周辺の近隣居住者と相互に緊密な面識を保持する。そのため、議婚の際も当事者が直接手を煩わせることなく、往々にして当事者間に介在する縁故者によって婚姻の仲介が円滑に行われていたと思われる。

これについては斯波義信氏の研究にも同様の指摘がある（斯波　一九八三）。斯波氏は農村等の各地方における村里の極めて小規模な市（すなわち「村市」）についての論考を通して、近隣の社交機能を持つ事例として婚姻の媒酌人に言及している。そこでは、「（村市の）分布間隔は宋以来五―十支里（二―四・五キロメートル）がめやすであった。市は商業のためだけではなく、さまざまな社交の関係をつくった。宗教の社（講）、芝居のつどい、結婚の媒酌……『近隣性』という社会の環節原理でまとめあげられる経済社会空間の組織は、市の発達で凝集化の核をあたえられ、ブロック化するのである」[15]と、農村に於ける婚姻仲介機能を指摘しているほか、G・W・スキナー氏の著作[16]にも同類の言及がある。

宋代では商品経済の急速な発達・経済流通の発展に及んで、漸次農村（の余剰）人口が都市へと移動したが[17]、その中で、各都市における「近隣エリア」[18]が農村生活とどのように変化・変質したのであろうか。

この懸案については、意識的に記録されにくい史料的ネックがあったが、幸いにも白話小説には都市部での近隣の実態を探りうる資料が豊富に存在し、これらを蒐集して都市生活の実態を浮かび上がらせることが可能である[19]。

ただ、これを取り扱う上で注意すべき点が無いわけではない。例えば白話小説集の多くが出版時期のみ知られ、実際の作品（若しくは話柄）の成立時期がどれ程遡るかは現在も検討の最中にあり未だ判然としない[20]。そのため、宋代〜明代中葉まで視野を広げて取り組まねばならないだろう。また白話記事は文学作品として認識されており、記事全てが無批判に史学的検討へ援用するには慎重にならざるを得ない。しかし前稿で指摘した通り、直接的な援用に至らずとも「白話小説内の事象を収集分類した上で史学的に考察し整理を行うことは史学的にも大いに参考[21]」となり、しかも本論で取り上げる「近隣」や「面識」については、あまりに日常的な事象であるため文学作品[22]にありがちな誇張や意図的な創作[23]を介在させにくい。かかる場合に於ては史学研究にとっても多くの参考と示唆を含んでいるのではと考えられるのである。

以上本稿では、職業的媒酌人を永続せしめた社会的な要因とは何かを検討するために、白話小説の中でも比較的初期[24]に位置する『清平山堂話本』（以下『清平』）、『雨窓集』『欹枕集』、『古今小説』『警世通言』『醒世恒言』（以下『古今』『警世』『醒世』[25]）等に見える「近隣」の記事を整理・収集し、都市に於ける近隣[26]の機能や概念について基礎的な分析を試み、史学研究に資することを目的としたい。

## 一　都市における近隣周辺の環境

中国の都市を意味する「城」は、軍事拠点や行政府の所在地に過ぎず、歓楽や商業取引は区画・時期それぞれに厳しく制限されたが、その状況は、唐宋代にかけて大きく変化した。即ち「市」制の崩壊や「遠隔地商業の発達、農民的経済の歴史的進化に伴い、商人の定住、農村人口の都市集中による都市領域の拡大[27]により商業に対する規制も緩和された。またこれまでの行政都市でも歓楽街・商業区画が拡大、加えて都市住居者の食を賄うに足る農村における生産の向上と、全国的な流通経済の整備という社会的基盤の向上に立脚して都市に農村人口が流入し始め、北宋の首都である開封はもとより、南宋の杭州臨安府では「杭州人烟稠密、城内外不下数十万戸、百十万口」（呉自牧『夢粱録』巻一六「米鋪」）とあるように、一〇〇万の人口を抱えることとなった。

杭州城については、北宋代の日本僧侶の記述[28]からも既にその過密さが確認できるが、南宋代の甚だしきに至っては「臨安城郭広闊、戸口繁夥、民居屋宇高森、接棟連簷、寸尺無空。巷陌壅塞、街道狭小、不堪其行」（杭州の城郭は広大だが、人口が非常に密集しており、民家の建物は高層となり林立し、棟は隣の棟と接して庇が連なっており、寸尺の空間もない。城内の小道はふさがり、街道は狭く、通行に堪えない）（『夢粱録』巻一〇「防隅巡警」）の如き状態にあったとある。[29]これを以て他都市にも同程度の過密が発生したと類推するものではないが、程度の差はあれ、人口流入によって人々は農村で経験したことのない極めて狭隘な地域に集住することとなった。[30]

このような農村社会から都市社会へという環境の中で、近隣という地域社会はどのような変化・変質を見せたのか。そしてその変化は当時の社会に如何なる影響を及ぼしたのか。ここではその検討の手段として、都市部における「婚姻をめぐる環境」としての近隣に注目し、その動向を少しく分析することとしよう。

## 1　配偶者を見つけられない事情

婚姻は、子孫の永続や祖先祭祀の維持、そして家族労働力の保持のためにも看過出来ぬ問題であり、臣庶の別なく重要視されたが、その婚姻に至るまでには、まず両者が某かの機会を介して相互に異性の存在――つまり面識を得なければ何も始まらない。しかしこの「知り合う機会」は、古来の中国社会に於て様々な制約がついてまわっている。

よく引用される一例を紹介しよう。明代天啓年間に刊行された『警世』巻一四には、南宋紹興十年の事として臨安府城内の州橋近辺で学堂を開く呉教授のもとに媒酌人の王婆が来訪する場面がある。それには、「呉教授看那入来的人、不是別人、却是半年前搬去的隣舎王婆。元来那婆子是箇撮合山、専靠做媒為生。……婆子道『……也少不得一箇小娘子相伴』教授道、『我這里也幾次問人来、却没這般頭脳』婆子道『這箇不是冤家不聚会。好教官人得知、却有一頭好親在這里、一千貫銭房臥、帯一箇従嫁、又好人材、却有一床楽器都会。又写得算得、又是嗹嚥大官府第出身。只要嫁箇読書官人。教授却是要也不』」（呉教授が入ってきた人を見ると、他でもない、半年前に引越して行った隣人の王婆である。元々この婆は仲人婆であり、専ら媒酌で生活している。……王婆は「……旦那も奥さんを貰わねばなりませんね」と言うと、教授応えるには「私の方でも何度か人に尋ねているのですが、一向に良い相手が見付からないのです」王婆「これこそ『女房にはいつかは巡り会うもの』というもの。旦那様聞いて下さい。一つ良い縁談があります。一千貫の持参金、女中が一人付き。加えて器量よしで楽器は何でもこなし、書くことも算盤も出来る。その上大層な所から下がった者で、読書官人の所に嫁へゆきたいそうです。先生どうですか」）とある。(31)

馴染みの王婆が呉青年に縁談を持ちかけた、という何気ない記事であるが、当時の婚姻事情が率直に表れており興味深い。例えば傍線部で呉教授は「人に尋ねているが、なかなかツテが見つからない」とある。原文は「頭脳」であるから正確には「手掛かり」が妥当かも知れぬが、この発言を目にすると、現代の我々にまず浮かんでくるのが「なぜ呉教授は自から異性を見つけようとしないのか」という素朴な疑念であろう。その理由は幾つか考えられようが、当時の社会通念の面からとらえると、呉教授が嘆息する原因が二つ顕在していると考えられる。それが、「呉教授が任意に（配偶者を）見つけてはならない制約」と、「呉教授が見つけられない環境」の二点である。

既に拙稿で言及しているが、前者については「野合」の関わりから禁忌と認識されていたのではないかと考えられる。そもそも媒酌と議婚の関係については、古来『礼記』曲礼上第一に「男女非有行媒、不相知名。非受幣、不交不親」とあるほか、『孟子』の「滕文公章句下」には「不待父母之命、媒妁之言、鑽穴隙相窺、踰牆相従、則父母国人皆賤之」（父母の命や媒酌の世話を待たないで、〔自分勝手に〕壁に穴を開けて覗き合ったり、垣根を飛び越えて密会したりすることがあったならば、父母も人々も、みなそんなだらしない行為を賤しみ蔑むことだろう）と、婚姻之礼は媒酌人の仲立ちがなければ成立せずとあり、男女が壁の穴から覗き合ったり、垣根を越えて密会することは「野合」と蔑視されている。これは以後も連綿と継続され、『夢粱録』巻二〇「嫁娶」にも「婚娶之礼、先憑媒氏、以草帖子通于男家」（婚娶の礼は、先ず媒氏に依頼し、草帖子を用いて男家と連絡を取る）と、議婚初期の手続きは全て媒氏の両家往来によって行われる事が定着し、また『通制条格』巻三戸令「婚姻礼制」でも「成婚必先使媒氏往来通言、俟女氏許之、然後納采」（成婚は必ず先ず媒氏に往来・通言せしめ、女氏がこれを許すのを俟って、然る後に納采する）[32]とあるように、異なる性格の史料の何れにも議婚初期の手続きは媒氏の両家往来によって行われる事が言及されている。[33]配偶者を探すには、何より媒酌人の介在が必須であり、無媒の婚姻は卑しまれたのである。[34]

## 2　外出を避ける女性達

第二の「呉教授が見つけられない環境」は、特に都市を中心とする（呉教授とつり合う身分の結婚適齢期の）女性が（容貌が人に見える状態で）外出すること自体僅々に過ぎなかったのではないかという点にある。

既に『東京夢華録』でその一端が窺える通り、[35]女性は原則として外出を避ける習慣があり、またやむなく外出する場合にも轎（轎子）を用いる場合が多い。轎の常用については類例が多く二例のみに限るが「忽一日、見一個人、引着一乗轎子、来請小娘子、……女子上轎来、見趙安撫引入花園」（『警世』巻三九）とあるほか、轎が無い場合「周媽媽欲請医人来看女児、争奈員外出去未帰、又無男子漢在家、不敢去請」（医者を呼び娘を診せたかったが、夫が旅に出て留守であり、家には男がいないので、呼びに行くこともままならなかった）（『醒世』巻一四）と外出できず婦人が焦燥にかられる描写からも窺えよう。[36] また史料の性格が異なるが、万暦年間に来訪したマテオ・リッチの書簡には「高貴な女性たちが家から外に出る場合には——そういうことは滅多にないことではあるが——何人かの男が担ぐ、すっかりそとを覆われた輿に乗ってゆく。そして彼女たちは慎み深いので、人に姿を見られることはない（四三頁）」とあり、ここでも外出時には輿や轎を用い姿を隠す点で一致している。

無論例外も見られ、例えば「老婆」「婆子」と記される中高年女性[37]や、飲食店・小売業そして娼妓等[38]は業務上他人の面前に立つ必要があったが[39]、それはＪ・ジェルネの指摘にも「小売人の妻は直接自家の商売に従事した。金銭を出納し顧客を相手に商いをしたのである（一八八頁）」とあるように（ジェルネ　一九九〇）、庶人の場合は女性も有力な働き手であったのであろう。ともあれ、都市に於て平時年頃の女性[40]が（職務等の）然したる目的もなく公衆の面前に容貌・容姿を隠さずに外出することは、原則として禁忌であったものと考えられるのである。[41]

一方農村では、この障壁を地縁的関係を発揮することで円滑に取り行われていた。これは前述斯波氏の指摘の通りであるが、白話にも同様の傾向が確認できる。明代嘉靖二十年代に刊行された白話小説集『清平山堂話本』「合同文字記」の中に、北宋慶暦年間の事として開封より三十里離れた老児村の出来事が記述されているが、そこでは李社長が劉添祥に対して「我有箇女孩児、劉二哥求做媳婦、就今日説開。劉大言、既如此選箇吉日良辰、下些定礼」とあるように、李は劉の息子が媳婦を求めている事を両人間の既知事項として認識し、その求めに応じて縁談を斡旋している。このように農村の場合では、求婚の際にも当事者が直接手を煩わせず、往々にして当事者間に介在する縁故者の手によって婚姻の仲介が成立する例が少なくない。古来からの生活環境である農村では、「当事者間が出会うことができない」という制約を克服する近隣の仲介機能があったために、結果的には婚姻が円滑に行われていたのであろう。それではこの仲介機能は、果たして都市においても有効に機能したのであろうか。

## 二　都市における近隣の環境

### 1　都市繁昌記と共通する近隣像――睦隣――

さて、これから都市の近隣による仲介機能について検討するのであるが、近隣に関する先行論文も皆無に近い状況にあるため、本稿の論考に必要な項目である「都市生活者が近隣をどのように認識しているか」という基本的な性格について、第1節・第2節を用いて踏まえておくことにしたい。

近隣の関係は余りに日常的・無意識的に存在するため、寧ろ緊急時にその認識を瞥見できるが、『醒世』巻三の冒頭、開封の雑貨商の娘が（北宋宣和の）混乱の中で両親を探していると、偶然近隣に住む卜喬に遭遇する。そこには「挙目無親、見了近隣、分明見了親人一般」（見渡す限り親が居ない中で、近隣の人にあったなら、まさに身内も同然）と記されている。文中の「親人」を「身内」と解釈したが、ここで兄弟等の極く近い親戚を意味する語句を用いている所からも、近隣の位置付けの一端が理解できよう。

この「身内」に匹敵する近隣については、宋元代に著された二つの都市繁昌記にも縷々指摘される。まず『東京夢華録』巻五「民俗」では、北宋後期の開封の近隣をこのように記している。「人情高誼、若見外方之人為都人凌欺、衆必救護之。或見軍鋪収領到闘争公事、横身勧救、有陪酒食檐官方救之者、亦無憚也。或有従外新来、隣左居住、（イ）則相借借動使、献遺湯茶、指引買売之類。……（ロ）毎日隣里互相支茶、相問動静。（ハ）凡百吉凶之家、人皆盈門」（〔市民は〕人情が厚く、もしよそから来た人が、都の人に欺されたりしていると、必ずみんなでそれを助けてやる。また番屋に留置されることになった喧嘩沙汰を見ると、こちらから進んで身請けをし、役人に饗応してお上をとりなしたりまでして、自分は苦にもしないのである。また、よそから新たに都に来て、隣近所に住むような人があると、（イ）道具を貸してやったり、茶などの贈り物をしたり、買い物の案内といったような世話をしてやる。（ロ）また茶瓶をさげて行って毎日近所の人を訪ね合い、茶を出して四方山話をしたりなど、（ハ）およそ吉凶の出来事のある家ともなれば、人が家いっぱいに集まってくる）[42]とあり、続いて『夢粱録』巻一八にも、南宋臨安の近隣について下記の通り言及している。「但杭城人皆篤高誼、若見外方人為人所欺、衆必為之救解。或有新搬移来居止之人、（イ）則鄰人争借動事、遺献湯茶、指引買売之類。（ハ）則見睦鄰之義、又率銭物、安排酒食、以為之賀、謂之煖房。（ロ）朔望茶水往来、（ハ）至於吉凶等事、不特慶弔之礼不廃、甚者出力与之扶持、亦睦鄰之道、不可不知」（杭州城の人はみな人情が厚く、もしもよそから来た人が詐欺にあったりすると、必ず皆でその人のために助けてやる。あるいは新たに他から移り住んできた人が居たら、（イ）率先して助けてやり、茶を贈り、売買の手引きをしてやり、（ハ）睦鄰の義を発揮して、銭物を用意し酒食を手配して、その人のために宴席を設ける。これを『煖房』という。（ロ）朔日と十五日には茶を持って往来し、（ハ）冠婚葬祭や季節のお祭りでは、必ず慶弔の礼が行われ、甚だしき場合にはお互いに手助けしあう、〈これも〉また睦鄰の道というものである。肝に銘じておくべきであろう）。

両者の内容は若干異同が見られるが、内容はその具体的行為から大きく三つ——すなわち（イ）近隣間の互助（奉仕及び介助）、（ロ）日常的かつ緊密な相互訪問、（ハ）冠婚葬祭及び年中行事の相互参加に分類できる。これは先に中村治兵衛氏が示したA（日常生活の拡がり）・B（相互面識・挨拶・交際・贈物）・C（冠婚葬祭）・D（経済的関係＝物品の相互貸与）の四類とほぼ同じ傾向を示すが（中村　一九九一）[43]、繁昌記の場合それらの行為が近隣相互における「睦鄰之義」や「睦鄰之道」の発露であることが特に注目されよう。

**〔（イ）互助（物品及び用務）〕**　並べて都市繁昌記で指摘されるものに、不足物品の貸し借りや、不明点の案内が指摘されているが、この類の記事は白話記事にも極めて膨大な事例が確認できる。その内容を類別すれば、①物品の提供や貸与——物品の貸借[44]や収穫物の裾分け[45]。②各種サービスやケアの相互依頼——具体的には近隣児童の面倒[46]、伝言[47]、留守番[48]、寄宿[49]、看病[50]、非常時の救護[51]、遺失物の捜索[52]、そして書簡の依頼と配達[53]に分かれ、生活雑事について相互に便宜を図り合う姿が見られる。

**〔(ロ)日常的かつ緊密な相互訪問〕** 近隣は、当時使用された常言（諺）にも「家有患難、隣保相助」（家に苦難があれば、隣人が助け合う）[54]と互助や連帯を司り、その結果として緊密な交流が日常的に行われた。そこでは喫茶や点心で相互に招きあい[55]、近隣の酒宴への参加や招待[56]を通じて交歓を重ね、その結果として「王公心中納悶、走在隣家閑話去了」（王公は気持ちが晴れないので、隣の家へ茶飲み話へ行った）（『古今』巻一）とか、「那些三鄰四舎、閑時節也到両家去看他下棋頑耍」（『醒世』巻九）と気晴らしに近隣宅へ雑談に赴いたり、将棋の観戦に訪れたり、中には「街坊隣里取他一箇渾名、叫做『沈鳥児』」（『古今』巻二六）と、近隣が親しみを込めて渾名を付ける例も見え、それだけ相互に親昵の関係であることが看取できる。

**〔(ハ)冠婚葬祭の相互参加〕** また、かかる親密さを如実に示すものとして、近隣の吉凶（言わば冠婚葬祭）の参列が屢々見られ、婚姻[57]や新築等の慶事[58]、そして葬儀[59]の参加がほぼ欠かさず行われている。そして慶弔の記事で注目されるのは「親隣[60]（親戚と近隣）」という語彙が屢々使用され、近隣が血縁に対比する縁故者として取り扱われていることがあろう。実際転居の後では交情がさほど継続していないことからも[61]、文字通り近隣は単に近所に住んでいるという縁故関係のみを頼りとしているのであるが、それはまさしく「遠親不如近隣」（遠くの親類より近くの他人[62]）と頻繁に語られる通り、地縁は時として血縁をも凌ぐ強力な縁故となったのである。

## 2　白話記事に見る近隣の実態――知りすぎた存在――

以上が都市繁昌記と白話小説記事とにほぼ共通して見える近隣像のあらましである。繁昌記に描かれる近隣は、概ね健全な昵懇の関係が強調されているものの、表面的でやや実態よりも美化されるが如き印象を拭いきれない。

例えば都市繁昌記の何れにも見える記述――人情篤実なる点は否定はしないが、『東京夢華録』自体も靖康二年（一一二七）までの開封の記憶を紹興十七年（一一四七）に記述したものであり、しかも『東京夢華録』序の一節に「古人有夢遊華胥之国、其楽無涯者、僕今追念、回首悵然、豈非華胥之夢覚哉。目之曰夢華録」（古人に、華胥の国に遊んだ夢を見て、限りない楽しみを味わった人がある。私はいま昔を偲び、ふりかえってうたた感慨に堪えないが、これこそ華胥の夢醒めた思いでもあろう。そこで『夢華録』と題した）[63]の如く、開封の記憶を「華胥之国」に例えているように、やや追憶をもとにした美化の要素が介在している可能性も捨てきれないのである。

**〔（イ）過度に精通しあう関係〕**　他方、白話小説は同時期の都市を舞台とした些事を題材に展開し、その読者も多くが都市を生活の拠点としている。つまり作品と読者は一種の「都市の日常生活」という共通する現実の認識の上に立ち、物語が展開・発展している。その意味では都市繁昌記に比べてありのままの日常生活がリアルに描かれており、都市繁昌記よりも更に細かいディテールや多角的な都市生活の実態を求めることが出来る。

例えばこの場合、白話小説を通読すると、近隣は並べて「相互に熟知した関係にあること」が前提として描かれている所が注目される。例えば「才訪至旧居、鄰家指引至此」（前の住居を訪ねると、近所の人がここだと教えてくれた）（『醒世』巻六）と、不案内な際に近隣からその所在地の情報を聞き出したり、「隣舎人家説道『三日前往儀真去了』」（『警世』巻二二）と隣人の動静や消息等の情報を得るために隣舎への質問は頻繁に行われている。事実、隣家で事件が発生した時、「次早隣舎起来、見劉官人家門也不開、並無人声息、叫道『劉官人失暁了』」（『醒世』巻三三）とあるように、いち早く異変を察知するのは近隣が常となっているのである。[64]

また嫌疑を掛けられた時など、自己の素行を知る存在として近隣を指摘することが少なくない。例えば「鄰里一定暁得。爺爺問鄰里」（近隣も必ず知っているはず。近所の方々に私の平生について尋ねて下さい）（『醒世』巻一六）や、「老爺不信、拘鄰里来問、平日所行所為、就明白了」（信用出来ないのであれば、近所の者を呼び出し、私の平生の行いを尋ねれば、お判りになりましょう）（『醒世』巻二九）と類例は多く、冤罪を訴願する上奏文（原文「冤奏章」）にも「臣設有不才、四隣何不糾挙」（私にもし間違った行いがあるなら、なぜ近所で評判にならないことがあろうか）（『醒世』巻二七）と記す一節が見られる。これら一連の言動を見ると、発言する側・それを聞く側が共通して近隣の素性を正確に把握していたに違いない。ただ、相知ることと、相親しむこととは必ずしもイコールではなく、事情を知悉した近隣関係は、知り過ぎる関係ゆえに、時として多くの功と罪とを生み出している事が窺えるのである。

**〔(ロ) 漏洩する私生活情報〕**　都市における近隣の特徴の一面としては、所謂プライバシー——私生活情報の漏洩にある。無論近隣同士の交際は従来の農村環境でも行われていたが、殊に都市の過密に伴う近隣間の（物理的）密着は、従来では想像も付かない事態をもたらしている。

農村における近隣の場合は、例えば共同作業や相互訪問の際に交わす会話（雑談）が主たる情報媒体となると想像する。この場合、発言当事者によってある程度話題が取捨選択されるのであるが、近隣を示す語彙として「間壁」[65]「隔壁」[66]が用いられるような極めて距離的に近接した環境となり、当事者の好むと好まざるとを問わず様々な情報が（物音や音声として）夜昼となくリアルタイムで近隣に漏れ出すこととなった。

例えば開封城内の描写に「只聴得、隔壁白嫂起来磨豆腐、対門黄公舂糕米」（『清平』「快嘴李翠蓮記」）とあるように、文字通り壁一つ隔てた環境では、常時近隣の情報が伝達されて来る。この環境のもとでは、「那些東隣西舎、聴得哭声、都来観看」（隣舎の者は泣き声を聞くと、皆やってきた）（『醒世』巻二九）とあるように即刻近隣の察知する所となり、また家族内で喧嘩を起こしたものなら「鄰舎聴得周媽媽哭、都走来看。張嫂、鮑嫂、毛嫂、刁嫂、擠上一屋子。……周大郎看見多人、便道、家間私事、不必相勧」（泣声を聴くと鄰舎が駆けつけた。張嫂、鮑嫂、毛嫂、刁嫂が部屋に入って来た。……周大郎は大勢の人を見て「家庭の私事です。心配なさらぬよう」と言った）（『醒世』巻一四）の通り、ほぼ筒抜けに近い状況で周辺隣舎に聞こえてしまったのである。

また周辺近隣も他家の情報収集には極めて貪欲であった。その典型として『古今』巻三の事例を掲げる。それは南宋の臨安府郊外のこと、商人の呉山が金奴という娘と親しくなり、彼女の借家に訪れた時にそれが発覚する経緯が記されている。この時の第一発見者は対門の雑貨商・沈二郎一人であるが、呉山と金奴が懇ろになる間にその情報は沈二郎から周辺近隣に伝播し、「有好事哥哥、見呉山半晌不出来、伏在這間空楼壁辺、入馬之時、都張見明白」と、この時点で既に数名の近隣に知られる所となり、翌朝になると「甦到間壁糶米張大郎門前、閒坐了一回。只聴得這幾家隣舎指指搠搠、只説這事」（隔壁にある張大郎の米屋の前に座ると、近隣の人々が指を指しながら話をしているのが聞こえた）とある通り、多くの近隣に知られる所となった。この事例は衆人の好むゴシップのため単純には比較できないが、他例にも「親隣暁得的、無不議論」（親戚や近隣の知っている者は、みんな噂していた）（『醒世』巻二〇）や、「我那里有一鄰居梁涼傘家、有一件好笑的事」（うちの隣に梁の日傘屋があるだろう。そこでこんな可笑しいことがあったのさ）（『古今』巻三八）という指摘も見られ、私生活情報は格好な巷談になっている。隣家は相互に共通して認識する所でもあり、このように近隣間では日常的の雑談を介して近隣の情報が交互に伝達されていたものと思われるのである。

またそれを裏付けるように「家内の情報は近隣に伝播すること」を前提とした言動が白話小説に多数確認される。例えば「周得与粱姐姐暗約偸期、街坊隣里、那一箇不暁得」（周得と粱の娘はひそかに密通を重ねたので、街坊隣里は一人も気が付かなかった）（『古今』巻三八）と、密通が極めて隠密の内に行われた程度表現として「近隣さえも気が付かないほど」と示されているほか、しらを切る女房を糾弾する時の「瞞得老公、瞞不得隣里」（夫は騙せても、近所はだません）（『醒世』巻三四）という発言が説得力を持つこと自体、如何に都市の近隣に生活の子細まで知られていたかを示す裏打ちとなるであろう。情報媒体の乏しい当時の社会では、近隣の話題というのはまさに格好の題材となったことが窺える。前出の呉山が漏らした嘆息に「慮恐隣舎譚論」（近隣の噂が心配だ）というものがあるが、やはり近隣に対する悩みの種として「私生活にも及んでくる近隣の耳目」があったのである。

〔(八)近隣の干渉と介入〕　かかる近隣との密接な生活環境のもとでは、「近隣の耳目を恐れる言動」が現れ、特に白話小説にはこの種の記事が非常に多く目に付くのである。

少しく挙例するに「任珪道、『娘子低声、鄰舎聴得、不好看相』」(任珪『お嬢さん静かに。隣舎に聞こえたら、顔見せもできない』)(『古今』巻三八)や、「倘被人知覚、却不好看、況此間耳目較近」(もし人に知られでもしたらみっともない。ましてやここは世間が狭いのです)(『古今』巻三)の如く近隣への情報漏洩に対する警戒の発言によく表れる。また拾得物を持ち帰り、母親に盗難してきたのかと尋ねられた時の息子の返事に「却恁般説。早是隣舎不曾聴得哩」(なぜそんなことを言うのだい。隣の家に聞こえなくてよかったよ)(『古今』巻二)とあるように[67]共通して近隣に神経を尖らせているのは、概ね家庭内における諸般の不祥事が外部に漏洩することに対してであった。

実際に近隣で何らかの事件が発生した時、「放声啼哭。有幾個鄰家、倶走来観看」(声をあげて泣き出すと、数軒の隣家がそろって見にやって来た)(『醒世』巻二七)、「押司娘和迎児……大哭道……即時叫起四家鄰舎来」(押司夫人と迎児が泣き出すと、即刻隣舎の者が集まってきた)(『警世』巻一三)とあり、立場を入れ替えて近隣で何か発生した時には「正喫酒間、忽聞得鄰家一片哭声。施復心中怪異、走出来問時」(酒を飲んでいると、突然隣の家から泣き声が聞こえてきた。施復は何事かと出かけていって尋ねてみると)(『醒世』巻一八)と、人々は近隣の異常を察知するとその家に集合する様子が窺える。

このように緊急時に於ける近隣同士の相互介入は、都市生活の中では半ば常識的に描かれているが、これは数家の近隣を単位とした犯罪防止や治安確保を目的とした隣保制がその背景にあると思われる。

隣保制度は、論争を含めて多くの研究が存在するが[68]、特に近隣について言えば「村坊鄰里逓相督察」(村坊鄰里ではお互いを取り締まり見張らせる[69])、また「諸戸、皆以鄰聚相保。以相検察、勿造非違」(諸々の戸は、すべて隣を用いて保を構成させ、相互に検察させて、非違〔法や道理に背く行為〕をつらせてはならない[70])とあるように、社会秩序の安定・治安の維持の目的から、隣内家庭の相互監視が半ば義務付けられていたため、その義務として（若しくはそれを名目として）近隣に干渉してきたのではないかと思われる。

実際に、「両下乾罵一場、鄰里勧開」（両方で悪口の言い合いになったが、隣里がなだめて引き離した）（『醒世』巻三四）、「両下争嚷起来、旁辺走過幾個隣里相勧」（双方口論になると、そばを歩いていた近隣の者達が、仲裁に入った）（『醒世』巻三七）、また夫婦喧嘩の時「因怕老婆嘴舌又利、喉嚨又響、恐被鄰家听見」（〔喧嘩の時〕女房は口が達者な上に声も大きいので、近所に見られるのを恐れて（黙って出ていった））（『醒世』巻三〇）とあるように大声を上げれば近隣が集まることを前提として登場人物が行動している所からも、近隣への干渉は当時の近隣間ではほぼ常識的に行われていた行動なのであろう。その他にも類例として「那鄰家毎日聴得焦氏凌虐這両個女児、今日又聴得打得利害、都在門首議論」（焦氏が二人の子供をいじめていることを聞いていたが、今日はあまり打ち方がひどいのを耳にして、近所の者はみんな表に出て相談していた）（『醒世』巻二七）と、近隣で事件の対応を思案したり、「和他打官司、鄰舎勧不住、奪了休」（『警世』巻二〇）「隣里也来相勧」（同上）とあるように、事件の解決・紛争の仲裁や調停に乗り出していることが窺える。一方、それは良い面ばかりではなく「隣舎們都知了……此間人眼又緊、口嘴又歹、容不得人。倘有人不愜気、在此飛磚擲瓦、安身不穏」（隣舎は何でも知っている……ここの隣舎は何かと口うるさく、口も悪いので手に負えない。もし気に入らなければ、色々と咎めたて、落ち着いてもいられない）（『古今』巻三）とあるように、不必要と思われるほど過度に干渉を繰り返す事例が少なくない。それが「近隣の耳目を恐れる」言動を生みだしているのであろうが、ただ、隣家が辟易するような干渉には相応な理由が窺える。

それは隣保制の実効を高めるために連帯保証と連座制が併置され、隣人で非違が発生すると自分の身の上まで罪が及んだり、時には官事（公事・裁判）に巻き込まれることも少なくなかったことにあろう。

であるから『醒世』巻三三で発生した殺人事件では、現場の隣舎が「却連累我地方隣里打没頭官司」（我々近隣のものまで公事のかかわりあいになってしまう）と嘆き、隣人の朱三老は「叫起地方、有殺人賊在此、煩為一捉。不然、須要連累我們、你這里地方也不得清浄」（朱三老は土地の者を呼び出して言うには『殺人犯はここだ、捕まえてくれ。そうでないと、我々も巻き添えを食い、この土地の者も迷惑がかかるのだ』）とある。そのため新しく近隣に居住する者が素行に問題がありそうな輩であった場合、近隣で居住を認めるかで家主と揉める事もあった。そこでの近隣の言い分は「我這里都是好人家、如何容得這等鏖糟的在此住。常言道、『近姦近殺』倘若争鋒起来、致傷人命、也要帯累隣舎」（ここで暮らすものは真面目な人ばかりなのに、こんないかがわしいことをする人がここに住むなんて許せない。諺にも『姦通沙汰には刃傷沙汰がつきもの』と言われるように、揉め事でも起こったら、人命は傷を負い、隣舎だって巻き添えを食うに違いない）（『古今』巻三）とあるように、近隣で訴訟が発生した場合、必要に応じて隣舎が関わりを持つ（召還される）ことは、白話記事[71]のほか裁判判例集『名公書判清明集』や『通制条格』[72]からも裏付けできる。当時の諺にも「打不断的親、罵不断的隣」（殴っても切れないのが親戚、罵っても切れないのが近隣[73]）とある通り——親戚や隣同士は、どのような情況があっても付き合いを断つことが出来ない極めて濃密な関係にあったのである。

### 3　白話記事に見える近隣の領域

以上、煩を厭わず白話小説に見える都市の近隣を逐一挙例したが、そこに見える（都市における）近隣は相互に極めて密着した存在であった。その干渉には辟易する場面も随所に描かれているが、基本的には親密であり、日常的な交際が行われるため、近隣は最もその人となりを知る存在であろう。そのため息子や娘が成長して配偶者を求める段階になると、農村と同じく近隣への助力が連想されるのは寧ろ当然の帰結と思われる。確かに都市においても近隣による婚姻周旋の事例は、皆無ではない。

例えば『古今』巻二七には「偶然有個鄰翁来説『太平橋下有個書生、姓莫名稽……情愿入贅人家。此人正与令愛相

宜、何不招之為壻』」（たまたま近所の老人がこう言ってきた。「太平橋のほとりに、一人書生がいる。姓は莫名は稽という男で……何処かに入り婿したいと考えている。お嬢さんに丁度良いと思うが、いかがだろう」）とあるように、隣舎の老人が知るところの若者を紹介し、また婚儀の経過は不明であるが、北宋景祐年間の杭州の事例として「女児小名慧娘、年方一十五歳、已受了鄰近開生薬舗裴九老家之聘」（娘の幼名は慧娘と称し、今年丁度十五歳で、近所の薬屋を開いている裴九老と縁組みの約束が出来ていた）（『醒世』巻八）とあり、近隣同士で縁談を纏めていた例(74)は存在するものの、『清平』及び『三言』における事例をカウントすると、職業的媒酌人による斡旋の事例に比べてごく少数に過ぎなかった。また近隣の紹介を意図的に避けるという記事も見えない所から、親密な関係にある近隣の戸数自体は少ない——つまり「相識の領域」が狭い範囲にとどまるのでは、と類推されるのである。そのためここでは近隣の戸数を知り得る記事を分析することで、近隣の範囲を推定することとしたい。

まず、相互に干渉し合う近隣の関係から、紛争が発生したとき駆け付ける隣舎の記事を検討すると、まずおおよその戸数が把握できる。それには「即時叫起四家隣舎來、上手住的刁嫂、下手住的毛嫂、対門住的高嫂鮑嫂、一発都来」（即刻近所から人々が集まってきた。左隣に住む刁嫂や右隣の毛嫂や、お向かいに住んでいる高嫂・鮑嫂が皆集まった）（『警世』巻一三）とあり、また同類の状況で「鄰舎聴得周媽媽哭、都走来看。張嫂、鮑嫂、毛嫂、刁嫂、擠上一屋子」（周夫人の泣き声を聞くと、隣舎が皆やって来た。張嫂、鮑嫂、毛嫂、刁嫂がどやどやと入ってきた）（『醒世』巻一四）とある。また類例として「率了三隣四舎、……喫了好幾日喜酒」（近隣の人々を引き連れて……幾日か祝い酒を飲んだ）（『醒世』巻九）と「三隣四舎」があるように(75)、近隣との対応の中に幾度となく「四家隣舎」の文字が見られる。集まる隣舎は「上手住的」「下手住的」各々一戸、そして「対門住的(76)」二戸の合計四戸で、しかも双方の記事に「都来」「都走来看」と明記されている所から、まずは隣舎というのは四戸という仮説が成り立つ。

ただ、この四戸というのは問題がないわけではない。例えば宮崎市定氏の論考に、「保」に関わりなく自家に対して東西南北の四隣が、連帯責任を持つと指摘しているが（宮崎　一九五七）、「四家為隣」つまり連帯責任を課せられた近隣範囲と戸数も一致しており、単に紛争時に連座に問われかねない隣人が義務的に駆け付けたとも考えられる。そのため当時の都市生活者が認識する近隣の戸数と駆け付けた近隣の戸数が完全に一致するかどうか疑念が残る。

例えば『水滸伝』二六回にもこのような件がある。ここでは兄の武大が殺害された原因を捜索すべく武松が近隣を呼び寄せるが、そこでは①「下隣開銀鋪的姚二郎」と「対門請両家」として②「一家是開紙馬鋪的趙四郎」③「対門那売冷酒店的胡正卿」と、④「他家是売餶飿児的」の「張公」を「四家隣舎」と称し、「武松請到四家隣舎并王婆、和嫂嫂共是六人」（四家隣舎と王婆と嫂の六人を呼んだ）とある。ところがここでの「王婆」は、④にある「張公」の「隔壁」とあり、[77]そもそも武松の居る家の「隔壁王婆」と表現されているにも拘わらず、「四家隣舎」には外されているのである。[78]ここからも近隣の概念の上限が少なくとも四隣（四家）以上もあり得ることが推定されるのである。

そこで今一度白話小説から近隣の戸数を知りうる数詞を含んだ記事を蒐集すると、以下の通りとなる。それには、

①「只見幾個隣人都来和哄道」（『古今』巻三）
②「隣舎閒漢已自走過七八箇人、在舗前站着看了」（『古今』巻一）
③「因此走動、只有数家隣舎、都不知此事」（『古今』巻三八）
④「只聴得這幾家隣舎」（『古今』巻三）
⑤「鄰近有幾家老成的婦人」（『雨窓集』上巻「花灯轎蓮女成仏話」）
⑥「幾個隣里」（『醒世』巻三七）
⑦「有幾個鄰家」（『醒世』巻二七）
⑧「也有幾個隣舎街坊」（『金瓶梅詞話』六回）
⑨「有幾個平日相往的鄰家」（『醒世』巻六）

⑩「六隣親戚」（『金瓶梅詞話』二六回）
⑪「如今四鄰八舍都是証見」（『初刻拍案驚奇』巻八）
⑫「只須喚那四鄰八舍到来」（『初刻拍案驚奇』巻一一）

と様々な表現が確認されるが、それには一定の傾向が看取されよう。

記事を検討すると、①と②とは隣舎の人数という個人を指しており、②にも「七八箇人」とあるが、これらの記事の中では少数に位置しよう。なぜなら必ずしも一戸一人である保証はなく、甚だしい場合この「幾個隣人」はすべて特定の一戸からと考えても反証の手だてが見当たらない。他方③④は前述する物音に反応した隣家の事例であるが、四家の他に「数家」「幾家」という表現を使用している。これを目安に見方を変えて「近隣」という領域にどれほどの戸数があるか、「隣近」の事例（⑤）や「隣里」の事例（⑥）を参照するに、やはり「幾個」「幾家」と記され、特殊な条件がない⑦⑧の事例と傾向が全く同一である。ただ⑨が「有幾個平日相往的鄰家」（平素行き来している幾個隣家）と記されているので、「平日不相往的鄰家」が存在する可能性を否定できず、この記事の中では最も多数に該当する可能性がある。

実際「相熟的隣舎」（『醒世』巻三三）とあるように同じ隣舎でも親密・疎遠の別も恐らくは存在するであろうから、個人で多少の増減があろう。⑥⑦⑧⑨に記されている「幾個」を文字通りに取れば、「三、五又は五、六程度の数を示す[79]」、「大体十以下の概数を示す[80]」という。なお具体的な数詞では⑩に「六隣」という表現があり、⑪⑫には「四隣八舍」がある。これは隣舎が八戸であるかと連想させ、確かに「四隣」と斜向かい四家を含めれば周辺の八家で一致するが、「四……八……」という成語形式[81]とも考えられ、確実に実数としての軒数を表すのかやや疑念を拭いきれないし、たとえそれを八戸と見做しても「幾個」の範疇に収まる事には違いない。また隣舎が十戸以上という記事が管見の限りでは確認できなかった。

〔参考図〕 白話小説に見る近隣の範囲

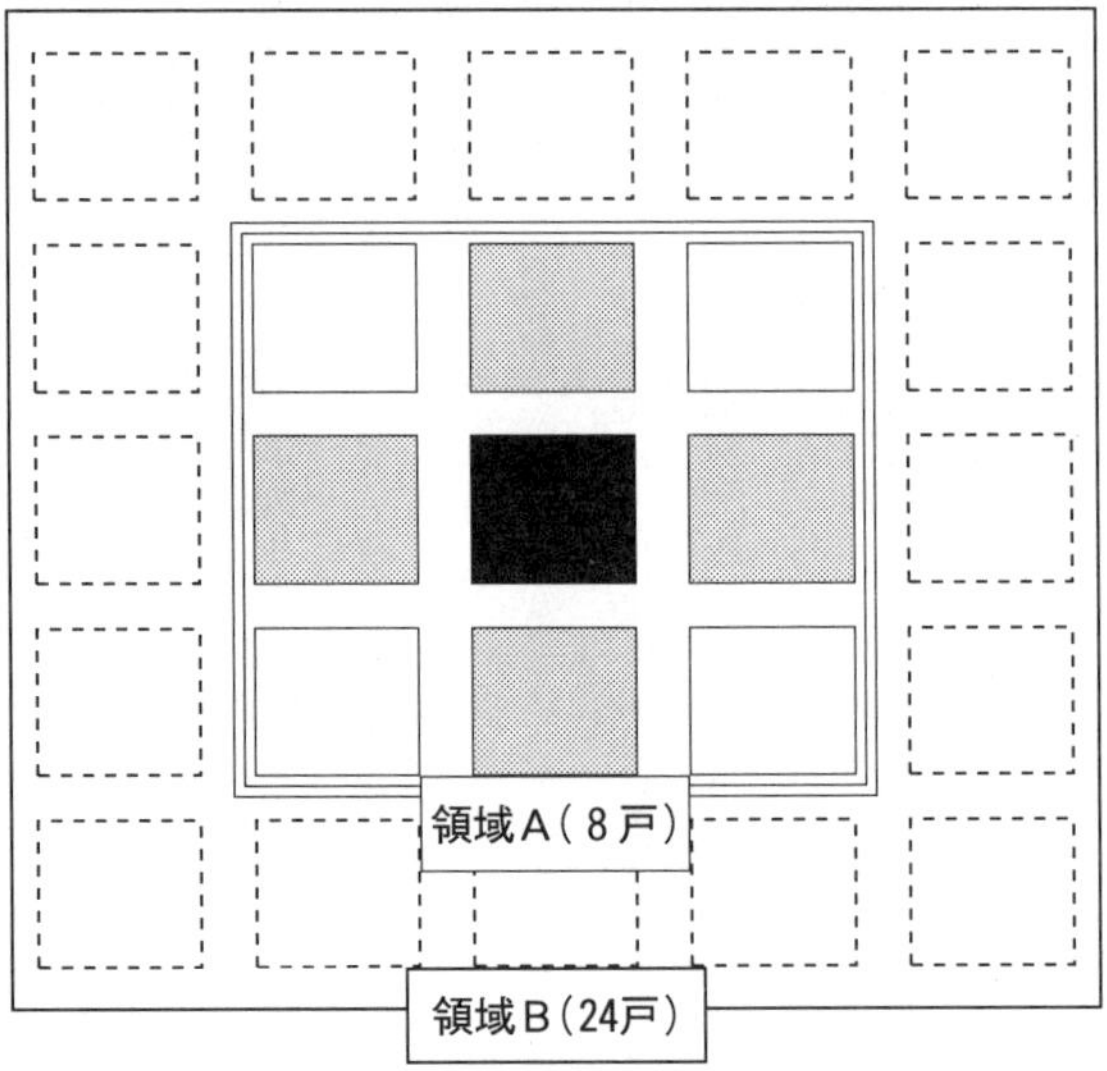


（註）中央が自家、灰色の家が所謂四隣を意味する。
なお模式図のため道路は省略した

隣家の概念は各戸で個人差もあろうし、まさに「幾個」という一定の数ではないことを示す証左となろうが、少なく見積もって『警世』巻一三・『醒世』巻一四を典拠とした四戸、多くともせいぜい『古今』巻三八に依拠した数戸であり、『初刻拍案驚奇』巻八・一一を典拠とした八戸の可能性を信じるとしても、結局十戸前後を超えるものではなかったと考えて大きな相違はなかろう。[82]

近隣の戸数が十戸前後であることが何を意味するか。近隣のエリアを模式図に示すと、このような事が解る〔参考図参照〕。つまり自家を中心として東西南北の所謂「四隣」と、斜向かいの四家という文字通りの隣接した範囲（領域A）が八戸で、それよりも一段広くすると（領域B）、途端に近隣の戸数は二十四戸に達してしまう。無論近隣のニュアンスは個人差があり、必ずしも周辺八戸に一定するものではないであろうし、時には領域A以外にも近隣と認識された事例もあり得るであろうが、多くても近隣はせいぜい十戸前後である所から、近隣の領域も比較的限られた範囲であったのではなかろうか。

というのは、近隣といえども若干距離が離れると、全く面識を持たないという事例が確認できるからである。来訪した老婆との会話の中で『你老人家尊姓』婆子道、『老身姓薛、只在這里東巷住、与大娘也是箇隣里』（『貴女のお名前は』老婆『薛と申します。そこの東巷に住んでいまして、奥様の近隣ですよ』）（『古今』巻一）という発言にも確認できる。[83]

近隣の情報伝播力は極めて強力であるものの、近隣の範囲が斯くも狭隘な場合、都市で婚姻の周旋に助力できる隣家は数家に過ぎず、それが配偶者を求める段階でどれほどの効果をあげたのか、疑念を感じずにはいられない。

## 4　「社会の富裕化」「選り好み」そして職業的媒酌人

また、この婚姻の環境を更に狭めた背景がある。それがもう一つの社会的環境の変化――社会の富裕化に伴う「過度の配偶者選別（選り好み）」の現象である。すなわち、婚姻を求める当事者若しくは両家が社会的身分や金銭的メリットを求める傾向が現れ、その過熱が不婚の男女を生み出すという社会問題を発生させたのである。

身分的内婚制としての士庶不婚は、仁井田陞氏や陳鵬氏等の研究[84]をはじめ以前から指摘される所であるが、宋代に入り門閥の衰退に応じて半ば無実化した。そのため、富戸は士大夫との通婚を計ろうと図るようになり、実際に富戸に婿入りする士人も少なくなかった。[85]例えば「若干官宦大戸人家、単揀門戸相当、或是貪他嫁資豊厚、不分皁白、定了親事」（官人や大戸は家柄を選び、持参金を貪るばかりで、器量の善し悪しなどお構いなく、縁談を取り結ぶ）（『古今』巻一）と記され、また東京曹門裏の商人の父が、自分の娘が酒家に嫁ぐと聞いて「他高殺也只是個開酒店的。我女児怕没大戸人家対親」（相手はただの料理屋ではないか。これで家の娘は金と権力のある家と縁組みが出来なくなってしまったではないか）（『醒世』巻一四）と激怒したり、富家の娘が裏切った夫に対して「当初你空手贅入吾門、虧得我家資財、読者延誉、以致成名、僥倖今日」（貴方は裸一貫で私の家に婿入りし、私の家の財産のお陰で学問をし試験に合格し、今日のこの幸運を摑むことが出来たのではないですか）（『古今』巻二七）と悪罵するように、庶人であっても金銭の頼みさえあれば、社会的身分が上位に位置する家との通婚は充分に可能であったことが窺える。そのために議婚の段階に、屢々法外な条件を提出することもあり、例えば「読書官人」との結婚に固執する女性が現れたり、[86]高額な金銭を提示することもある。[87]このような条件の複雑化や配偶者選別の傾向が拡がりを見せる中で、従来からの近隣の紹介では徐々に賄いきれなくなったのではないかとも考えられるのである。

以上、旧稿の論考を含め婚姻の環境としての都市を「近隣の領域」というキーワードを介して分析を試みたが、今回の試みは未開拓な面が多く、近隣地域の認識という基礎的な部分に絞った論考にとどめた。従って残された課題は少なくない。

例えば都市での近隣が相互に濃密な関係にあることを示したものの、「都市化」を検討するためには両端の一つに位置する「農村の近隣」についても詳細な考察と照合が必要であろう。ただ白話小説の多くが都市を舞台としており、農村の情況観察には史料的制約が避けて通れない。これを克服する手段として『太平広記』『夷堅志』等の文言小説との照合が求められよう。また地縁・血縁の他にもう一つの縁故関係として「相識」（知り合い）がある。[88] この関係は例えば同業者等の面識関係が考えられ、『古今』巻二七には「下官有一女、頗有才貌、年已及笄、欲択一佳壻贅之。諸君意中、有其人否」（私には一人娘がおり、器量もよいし頭も良い。そろそろ年頃なので婿を迎えたいと思っているが、誰か心当たりはないか）と部下・属僚に紹介を求める場面が窺え、配偶者の紹介にも寄与していた可能性も否定できない。この相識がどれだけ婚姻の周旋に貢献したかについては、これも後日の検討に委ねたい。

また最後に、小論の考察の手法である「白話小説記事の史学的考察」の意義について若干触れておきたい。小論では「近隣領域の測定」という従来の史学的論考では取り組まれなかった問題に焦点を当てたが、そもそもこのような事象は意識的に記録に残される性格のものではなく、その史料的欠如が中国史における社会史的検討の阻害要因となっていたのではあるまいか。

歴史学的な、いわゆる文献史料から知ることの出来るのは、制度・政治・経済・法制等の国家を構成する骨子そのものであり、社会の構造を理解するには有益であるが、それが日常生活にどのように反映したかは、やや隔靴掻痒の感を拭えなかった。一方白話小説等の記事では、巷間における庶人の生活実態を詳細なディテールで描出されているものの、その諸事象は表面的で、それがどのようなシステムや背景の下に機能しているのかが判然としなかった。前者の不足は社会史研究の不活発として、後者の不足は白話小説の精密な読解の障害として潜在していた。

しかしここに示したとおり、両者の不足は相互に補完しあう関係にあり、相互の史料を照合することで社会の実態を多角的・有機的に把握することが可能となり、その成果は史学のみならず、そのまま文学作品の精密な読解に寄与すると思われる。特に近年における制度史・事件史から社会史・庶民史へという研究の流れの中では、この考察方法も一つの選択肢として検討に足るものではないだろうか。本稿もまだ模索の域を出るものではない。その可能性・研究手法について研究諸賢のご批判ご叱正を請う次第である。

## 結　論

以上、本稿の内容を要約すれば、以下の通りとなろう。

Ⅰ　本稿は近隣の領域・範囲という認識に着目し、都市化による社会生活の変容を考察した。その具体的方法として都市に於ける「婚姻をめぐる環境」の変化を一つの指針として、農村から都市へという近隣社会の変化を検討した。

Ⅱ　宋元代から「職業的媒酌人の弊害」が指摘されるが、禁令を犯してまでも実行された背景から何らかの確固とした社会的需要が存在したと思われる。それが前稿で言及した「両家のメリット」の他に、「異性の紹介」「地縁的結合の変化」の三つが存在する思われる。

Ⅲ　「異性の紹介」からは、①媒酌の仲介を経ず当事者間で直接アプローチすることは「野合」と認識されたこと、

②年頃の女性が然したる目的もなく公衆の面前に容姿を隠さずに外出することは原則として禁忌であったこと、③女性の外出が許可された日数が僅かであったこと。以上の理由から、配偶者を探すには何よりも媒酌人の介在が必須であり、無媒の婚姻は卑しまれた。

Ⅳ「地縁的結合の変化」について、まず都市繁昌記の記事を検討するに、互助や日常的な相互訪問・吉凶の参列等「睦隣」の様子が窺えた。しかし、白話記事を逐一検討するに、近隣は都市繁昌記の指摘のみならず、（相互交流の結果として）互いの私的情報にも精通しあう関係にあった。しかも当時は隣保制における連帯責任と相互監視が半ば義務付けられているため、某かの事件が発生すると、近隣が自家に介入してきた。そのため近隣は相互に過度に濃密な相識関係を構成していた。

Ⅴ　農村で有効に機能していた地縁的な紹介・周旋の事例を検討するに、都市に於ては職業的媒酌の事例より少数に過ぎなかった。それを検討するに、その原因は近隣における面識エリアが（白話記事からの近隣概念からも都市における近隣組織からも）僅か十戸前後に過ぎず、従来の地縁的要素による婚姻の仲介機能が弱小となり、有効に機能しなかったものと推測される。

Ⅵ　また近隣の機能の限界を見せるのは「過度の配偶者選別」にも起因しているのではと思われる。社会の富裕化に伴い、より社会的身分の高い家、或いは経済的に有力な家と通婚する傾向が顕著となった。そのため農村のように、比較的身分が斉一な環境とは異なり、都市では（当事者及び両親も）議婚の際に多くの条件を提示するようになり、（従来からの）近隣の面識の範囲で賄いきれなくなったのではなかろうか。

註

（1）最近の動向については馬淵昌也「最近の日本における明清時代を対象とする「社会史」的研究について」（『中国史学』六巻、一九九六）、平田茂樹「宋代社会史研究の現状と課題」（『人文研究』五〇巻一一分冊、一九九八）、また本論で取り上げる都市については、後述する菊池英夫氏の検討がある（菊池　一九九二）。

（2）詳細は中村治兵衛「〔増補〕中国聚落史関係研究文献目録」（唐代史研究会報告第Ⅲ集『中国聚落史の研究』刀水書房、一九八九）、葉驍軍『中国都城研究文献索引』（蘭州大学出版社、一九八八）、（妹尾　一九九七）及び（伊原　一九九一）の「参考文献解題」、中村治兵衛「中国都市の歴史的研究（総論）」（唐代史研究会報告第Ⅵ集『中国都市の歴史的研究』刀水書房、一九八八、五～二九頁参照）も参考になる。

（3）主要論文は以下の通り。宮崎市定（宮崎　一九六四）、松本善海「隣保組織を中心とした唐代の村政」（同氏著『中国村落制度の史的研究』岩波書店、一九七七）、中川学「八、九世紀中国の隣保制度」（『一橋論叢』八三―三、一九八〇）、山根清志「唐前半期における鄰保とその機能」（『東洋史研究』四一―二、一九八二）、堀敏一「中国古代の家と近隣、家と村落」（同氏著『中国古代史の視点』汲古書院、一九九四）。

（4）宋代前後の婚姻に関しては、主要なものとして陳顧遠『支那婚姻史』（大東出版社、一九四〇）、仁井田陞『支那身分法史』（座右宝刊行会、一九四二）、滋賀秀三『中国家族法の原理』（創文社、一九六八）、方建新「宋代婚姻礼俗考述」（『文史』二四号、一九八五）、方建新「宋代婚姻論財」（『歴史研究』一九八六年二号）、彭利芸『宋代婚俗研究』（新文豊出版、一九八八）、彭利芸『宋代婚俗研究』（新文豊出版、一九八八）、陳鵬『中国婚姻史稿』（中華書局、一九九〇）、蘇冰・魏林『中国婚姻史』（一九九四、文津出版社）。

（5）『元史』巻一〇三刑法志参照。

（6）『大元聖政国朝典章』（以下『元典章』）戸部巻一八婚礼四「女婿財銭定例」参照。

（7）『醒世』巻一六参照。類例は他にも『警世』巻一四・『初刻拍案驚奇』巻六・『二刻拍案驚奇』巻一一参照。

（8）媒酌人は職業・非職業に限らず並べて謝礼としての媒酌銭が支払われるため、媒酌人の職業化については何を基準として「職業」と判断するか明確ではない。本稿では職業的媒酌人の発生の淵源には言及せず、営利目的の媒酌行為の顕著化を基準として職業的媒酌人の存在確認とした。

（9）媒酌の弊害については（勝山　一九九七）を参照されたい。

（10）南宋袁采『袁氏世範』上巻参照。白話小説でも「媒婆口没量斗」（『清平』「快嘴李翠蓮記」）、「媒人嘴、一尺水十大波」（『金瓶梅詞話』八八回）等、媒酌発言は信用出来ぬものの代名詞たることは既に衆知のことであろう。

（11）『南村輟耕録』巻一〇「三姑六婆」参照。そこには「三姑者、尼姑、道姑、卦姑也。六婆者、牙婆、媒婆、師婆、虔婆、薬婆、穏婆也。蓋与三刑六害同也。人家有一於此而不致姦盗者幾希矣。若能謹而遠之、如避蛇蠍庶乎浄宅之法」とある。類例に「三姑六婆」（『二刻拍案驚奇』巻九）や、「三媒六聘」（『紅楼夢』巻四六）という表現がある。

（12）『事林広記』前集巻九参照。

（13）『元典章』戸部巻一八婚礼及び『通制条格』巻四戸令「嫁娶」に関連する条文が列記されている。（勝山　一九九八ａ）参照。

（14）紙数の都合から農村については、その殆どを省かざるを得なかった。詳細は丹喬二「中国史上の村落共同体に関する一試論」（『宋元時代史の基本問題』汲古書院、一九九六）等を参照されたい。

（15）（斯波　一九八三）二〇六頁参照。

（16）Ｇ・Ｗ・スキナー『中国王朝末期の都市——都市と地方組織の階層構造——』（今井清一訳、晃洋書房、一九八九）参照。

（17）詳細は（斯波　一九六八）参照。

（18）他分野ではあるが、斎藤純一『公共性』（岩波書店、二〇〇〇）、阿部謹也『「世間」とは何か』（講談社現代新書、一九九五）が刊行された。併せて参照されたい。

（19）白話小説から宋代の都市生活の復元を試みたものとしては、（龐　一九七四）や元曲を用いた顔天祐『元雜劇所反映之元代社会』（華正書局、一九八四）等があるが、特に龐氏の援用は余りに小説記事を無批判に用いており、史料的に少なからず問題がある。この詳細は（勝山　一九九六ｃ）を参照されたい。

（20）各作品の成立年代に関する考察は、拙稿「中国白話小説研究における一展望（Ⅱ）——三言各篇の制作年代特定の研究を中心として——」（『国際文化研究科論集』六号、一九九八）を参照されたい。

（21）（勝山　一九九六ｃ）七七頁参照。

(22) 文言・白話を含めて小説をどのように認識すべきかについては未確定な部分が多い。（勝山　一九九六ａ）参照。

(23) 本稿では「虚構性」の定義を「芸術性・娯楽性を追求すべく事実を歪曲したり、虚実無根な事象を創作すること」とした。詳細は（勝山　一九九六ｃ）を参照されたい。

(24) 白話小説の中でも『清平山堂話本』や『三言』は初期の作品と考えられ、その中には一部宋代の話柄を含められる。しかしその作品個々の成立年代については、宋代から明代の作品集刊行年代までとかなり広い時代に分散している。各話柄の成立年は小川陽一『三言二拍本事論考集成』（新典社、一九八一）、及び前掲拙稿「中国白話小説研究における一展望（Ⅱ）」を参照されたい。

(25) 『三言』研究の詳細は、拙稿「『三言二拍』『京本通俗小説』『清平山堂話本』関係論文目録（日文編）」（中央大学大学院『論究』、二五号、一九九三）「同（中文編）」（『論究』、二六号、一九九四）、「中国白話小説研究における一展望（Ⅰ）——明代短篇白話小説集『三言』の研究とその分析を手掛かりとして」（『国際文化研究科論集』、六号、一九九八）、「同（Ⅱ）」（同書、六号、一九九八）、「同（Ⅲ）」（同書、七号、一九九九）を参照されたい。

(26) 『雨窓集』「錯認屍」では「這程五娘不免走入城里問人。逕到皮市里来、問買皮店家。皆言『一月前何曾見你丈夫来買皮。莫非死在那里了』」と行方不明の夫の情報を求めて同業者に尋ねに行く場面があるが、小論での近隣は「地縁的関係」以外は何ら関係を持たない存在に限定し、血縁或いは同業者的関係を持つ者との関係は除外した。

(27) （斯波　一九六八）三三五～三三六頁参照。

(28) 北宋神宗代の入宋日本僧・成尋の日記『參天台五臺山記』に北宋時代の杭州が記録され、延久四（一〇七二）年四月十三日条には「即出船了、……売買大小船不知其数。廻船入河十町許、橋下留船。河左右家皆瓦葺無隙並造荘厳」とあり、同月二十二日条には「市東西卅余町、南北卅余町。毎一町有大路、小路百千。売買不可言尽、見物之人満路頭並舎内」とあることからも窺い知れるであろう。

(29) 詳細は『夢粱録』巻一八「戸口」も参照されたい。

(30) （ジェルネ　一九九〇）二一～三五頁参照。

(31) 以下白話記事の翻訳は原則として筆者が行ったが、既存の邦訳を引用したものもある。辛島驍『全訳中国文学大系　第一集第一〇～一四巻　醒世恒言（一）～（五）』（東洋文化協会、一九五八）、松枝茂夫『三言二拍抄』（平凡社中国古典文学全

集、一九五八）、駒田信二・千田九一『今古奇観』（平凡社中国古典文学全集、一九五八）、松枝茂夫・今西凱夫『宋元明通俗小説選』（平凡社中国古典文学大系、一九七〇）。

(32) 小林高四郎・岡本敬二『通制条格の研究訳注（第一冊）』（国書刊行会、一九六四、一〇四～一一〇頁）参照。

(33) 南宋の『夢粱録』巻二〇「嫁娶」には「嫁娶之礼、先憑媒氏。以草帖子、通于男家」とあり、元代の日用百科全書である『新編事文類要啓劄青銭』別集巻二婚礼門の婚姻啓状諸式にも「凡草帖、係媒氏、先導意、已従許、方通」とあり、そして明代の『正徳会典』巻六九「庶人納婦」にも「先遣媒氏通言、女氏許之、次命媒氏納采納幣」とあり、当事者が対面する以前で既に媒酌人による意思疎通が記されている。同類の指摘が北宋代の『政和五礼新儀』巻一七九「庶人昏儀」・南宋代の『文公家礼』巻三「昏礼」・元代の『元典章』巻三〇婚礼三「婚姻礼制」にも見える。

(34) その意味で媒酌の存在は「礼家の理念が志向する所のものは、民の淫る所を未然に防遏する意図にあるものと言っても差し支えない」（栗原圭介『古代中国婚姻制の礼理念と形態』（東方書店、一九八二、四五頁）とある。

(35) 『東京夢華録』巻六「正月」に「向晩、貴家婦女縦賞関賭、入場観看、入市店飲宴、習慣成風、不相笑訝」（日暮れになると、良家の婦人も自由に関賭に興じたり、演戯場に入って見物したり、町の料理屋に入って酒宴をやったりするが、こうした習わしがしきたりになっているので、お互いに怪しまない）（入矢・梅原　一九九六、二〇〇頁）とあり、日常的な外出が行われていないことが窺える。

(36) 類例が『清平』「刎頸鴛鴦会」・「楊温攔路虎伝」・「西湖三塔記」、『雨窓集』上巻「花灯轎蓮女成仏記」、『熊龍峯四種小説』「孔淑芳双魚扇墜伝」、『古今』巻三八等に確認できる。また男性でも社会的地位の高い者は轎を使用する。『古今』巻三八、『警世』巻八、前述『參天台五臺山記』にも頻出する。

(37) 『清平』「快嘴李翠蓮記」「刎頸鴛鴦会」「楊温攔路虎伝」、『雨窓集』「花灯轎蓮女成仏記」「戒指児記」、『古今』巻二・五、『警世』巻五・一一・一二・一三・一四・一五・二一・二四・二五・二八・三一、『醒世』巻一・三・九・二三、『初刻拍案驚奇』巻二・三・一〇・一二・二九・三二・三三・三七等枚挙の暇がない。

(38) 娼妓も含めた宋代婦女の職種については（龐　一九七四）一二〇～一六七頁参照。

(39) 管見の限りでは『古今』巻三六、『警世』巻八等にも見える。

(40) （矢沢　一九八三）に「婦人の籠居は特に目立つことである。（A）街頭では、いとけない年ごろのものであろうと、女性の姿は見かけることがない。（B）男性は女性を家に訪ねることができない。女性の住む部屋は聖所として、特別視されている。なにも知らないでそこに入って行くものを即座にとめるには、『婦人がいる』といえば足りるのである（三二二頁）」とあるところから、男性が女性の家に赴くというのは極めて困難であったに違いない。また傍線部（A）は「孩子家打過了、或向学中攻書、或与鄰家孩子們頑耍、還可以消遣。做了女児時、終日不離房戸、与那夜叉婆擠做一塊、……還要限毎日做若干女工」（『醒世』巻二七）とある所から女児の時点から外出が極力避けられていた傾向も記録されている。

(41)　これを矢沢氏は「厳しい隔離（二七頁）」と表現し、その原因を「（一）独占欲の強さ、（二）嫉妬心、（三）不倫の回避を指摘している（矢沢　一九九〇）二七～二八頁参照。なお詳細は拙稿「中国短篇白話小説に見る都市生活の一考察――宋元代及び明代に於ける女性の外界との接触について――」（『国際文化研究科論集』八号、二〇〇一）も参照されたい。

(42)（入矢・梅原　一九九六）一七一～一七三頁参照。

(43)（中村　一九八〇）一一九～一二一頁参照。

(44)「用清水擺浄、教婆子在隣舎家借個熨斗」（『古今』巻二）

(45)「又遍送左近隣家試新、余下的方鬻」（『醒世』巻四）

(46)「将孩子寄在隣家、只得随着衆人走路」（『古今』巻三六）

(47)「在城人家、為因里役、一時間無処尋屋、央此間隣居范老来説、暫住両三日便去」（『古今』巻三）

(48)「当下嘱付隣人看門、一歩一跌的問到梁家」（『古今』巻二）

(49)「却去左辺一個相熟的隣舎、叫做朱三老児家里、与朱三媽借宿了一夜」（『醒世』巻三三）

(50)「那些鄰家聴見李承祖病凶、在背後笑那老嫗着甚要緊」（『醒世』巻二七）

(51)「銭公以為失火、急呼隣里求救」（『古今』巻二一）、また『袁氏世範』下巻「睦鄰里以防不虞」にも「居宅不可無鄰家、慮有火燭無人救応」とある。

(52)「央及隣里、出了個失単、尋訪数日、並無動静」（『醒世』巻三）

(53)「待我訪問近辺有入京的、托他与伱帯信到家」（『醒世』巻二七）

(54)『金瓶梅詞話』一四回参照。

(55)「適才鄰舎家邀我喫点心」（『警世』巻五）

（56）「且説徐言弟兄、那晩在隣家喫社酒酔倒」（『醒世』巻三五）、また「東隣有個王婆、平生念仏好善、与銭媽媽往来最厚」（『古今』巻二一）という事例もある。

（57）『醒世』巻三・七・九参照。

（58）『醒世』巻一八・二〇・二五・三四参照。

（59）「少不得央及東鄰西舎、製備衣衾棺槨殯殮」（『警世』巻二）

（60）「親隣」については逃亡農民の税役負担分を請け負う親隣についての指摘があり、宋代にも土地関係の史料に散見されるが、白話小説ではかかる語義としての用法は見られない。註（3）前掲中川論文を参照。また『名公書判清明集』巻四戸婚門「争業上」にある「漕司送鄧起江淮英互争田産」等に使用例が見え、「親隣は不動産先買権の保持者として、しばしば当時の史料にあらわれる」（梅原郁『名公書判清明集』同朋舎出版、一六七頁参照）とあるものの、ここの白話小説の事例では単純に親戚・近隣の並列表現として用いられているものと思われる。

（61）隣人が転居した場合、その転居先を隣人が記憶している事例は存在する（『警世』巻二五）。しかし『警世』巻八・巻一四等に転居した隣人に再会した記述が見えるものの、その間に密接な関係を持っていたと確認できる記事は見えない。

（62）『金瓶梅詞話』三回、『水滸伝』二四回参照。

（63）（入矢・梅原　一九九六）二二頁参照。

（64）「問他鄰舎、指道、『這一家便是』……問鄰舎、『他夫妻那裏去了』鄰舎道、「莫説、他有箇花枝也似女児」（『警世』巻八）をはじめ同書巻一四・二五参照。

（65）間壁は壁で隔てられている隣（家）の意味。『古今』巻一・三・四、『醒世』巻一八・二〇、何れも農村の事例ではない。また「打発他在間壁房里去睡」（『古今』巻一）の如く「隣の部屋」という用法もあるので注意を要する。

（66）『雨窓集』上巻「花灯轎蓮女成仏話」、『警世』巻一・四・一四・一七、『初刻拍案驚奇』巻一八・二九・三一、『二刻拍案驚奇』巻三・一一・一六・一七・三九、『金瓶梅詞話』九・一〇・一一・一三・一四・一九・二三・二五・三〇・四七・四八・五〇・五一・六一回と多数にのぼり、その事例の中には少なからぬ数の近隣としての用例が窺える。

（67）他にも近隣の耳目に警戒する記事は、『古今』巻三八、『警世』巻一四、『警世』巻二〇、『醒世』巻三三、『清平』「刎頸鴛鴦会」等に見える。また逆に山村では、「又且山僻荒居、隣舎罕有、誰人議論」（『警世』巻二）と隣人の介入が少ないことを連想させる記事が見える。

(68) 紙幅の都合上「什伍の制」等の古代隣保制は割愛する。なお隣保制に関する研究論文については、前掲註の他に山根幸夫「中国郷村統治関係文献目録」（和田清『中国地方自治発達史』汲古書院、一九七五）二七九～二九四頁、及び堀敏一「参考文献目録」（同氏著『中国古代の家と集落』汲古書院、一九九六）五一一～五四〇頁を参照されたい。

(69) 『旧唐書』巻四八食貨志参照。

(70) 『欧陽文忠公文集』巻一一七「保牒」参照。

(71) 『古今』巻三八、『醒世』巻一六・二九・三三・三四等参照。

(72) 『名公書判清明集』巻九戸婚門墳墓「主佃争墓地」に「当職自到地頭、喚集隣保、両詞、同登山究実」など数例が確認でき、『通制条格』にも「鄰居」「隣近」「隣人」「隣佑」「隣佑人」、『元典章』にも「隣舎」「隣佑」「鄰佑」「鄰人」が見え、また明白昂等奉勅撰『問刑条例』刑律六「受贓」にも鄰証が明記されている。また『名公書判清明集』については大澤正昭『主張する〈愚民〉たち――伝統中国の紛争と解決法――』（角川書店、一九九六）があるので参照されたい。

(73) 「常言道、『打不断的親、罵不断的鄰』大家耍子、怕他怎的」（『西遊記』九四回）

(74) この場合のメリットと言えば、例えば紹興府での事例に「韋徳年長、娶了隣近単裁縫的女児為媳。……手頭活動、況又隣居、一夫一婦、遂就了這頭親事」（『醒世』巻五）とあり、結婚を決断した判断材料として先方家が勤勉であること、正妻となる条件であることの他に相互の家が近隣同士であることを指摘している。

(75) 「這夥三隣四舎被他聒噪的不耐煩」（『古今』巻五）のほか『醒世』巻四等に用例が確認される。

(76) 「対鄰阮三官」「対鄰陳衙小姐」（『雨窓集』上巻「戒指児記」）の如く「対鄰」とも記される。「対門住」は『初刻拍案驚奇』巻三にもみえる。

(77) 「武松道『王婆、汝隔壁是誰』王婆道『他家是売餶飿児的』」（『水滸伝』二六回）

(78) （宮崎　一九五七）にも「明律にも四隣の制があり、水滸伝にも武松が兄の家の近隣を呼び集めて証人に立てるくだりが語られている」（四八七頁参照）があるが、「王婆」宅と「張公」宅・「王婆」宅と「武大」宅とが相互に隔壁にある条件の下では、「張公」宅と「武大」宅とが隔壁の関係にはなりえない。ここでの①～④と武大宅の位置関係を模式図に表しても、五家が隔壁の関係にはならないところから、「四家隣舎」と言う概念が厳密に規定されているのかは疑問が残る。

(79)『中国語大辞典』(角川書店、一九九一)一四三〇頁参照。
(80)『中日大辞典(増訂第二版)』(大修館書店、一九八八)八六三頁参照。
(81)類例に「四平八穏」(『水滸伝』四四回)や「四停八当」(『朱子語類』巻一一)等がある。また「四隣八舎」を四隣と八舎で合計十二戸とする考え方も否定しないが、たとえ十二戸だとしても本論の推定の範疇を外れることはないものと考えられる。
(82)仮に一般的な近隣の概念が自治組織と一致すると考えたとしても、里甲制で一甲＝十戸、明中期からの保甲法(十家牌法)で概ね十戸に過ぎない。
(83)生活圏の問題については前記斯波氏の指摘のほか(斯波　一九八三)、伊原氏の指摘(伊原　一九八八、一七九〜一八一頁)を参照されたい。また池田雄一「中国古代の生活圏と方百里」(唐代史研究会『中国の都市と農村』汲古書院、一九九二)も参考になる。また日本語で言うところの(「お隣」に対して)「近所」の如き、「隣舎」よりも遠方にあり、緩やかな地縁で構成されている存在も考え得る。『古今』巻一に登場した薛婆もこれに該当するのではと思われるが、これがどれほどの領域を形成していたかについては今後の課題としたい。
(84)(仁井田　一九四二)五五五〜五六七頁、及び「六朝および唐初の身分的内婚制」(同氏『中国法制史研究(奴隷農奴法・家族村落法)』東大出版会、一九六二)六〇〇〜六二一頁、及び中村圭爾「〈士庶区別〉小論」(『史学雑誌』八八巻二号、一九七九)。また陳鵬『中国婚姻史稿』(中華書局、一九九〇)四五五〜五一七頁参照。
(85)朱彧『萍洲可談』巻一には「本朝貴人家選壻、於科場年、択過省士人、不問陰陽吉凶及其家世、謂之榜下捉壻」とあり、同様に『万暦野獲編』巻二六「嗤鄙」鬻壻には「榜下択壻、古已有之。至元時貴戚家、遂以成俗。故有琵琶記牛丞相招壻事、亦譏当時風尚也」とある。かかる士大夫の風潮について『司馬氏書儀』巻三「婚儀上」には「今世俗之貪鄙者、将娶婦、先問資装之厚薄、将嫁女、先問聘財之多少」(最近の貪鄙な輩は、婦人を娶る前に、まず資装の額を尋ねる。また娘を嫁入りさせようとすると、先に聘財の額を尋ねる)と指摘している。詳細は(勝山　一九九八b)を参照のこと。
(86)『警世』巻一四参照。
(87)『警世』巻一六参照。また同巻一三には入り婿の例として「第一件、我死的丈夫姓孫、如今也要嫁箇姓孫的、第二件、我先丈夫是奉符県里第一名押司、如今也只要恁般職役的人、第三件、不嫁出去、則要他入舎」とかなり高い条件を提示している。

なお持参金・媒銭・聘財については（勝山　一九九八ｂ）に詳述した。

（88）関連する事象は『雨窓集』「戒指児記」、『清平』「洛陽三怪記」・「楊温攔路虎伝」、『金瓶梅詞話』、『水滸伝』、『西遊記』、『儒林外史』に確認される。

**参考文献**


伊原　弘（一九八八）『中国中世都市紀行』（中公新書）

――――（一九九一）『中国開封の生活と歳時』（山川出版社）

入矢義高・梅原　郁（一九九六）『東京夢華録――宋代の都市と生活』（平凡社・東洋文庫）

梅原　郁（二〇〇〇）『夢粱録（一）～（三）』（平凡社・東洋文庫）

勝山　稔（一九九五）「宋元明代の文芸作品に見える女家主導の離婚事例について」（『中央大学大学院研究年報』、二四号）

――――（一九九六ａ）「白話小説記事に現れる媒酌人の史学的考察――特に媒酌の専門化と牙人との関係を中心として」（『中国―社会と文化』、一一号）

――――（一九九六ｂ）「歴史学的視点による白話小説記事の検討――宋～明代における婚姻上の草帖子について」（『中国古典小説研究』、二号）

――――（一九九六ｃ）「中国白話小説に於ける歴史史料的価値の援用について――その方法と問題点の整理を中心として」（『史境』、三三号）

――――（一九九七）「白話小説記事の歴史史料的有効性――媒酌人の虚偽の弊害と原因」（『史滴』、一八号）

――――（一九九八ａ）「官による媒酌行為について」（『中国古典小説研究』、三号）

――――（一九九八ｂ）「宋元代における聘財に関する一考察――高額聘財の推移から見る婚姻をめぐる社会――」（『アジア史研究』、二二号）

――――（二〇〇〇）「短篇白話小説に現れた「養娘」について――婚姻事情との関わりを中心として――」（『アジア史研究』、二四号）

菊池英夫（一九九二）「中国都市・聚落史研究の動向と「城郷（都鄙）関係」問題についての私的展望」（唐代史研究会『中国の

都市と農村』、汲古書院）

斯波義信（一九六八）『宋代商業史研究』（風間書房）

――（一九八三）「社会と経済の環境」（橋本萬太郎『民族の世界史（五）漢民族と中国社会』、山川出版社）

J・ジェルネ（一九九〇）『中国近世の百万都市――モンゴル襲来前夜の杭州』（平凡社）

妹尾達彦（一九九七）「都市の生活と文化」（『魏晋南北朝隋唐時代史の基本問題』、汲古書院）

中村治兵衛（一九八〇）「唐代の村落と隣保――全唐詩よりみたる四隣を中心に」（唐代史研究会『中国聚落史の研究』、刀水書房）

仁井田陞（一九四二）『支那身分法史』（座右宝刊行会）

龐　徳新（一九七四）『従話本及擬話本所見之　宋代両京市民生活』（香港龍門書店）

宮崎市定（一九五七）「四家を隣と為す」（同氏著『アジア史研究（四）』、同朋舎）

矢沢利彦（一九八三）『中国キリスト教布教史Ⅱ』（岩波書店）

――（一九九〇）『西洋人の見た十六〜十八世紀の中国女性』（東方書店）

# 家訓に見る宋代士人の日常倫理

緒方賢一

# はじめに

本稿の目的は宋代士大夫の倫理観を「日常」のレベルで探ることにある。そこで前提となる「日常」という世界と、そこに成立する「日常倫理」について述べておきたい。まず「日常」についてであるが、人は様々な局面で現実世界を捉える。[1] たとえば、中国的な分類を用いれば、「公」の局面と「私」の局面であったり、より一般的語彙を用いれば、科学的な局面や政治的な局面、さらに形而上的局面もあれば、本稿で扱う日常的局面もある。ちなみにここでいう「日常」の語は、その言葉のもっとも素朴な意味で理解されたい。つまり「個体の生活の維持や、類の再生産に向けられた人間の生活の持続的・反復的なあり方」（平凡社『世界大百科事典』「日常性」の項）である。この日常的局面においては、家にいるとき、職場にいるとき、一人でいるとき、家族といるとき、友人といるとき、何かに集中しているとき、リラックスしているときと、その時々の状況に様々な対応をする。日常世界はこのように多様な面から構成されている。またこの日常世界に関する認識は、個人の内的世界において単独に生み出されるものではなく、常に他者との間に形成される共同主観に支えられている。そして個人の現実感覚は、他者とのコミュニケーションを通して、偏ったものならば修正を施されたり、あるいは逆にさらなる偏向を加えられたりもする。

さてこの複数の局面に通底し、それらを背後から意味づけている根源的原理の存在は確認しうるか。鷲田清一氏は、現象学の立場からこの日常世界を「諸対象の全体としてでなく、地平としてしか捉えられない」「経験の根拠ではなく、経験の地盤として捉えるべきものとしてある」と説く（鷲田　一九九三）。つまり経験という事象を越えて、その背後から「日常」を保証する不可視の絶対的原理は存在しないのである。経験主体にとって、「日常」は多様に変化し、絶対的価値の存在しない相対的世界として現前しているということである。

この「日常」は反復・習慣化されることによって人に内面化されており、自明性を獲得しているがゆえに通常あらためて意識されることはない。思想研究という立場から見れば、この「日常」の語には哲学概念として結晶化する前の「普段の思考」が現れている。「普段の思考」とは、文字通り普段の生活において人々が特に意識せず、相手もそれを共有していると感じているような、むしろ「感覚 sense」という語に近接した、間－主観的思考のことである。この自明性の名の下に隠されている「日常」を明らかにすることにより、宋代士大夫の日常行動が何によって規定されているかが理解できるようになる。後に詳しく見ていくが、宋代とはこの「日常」という視点がクローズアップされ、且つその場でいかに倫理的たりうるかが検討された時代である。[2]

では「日常」という地平において、倫理的行為とは一体いかなる形態をとるのか、そしてその倫理的行為を保証する原理は存在するのだろうか。

ここでハンス＝ゲオルグ・ガダマーの考え方を参考にしたい。ガダマーはカントの『判断力批判』に見られる、実践的判断力の拠り所を最終的には理性に求める思考を公共的性格の喪失であると批判し、「共通感覚 sensus communis」に基づく「良識 Good sense」「賢慮 prudence」の復権を唱える。「共通感覚」とは、根拠に基づく筋道の通った「知」ではない。また「良識」とは、「共通感覚」を基盤に成立する実践的な倫理判断能力を言う。彼はジャンバチスタ・ヴィーコを引いて次のように言う。「ヴィーコによれば、人間の意志に方向性を与えるのは、理性という抽象的一般性ではなく、あるグループや民族や国民や、さらには全人類における共通性をもたらしている具体的一般性のはずである。したがって、この共通の感覚を涵養することこそが、生にとって決定的な重要性をもつといわれる（ガダマー一九八六）」。このようにガダマーは道徳的行為の根拠は「良識」などの共通感覚だと言う。[3]「日常」という世界がその存在の根拠を持たなければ、そこを基盤として成立する倫理も同様に絶対的根拠を持ち得ない。宋代の「日常」を考察する場合にもこの考え方は成り立つ。つまり本稿で検討の対象とする「家」という場で語られる日常倫理は、「天理」という超越的な「抽象的一般性」の領域ではなく、後に述べる「俗」「人情」といった「具体的一般性」の領域においてこそ扱いうると考えるべきである。そこで宋代人の道徳観を、本稿では一旦二つに分けて理解したい。彼らが全くその存在に対して疑いを差し挟むことなく真理として認識していた道徳、つまり「天理」や「性」などに基づく道徳を「超越倫理（絶対倫理）」と呼ぶことにし、習慣によって形成され、時と所によって変化すると自覚しつつもそれに従う性格の道徳、言い換えれば規範を事象の背後に求めない道徳を「日常倫理（相対倫理）」と呼んでおくことにする。[4]

従来の思想史研究はともすれば、宋代士人の倫理を程頤（一〇三三～一一〇七）や朱熹（一一三〇～一二〇〇）といった道学者の言葉に求めがちであった。研究者たちは「理」や「性」などの語から宋代人の倫理観に接近し、結論として「天」、「道」などの根源的概念に対する彼らの理解の解明に向かうことが多かった。しかし宋代人の思想的営為を総体的に把握しようとするならば、その形而上的（超越倫理的）側面からの検討だけでは、不十分ではないだろうか。よって宋代思想の特質の把握という目標は同じくするものの、異なった方向からのアプローチを試みたい。家訓を思想史研究の資料として扱う理由はここにある。

宋代には『欧陽氏譜図』や『蘇氏族譜』に代表される族譜、「家規」「族規」「規約」などと呼ばれた家法、[5]『司馬温公書儀』や『朱子家礼』などの家礼、そして本稿で扱う家訓など、「家」をめぐる言説が盛んに制作された。[6]宋代においてクローズアップされた「家」をめぐる言説といえば、『大学』の「修身・斉家・治国・平天下」がただちに想起されるが、家訓における『大学』への言及は取り立てて述べるほど多くはない。もちろん両者は隔絶しているわけではない。例えば『省心雑言』の跋文を書いた馬藻は、家訓における日用実践の学は「大学篇」と相表裏するものであると述べている。[7]現実の家族経営という日常的要素の多く入り込んだ場所において、人々は倫理行為の基準を超越的な不可視の「天理」や「道」ではなく、人と人の間に求める。言い換えれば『大学』や「天理」に基づく倫理行為が「公共的善」を志向しているのに対し、家訓の目指しているのは「私（＝家）にとっての善」なのである。公共的性格を持った善は、家訓制作者には「家」にとってさほど有効でないと判断されている。それは直接的な「利」を生み出さず、「家」を富貴にしないからである。

家内における倫理規範を記した文書には「家訓」以外に「家範」「家誡」「家教」「世範」など様々な呼び名のものが存在するが、本稿では一括して「家訓」と呼ぶことにする。家訓は、家庭内における規範であり、また自己の家人に向けた訓辞という形式をとることによって、より具体的な内容をそこに含む。そしてこの「家」こそが、日常倫理の最も問われる場なのである。

ここで簡単に日本における家訓研究を紹介しておきたい。家訓そのものの研究に関しては、守屋美都雄氏の『中国古代の家族と国家』所収の諸研究が、その嚆矢であると同時に決定版でもある（守屋　一九六八）。守屋氏は漢代から六朝時代に至るまでの家訓を分析し、その変遷を後づけている。注目すべきは、六朝時代に萌芽を宿していた「家法観念」が、唐末の柳玭にいたって、定式化したという指摘である。宋代の家訓に関しては、古林森廣氏の「南宋の袁采『袁氏世範』について」以外には管見の及ぶ限り今のところ見当たらない（古林　一九八九）。古林氏の研究に限らず、中国や台湾の家訓研究に共通するのは、家訓を史料として扱い、それを通して製作者の家族形態やその歴史的背景を明らかにしようとする態度である。これらの研究が全て歴史学の分野でなされている以上それは当然のことであるが、小論では家訓の思想的意味づけを行うことを目的とする。

## 一　家訓の形式

南宋の陳振孫は『直斎書録解題』の中で、『顔氏家訓』について「古今の家訓はこれを祖とする」と述べている。

家訓という形式が『顔氏家訓』に始まると宋代では認識されていたといえよう。[8]ただ『顔氏家訓』は、確かに先駆的な存在であるが、それ以後、宋代まで同様の書物が現れなかった点から、[9]やはり特異な存在であり、宋代と同様の「家」をめぐる思考が六朝時代にもあったと考えるのは妥当性を欠くように思う。

ここで家訓を定義しておくことにする。家訓とは、「家を継いだ者（つまり家長）が一族の子弟達に、一族の繁栄と永続を願って、祖先の遺徳を伝え、また現時点での家の内外の状況に関しての訓戒を述べたもの」である。

家訓は『袁氏世範』のように出版を前提とし、読者を最初から一族以外のものに設定している場合もあるが、それでもやはり訓戒の第一の対象は自己の家族である。読者に対しての呼びかけに「汝等」「汝輩」「汝曹」という二人称複数形を多く用いていることがそれを証明している。

ところで家訓において特記すべきは、教化の対象、つまり家訓の読者として「中人以下」の者をも含めている点である。[10]「中人」とは、儒教的教養のない者、あるいは教養を身につける能力のない者を指すと考えられ、陸游『放翁家訓』の「中程度の財産を持つ者」を意味する「中人」への言及をも合わせて判断すると、家訓は、知識教養及び大きな財産を持つ有力な子弟のみ、つまり次世代を担うと思われる子弟のみを対象にしているのではないことがわかる。これは家訓が、文字通り貴賤、年令、教育の有無を問わない、下僕などを含めた家族を構成する全ての人員を対象としていることを示している。[11]

次に家訓が実際いかに活用されたかという点を考えてみたい。家訓は教化の対象が幅広い点、二人称で書かれている事などから、家長だけが一人で繙くといった性質のものではないことは明らかである。家族の中には文字の読めない者、幼少の者も当然含まれている。よって家族集会の折りに朗読して聞かせたり、また目に付くところに掲げて、皆にその内容を知らしめる努力がなされた。陸九淵の家では毎朝一族で集会を行う際、子弟の一人が韻文で書かれた一家の遵守すべき倫理規定を朗唱していた。[12]また方昕『集事詩鑑』序には「最近まで伝わっている家訓、たとえば房元齢は古今の家誡を集めて屏風を作り、子孫たちに各々一つずつ取らせた[13]」と書かれている。屏風に詩の形で書かれたということの記述からも、家訓ができるだけ簡要かつ身近な形で一族の者に示されていたことがわかる。葉夢得の『石林家訓』序には、「家族集会で常に言っていたことをここに記録したので座右に置いて朝夕熟読し努め行うように[14]」とある。以上の例から家訓が実際いかに日常に密着した形で用いられていたかが理解できる。

## 二　家訓制作の流行とその背景

序文でも触れたが、宋代は家訓が数多く制作された。葉適「題王少卿家範」（『水心文集』巻二九）、陸游「跋范巨山家訓」（『渭南文集』巻二八）、「跋柳氏訓序」（『渭南文集』巻三一）などの諸文章は、おそらく依頼されて、他人の「家訓」にコメントを寄せたものであり、士大夫の間で家訓の作成が流行していたことをうかがわせる。

「家訓」制作数の拡大とパラレルに、族譜、「家礼」「家法」などの編纂も盛んになる。例えば、明・謝肇淛の『五雑組』巻一四、事部二には、「漢では万石君の家法を称賛し、唐では穆質と柳公権の二家が世間から崇められた。宋になると、一々書くことができないほど多くなった[15]」とあり、宋代における「家法」の量産ぶりが分かる。[16]

「家」の治め方をめぐる文章が宋代に量産された背景には一言で言えば、貴族社会から士大夫社会への移行がある。宮崎市定氏は唐の滅亡と共に一旦失われた家法を、宋代に自らの歴史を持たない士大夫らが、「復活」の名の下に創作し始めたと指摘する（宮崎　一九九五）。

旧秩序の崩壊、流動して止まない歴史に対しての危機意識が叫ばれ、宋代に誕生した新しい社会階層が自らの出自の権威付けを図る。下降のベクトルをくい止めようとする意識と上昇のベクトルの根本を作っておきたい意識の双方が、「家」をめぐる文章群を必要としたのである。

さらに、淳熙七年（一一八〇）二月、台州の沈揆という人物によって、『顔氏家訓』が単独で刊行されたことも宋代の家訓流行に一役買っていると推測できる。[17] 宋代に『顔氏家訓』が注目を集めていた事実は、司馬光や葉夢得らが各々の家訓の中で『顔氏家訓』に関する言及を行っていることからもわかる。また司馬光による『温公家範』・『涑水家儀』・『居家雑儀』の執筆も後続に拍車をかけるきっかけとなった。趙鼎・袁采・陸游などが自分の家訓の中で、司馬光の一連の「家」に関する文章に言及していることからもそれは看取できる。

この宋代に発生した「家」をめぐる文章が一過性のものでなく、元、明、清と時代が下るに従ってそれぞれの思惑の下にさらに発展・普及していったことは、残存している資料からもあきらかである。[18]

## 三　宋代家訓の概要

### 三―一　宋代家訓の著作とその内容

ここで宋代に書かれた代表的な家訓を挙げてみる。

柳開（九四七～一〇〇〇）『柳氏家戒』
司馬光（一〇一九～八六）『温公家範』、「訓倹示康」（『司馬文正公伝家集』巻六七）
趙鼎（一〇八五～一一四七）『家訓筆録』
葉夢得（一〇七七～一一四八）『石林家訓』『石林治生家訓要略』
呂祖謙（一一三七～八一）『家範』

劉清之（?～一一九〇）『戒子通録』
袁采（一一四〇～九五）『袁氏世範』
陸游（一一二五～一二〇九）『放翁家訓』
倪思（一一七四～一二二〇）『経鋤堂雑誌』
真徳秀（一一七八～一二三五）『教子斎規』
李邦献（李邦彦 大観二年（一一〇八）上舎及第 の弟）『省心雑言』
蘇象先（蘇頌〔一〇二〇～一一〇一〕の長孫）『丞相魏公譚訓』

以上に代表される家訓に見られる内容を整理すると以下のようになる。

①「家の秩序」……冠婚葬祭・一族の和睦・節倹・訴訟の戒め・防犯・小作人及び下僕の扱い・墓地の管理
②「自己の修養」……忠孝・勤勉・敬慎・清廉・遜謙・学問・科挙の是非・仕官・身なり・立ち居振る舞い・分に安んじること
③「家産の管理」……財産の管理と分配・田地などの売買契約・租税
④「交遊について」……近隣、友人、知人との関係
⑤「世相について」……最近の世の中の風潮に対する感想・慨嘆
⑥「遺言」……葬式

各々の家訓作者はお互いに交渉がないにも関わらず、内容は大体共通している。家訓に関する共通認識がある程度

形成されていたのだろうと予想される。

そして家訓は、これらの内容を徹底して卑近な表現で叙述するところに特徴がある。例えば、「墓誌銘など昔はなかったものであるから、自分のものもいたずらに美辞を弄して後世を偽るのは本意でない[19]」、「墓に植える木は少なくて良い[20]」、あるいは「泥棒の警備には見回りがよい[21]」などである。家訓が扱うのは理想として彼方にある「家」だけではない。内に様々な矛盾と問題を抱えその解決に奮闘する、家訓に書かれているのは、そのような日常生活の営まれる場としての「家」である。

### 三―二　唐代家訓との比較

ここで宋代家訓の特徴を、宋以前のものとの比較において確認しておきたい。

まず形式上の特徴としては、宋代以前の（『顔氏家訓』以外の）家訓が、史書中の伝や書簡、あるいは詩の中に「某某が子を戒めて言う」という形で表れることが多いのに対し、宋以後は多くが単著の形式で印行されたという点が挙げられる。

次に内容上の違いを確認したい。まず最大の違いは、「家」内における経済問題の比重が非常に大きくなっていたことが挙げられる[22]。例えば趙鼎『家訓筆録』は全三十条のうち、二十一条までが田産、租税などの家庭内における経済問題に関する事柄で占められている。またもう一つの特徴として挙げられるのは訴訟を戒める記事が多くなったことであろう。

上に挙げた家訓の内容において、日常倫理としてよく見られるのは「節倹」「清廉」「勤勉」「敬慎」「忠孝」などである。司馬光は『温公家範』（巻二「祖」）で「聖人遺子孫以徳以礼、賢人遺以廉以倹」と述べて、聖人＝「徳・礼」と賢人＝「廉・倹」とを分けているが、賢人が行う道徳に「廉・倹」が配されている点に注目したい。後に詳述するが、家訓における主な登場人物は聖人と無縁の「常人（普通の人）」である。司馬光も「廉・倹」を聖人になり得ない「常人」たちが目指すべき道徳として捉えていたと見ることもできよう。また『家訓筆録』の「人之才性、各有短長、固難勉強。唯廉勤二字、人人可至」という言葉からもわかるように、日常倫理の徳目は、そのような人たちでもとりあえず実行可能だと認識された結果選択されたものであるといえる。

さて宋代の家訓にもよく見られる「勤」「学」「慎」「謙」などの徳目は、中国のあらゆる家訓が取り上げているが、ここでは比較対象として唐の『太公家教』を取り上げたい。清代に敦煌から発掘された『太公家教』は、唐代に広く読まれたにもかかわらず宋代には全く省みられることがなかった家訓である。宋代に最も近いにも関わらず、宋代人が全く見たことのない家訓であり、影響関係を考慮しないですむという点[23]において純粋な比較が行えると考える。まず『太公家教』の引用から見てみる。

勤は何ものにも代え難い宝である。学は名月神珠（のような輝く宝）である。どれだけの財産も、経書の意味の一つを理解できたことには及ぶものではない。どれだけのよい田を持っていようと学芸がわずかでも身に付いたことに及ぶものではない。慎は身を守る護符であり、謙はあらゆる行動の根本である。[24]

ここで「勤」は宝物に比されているが、宋代においては「勤」の語は、例えば『省心雑言』では「若いときに勤苦でないと老いてから必ず艱難することになる（少不勤苦、老必艱辛）」などといったように後の結果と結びついた形で表れることが多い。また「学」を、どれほどの財産にも代え難い、精神的満足のためにするものであると捉えている。これは宋代の学問が、肯定的であれ否定的であれ、科挙などを通じた己の栄達・「家」の富貴に結びついて考えられているのと大いに異なっている。

また親子関係について『太公家教』は次のように言う。

親を欺いてはいけない。孝の心で父に仕えよ。朝に晩に機嫌を伺い、暑がったり寒がったりしていないかを気にかけ、憂いに沈んでいるときには共に悲しみ、楽しいときには共に喜ぶようにせよ[25]。

ここでは所謂儒教的・教条的な父子の一体感に対する疑いは少しも見られない。唐代家訓は「勤」「学」「慎」「謙」などの徳目の実践から得られる喜びが、あらゆる物質的満足感を凌ぐ事を宣言している。ここから、唐代家訓の立つ足場、及び目指す地点が宋代家訓のように、教化の目的を家の経済的成功（「肥家」）において書かれているのと根本的に違っていることが理解できる[26]。『太公家教』は全体を通して具体的記述はいくつか見られるものの（例えば「尊者の前で唾を吐くな」など）、その内容は宋代家訓から見て「標語」的なものであると言える。もちろん一作者の家訓にその時代を代表させることは乱暴かもしれない。しかし王爾敏氏の考証によると、『太公家教』が唐代に広く読まれたという事実があったということであり、それはとりもなおさずその内容・思考が読者に受け入れられるものであったことを物語っている。

以下、論述の順序として、まずこれらの家訓に共通して見られる内容を分析し、次に「家」を構成する人間に対しての宋代士人の認識を捉え、そこで確認した人間が身を置き、ものの善悪を判断する基盤となっていた日常世界の倫理観を描出し、最後にそのような人間観と世界観に基づいて成立する宋代の「家」およびその「家」を成立させるための技術について考察する。

## 四　宋代家訓に見る家人

家訓には家族内に生起するあらゆる出来事が赤裸々に描かれる。いくつか例を挙げてみると、「親の子に対する愛情を等しくしなければならない[27]」、「父と子がお互い責め合う[28]」、「今の士大夫の家は……父は子の出世ばかり望んで愛することを忘れ、子は自分の出世を欲して親を忘れる。父が父でなく、子が子でなくなっている[29]」、「子供を溺愛しすぎて結局だめにしてしまう[30]」、「兄弟仲が良いのは門戸長久の道である[31]」、「（近世の兄弟の仲違いは彼らが）嫁の私意に惑溺してお互いを探り合い、収入を比較して奪い合って家を傾けてしまう[32]」など様々な記述が見受けられる[33]。

家の中の問題は家の中で解決し、国家の力には頼らない。身内で解決できない段階になってようやく役所に提訴し、判断を公権力の手にゆだねる。南宋の裁判記録である『名公書判清明集』には一族内の争いが多く載せられているが、その背後には記録に残らない膨大な数の家内の争いと調停があったはずである。滋賀秀三氏の「家族法」研究などによって明らかにされた、「家」が国家という権力構造の末端に属しながらも独自の秩序規範を持ち、それを行使していたという事実は（滋賀　一九六七）、「家」に関する以上の認識が背景としてあろう。また間野氏による、宋代に多くの家法が書かれ始めたという指摘も家の独立性を裏付ける証となる（間野　一九七九）。

陳智超氏は『袁氏世範』の読解を通して、「父兄の権威の下降」「同居同財の大家庭の崩壊」「兄弟、叔侄、親戚らの争財」の三つの事態を摘出するが（陳　一九八五）、状況はそれだけに留まらない。父母と子、兄と弟、夫と嫁、祖父母と孫、親戚、妾、僕婢らが互いに仲違いし、欲をむき出しにし、財産を争い、陰口をたたき合い、抜け駆けをし合う。宋代の家訓の中では、家族は崩壊の危機に瀕していると認識されている。唐代家訓のようにお題目だけ唱えているだけでは家を統御できなくなっているのである。上に引いた記述からも宋代の家訓の作者たちが、家というものを予定調和的ではなく内部矛盾的な世界として見ていたことがわかる。

なぜそのような事態を招いてしまうのか。ここで家訓の中で捉えられている人間観を検討することにする。まず『袁氏世範』の文章を参考にしたい。

（君子と近づきになれば自然と長厚端謹になり、小人とともにいれば自然と刻薄浮華となる、という文に続いて）

たとえば血気盛んで人を凌ぐことを好む人の言葉を朝夕聞いていたら、自分もそのようになりしかもそれに自分で気がつかない。まただらしなく締まりのない者の言葉を朝夕聞いていたら、自分もそのようになりしかも自分で気がつかない。このようなことはいくらでもある。しっかり自分というものを持っていないと必ずや感染の憂いを免れないだろう。[34]

人は、親しくしている相手に影響されて善い方へも悪い方へも傾いてしまうものだという。また『石林家訓』では「（息子の）お前たち五人の志行はみな決して低いわけではないが、若い頃より安逸な生活を享受していて因循に泥んでしまっていて、何処に帰順するかをわかっていない[35]」と述べ、習慣に流されて自分というものをしっかり持っていない息子たちを厳しく叱っている。同様に『袁氏世範』では「人の徳性は天資によるが、各々偏りがある。……（君子は自分でわかるが）自分の偏っている所はなかなか自覚できず、他人に尋ねてようやくわかる[36]」と自分の資質の偏りは他人に教えてもらってようやく気づくことができるのだという。家訓において、人は自分を取り巻く環境や習慣の影響を知らず知らずのうちに受け、また油断すると楽な方へつい流れていってしまう存在として捉えられている。

ここには教化の対象としての家族を単なる常人（「中人」）として捉える視点がある。さきほどは「中人」の教養・財産などいわゆる外面的特徴について規定したが、ここではそのパーソナリティが問題となる。彼らは向上心を持たず、自分自身で修養を行おうとせず、習慣や他人にた易く感化されてしまう。家人とはそのような人々の集まりなのである。また「人間は元は同一であるが、ただ気勢によってそれぞれ分かれざるをえないのである[37]」という視点からは、人間をその同一性よりも現実における多様性の方に比重をかけて捉えていることがわかる。例えば、『袁氏世範』はその書を人の多様性から語り始める。「思うに人の性は、のんびりした者がいれば、せかせかした者もおり、乱暴者がいれば、軟弱な者もおり、厳めしく重々しい者がいれば、軽薄な者もおり、身をつつしんでいる者がいれば、放縦な者もおり、静かなのを好む者がいれば、騒がしいのを好む者もおり、見識の狭い者がいれば、広い者もいるというように、受けた性が異なっているのである。父親が子の性が自分に合うように欲しても、子の性は必ずしもそうならない。兄が弟の性が自分に合うように欲しても、弟の性は必ずしもそうならない。性が合わなければ、言行も合わせられない。これが父子兄弟の不和の原因である」[38]。

常人はなぜそのような事態に落ち込むのか。

> 中人の性質として、欲しいものを目にしたらその心は必ず乱れる。ましてや下愚の者では酒食や美女に心を動かされないわけがない[39]。

人は「美味しそうな食べ物を見ると必ず唾を飲み、美女を見たら凝視し、お金を見ると手に入れたいと思う[40]」ものであり、「人がこの世に生まれて知恵をつけ始めると共に自分の意のままにならない心配事が生じる。……この世に生まれて心は満ち足りることがない[41]」と述べ、人に憂患が生じるのは自分の意のままにならないことがあるからで、人は生きている間中、自分が持っていないものを欲するものだという。そしてその結果「小人多欲、則求妄用、喪身敗家」（司馬光「訓倹示康」）に至るのである。家訓の扱う「欲」は、文字通りの「欲望」として用いられている。そして家訓は、人がそのような欲望をなかなか自分の力ではコントロールできないということを前提にして書かれているのである。しかし欲望の赴くままにさせておけば、「破家」という事態になることは避けられない[42]。よって節欲の必要性はもちろん説くが、例えば朱子学のように自己修養によって欲を克服するという立場は取らない。なにしろ相手は常人なのであり、自身の力による欲望の克服は期待できない。そのような人間に対する処方は、「至善ではなくとも、不善をなすことはない[43]」という葉夢得の発言が参考となろう。彼はここで家人たちに対して、至善の実践はとうてい期待できないので、せめて悪に陥らなければよしとしている。葉夢得が他の箇所で「私は君子を自認しはしないが、小人の憂いを持ってもいない[44]」と述べているのも同様の思考法である。君子ではないが小人でもない、その中間にありさえすればよいという考え方からは、人間が欲望を追求してしまうのは仕方ないが、家に対して損害だけは与えてくれるなという切実な願望の表れを看取できる。

ここで家訓の中の「性」と「天」について述べてみたい。最初に、日常世界では「理」「性」などの概念と別の道徳規範が存在すると述べたが、実は家訓にも「性」や「天」が出てこないわけではない。彼ら常人が欲望の赴くままに行動するのを規制・禁止するためには、日常世界にも個人を越えた超越的な規則が必要となる。超越倫理との距離を確認する上でも、ここで家訓における「性」に関して触れておきたい。[45]『省心雑言』では「（善人との時はそうではないのに、不善の者とつき合うと真似をしてしまうのは）人の性は水のようなもので、不善を行うことは水が低きに流れるようにた易いことだからである」[46]、「人が性を制すること、堤防が水を堰き止めるがごとくである……一度傾いたらもう元には戻らない」[47]といい、「性」を水に喩え、低きへ（つまり悪い方へ）流れる性質を持つと述べている。それを堰き止める手段は具体的には「礼法による」[48]のであり、それは「水のように（流れやすい）性は善悪邪正も習慣に従う」[49]と認識されていることによるのである。ここでの「性」は常に悪へと転落する契機をはらんでおり、習慣によって善悪どちらにでも傾く性質を持ったものと理解されている。また葉夢得は『石林家訓』「性善説喩子弟」において孟子の性善説を「心体而力行、逐勿外之」と重要視しているが、彼は「（性は）物と接しても、物は（性の本質を）奪えない。（性が）落ち着くところで行動をし、（性が）落ち着かない事は行わない、これを善という。（性が）物と接し、物が（性の本質を）奪い、（性が）よしとすることを捨てて、（性が）よしとしないことに従ったら、それを悪という」[50]といった「性」をひたすら「物（事物）」との関係において、つまり実践において意味を持つものであると捉える。これは宋学において「性」が「体・理」などとの関連において内面的・静態的に理解される観点から大きく隔たったものである。家訓で議論される「性」の語は「人間の本性」ではなく、むしろ「人間のサガ」といった俗な言葉で理解した方がより本来の意味に近いのではないだろうか。結局家訓においては「性」の語も表層的な用法に留まったままなのである。

次に「天」についての言及を見ることにする。『省心雑言』では「陰徳を積めば天が必ず報いて豊かにしてくれる」[51]、『石林治生家訓要略』では家の財産管理に関して、一年の収支をきっちり計算し、等しく分与すべきであり、「気を和せば、瑞祥を招き天もこれを助けてくれる」[52]と述べ、善行に対して報いてくれる存在として「天」を認識している。また個人の内面的な善悪に関しても天は同様に監視を怠らない。「心を欺くことはできても天を欺くことはできない」[53]のである。善行も悪行も天は全てお見通しであり、善行には富貴で報い、悪行には天罰を下すという。家訓において「天」は人の願望を満たすだけの非常に卑近な存在となる。

以上家訓が扱う日常倫理の領域では「天」「性」といった語でさえその絶対性を剝奪され非常に即物的な意味で用いられていることを確認した。「常人」は常に習慣によって自己の人生を左右され、「性」や「天」も結局家訓においては超越的権力を持ってそれを禁止する働きを持ち得ないのである。

## 五　「俗」と「人情」

どんな行為が善いことで、どんな行為が悪いことなのかを判断する絶対的基準がない世界で、「これは善、これは悪」という価値判断を下すことにもはや意味はない。先ほど見た『省心雑言』のように、善悪の基準は習慣によってしか形成されないとするなら、それはどのような形態を持つのか。それを次に検討したい。

家訓において守るべきなのは「節倹」「孝行」「勤勉」などであった。そしてこれらの通俗的な道徳観念は直接的な根拠を持たなかった。それは例えば、「昔から決まっていることだから」「人としてそうするのが当たり前だから」「誰もが同意することだから」といったような説明以上の背景を持ち得ない。司馬光などは「(華美を好まないのは)自分の性格だ」[54]と言う。しかし日常という場においてこうした通俗的道徳観念の持つ影響力は計り知れない。

以下、数種の家訓の読解から浮かび上がってきた、それぞれの家訓に共通してみられる日常倫理の成立している二つの基盤を考察する。

【俗】

「俗」とは、ある時代、ある場所における人々の日常における行動様式や風習を意味する。そして家訓において、世界は「俗」によって動いてゆく。

まず家訓における「俗」の用法を見てみたい。まず第一に、「俗」は「習俗」である。[55]日常、人々がその中で暮らし生活している「場」である。それは「世俗」とも呼ばれる。[56]この「世俗」においては、人によって「好悪」「是非」の感覚は同じではない。「世俗」において、人はその多様性のままに生きているのである。宋代に至り「俗」は日々崩壊へと向かっていると人々は感じており、それをくい止めようと努力している。[57]また「俗」の好ましい状態として「厚・淳」が挙げられる。[58]日々荒廃してゆく（「薄」になってゆく）「俗」をよい方に（「厚」の方へ）向けねばならない。つまり「俗」という地平における判断の基準は「厚ー薄」にあるといえる。李邦献は、治乱は「風俗」に左右されるとまで述べている。[59]

「家」は当然のことながら自家のある郷村やその地方の風俗に強く影響される。自らの「家」が周囲の「俗」と調和する場合もあれば、対立する場合もあろう。「俗」がよいものであるか、そうでないかが「家」の存否を左右する。[60]つまり家訓においては、「家」の経営に従事する宋代士人が身を置いているのは「俗」という地平であり、「国」や「天下」ではない。「家」が拠って立つ「日常」と「国」「天下」とは士人の意識において別の次元にあるのである。

「俗」は実体を持つ制度でもなく、また批判すべきイデオロギーでもない。「俗」は、時に「家」に対立し、時に「家」の拠って立つ基盤となり、良くも悪くも現実の中で具体的な日常生活を送る上で必要な、普遍的な判断の基準を人々に与えるものである。[61]呂祖謙は『礼記』大伝の「百志成、故礼俗刑」について、「礼」は「制定されたもの」、「俗」は「習慣より形成されたもの」であるとコメントしている。[62]彼は、「俗」は習慣によって生み出された無根拠なものであるが、人々を安定させる働きにおいて「礼」と同程度の重要性を持つものと捉え、「礼」と「俗」のいずれが欠けてもいけないと考えていた。「俗」は人と人の間にあって、法や礼のように明確に規範として意識化されることがないにも関わらず、人々の行動を大きく方向付ける。そして家長及び士大夫らの務めは、この「俗」を厚く、良くしていくことにある。(63)

また宋代以降の「俗」観を見てみると、明清代には、地方史に「風俗」の項ができ、また「観風整俗使」なるポストが置かれており（山本　一九九三）、「風俗」は社会的にも無視できないまでにクローズアップされていることがわかる。(64)

「人情」

宋代家訓において「俗」と並び重要視されているのは「人情」である。(65)「人情」とは、人間が生まれつき備えている感情をいう。例えば子孫のために色々計ってやったりするのもその一つである。(66)また「倹約」よりも「奢侈」を欲し、他人を羨ましく思ってしまったりするのも「人情」である。(67)「人情」はその土地の風俗によって、また時間の経過に沿って変化する。不安定で定点を持たないのが「人情」である。しかしこの「人情」は、その場その時にいる者にとって、疑う余地のない「普通の感覚」なのである。そしてこの「人情」が人々の感受性を支配し、日常倫理に深い影響を与える以上、家訓はそれを無視できない。(68)そしてこの「人情」も「俗」同様に「厚－薄」という基準によって価値付けされるのである。(69)

この「人情」観念は背後になんら根拠を持たないにも関わらず、普遍性を持ち、たとえ好ましくない方へ傾斜したとしても、家訓の作者たちは仕方ないこととして受容する。それは人が人として持ってしまう当然の感情だからである。「常人之情」「人之常情」などとも呼ばれる「人情」は、どうしようもなくそう思ってしまう自分に対して疑問符を付することも、否定することもできず、ただ肯定するしかないような感情である。場所によって異なり、時間の推移とともに変化するがその土地その時代においては絶対的な価値を持っているのである。[70]

家訓の「人情」は宋学で展開される、理気論と結びついて議論されるような性情論の「情」とは領域を異にしている。それは性情論における「情」が、「善―悪」（あるいは「善―不善」）で説明されるのに対し、「人情」は「厚―薄」によってその価値を判断されることからも理解できよう。ここに「俗」と同じ倫理観を見出すことができる。

この「人情」は家訓において、「人とはこういうものだ」あるいは「人はこうするべきだ」といった世の中に対して批評、慨嘆、あるいは同意したりする箇所と結びついている。このように、世の中に対する考えを開陳する場面に多く見られるという点において、「人情」は感情ではあるけれども、決して個人の内面においてのみ考察されるものではなく、他者の存在を待って初めて成立するものであるといえる。

よって「人情」は郷村内の交際にも重要な働きをする。族外の人々との「人情」の共有を前提とした上で、お互いのバランスを取りながらのやり取りが、自分の家が孤立しないために必要なのである。次の『袁氏世範』の語もそれを跡付ける。

世間の人には貧困な生活をしているときに村の人々に顧みられないと、栄達してから彼らを仇のように思う者がいる。しかしこれは村人が自分に厚情でなかったからといってそれを恨んだとしたら、自分が村人に厚情でなかった時に後日村人がそれを覚えていないということがあろうか。平生自分に薄情な者がいたらこれに厚情でなくても必ずしも恨まれるわけではない。[71]

「俗」と合わせて考えると、人にとって「俗」は外在的な、「人情」は内在的な日常倫理の基盤であるといえよう。宋代の人々にとって「俗」「人情」という語は、当然のごとく眼前に存在し、それに対して何の疑問も差し挟むことのない、普遍的な観念としてある。この二つの観念は、その時々の人々に絶対的な普遍性を持って対するものであるが、一方で移ろいやすく不安定なものでもある。この普遍性とは『顔氏家訓』が孔子の言葉を引いて言うように、[72]

「少成若天性、習慣如自然」、つまり自然に、無意識的に行えるほどにまで習慣となったものといってよい。習慣によって形成され、時や所によって変化するものであると自覚しつつ実践するのが日常倫理である。

そしてこの「俗」「人情」の観念も、それを根拠づける根源的原理を持たない。故に家訓においてもこれらの観念は強烈な意識を持って用いられることはなく、常に半意識的に使用される。「俗」や「人情」の観念を成立させているのは人の中、あるいは人と人の間にある、「共通感覚 sensus communis」の有する意味の一つである「常識 common sense」である。「常識」は、自明性を本質としており、日常に密着していて普段の思考の対象として浮上することはない。ガダマーのいう「賢慮」は、「俗」や「人情」を「厚く」しようとする「家訓」制作者の意志に当たるだろう。

## 六　宋代家訓の「家」

絶えず揺らぎ続ける「人情」の共有によってかろうじて結びついた「常人」は、「俗」という変転きわまりない地盤の上に、いかにして「家」を建てるのか。本節では家訓における「家」の運命とそこに必要となる道徳観念を概観する。

まず「家」の辿る運命を家訓に表れるタームを用いて見てみたい。個々の「家」によって様々な道筋が考えられるものの、基本的には二つに大別できる。まず一つ目は、「起家」によって成立した「家」は、その後本人あるいは子弟の出世によってより発展し（「盛家」「肥家」）、そのまま「家」を維持していく（「持家」「守家」）。二つ目は、「起家」したものの衰退してゆき（「傾家」）、やがて没落する（「破家」）。図示すると以下のようになる。

「起家」→「盛家・肥家」→「持家・守家」

↙「傾家」→「敗家・破家」

以下それぞれの局面がどのような事態であるのかを見てみたい。

「起家」の段階：科挙合格によって役人となり、家を興すには、「勤勉」の徳と多分の偶然[73]が作用する。この段階では成功者としての奢りを持つことなく謙虚であることが求められる。またいつ飢え寒さに遭うかもしれない（財産を失うかもしれない）と常に用心を怠らないようにすることが必要とされる。

「盛家」の段階：家を社会的・経済的により発展させることに努力を払う。例えば『省心雑言』では、「家をさらに豊かにする方法は上に遜り下を従わせることだ[74]」と言っている。彼らが善行を行うのは、絶対倫理に基づいているからではない。それは一族のために行うのである。陸游は、「自分は文辞で名を成したが、善行の方は人に知られることがなかった。天は盲目ではないから、子孫に善士を輩出し、我が家を富貴にしてくれるだろう[75]」と述べ、善行が富貴を目的としたものであることを告白している。

「持家」「守家」の段階：ここではいかに「家」を維持してゆくか、言い換えればいかにして「傾家」「破家」から免れるか、が最大のポイントとなる。例えば『石林治生家訓要略』には「倹約は守家の第一の法である（夫倹者、守家第一法也）」と述べて、「守家」における「節倹」の徳の重要性を説く。家訓制作者は普通、成功（「起家」）して老境に至った段階で家訓を書く。よってここに最も力点を置くことは想像に難くない。『袁氏世範』巻二に「家を起こしそれを守っていくには悠久の計を立てるべきだ（起家守成宜為悠久之計）」を章題とするものがあることからもそれはわかる。言い換えれば、宋代家訓の全てがこの「持家・守家」のために書かれたといっても過言ではない。ただ彼ら家訓制作者とてむろん家が単に現状のまま維持されるよりも、今以上に発展（「盛家」）していったほうがよいと思ってはいる。葉夢得が「わが宗族の昆弟子孫たちの中で、経を究め出仕した者は、まさに忠を尽くして国に報い名を歴史に留めることを願うことにより、（我が家を）永遠に光り輝くものとせよ」[76]と述べるのも、それを願ってのことである。しかし彼らは今の世の中が「人物之性皆貪生」[77]という絶望的な状況にあり、「今の世は生きていくことが困難で士大夫でさえ身を保てる者はほとんどいない」[78]と認識している。このような時勢では常にあらゆることに配慮しておらねばならず、一瞬でも気を抜けばただちに下降（「傾家」）へと向かう結果を招くことになる。つまり「盛家」することが望ましいが、今のご時世ではそれはかなわない。だからせめて私（家訓制作者）が築いた状態のままで保って欲しいと願うのである。

「傾家」・「破家」の段階・家を傾かせ、破滅に追いやる要因は、家族の不和、奢侈と訴訟沙汰がある。奢侈が家を傾かせるのは容易に理解できるが、訴訟も長引けば長引くほど費用が嵩み家計を破綻させるに至ってしまう。『袁氏世範』には訴訟の弊害を次のように言う。

裸一貫より身を起こし、父祖の資産に頼らず、自分で奮い立って財を築き、或いは父祖の財産があっても一族に頼らず自力で私財を築いたのに、同宗の者が財の分配を要求し（裁判となり）、県、州、さらにあちこちの官庁を経て十数年争い続けて、みな一文無しになってしまうことがある。[79]

陸游も、何か問題が生じたらすぐに訴訟を起こすのは最も謹むべき事であり、軽い犯罪であればゆっくりと教え諭すのがよく、急いで裁判など起こして役人に賄賂を取られたり、無能な役人に当たったりしてからではもう遅いと述べている。[80]

## 七　道徳の技術――「適宜」「誠実」「忍耐」

家訓は「節倹」「清廉」「勤勉」「敬慎」「忠孝」などの日常倫理を家人に行わせようとする。しかし家法のように懲罰をもって強制的に従わせるのではない。また家礼のように外的な秩序規範によって人の行動を規制するのでもない。家訓は前の二者と違って、集会時における唱和、日々の反復朗読などによって、人の内面の「道徳性」に訴えることで、秩序を自発的に作り出すことを目指しているといえる。しかし対象となる家人は「常人」が大半であり、その内面は不安定に揺れ動き、また「俗」や「人情」といった習慣にも大きく影響される。ではそのような彼らをいかにして倫理的に振る舞わせることができるのか。あるいはいかにして道徳に従おうという気持ちにさせることができるのか。経済的要素の占める割合が大きくなってきたとはいえ、道徳的であることが家人同士を結びつけ、「家」を成り立たせる必要条件である以上、次にその実践的な方法論が問題となる。以下、複数の家訓に共通する要素を三つ抽出し検討する。

まず第一に挙げられるのは、「適宜」である。「適宜」とはその場その時に最適であることを意味する。『石林治生家訓要略』は往来で人に逢った時の礼の尽くし方について、「凡そ物事は適宜を貴んでおれば、問題はない[81]」とその効用を述べる。また「適宜」には、まさに適切な位置に止まり、徹底的に突き詰めていく態度を取らないという内容も含まれる。「子弟の教育は厳しくしすぎて部屋に閉じこめたりすると却ってよくないから、適当に外出を許し交際に気をつけるのがよい[82]」や「近隣と訴訟沙汰になって、相手が少しでも非を認めたら、長引かせずそこでやめておいた方がよい[83]」というのもそれに含まれよう。ここには今まで見てきた様々な認識のまさに最も適切な実践法があるといえるだろう。「徹底」を「極端」というマイナスの意味に変換して、現実を皆が妥協しつつも納得するような地点に着地させる。「適宜」とは対自的には極端な理論的実践的内省をやめさせ、対他的には相手との関係が壊れるほど問題を深化させない、そのような技術である。

「安分」という心的態度もここから派生したものといえる。「聖門の原憲はぼろを着て貧乏だが、子貢はお金持ちである。しかし彼らを論評する者が原憲のほうが子貢より賢者であると言わないのは、（彼らが各々の）分に従っている（のを知っている）からである[84]」、「まず自分の規模をしっかりと定めるべきである。規模を定めたら朝夕常にそれを思い、行動に移し、体得しようと努力したなら、やがて勢いがついてきて利が得られよう[85]」。自分の分をしっかり見定めて地道に努力すればやがて「利」が得られるという。道徳観念の家人に対する影響力の脆弱さを経済的「利」という現実的報応の付加によって補強したと解釈できよう。「家」にまつわる道徳行為は常に「利」の周りを回っている。青山定雄氏は、宋代士大夫の間で営利心が生まれ、一般化していったと指摘するが（青山　一九七六）、家訓において「利」は道徳行為と密接に結びついた形で展開されているのである。

第二に、「誠実」を挙げる。ここでの「誠実」とは、『中庸』の「誠」のような儒教思想の核心をなす概念ではなく、文字通り精神的「誠実さ」を意味する。「人の孝行は誠実に根ざしていれば、礼儀の細部において至らないところがあっても天地鬼神を感動させせうる。……我が家から代々まじめで孝行な者が出て、家門が栄えることを望むならば、なおさら誠実を心がけるべきだ[86]」や「（文化のまるで違う夷狄に対しても）誠実さをもって対すれば欺かれず、信義を守れば疑われない[87]」、また「（商売や物の貸し借りに関して）誠実の二字は君子には守らない者は少なく、小人には守らない者が多い[88]」などの文から見えてくるのは、夷狄・商売・ものの貸し借りといった、こちら側からの相手に対する積極的な働きかけの態度である。

第三に、「忍耐」とそれに関連する「寛容」が挙げられる。これは第一の「安分」からの帰結である。「忍耐」とは周りの状況を優先するため、自分を押さえこむことである。「家が長く和合する根本はよく忍耐することだ[89]」、「同居者の中に愚か者がいて迷惑なことばかりする事がある。それも一、二度であればともかく、百に一つの良いところもなく朝夕そのような態度でいれば対処し難い。……このような場合は、心を寛容にして、どうしようもないと諦めるほかない[90]」、「およそ家長たる者、下僕に仕事を言いつけた際に思い通りにいかなくても『こいつは生まれつき愚鈍なんだ』と思い、寛大に処して怒りを抑えて教え諭すのがよい[91]」。相手がたとえ明らかに間違っているにも関わらず、忠告しても聞き入れられそうにない場合、あるいは逆に恨みを買いそうな場合は、それを押してまで注意する必要はない。いたずらな正義感・親切の行使は自分に不利益をもたらす結果となる。『袁氏世範』巻一「性不可以強合」では『論語』（里仁第四）の言葉を引き、親が過失を犯した時に諫言が入れられなくても逆らわないのが「和家」の要諦だとする。司馬光であれば、自分の気持ちが親に受け入れられない場合には「己を責めるのみ」と書き付ける[92]。このような司馬光のいわば教条的理解と「和家」のためと言い切る袁采、二者は同じ「忍耐」を語っているが、建て前と本音の交錯する家訓の両極の表現であるといえる。

後二者の技法は、いずれも同一の枠を持っている。積極的性格を持つ「誠実」も、相手の承認を必要とする点において、ある種の徹底性を持って状況を大きく変えたりする性質のものではない。「忍耐」は消極的な一種の自己否定をともなった事件の落着の方法である。「誠実」も「忍耐」も共に相手を追いつめたり、自分を追い込んだりしないこと、つまり「適宜」であることが前提となっている。

これらの技術は、日常倫理の支配する「家」という世界においてこそ有効性を発揮し、またそのような「場」においてこそ人々に受け入れられるのである。

## おわりに

人は、血縁・地縁・政治・経済・学縁などさまざまな人間関係の網の中で生きている。親兄弟・親族・使用人・友人、そして近隣などとの関係において、どのように振る舞うべきかということを様々な形で教えられ、学んでいく。それらをわかりやすく具体的に記述する点に家訓の特徴があった。

我々は中国における「家」という語を想起するとき、その中に「父−子」「夫−婦」「兄−弟」という家族を構成する人間関係を含んでいると無前提に考えてしまう。しかし宋代においてこの枠組みはすでに破綻していた。宋代家訓の扱う「家」という場は、現実というさまざまな諍いの生起する空間であった。そこでは父と子は引き裂かれ、兄弟と夫婦は併存できず、一族は反目し合う。そのような「家」の内部に見出されるのは、「父子の孝慈・兄弟の友恭・夫婦の敬順・宗族の和睦」[93]などの超越的な道徳規範に回収しきれない、個々の人間が個々に愛し合い傷つけあうような生々しい人間関係への視点である。もはや血縁という紐帯がうまく機能しない状況である。しかしだからといって代替物があるわけでもない。家人を結びつけ、「家」を成り立たせるものはやはり血縁意識とそれに基づく人倫以外にはない。ただ家訓は家族の親和の回復を単純に叫んだりはしない。また旧来の道徳の復権を声高に語るわけでもない。家訓は、希薄となった血縁意識を中心に据えつつも、それを家人の理解しやすい日常倫理で支える形を取る。その実践に当たっては「適宜」という妥協的性質を帯びた方法が用いられた。なおかつ道徳的に振る舞えば「利」が結果すると説くことで、家庭内の経済問題に汲々とする家人たちを道徳の実践へと促した。脆弱な家族意識を、卑近な道徳観をもって「人情」に訴え、「適宜」という方法や「利」の獲得という報酬で補強することで、「家」はようやく立ち上がってくるのである。

**註**

（1）ここで用いる「日常」観は、そのアイディアの多くをA・シュッツの「生活世界」論より得ている。シュッツは「生活世界」の概念を世界認識の方法として用いているが、今回は「家訓」における「日常」的側面にのみ限定して適用する（シュッツ　一九九六）。

（2）中原健二氏は、宋代詩文における日常性に立脚した夫の妻への愛情表現を、宋代士大夫らが「個人の生活に立脚した私的な事柄が公的社会的な事柄とさほどかわらない重みを持ち、存在価値を持つのだと認識していた」と読み解く（中原　一九九四）。文学においても「日常」が重視されてきていることを示しているといえる。また宋以降「日常」への言及は増加し、明清に至って、全面的に展開されることになる。荒井健氏も『長物志』訳注序において同様の見解を示す（荒井　一九九九）。

（3）ガダマーは共通感覚の概念を道徳全般に渡って適用しているが、拙論では、とりあえず日常倫理に限定して用いたい。ガダマーは道徳そのものを超越的根拠のない相対的なものと捉えているが、宋代人は「理」「性」などの概念を、事象を越えた位相にある「超越倫理（絶対倫理）」として捉えていると考えるからである。

（4）本稿では、倫理を「超越倫理」と「日常倫理」とに分けたが、筆者が宋学を現実から遊離した否定的な意味での「形而上学」と認識していると捉えられる可能性をここで打ち消しておきたい。唐代の訓詁学的儒学に対して、宋学が思想をもう一度リアルな場所に引き戻す働きをしたことは十分了解しているつもりである。ただ現実をリアルにすくい取ろうとする態度と、本稿で「超越倫理」と呼んでいる、現実を一旦カッコにくくり超越的に考察する態度とは全く別の次元にあり、両者は矛盾するものではない。よって宋学が「超越性」を志向していたとの言葉に、宋学が現実から乖離していたという意味内容は全く含んでいないことは強調しておきたい。

（5）『宋史』には「某々は家法をよく守った」という記述が多く確認できる。

（6）費成康氏はその家法研究において、南北朝に現れた家訓が、唐末から宋代まで続く大家族制度の解体を契機として、その一部が強制力を持った家法へと変貌していったと説く（費　一九九八：一四～一五頁）。

（7）馬藻は、『省心雑言』の著者、李邦献の門生である。そして、『大学』は「斉家」から「治国」に至る実践の極致である「聖賢相授受之心法」であるとしている点で、「日用」に徹する家訓とは対象領域を異にしていると意識していることがわかる。

（8）「家訓」という名は持たないものの「家訓」に類する内容を持つ文章が、それ以前にも見られることは守屋氏の著書（守屋一九六八）に詳しい。

（9）宋以前の家訓については後述。

（10）『袁氏世範』の跋文にも次のように「中人」に関する言及がある。「学者所造未至、雖勤誦深思猶不開悟。況中人以下乎」。他、唐末の柳玭の家訓にも「夫中人已下、修辞力学者、則躁進患失、思展其用」（『旧唐書』柳公綽伝）という記述が見られる。

（11）イーブリ氏も「家」概念が婢僕を含んでいることを指摘している（Ebrey 1984）。

（12）『鶴林玉露』巻五丙編「陸氏義門」。

（13）「近代所伝如房元齢、集古今家誡為屏風、令其子孫各取一具」。

（14）「家庭会集初無雑語、皆是昔所常言、往往或重複至再、今択其可記者録之、使汝曹人人録一編、置之几案、朝夕展味、心慕力行」。

（15）「漢称万石君家法、唐則穆質・柳公権二家為世所崇尚。至宋則不勝書矣」。

（16）宋末から元にかけての成立とされる『事林広記』（庚集・巻四）には「訓戒嘉言」「治家規訓」という章が立てられており、前者には『顔氏家訓』や『呂氏郷約』、真徳秀『教子斎規』などが抜粋され、後者には『袁氏世範』が抄録されている。元代の成立と言われる『居家必要事類全集』には「家」への視点が明確に見られる。その甲集の最初には「為学」と項目が立てられ、朱子の「朱文公童蒙須知」と「訓子帖」、『顔氏家訓』、「真西山教子斎規」、「王虚中訓蒙法」などが、乙集最初の「家法」には、『司馬温公居家雑儀』、『袁氏世範』が、次の「家礼」には『朱子家礼』が抄録されている。

（17）「『顔氏家訓』七巻、前有序一篇。不題姓名。当是唐人手筆。後有淳熙七年二月沈揆跋」。銭大昕『十賀斎養新録』巻一四「顔氏家訓」。

（18）明・清代に無数に量産される族譜の存在がそれを裏付ける。また元朝においても家訓、家規が流行したことは大島立子氏の指摘がある（大島　一九九九）。

（19）「墓有銘非古也。……溢美以誣後世、豈吾志哉」『放翁家訓』

(20)「古者植木塚上、以識其処耳。……積以歳月、林樾浸盛、遂至連山彌谷。……吾死後墓木、毋過数十」『放翁家訓』。

(21)「防盗宜巡邏」『袁氏世範』巻三の章題。

(22) 滋賀氏や陳智超氏も宋代家庭において金銭関係が重要な働きをしていることを指摘する（滋賀 一九六七、陳 一九八五）。

(23) 王爾敏氏は、唐代には『太公家教』がよく読まれたが、その後廃れ、清代に敦煌から出土したものを羅振玉が印行したと指摘する（王 一九九二）。この『太公家教』は『直斎書録解題』に記載されておらず、また宋代以前の家訓類を集大成した、劉清之の『戒子通録』にも採られていない。

(24)「勤是無価之宝、学是名月神珠。積財千万、不如明解一経書。良田千頃、不如薄芸随軀。慎是護身之符、謙是百行之本」。

(25)「勿生欺誑、孝心事父。晨省暮看、知暖知寒、憂時共戚、楽時同歓」。

(26) もちろん宋代の家訓にも唐代家訓のような建前的内容が書かれているものももちろんある。ただ唐代には『太公家教』のような家訓が流行し、宋代には『袁氏世範』のような家訓が流行した背景には、それを受容する側の家族に関する捉え方の違いが反映していると考えられる。

(27)「父母愛子貴均」『袁氏世範』巻一。

(28)「人之父子、或不思各尽其道而互相責」『袁氏世範』巻一。

(29)「今士大夫之家……父欲子之進而忘其愛子、欲自致顕官而忘其親。是父不父、子不子」『省心雑言』。

(30)「近世士大夫、多為子弟所累、是溺于愛而受其謗。殊不知、父当不義」『省心雑言』。

(31)「兄弟輯睦、最是門戸長久之道」『石林家訓』。

(32)「(近世兄弟間失和事) 溺妻子之私以口語相諜、貨財之入以争奪相傾」『石林家訓』。

(33) 家訓には「嫁が兄弟の仲を割く」という記事が多く見られる。例えば『柳氏家戒』には「兄弟は義で結びついているが、嫁を娶ると嫁同士で集まっては長短を競い合い、(やがては) 分門割戸に至る」「人家兄弟無不義者、尽因娶婦入門、異姓相聚争長競短、……分門割戸」とある。

(34)「且如朝夕聞人尚気好凌人之言、吾亦将尚気好凌人而不覚矣。朝夕聞人游蕩不事縄検之言、吾亦将游蕩不事縄検而不覚矣。如此非一。非大有定力、必不免漸染之患也」巻二「小人当敬遠」。

(35)「汝五人志行皆不甚卑、但自少即享安逸、狃於因循、未知帰嚮」。

(36)「人之徳性出於天資者、各有所偏。……雖然己之所謂偏者苦不自覚、須詢之他人乃知」巻二「性有所偏在救失」。

(37)「人与我本同一体、但勢不得不分耳」『石林治生家訓要略』。

(38)「蓋人之性或寛緩、或褊急、或剛暴、或柔懦、或厳重、或軽薄、或持検、或放縦、或喜間静、或喜紛拏、或所見者小、或所見者大、所稟自是不同。父必欲子之性合於己、子之性未必然。兄必欲弟之性合於己、弟之性未必然。性不可得而合、則其言行亦不可得而合。此父子兄弟不和之根源也」『袁氏世範』巻一「性不可以強合」。

(39)「中人之性、目見可欲心必乱。況下愚之人、見酒食声色之美、安得不動其心」『袁氏世範』巻三「淳謹幹人可付託」。

(40)「蓋人見美食而必嚥、見美色而必凝視、見銭財而必起欲得之」『袁氏世範』巻二「見得思義則無過」。

(41)「人生世間、自有知識以来、即有憂患不如意事。……以人生世間、無足心満」『袁氏世範』巻二「憂患順受則少安」。

(42)「況復博奕飲酒、追逐玩好、尋求交游、任意所欲、有一如此、近二三年、遠五六年、未有不喪身破家者、此不待吾言而知也」『石林家訓』。

(43)「雖非至善而亦不失於不善」『石林家訓』。

(44)「予雖不敢以君子自居而亦不以小人之憂為憂也」『石林家訓』。

(45)「理」に関しては、家訓の中ではいわゆる「ものの道理」の意味以外の用法を今のところ見出していない。

(46)「(与善人交有終身了無所得者、与不善人交動静語黙之間亦従而似之何耶)人性如水、為不善如就下」『省心雑言』。

(47)「人之制性当如防之制水……一傾而不可覆也」『省心雑言』。

(48)「制水者必以隄防、制性者必以礼法」『省心雑言』。

(49)「人性如水、曲直方円随所寓、善悪邪正随所習」『省心雑言』。

(50)「惟其与物相遇而物不能奪、則行其安而廃其所不安、則謂之善。若夫与物相遇而物奪之、則置其所可而従其所不可、則謂之悪」。

(51)「為善不求人知者、謂之陰徳。故其施広、其恵博、天報必豊」。

(52)「和気致祥天必祐之」。

(53)「心可欺、天可欺乎」『省心雑言』。

(54)「吾性不喜華靡」『温公家範』巻五。

（55）例えば、「わたしに、これ（『袁氏世範』）で人倫を厚くし習俗を美しいものにすると言った」「示鎮曰、是可以厚人倫而美習俗」『袁氏世範』劉鎮序。

（56）例えば、「わたしは俗人で、世俗を論ずることが好きである……人の好悪は同じでなく、是非の判断も異なる事と思うが、（この書の中に）心に叶うものが一つか二つはあるに違いない。願わくば、これによって争いを止め刑罰を無くし、淳厚な風俗に帰ってくれれば、聖人が再びこの世に現れても、わたしの言葉を無駄にはしないだろう」「采朴鄙好論世俗事……人或好悪不同、互是迭非、必有一二契其心者。庶幾息争省刑、俗還醇厚、聖人復起不吾廃也」『袁氏世範』跋。

（57）例えば、「風俗は日々崩壊し、憂うべき事は山ほどある」「風俗方日壊、可憂者非一事」『放翁家訓』。

（58）「かつて思う、風俗が厚くしかもつつましやかでなければ、財も豊かにならない……君に仕えて薄俗を変えねばならない」「嘗謂風俗不淳倹則財用無豊足。……事君而変薄俗」『省心雑言』、「君子は風俗を厚くし太平をもたらして、麒麟・鳳凰を呼ぶ」「君子能厚風俗致太平、以来麟凰」『省心雑言』。

（59）「禍乱を止め太平をもたらすには、風俗が厚くつつましやかでなければ不可能である」「必欲弭禍乱致太平、非風俗淳倹不可」『省心雑言』。

（60）「近年の風俗はとりわけ奢侈に傾き、下僕は士服を着て、農夫が絹の靴を履いている……世俗の奢侈に従わない者は少ない。ああ、風俗の頽廃はここに極まった」「近歳風俗尤為侈靡、走卒類士服、農夫躡糸履……不随俗靡者蓋鮮矣。嗟乎、風俗頽弊如是」「訓倹示康」、「平生見ていると、葬式に大金を費やし、愚俗は仏寺での祭祀に大枚をはたく……私が死んだら、お前たちはこのような世俗の風習に必ずや従ってしまうにちがいない」「吾見平時喪家百費方興而愚俗又侈於道場斎施之事……吾死之後、汝等必不能都不従俗」『放翁家訓』。

（61）小林義廣氏によれば、宋代から「諭俗文」などの訓戒文が数多く書かれるようになったという（小林　一九八八）。「諭俗文」の対象となる「俗」が「佃戸を含む郷村の民衆一般」と具体的に指示されうるのに対して、「家訓」における「俗」がそのようなものでないことは文中に指摘した。

（62）『家範』巻一「宗法」。

（63）龔鵬程氏も宋代において「風俗」が一種の規範性を持っていることを指摘している（龔　一九九五：二七六頁）。

（64）近世中国の社会秩序をめぐる思考に、「風俗」が深く関与している点については、近年岸本美緒氏、森正夫氏等、明清史研究者によっても指摘されている（岸本　一九九六、森　一九九五）。

(65)　笠沙雅章氏によれば、『欧陽氏族譜』も「人情の常」に従って編集されたという（笠沙　一九九九）。笠沙氏は家譜が「現実的で自己中心的」に編纂されたのは「伝統にこだわらず個性を尊重する宋代士大夫の生き方を反映している」と指摘する。「家」をめぐる言説は確かに「自己（自家）中心的」傾向を持つ。

(66)　「ある人が言った、子孫がいれば、子孫のためにいろいろ考えてやるのが、人の情である」「或曰、有子孫当為子孫計、人之情也」『経鋤堂雑志』「子孫計」。

(67)　「人が常に持つ情として、倹約から奢侈に行くのは簡単だが、奢侈から倹約に行くのは困難である」「顧人之常情、由倹入奢易、由奢入倹難」「訓倹示康」、「世の貪夫の飽くなき欲望などは、もとより責めるまでもない。常人の情は、他人が愛玩しているのを見て心を動かされてしまう、これも病である。たいていの人情は、自分が持っていないものを欲しがり、既に持っているものには飽いてしまうものだ」「世之貪夫、谿壑無厭、固不足責。至若常人之情、見他人服玩、不能不動、又是一病。大抵人情慕其所無厭其所有」『放翁家訓』。

(68)　清代中国の裁判においては、「情」が判決を下す際の重要な要素であることが、先行研究で明らかになっている（滋賀　一九八四）。

(69)　「近世以来、人情尤為軽薄」『司馬温公書儀』「冠儀」。

(70)　次の土田健次郎氏の言葉も「人情」を同様の方向で捉えていると思われる。「『人情』が直感に支えられ、類推以前のものだからである。『人情』は容易に同意が得られるはずのものであって、時に常識と言うに等しい使われ方をする。この時期こそ、士大夫間の常識が思想であり力となった時代であったのかもしれない」（土田　一九八八）。また宋代における「常識」の重要性を指摘している点には深く同意したい。

(71)　「人有居貧困時不為郷人所顧、及其栄達則視郷人如仇讐。殊不知郷人不厚於我、我以為憾。我不厚於郷人、郷人他日亦独不記耶」『袁氏世範』巻二「人情厚薄無深較」。

(72)　「教子」第二。

(73)　「起家之人、……不知其命分偶然」『袁氏世範』巻二「興廃有定理」。

(74)　「肥家之道、上遜下順」『省心雑言』。

(75)「吾惟文辞一事、頗得名過其実、其余自勉於善而不見知於人。蓋有之矣。初無願人知之心、故亦無憾。天理不昧、後世将有善士、使世世有善士、過於富貴矣。此吾所望於天者也」『石林家訓』。
(76)「凡吾宗族昆弟子孫、究経出仕者、当以尽忠報国而冀名紀于史、彰昭于無究也」『石林家訓』。
(77)『袁氏世範』巻三の章題。
(78)「世道方難、衣冠士族、骨肉相保者無幾」『石林家訓』。
(79)「又有果是起於貧寒、不因父祖資産、自能奮立営置財業、或雖有祖衆財産、不因於衆、別殖立私財、其同宗之人、必求分析、至於経県、経州、経所在官府、累数十年、各至破蕩而後已」『袁氏世範』巻一「分析財産貴公当」。
(80)「訴訟一事、最当謹始。使官司公明可恃、尚不当為。況官行関節、吏取貨賄、或官司雖無心而其人天資闇弱、為吏所使、亦何所不至。有是而後悔之、固無及矣。況隣里間所訟、不過侵占地界、逋欠銭物、及凶悖陵犯耳。姑徐徐諭之、勿遽興訟也」『放翁家訓』。
(81)「凡事貴乎適宜以免物議也」。
(82)「況拘之於家、無所用心、却密為不肖之事、与出外何異。不若時其出入、謹其交遊」『袁氏世範』巻二「子弟当謹交遊」。
(83)「居郷不得已而後与人争、又大不得已而後与人訟、彼稍服其不然則已之」『袁氏世範』巻二「訟不可長」。
(84)「聖門若原憲之衣鶉至窮也、而子貢則貨殖焉。然論者不謂原憲賢於子貢、是循分也」『石林治生家訓要略』。
(85)「必先定吾規模。規模既定、由是朝夕念此為此、必欲得此、久之而勢我集、利帰我矣」『石林治生家訓要略』。
(86)「人之孝行、根於誠篤。雖繁文末節不至、亦可以動天地感鬼神……況望其世世篤孝而門戸昌隆者乎」『袁氏世範』巻一「孝行貴誠篤」。
(87)「推誠則不欺、守信則不疑」『省心雑言』。
(88)「忠信二事、君子不守者少、小人不守者多」『袁氏世範』巻二「小人難責以忠信」。原文は「忠信」となっているが、商売と貸し借りの関係において出てくる言葉であるという点から西田太一郎訳にしたがって「誠実」と訳した。
(89)「人言、居家久和者本於能忍」『袁氏世範』巻一「人貴能処忍」。
(90)「同居之人、有不賢者、非理以相擾、若間或一再、尚可与弁。至於百無一是、且朝夕以此相臨、極為難処。……当寛其懐抱以無可奈何処之」。

（91）「凡為家長者於使令之際、有不如意、当云小人天姿之愚如是。宜寛以処之。多其教誨省其嗔怒可也」『袁氏世範』巻三「待奴僕当寛恕」。
（92）『家範』巻五「子（下）」。
（93）「家政」『朱熹集』外集巻二、四川教育出版社、一九九六。

**参考文献**


青山定雄（一九七六）「北宋を中心とする士大夫の起家と生活倫理」（『東洋学報』第五七号第一・二号）
荒井健他（一九九九）『長物志』訳注　平凡社
大島立子（一九九九）「元代における女性と教育」（『論集　中国女性史』吉川弘文館）
岸本美緒（一九九六）「風俗と時代観」（『古代文化』四八号）
小林義廣（一九八八）「宋代の諭俗文」（宋代史研究会研究報告第三集『宋代の政治と社会』、汲古書院）
滋賀秀三（一九六七）『中国家族法の原理』創文社
滋賀秀三（一九八四）『清代中国の法と裁判』創文社
清水盛光（一九三九）『支那社会の研究』岩波書店
多賀秋五郎（一九六〇）『宗譜の研究　資料篇』東洋文庫
竺沙雅章（一九九九）「北宋中期の家譜」（『公家と武家Ⅱ―「家」の比較文明史的考察』思文閣出版。後『宋元仏教文化史研究』第九章（汲古書院、二〇〇〇）に所収）
土田健次郎（一九八八）「欧陽脩試論」（『中国－社会と文化』第三号）
寺田浩明（一九八九）「清代土地法秩序における『慣行』の構造」（『東洋史研究』第四八巻第二号）
中原健二（一九九四）「夫と妻のあいだ――宋代文人の場合」（『中華文人の生活』平凡社）
西田太一郎（一九四一）『袁氏世範』訳注　創元社
古林森廣（一九八九）「南宋の袁采『袁氏世範』について」（『史学研究』第一八四号）
牧野巽（一九七九）『中国家族研究』（牧野巽著作集一・二）お茶の水書房

間野潜龍（一九七九）「明代の家規と陽明学」（『明代文化史研究』所収、同朋舎）
宮崎市定（一九九五）「宋代文化の一面」（『中国文明論集』岩波文庫）
森正夫（一九九五）「明末における秩序変動再考」（『中国－社会と文化』第十号）
守屋美都雄（一九六八）『中国古代の家族と国家』京都大学文学部内東洋史研究会
山本英史（一九九三）「浙江観風整俗使の設置について」（『和田博徳教授古稀記念　明清時代の法と社会』汲古書院）
鷲田清一（一九九三）「地平と地盤のあいだ――〈生活世界〉という概念――」（『岩波講座　現代思想　六／現象学運動』岩波書店）
Patricia Buckley Ebrey (1984) "Conceptions of the Family in the Sung Dynasty" *the Journal of Asian Studies* vol. 43, no. 2
Joseph P. McDermott (1993) "Equality and Inequality in Sung Family Organizations – Some Observations on Chao Ting's Family Instructions"『柳田節子先生古稀記念 中国の伝統社会と家族』汲古書院
ハンス＝ゲオルグ・ガダマー（一九八六）『真理と方法Ｉ』法政大学出版局
アルフレッド・シュッツ著、リチャード・Ｍ・ゼイナー編（一九九六）『生活世界の構成　レリヴァンスの現象学』マルジュ社
王爾敏（一九九二）「家訓体製之伝衍及門風官聲之維繋」（『近世家族與政治比較歴史論文集』台湾・中央研究院近代史研究所）
龔鵬程（一九九五）『思想與文化』台湾・業強出版社
陳智超（一九八五）「《袁氏世範》所見南宋民庶地主」（『宋遼金史論叢』第一輯　中国・中華書局）
費成康（一九九八）『中国的家法族規』中国・上海社会科学院出版社
柳立言（一九九二）「従趙鼎『家訓筆録』看南宋浙東的一個士大夫家族」（『第二届国際華学研究会議論文集』台湾・中国文化大学文学院）

# Ⅱ 相互性の諸相

# 「婺学」・場所の物語

早坂俊廣

両浙東路（現浙江省部分のみ）
略図

## 一　「問題」としての「婺学」

なぜ、「婺学」なのか。それは、「婺学」が「問題」だからである。そして本稿は、この「問題」がいかに「語られ」

続けてきたかを検討するものである。

南宋中期という時代は、特筆すべき「大思想家」が何人も出た時代である。これ以降、王守仁（一四七二〜一五二八）の出現までは、停滞の時代として、思想史研究、と言うよりも儒教史研究においてはあまり積極的に取り上げられることの無い時代になる。「朱子学」「陽明学」という二枚看板からのみ思想史を考えるならば、確かにおもしろくない時代だといわざるを得ない。この一般的にはおもしろくない時代に、婺州（現在の浙江省金華地区）は数多くの人材を輩出し続け、「小鄒魯」の名称を得ることになる。ある意味では、儒教史的に見て停滞の時代とされている時代が、婺州にあっては輝ける黄金時代だったのである。狭間の時代に中継ぎ役を果たした（問題の多い物言いであるが）婺州の学術、つまり「婺学」の意義は、もう少し注目されてもよいように思われる。今まで、政治史・社会史的関心に比して、[1] 思想史的関心はあまりにも薄かった。数少ない例として馬淵昌也氏が、「この時代が独自の意味を持ちうるのか否かといった問題については、これまでのところ、一般的な不景気なる時代という印象をこえて、特に問題として取り上げられるということはなかった」と総括し、現安徽省徽州地区とともに金華地区を取り上げて、この両地区を「南宋から元にかけてかなり有力な学者を多数輩出し、相当に密度の濃い学術交流・継承がみられた、いわば当時の学問的中心といえる地区である」とする（馬淵　一九九二）。馬淵氏が「性理学の理論的な問題」を中心に描写したこの時代のこの地区を、私は異なる視点から捉えてみたい。[2]

もっとも、レベルこそ様々であるが、中華人民共和国では熱心に研究がなされてはいる。[3] 例えば朱仲玉氏は、「いわゆる〈婺学〉とは、実は麗沢書院を核心とした学問伝統であり、俗に金華学派と称す。地望を紐帯として連結した学派であって、陳亮とはいささか縁があるが、唐仲友との関係は大きくない」、「金華学派の誕生前に、中国で地望を紐帯として連結した学者名儒集団が皆無であったとは言えないが、金華学派のように盛大を極め、四百年の長きにわたって伝承していったものは全くなかった」とする（朱　一九八九）。また、歩近智氏は、「全祖望は『宋元学案』の中で、呂学を〈婺学〉と称することがある。〈婺学〉とは地理的な漠然とした言い方に過ぎず、その学派の性質を説明するものではない。鄭伯熊や薛季宣が浙東で永嘉学派を起こした時、婺州地区には呂祖謙、唐仲友、陳亮がいた。彼等はみな〈婺学〉と称されるが、学術の観点は異なっている。（略）彼等の観点が異なっている以上、彼等を漠然と〈婺学〉と称することはできない。だから、後世の人は永康の陳亮を永康学派と称し、金華の呂祖謙を〈婺学〉、あるいは金華学派と称する」としている（歩　一九八三）。

概念規定を精密に行おうとする歩氏の態度に、もちろん異論はない。だが、少なくとも「婺学」に関しては、歩氏のような整った見方ばかりではなく、いわゆる「漠然とした」見方も、全祖望に限らず数多く存在したことも事実であり、それはそれで意味のあることであると私は考える。場所（地域）は語る人の視点、語られる場の性質によって領域設定の変動が容易に起こるものである。大雑把に言って、婺州は浙東地方にあり、その婺州の中にも金華・永康・浦江・東陽・義烏・武義・蘭渓といった県があった。時に婺州より広い範囲、あるいは狭い範囲を「婺学」と呼んだりする場合があっても、全てを概念の混乱とは言いきれまい。戦略的にそうする場合もあり得るし、うっかりそうした場合でも、そこに多くの意味を汲み取れることもある。概念規定を厳密にすることが必要な場合ももちろんあるが、「語られたイメージ」の解明に力点を置く本稿では、「漠然とした」見方にあえて便乗していきたい[4]。

さて、現代において「婺学」について言及がなされる場合、常に参照・引用されるのが、『宋元学案』である。そこで、『宋元学案』における議論を適宜拾っていき、「婺学」の思想史的展開を再構成してみよう。「婺学」が伝統中国の儒学思想史の中で、いかに意義ある「問題」であったかが、まずは分かるはずである。

①「乾道淳熙の時に、婺学は最も盛んであった。呂祖謙兄弟は性命の学で、陳亮は事功の学で名を上げ、唐仲友は経制の学を修めた（乾淳之際、婺学最盛。東莱兄弟以性命之学起、同甫以事功之学起、而説斎則為経制之学）」（全祖望。巻六〇「説斎学案」）

②「呂祖謙学派は、二つの流れがもっとも栄えた。一つは、徐誼から再伝して黄溍、王禕に至るもの。もう一つは、王柏から再伝して柳貫・宋濂に至るもの。みな朱子学を兼ね学び、明一代の学問の端緒を切り開く活躍をした。だから、全祖望は『四百年の文献の伝統が寄与した』と言ったのである（東莱学派、二支最盛。一自徐文清再伝而至黄文献、王忠文。一自王文憲再伝而至柳文粛、宋文憲。皆兼朱学、為有明開一代学緒之盛。故謝山云、四百年文献之所寄云）」（王梓材。巻七三「麗沢諸儒学案」）

③「何基の一派は、王柏、金履祥、許謙が朱子学の学髄を純然と会得した上に、柳貫、呉師道、戴良、宋濂らも朱子の文瀾を受け継いでいる。なんとも多士済々ではないか。これら〈朱子学の嫡子〉たちは実にみな金華の人である（北山一派、魯斎、仁山、白雲既純然得朱子之学髄、而柳道伝、呉正伝以逮戴叔能、宋潜渓一輩、又得朱子之文瀾、蔚乎盛哉。是数紫陽之嫡子、端在金華也）」（黄百家。巻八二「北山四先生学案」）

④「婺州の学問は、許謙に至って、求道の目標が少し浅くなったようで、章句訓詁へとどんどん流れていき、自得の言葉が見られなくなった。金履祥に比べ大いに劣っている。婺州の学統の第一の変化である。義烏の諸公はこの許謙を師匠とし、そのまま文章の士になってしまった。[5] 第二の変化である。宋濂に至って、仏教に阿る輩になってしまった。第三の変化である。幸い方孝孺が宋濂の高弟となり、朱熹の学緒を再興するかにみえたが、惜しくも凶者の犠牲となり、学問の完成を見ず、学問を伝えるものもいなかった（婺中之学、至白雲而所求于道者、疑若稍浅、漸流于章句訓詁、未有深造自得之語、視仁山遠遜之、婺中学統之一変也。義烏諸公師之、遂成文章之

士、則再変也。至公而漸流于佞仏者流、則三変也。猶幸方文正公為公高弟、一振而有光于西河、幾幾乎可以復振徽公之緒、惜其以凶終、未見其止、而并不得其伝）」（全祖望。巻八二「北山四先生学案」）

語る人が異なれば、思惑も当然異なってくる。例えば、呂祖謙を中心に語る②王梓材と朱熹を中心に語る③黄百家とでは、整理の視点は大きく異なっている（③のような整理の方が一般的であろう）。また、①について、呂・陳・唐の三者をひと括りに出来るのか否か、②について、呂祖謙の学統の連続性がどこまで認め得るのか、③について、〈朱子学の嫡子〉という表現がどこまでの有効性を持つのか、④について、逆に文章や仏教の立場から「婺学」の末裔たちを再評価できないものなのかどうか、等の疑問は、当然生じてくるであろう。

にも関わらず、この『宋元学案』の「婺学」像が、ある種の説得力を持っているのも事実である。それは、『宋元学案』がそれまでの時代の「婺学」イメージ・「婺学」物語を濃厚に継承しているからである。言わば、多くの物語を取りこんだ物語なのだ[6]。以下、『宋元学案』の叙述の順序に従いつつも、その（「厳然たる事実の記述」であるというよりは「様々な思惑によって織り成された物語の表出」であるという意味での）物語性と、別の物語の可能性とを探っていくことにしよう。

## 二　はじめに批判ありき——朱熹の「婺学」批判

淳熙八年七月二十九日、呂祖謙（一一三七～八一）はその生涯を閉じた。この死によって、南宋思想史は大きく急展開を始める。呂祖謙の学友であった朱熹（一一三〇～一二〇〇）がその呂祖謙の思想を批判し始めたのである。より正確に言えば、呂祖謙の周りにいてその後を継ぐべき婺州の人士が、そしてそこで中心的な位置を占め始めたと朱熹に認知された陳亮（一一四三～九四）が強烈な批判を浴び始め、その煽りで天界の呂祖謙までとばっちりを受けたのである。朱熹はなぜ自己の学友の後継者達を批判したのであろうか。それは、様々な意味において折衷的総合的な役割を果たしてきた呂祖謙という重しが取り除かれたことによって、この地方に脈々と流れていた「事功」的「功利」的思潮が一気に発現し出したと感じられたからであり、それを扇動しこの地方の思想的リーダーに一気に成り上がろうと陳亮が画策していると感じられたからである。その感触、認識が妥当なものであったかどうかは、今は問題にしない。ただ、朱熹の眼に映った思想状況は、束景南氏が朱熹への思い入れたっぷりに描く以下の見取り図そのままだったであろう。「呂祖謙の死以前は、各学派の対立分化は、実際のところ朱熹・張栻・呂祖謙三家の講学論道が覆っていたため、まだ明確ではなかった。浙東各派の学者は呂祖謙の旗のもとに集結し、各自の独自性には欠けていた。江西の陸氏兄弟も呂祖謙を学術上の同伴者と考えていたし、まして朱熹は、張栻と呂祖謙を『吾が道』中の人と見なしていた。ひとたび呂祖謙が世を去ると、このような学派の構図が壊れ、呂祖謙を精神的な紐帯にしていた各学派の表面的な団結力が一挙に消え去り、朱熹が嘆いた『諸賢（張、呂）死後、議論が蜂起した』という情勢が出現した。……彼らは、呂祖謙を悼む機会を借りて呂祖謙の謙譲の美徳を自学派の旗印に引きつけ、呂祖謙の学術思想のある側面を摑み取って自学派の勢力拡大を図った」（束　一九九二：四六四頁）。「張栻と呂祖謙の死後、金華学は転じて永嘉学・永康学と一つになり、湖南学は寝返って永嘉学の懐に入っていき、永嘉学は江西に侵入して陸学の一部と合流した。このようにして、功利が道徳を凌駕する文化傾向が形成され、福建の朱熹に直接、衝撃を与えた。朱熹が浙学に対する全面的な批判に転じたのも、必然の勢いというものである」（同前：四六六頁）。

とにかく朱熹は、この事態に大いなる脅威を感じ、その挙句、長年の学友であった呂祖謙その人の思想的態度に、眼前の嘆かわしい状況の淵源を求め出した。本論にとって興味深いのは、この朱熹の「婺学」批判こそが、実は「婺学」の物語＝歴史の始まりであったという点である。それまで婺州には、「中原文献の伝統」を継承する呂家に代表される「家学」があっただけである。朱熹が婺州の学者およびその学問を「婺学」と批判した時にはじめて、「婺学」

という思想史的な「場」が設定されてそれが「問題」と成り、以後は、朱熹の批判を引きずった形で「婺学」は様々に語られ続けていくのである。

このような文化思潮との関連性が今一つはっきりとしないのだが、同じ頃この朱熹によって猛烈な批判に晒された人物が、もう一人婺州にはいた。言わずと知れた唐仲友である。唐仲友（一一三六～八八）、字は与政、号は説斎。ある論者によれば、「浙東事功の風気を深く受けて、生まれつきのあけすけな地主紳士」「才子プラスごろつき、遊び人兼貪官の悪者」[7]であるが、別の視点から見れば、朱熹・呂祖謙らと名を等しくしながらも、門戸の弊、台州事件の累によってその学説が流伝しなかった惜しむべき人物で、経史に造詣が深くそれを致用にまで推し究めた一代の大儒であった。[8]

彼と他の婺州人士との関連性については、彼に関する資料の多くが歴史的に抹殺されたこともあり、確実なことはいえない。ただ、周学武氏によれば、唐仲友は、乾道淳熙の際にあって、婺学の重鎮であったのみならず、永嘉の諸氏とは学術上の同志であって、永康の陳亮とは姻戚関係（唐仲友の次兄・仲義は、陳亮と同じく何恢の婿）にあり、彼の弟子の葉秀発（字は茂叔）と朱質（字は仲文）は呂祖謙の門に身を投じたこともあった（周　一九七三：二頁）。また、朱熹と対立して「慶元の党禁」の発端を作ったとされる南宋の宰相・王淮（金華の人）も、唐仲友と姻戚関係（王淮の父・師心の娘が唐仲友の弟と結婚）にあった（同前：二八頁）。だが、彼が積極的に同郷の人士と学術交流をした、とまでは言えないようである。そして、朱熹に弾劾されて以後は、彼にまつわるさまざまな噂話の類を除いて、彼の姿は歴史の表舞台から姿を消してしまう。この唐氏の再評価は、他ならぬ婺州の後輩たちによって後代になされることとなる。[9]本稿にとって大切なことは、彼が事実として当時どれだけの存在であったかということよりも、後々、「婺学」物語・「南宋」章の主要人物として、彼が当地の後世の人々に語られていったという点である。彼は、朱熹に批判されたことによって思想界から抹殺されたとも言えるが、朱熹の批判が輪郭づけた「婺学」に吸収されて（細々とではあるが）

生き続けていくのである。

思想家・朱熹その人に即して「婺学」の問題点を捉えてみると、①婺州の学問は聞見のレベルであくせくして、自己の心身については全く修養がなっていない（『朱子文集』巻四九「答陳膚仲・一」）、②基本的に婺学は「尺をまげて尋をなおくす（つまり、小を殺して大を活かす）」という発想に支配されている（『朱子文集』巻四七「答呂子約・二六」、巻五四「答路徳章・一」など）、③その学問を支えているのは「史学」である、[10]といった所に集約できる。「近年、道学は、外は俗人によって攻撃され、内は我が党人によって破壊されている。婺州は、呂祖謙の死後、百鬼夜行の状態である（近年道学外面被俗人攻撃、裏面被吾党作壊。婺州自伯恭死後百怪都出）」（『朱子文集』巻三五「与劉子澄・一二」）という「婺学」に対する強い警戒心は、思想家・朱熹の譲れない一線として注目に値する。

だが、後世の者の後知恵から言えば、実は、それほど警戒する事はなかったのだ。なぜならば、彼が忌み嫌った婺州は、やがて彼の娘婿の学統を汲む、由緒正しい学問の発信地として語られるようになるからである。それが「金華四先生」の時代である。

## 三　外から来た正統性——金華四先生の時代とその後（一）

「金華四先生」、あるいは「北山四先生」とは、何基、王柏、金履祥、許謙の四人を指す。何基（一一八八～一二六八）、婺州金華の人。字は子恭、諡は文定。北山先生と称される。朱熹の高弟で娘婿でもある黄榦に教えを受け、郷里で優秀な弟子を育てたことから、金華地方に朱子学の正統を根付かせた人物として評価される。王柏（一一九七～一二七四）、婺州金華の人。字は会之、または仲会、仲晦。諸葛亮を慕い長嘯と号したが、後に朱子学の道にめざめ魯斎と号を改めた。諡は文憲。何基の弟子。その著『書疑』『詩疑』、あるいは「大学」「中庸」に対する見解は、その批判性と独断性の故に、賛否相半ばする。金履祥（一二三二～一三〇三）、婺州蘭渓の人。字は吉父、号は次農、諡は文安。仁山先生と称される。王柏、何基に学んだ。「元代の人」と称されることがあるが、自らは宋の遺民として生きた。天文、地形、礼楽、兵謀など通じないものはないとされた博識とそれに裏打ちされた着実な学風で、『大学章句疏義』『尚書表注』『通鑑前編』『濂洛風雅』等を残した。許謙（一二七〇～一三三七）、婺州金華の人。字は益之、諡は文懿。白雲山人と自ら号した。金履祥の門人。許衡と共に「南北二許」と称された。師である金履祥と同じく、元朝に仕えず講学に専念したが、名声は高く、生涯で千人を超す学生が全国から参集したという。[11]

先に黄百家の「何基……、王柏、金履祥、許謙が朱子学の学髄を純然と会得した……これら〈朱子学の嫡子〉たちは実にみな金華の人である」という言葉を紹介したが、前掲馬淵論文も「金華においてはそこにおけるリーダーたちの間に、朱熹とその業績・思想についての賛辞がほぼ一貫して見られ」、「金華では性理学においては朱熹に従うのだ、という認識が出てくる」と指摘する。「金華四先生」およびその後の思想家たちを検討する際に、「朱子学の学髄を会得した嫡子」というイメージが重要な重みを持っていることは疑い得ない。[12]

しかし、当たり前の話であるが、「金華四先生」は始めから「四先生」であったわけではなく、また彼らを語る言葉が「朱子学の学髄」しかないわけでもない。王柏「何北山先生行状」（『何北山先生遺集』附録）は、何基が黄幹に臨川で出会い「始めて伊洛の淵源を知った」こと、「ひたすら四書を熟読し胸の内に道理を染み渡らせよ」との教えを別れ際に授けられ、それを一生忘れなかったことなどを記している。だが、同時に、「隠居して志を求め、人の知るを願わ」なかった何基について「体有りて用無き者」と批判する者がいたことも紹介しているし、「滌するに祖父詩書の澤を以てし、培うに師友道義の伝を以てす」と述べて、家学の存在にも（当然ながら）触れている。[13] この「行状」が、何基を「儒林に加えるか、隠民に加えるか、あるいは朱熹の弟子の後に加えるかは、ただ歴史官が決めることだ（譜入於儒林、譜入於隠民、或譜入於考亭弟子後、惟太史氏采択焉）」という含みの有る言葉で締めくくられているのは、何基に対する評価が当時まだ固まっていなかったことを物語っている。

　これが、葉由庚「王文憲公壙誌」（『魯斎集』附録）になると、何基・王柏が「考亭の伝」を継ぐ者であることがはっきりと語られ出す。そして、柳貫「故宋史館編校仁山金公行状」（『仁山集』附録）では「文憲王公の学はこれを文定何公に得、何公は則ちこれを文粛黄公に得、黄公は則ち文公子朱子の高第弟子なり。その授受の淵源は粋然と一に正に出づ」とされ、黄溍「白雲許先生墓誌銘」（『白雲集』附録）では、何王金「三先生は皆、婺人なり。学者、推原統緒せば、必ず三先生を以て朱子の世適と為す」、「朱子の道は、先生に至りて益々尊し」とされる。継承が進むにつれて、叙述は整理され意気は上がって行くのである。

　しかし、整理が為されれば為されるほど、その他の可能性は忘却され隠蔽されていかざるを得ない。例えば、王柏は、有名な婺州王氏[14]の一員でもあり、その点に対する自意識も当然強くあった（「吾が宗もまた金華の望なり」、『魯斎王文憲公文集』巻八「上宗長書」）。先述のように、唐仲友とつるんで朱熹を迫害したとされる南宋の宰相・王淮もその一族である。彼のより近しい親族の中に朱熹の教えを受けた者もいるので[15]、この一面のみを殊更に取り上げることは不当ではあるが、「朱子学の嫡子」だけが彼を語る言葉でないことは確かである。また、彼にとっての「婺州」は、呂祖謙が活躍した土地でもあった。『古易』について「婺州は呂先生が道を講じた土地なのに、この書が無いことを私は気にかけていた（顧婺為子呂子講道之邦、反缺是書、某窃病焉）」（『魯斎王文憲公文集』巻一一「古易跋」）と言い、「昔、東萊呂成公は金華で道を講じ、四方から学徒が雲の様に集まり影のように付き従った。立派な儒者も先生も数多く顔を合わせたが、誰もが官位を曲げ輩行を抑えて弟子の列に就くことを願った（昔東萊先生呂成公講道于金華、四方学子雲合而影従。雖儒宗文師磊落相望、亦莫不折官位抑輩行願就弟子列）」（『魯斎王文憲公文集』巻一二「跋麗沢諸友帖」）と言う発言は、文章の性格を差し引いても、彼の「婺州」観の一端を窺い得る。王柏にとって自己の宗族や呂祖謙に代表される「婺州」の伝統はそれはそれとしてあり、朱熹の学統もまたそれはそれとしてあった、と考える方が自然なのである。

確かに、婺州の北山陣営は、「事実として」傑出した存在であったのであろう。ただ、本稿にとってより興味深い点は、その根拠として「朱熹の娘婿・黄榦に何基が学んだ」という一点が常に・溯源的に強調される、ということである。「金華四先生」という「物語」の、最も重要な成立条件は、呂祖謙や陳亮などの地域の伝統を受け継いでいる、ということではなく、何基が黄榦に従学した（しかも江西で）という点だったのである。朱熹からすれば鬼門でもあった婺州は、何基が父の臨川県丞在任時に朱熹の娘婿に従学するという幸運によって、過去の傷跡を癒し、〈朱子学の嫡子〉たちの住まう「小鄒魯」へと転身する上での貴重な武器を獲得したのである。

だが、このような自己認識（あるいは当時の人々の認識）をそのまま「客観的な事実」として復唱することは、逆に彼等の独自性、多様性を捨象してしまう危険性がある。王柏には『大爾雅』（五巻）『六義字原』（二巻）『墨林類考』（二十巻）といった文字学関係の、『文章復古』（七十巻）『文章指南』（十巻）といった文章学関係の著書があったが、「朱子学の学髄を得た嫡子」という看板によって、こういった側面は隠蔽されてしまったり、看板を汚すネガティブな側面としてのみ取り扱われるようになってしまう。金履祥・許謙も、四書関連の著書も多いが、『詩』『書』『春秋』についても著書を残しており、王柏同様、これらの経書研究の方が彼等の本領であったようである。『詩』はともかくとして、『書』『春秋』は朱熹が注釈書を残していない経書である。もちろん色々な「正統」があり得るし、あってもよい。彼らの解釈・発想の起点に朱熹がいたことも、紛れも無い事実である。ただ、「朱子学の正統」という物語を現代の我々までもが復唱する必要はないのではなかろうか。[16] 金履祥の『通鑑前編』といった古代史研究に対する嗜好＝志向なども、この考えを後押ししてくれる。[17]

我々が自覚すべきは、「物語」はまだ他にもあり得たということ、にもかかわらず一つの「物語」が主導権を握りつづけてきたということ、の二点である。つまり、他のようにも語り得た物語の中で「黄榦の教えを正統的に受け継ぐ金華四先生」という一つの回路が選択され、後々まで思想界のイニシァティブを握るための戦略的武器としてそれが利用され続けた、ということである。「金華四先生」を、歴史の事実としてのみ云々するよりも、当時における地域活性化の一つの象徴、あるいは商標として戦略的に捉えてみることも必要なのではなかろうか[18]。

## 四　他の物語――金華四先生の時代とその後（二）

ところで、「他のようにも語り得た物語」は、実は既に語られている。何王金許らが「金華四先生」として整理され出した元代中頃から明代初期にかけて、彼らを中核に据えながらもより包括的な形で、「婺学」が、自信に満ちた声で語られるようになる。これは時代の変遷とも思想の変節とも言い得る事態ではあるが[19]、ここでは、「他のように語り得た物語」として、「文」「史」「標抹」という角度からそれらを拾っていきたい。

先に引用した『宋元学案』で「文章の士になってしまった」と批判されたのは義烏の人士達であるが、その代表人物である王褘（一三二一～七三）は、後世自己にそのような批判が浴びせられるのを予測していたかのように、そしてそれを逆手に取るかのように、次のような「婺学」観を提示している。

吾が婺州の学術の偉大さを論じよう。宋朝が南渡して以後、東萊呂成公・龍川陳文毅公・説斎大著唐公が同時に並び興った。呂公は聖賢の学をもって自任し尊き道統を受け継ぎ、唐公の学問は、思うに帝王経世の大義を深く究め、陳公は皇帝王覇の経略を再び明らかにし事功に志すものである。拠って立つところから見れば、簡単に一括りにはできないけれども、その道と為すところは全て〈文〉に表れている。〈文〉は全て道を載せるものである。文義と道学にどうして違いがあろうか（尚論吾婺学術之懿、宋南渡以還、東萊呂成公龍川陳文毅公説斎大著唐公同時並興、呂公以聖賢之学自任上継道統之重、唐公之学蓋深究帝王経世之大誼、而陳公復明乎皇帝王覇之略

而有志於事功者也。即其所自立者観之、雖不能苟同、然其為道皆著於文也。其文皆所以戴道也。文義道学、曷有異哉）（『王忠文集』巻五「送胡先生序」）

これは、「婺学」の根本精神を〈文〉に見出そうとするものである。先程も述べたように、王褘自身がいわゆる「文章の士」であるから、その発言にはいくつかの留保を付けなくてはならない。だが、これも、その成立の妥当性を立派に主張し得る一つの「婺学」物語である（そもそも「宋学」現象を、中唐以降の「古文復興運動」と絡めて捉えた場合、これほど「妥当」な視点も他にはなかろう）。そして〈文〉に立脚して「婺学」を思想史的に描くならば、以下のような次第になる。長くなるが、「婺学」の多様性を考える上で貴重な資料なので、煩をいとわず引用する。

わが婺州について論じると、宋の南渡以後……、（呂祖謙・唐仲友・陳亮）それぞれの学術は異なるけれども、〈文章〉においてもそれぞれ一家を成していた。范浚・時瀾もその前後に現れ、みな経史を極め、文を作るに穏和で緻密、こちらも一家を成していた。元になってからは、柳貫と黄溍が同時期に興起した。柳貫の学問は博学でありながら要点をつかんでおり、その文章は自由で深みがあった。黄溍の学問は精緻でありながら伸びやかなもので、その文章は基本に忠実で行き届いたものであった。どちらも聖人の学と帝業を手助けした。二公について興起したのが呉師道、張枢、呉萊である。呉師道は経学に深い造詣を持ち、張枢は史学に長じ、呉萊はとりわけ文章に卓越しており、みな博学の徒と称することができる。ところで、呂祖謙・唐仲友・陳亮が並び立ったのに対して、新安の朱熹が聖賢の学問を集大成して道学の宗師となっており、三氏の学問とはきわめて相違があった。（…「四先生」のこと…）何基より以下、みな婺州の人である。朱氏の世適というものもいる。だから、最近、理学をいう者は婺州を最も盛んな地域だという。しかし、その学問は、上は性命の微、下は訓詁の細に至り、講説は甚だ行き届いている。その文章に表れているものからも、その学術のあるところがよく分かるのである。ああ、我が邦（婺州）の文章を論じれば、（程氏の）いわゆる「この言無くんばこの理無し」という語が、明らかに

妥当する。（同じく程氏の言う）「有っても足しにならず無くても何も変わらない」ものなど、〈文〉と言えるだろうか（自吾婺而論之、宋南渡後東萊呂氏……説斎唐氏……龍川陳氏……為其学術不同、其見於文章亦各自成其家。而香渓范氏、所性時氏先後又間出、皆博極乎経史、為文温潤縝練、復自成一家之言。入国朝以来、則浦陽柳公烏傷黄公並時而作。柳公之学博而有要、其為文也閎肆而淵厚。黄公之学精而能暢、其於文也典実而周密、遂皆羽翼乎聖学黼黻乎帝猷。踵二公而作者為呉正伝氏張子長氏呉立夫氏。呉氏深於経、張氏長於史、而立夫之学尤超卓其文、皆可謂善於馳聘者焉。然当呂氏唐氏陳氏之並起也、新安朱子方集聖賢之大成為道学之宗師、於三氏之学極有異同。其門人曰勉斎黄氏……、自何氏而下皆婺人。論者以為、朱氏之世適。故近時言理学者婺為最盛。然為其学者上而性命之微、下而訓詁之細、講説甚悉。其頗見於文章者亦可以験其学術之所在矣。嗚呼、尚論吾邦之文章所謂無是言則是理闕焉者、固班班而是、而有之無補無之無闕焉者尚足謂之文乎）（『王忠文集』巻五「宋景濂文集序」）

おそらく後世『宋元学案』が投げかけたような非難は、王禕自ら嫌と言うほど体験したことであろう。そのような周囲の声に対して、自分たちの「文章の学」は聖賢の学とは背馳しないし、それは婺州の学問の伝統に対しても忠実なあり方なのである、と主張したいわけである。そして、この主張は、非難に対する単なる申し開きなどではない。王禕は「天地の間、物の至著にして至久なる者は、それ文か」と高らかに唱え、「妙にして見る可からざる」「道」と相即的に、「形（あら）われて見るべき」〈文〉を捉える（同前巻二〇「文原」）。このような〈文〉の理解に立って「婺学」を賞賛しているわけで、つまり彼は本気なのである。こういった〈文〉の側からの視点も、意味有る物語として、もう少し注目されてもよいと思われる。

王禕と同時代の婺州浦江の人、宋濂（一三一〇〜八一）[20]にも、〈文〉への嗜好＝志向が強く感じられる。直前に引いた王禕の史料も、宋濂の「文章」を称えるための前振りであった。だが、ここでは、宋濂自身が別に用意した「史」という視点に着目してみよう。

質問「金華の学とは?」、答え「〈中原文献の伝〉は、このお蔭で絶えなかったのだ。思うに、（金華の学は）全く純粋に正しい境地から出ており、〈経〉を吟味して物理を究め、〈史〉を検討して現実と関わっていく姿勢は、古の学者と同じである」（曰、金華之学何如。曰、中原文献之伝頼此不絶耳。蓋粋然一出於正、稽経以該物理、訂史以参事情、古之学者亦如是爾）（『龍門子凝道記』下「段干微」）

この箇所の直前に「永康の学は何如。曰く、気は豪なるも学は偏なる者なり」という箇所もあるので、ここでいう「金華の学」はいわゆる「婺学」とはイコールではなく、呂祖謙の学問をもっぱら指している。ただ、浦江の人・宋濂の、「金華の学」に対する思い入れは十分に汲み取ることが出来る。

龍門子に対する質問「金華の学は〈史〉に本領があり、〈経〉については理解が緻密でないと思われますが、何故でしょうか?」、龍門子「〈経〉とは何だ?」、「『易』『詩』『書』『春秋』のことです」、「〈史〉とは何だ?」、「『史記』『漢書』以降の書物のことです」、「君は後世の〈史〉を知っているだけで、聖人の〈史〉を知らないのだ。『易』『詩』はもちろん〈経〉だが、『書』『春秋』などは、虞夏商周の〈史〉に他ならないではないか。古の人にどうして〈経〉と〈史〉の区別などあっただろうか。そもそも道理は民衆を導き、事実は教化を助けるものであり、すべてこれを取り入れて教えとするだけである。道理と事実を二つに分断することなど出来ない。〈史〉に秀でていながら〈経〉に対して緻密ではないなどというのは、曲学の士にはもちろん見受けられるが、金華の学問には当てはまらない」（或問龍門子曰、金華之学惟史最優先、其於経則不密察矣、何居。龍門子曰、何為経。曰、易詩書春秋是也。曰、何謂史也。曰、遷固以来所著也。曰、子但知後世之史而不知聖人之史也。易詩固経矣。若書若春秋、庸非虞夏商周之史乎。古之人曷嘗有経史之異哉。凡理足以牖民、事足以弼化、皆取之以為訓耳。未可以岐而二之。謂優於史而不密察於経、曲学之士固亦有之、而非所以議金華也）（『龍門子凝道記』下「大学微」）

ここでの「金華」を「婺」と等値でないと片付けるよりも、宋濂の「地元」像＝自己認識、「婺」意識を媒体とした浦江人の、金華に対する思い入れの意味を積極的に汲み取っていくべきである。〈経〉と〈史〉を一体化して捉えようとする宋濂の答えも、そして「金華の学」の本領は〈史〉にあるという質問者の発言も、「婺学」に対する物語の一つ、思想史理解における別の補助線の引き方として、我々の視野に収めておいてよい。これもまた、南宋の朱熹が「婺学」の本領を〈史〉に見出していたことを勘案すれば、十分に成立可能な物語である。

もう一点触れておきたいのは、婺州に流れる「標抹」の伝統についてである。先に引いた何基「行状」に「一書一集として標柱を加えざるは無く、……一書一集として朱抹を加えざるは無し」という表現が見え、王金許三氏に関する史料にも、類似の記述を多く見出し得る。高津孝氏によれば、「テキストに付加的要素をつける」行為に「評点」があるが、現在確認しうる最も早い評点本は呂祖謙によるものである。また、「文章に対する批評行為の一形態」たる「評点本の流れ」と「内容読解の一助となることを目指した」「標点本の流れ」とがあって、それぞれ「実学的な永嘉の学」と「思弁的な程朱の学」に対応している、とされる（高津　一九九〇）。

しかし、この論文で紹介されている史料を少し視点を変えて眺めて見ると、名前の挙げられている人々の多くが婺州の人であることに気付くのである。氏が言及している、評点あるいは標点に携わった婺州人を挙げていくと、呂祖謙・唐仲友・何基・王柏・呉渭[21]らがいる。原理的に考えれば、高津氏のようになるのであろうが[22]、当時の人がどう考えていたのかは別問題である。程元敏氏は、朱熹の用いた「抹」という行為と呂祖謙の用いた「標註」という行為を紹介し、「何基・王柏・金履祥は、朱・呂が用いた方法を統一し、補充修訂して、一つの専門学問に発展させた」とする（程　一九六九）。龔道運氏も、「標抹点書の法は、東萊呂成公より始まると聞けり」という呉師道（一二八三〜一三四四）の発言を紹介し、何王金許らにこの伝統が受け継がれたことを指摘する（龔道運　一九八五：九七頁）。確かに、王柏には『標抹点校四書集註』『標抹点校資治通鑑綱目』『批註敬斎箴』、金履祥には『標註中庸』『標註程頤易伝』といった著書があり、許謙も四書にとどまらず、『書集伝』『儀礼』に点校を加えたりしたと言われる（全て現存せず）。

原理的な問題はさておき、少なくとも、婺州の後学である呉師道が「標抹点書」という伝統の淵源を呂祖謙に求めていた（直接の典拠は『呉礼部集』巻二〇「請伝習許益之先生点書公文」）ことは尊重せざるを得ないであろう。ささやかではあるが、確かな「婺学」物語がここにある。

以上、婺学に対する別の見取り図として、「文」「史」「標抹」の三つを挙げた。引用した原史料の全てが許謙以降の婺州人士によるものであることを勘案すれば、これらは全て、元末明初に固有の問題意識から発せられたものであるのかも知れない。だが、彼らの婺学理解が間違っていると、誰が言い得るのであろうか。彼らは、茫漠混沌たる知的伝統の中から、ある要素を取り出してきて自己の思想の拠り所に据えた。彼等にはこのようにしか見えなかったし、彼らはこのようにしか語り得なかったのだ。また、これら三点すべてが呂祖謙に引きつけて説明することの可能な事柄であることを勘案するならば[23]、これらは全て、朱子学の婺学化の浸透、婺学の本来面目への回帰であるとも言える。婺学は、「外から来た正統性」をも完全に自家薬籠中のものにしてしまい、この時期に最盛期を迎えていたのである。

## 五　再編される記憶――「思想史」の中の「婺学」

だが、このような高まりも、宋濂ら明初「浙東地主」たちが朱元璋に切り捨てられ、宋濂の弟子・方孝孺が永楽帝に惨殺された時点で終焉を迎え、「婺学」はいったん幕を降ろす[24]。あとは、文字通り「思想史」の中の「記憶」として存在するだけとなる[25]。今までに触れた（あるいはそれ以外に無数に存在するであろう）物語たちも、様々な思想史的関心のもと、整理され再編されつづけていく。例えば、嘉慶二（一七九七）年に浦江の人・戴殿江によって編まれた『金華理学粋編』は、陸隴其[26]を高く称揚し、その朱子学理解に基づいて金華地方の思想史を再構成している。この書では、呂祖謙も「理学大宗」として詳しく紹介されているが、朱熹による批判の言なども多く取り上げられていて、褒められているのか貶されているのかよく分からない次第となっている。また、『明史』でも『明儒学案』でも『明人伝記資料索引』でも名前が検索できない「孫石臺先生」、孫揚なる思想家が、「理学正伝」中に「朱子私淑門人」として一巻を費やして紹介されている。彼がかくも高い扱いを受けているのも、ひとえに陸隴其的朱子学という規準から見た時に正統的だと見なし得るからに他ならない。この書物自体がどの程度の広がりと深みと継続性をもって受容されたのかは不明であるが[27]、清代における「思想史」の一表出であることは確かである[28]。

さて、民国に入って科挙が廃止され、朱子学を座標軸とする教学体系は崩壊した。その後は、「思想史」に婺学を定位する作業は「科学的」「実証的」になされるようになったはずである。だが、問題はそれほど単純ではなかった。『浙東学派溯源』という書物がある。およそ現代において浙東地方の学術思想に論及しようとする者なら必ず参照し論及するであろう、その意味での「古典」である。一九八九年に中華書局から出版されているが、その「出版説明」によれば、初版は、一九三〇年に『東方雑誌』第二七巻に「程朱弁異」という題で発表された論文に修訂を加え、一九三三年に商務印書館から出版されたようである。作者は何炳松（一八九〇～一九四六）、近代中国における著名な史学家、教育家、出版家である。

この書物は、「中国史学史を研究しようとするならば、必ず中国学術思想史を研究しなければならず、中国学術思想史を研究しようとするならば、必ず浙東学術史を研究しなければならず、浙東学術史を研究しようとするならば、必ず浙東学術の淵源を溯らなければならない」（同書「自序」）という基本理解のもと、浙東学術の淵源を北宋の程頤に求めたものである。「浙東史学という山道を初めに切り開いたのは、実に程頤を先駆者とする。程氏の学説は〈無妄〉と〈懐疑〉を主としているが、これは史学の根本原理に最も近い。しかも程氏は、古書を多読し前言往行を多く知りそれを実行する事を学生に教えたが、それは実に経から史に入る枢要である。その学を伝える者は多く浙東人であった」（同上）。そして、そのような淵源を持ち綿々と受け継がれてきたこの「浙東史学」の学脈こそ、朱子学、陸王学と並ぶ、南宋以降の中国学術史における第三のファクターである、と何氏は主張する。本書の大部分は、「程氏」と朱熹の学説の比較なのであるが、それはひとえに、「科学的」「客観的」「唯物」的な「程氏」の思想こそが「儒学の正宗」なのであり、「儒化した道士」である朱熹の思想とは根本的に相容れないものであることを示さんがためである。

一々挙げないが、この何氏の行論には従いがたい点が、実に多い。師承関係に関する部分でははっきりと「程頤」と記しておきながら、途中の思想分析の部分では「程氏」としか記していないのは、何氏自身が自分の論に無理があることに気付いていて、それを隠蔽しようとしたためだと言われても仕方がないであろう。また、あまりにも断章取義的で強引な論証の仕方は、現在（の、少なくとも日本の学界）では支持することは不可能である。山口久和氏も「何炳松の『浙東学派溯源』所説の程頤学脈説は成り立たないと断定したい」とする（山口　一九九八：四一頁）。

だが、ここで是非一つ、確認しておかなければならないことがある。それは、作者・何炳松とはいかなる人物であるか、という点である。作者・何炳松の来歴を通観する時、『浙東学派溯源』が書かれるべくして書かれた書物である事が分かるのである。

以下、伝記を基に彼の生涯を通観してみよう（劉寅生　一九九〇。中でも特に金兆梓「何炳松伝」）。何炳松、字は柏丞。世々浙江の金華県北郷の後渓何に居し、その先祖は南宋の何文定公基、実に北山学派の宗祖、即ち世に称す北山先生である。父の寿銓は朱子学を篤守した教師で、母は南宋の名臣・宗沢[29]の遺裔である。彼は、金華府中学堂（旧麗沢書院）、浙江高等学堂で学んだ後、一九一一年（民国元年）の冬、浙江省政府公費派遣学生としてアメリカに留学する。カリフォルニア大学、プリンストン大学等で歴史学・政治学を学び、一九一六年に帰国する。その後は、北京大学で西洋史を教えたり浙江第一師範学校で校長を勤めたりした。一九二四年以後は、商務印書館で編集出版業務に携わった。一九三五年より暨南大学の校長を勤め、同校の発展に寄与した。一九四六年七月二十五日、上海で没している。

その著訳書は多数に上るが、著書『中古欧州史』(商務印書館、一九二四年)、『歴史研究法』(商務印書館、一九二七年)、『外国史』(商務印書館、一九三四年)、訳書『新史学』(ロビンソン著、商務印書館、一九二四年)などといった書名を通観するだけでも分かるように、その本領は史学理論と西洋史研究にあると言えるであろう。

ここから以降は推測の域を出ないが、その彼が『浙東学派溯源』を著わしたり、章学誠に関する少なからぬ論文を書いているのには、おそらく、自らの出自に対する自意識が強くあったのではなかろうか。「何炳松伝」は、彼も始めは程朱学を宗としていたが、北京大の教師時代、章学誠の『文史通義』とロビンソンの『新史学』とを比較検討した時に、思想が変化し始め、朱子学を捨て浙東学派へと転向したという。なぜ彼が「浙東学派」の始祖に程頤を置き、あれほどまでに厳しく朱熹を斥けようとしたのかについては、今の私は、彼には程頤が「科学的」「客観的」「唯物的」に見えたのだ、としか答えようがない。ただ、史学を志し、やがては、自己の祖先もそこに属していた「浙東学術」の伝統へと回帰した彼の軌跡を見るにつけ、「物語」はまだ終わっていなかったのだ、という感を強くする。山口氏は金毓黻の「浙東学派は史学に非ず」という見解に従って論を進めているが、そうとばかりは言い切れないことは、今まで何度も言及してきた通りである。何炳松自身が納得するか否かは疑問であるが、山口氏が章学誠の「浙東学術」篇に対して用いた「学術上の或る種の主張を裏付ける意図に発した一種の思想的マニフェスト」(山口　一九九八：五四頁)という言葉を、私は『浙東学派溯源』にも贈りたい。

近現代中国の傑出した史学者・何炳松が、自らの知的営みを「浙東史学」の脈絡の上に位置付けんとした試みこそが、『浙東学派溯源』であった、と私は考える。「思想史の事実」という立場からこの書物の実証性を云々することに意味がないとは思わないが、その物語性を強く意識し、綿々と受け継がれてきた「婺学」という物語の一変容として捉えなおしてみる事の方が、私には生産的であるように思われる。(30)

## 六　おわりに

「婺学」という「実体」がどのように変遷したか、ではなく、「婺学」という「物語」がどのように語られつづけてきたか、に焦点を合わせて論じてきた。扱う範囲が広く、全ての資料、全ての問題点を検討し尽くしたわけでもなく、いまだ雑漠とした試論の域を出ていないことは、自ら認めるところである。だが、もし本稿が「評価史」、「研究史」の単なる整理としてのみ読まれるならば、あるいはいわゆる「歴史研究」の失敗作としてのみ読まれるならば、実に遺憾である。最後にもう一度念を押しておこう。

思想史研究は、思想家が「問題」とした事柄を研究者自らも「問題」とすることから始まる。その場合、「問題」とする我々の側に「偏向」「選択」が介入することは不可避である。だが、あまりにも我々は「選択の幅」を狭く構えすぎてきたのではなかろうか。冒頭で述べたように、「婺学」は「問題」であった。にもかかわらず、非「哲学」(「理学」「心学」と言い換えてもよい)的テーマだとしてこれを遠ざけたり、その中の極めて「哲学」的な部分だけを取り出して論じたりする傾向が我々にはあった。しかし、それが「問題」であるのならば、まずは我々もそれを「問題」として受け止めること、それが「物語」であるのならば、まずはその語り口に耳を傾けてみること、が必要なのではなかろうか。そして、そのためには、変遷ばかりに目を向けず、集積に目を向けることも肝要である。思想史は流れない、それは積み重なる、のである。

以上の観点から、婺州という「場所」をめぐる「物語」がいかに「問題」として語られ、それがいかに集積し変容していったか、を論じたのが本稿である。別の角度から言えば、「婺学」とは(婺州という地理的空間に根ざした学派であった以上に)思想家達の物語行為の集積によって思想史上に成立した間主観的空間であり、そこに視点を定位することによって従来とは違った思想史の布置図を描き得る、という点を明らかにすることが本稿の主旨であった。ここでは、意図的に「小さな」地域の「小さな」物語に話を限定し、「中国思想史」というより「大きな」物語は括弧にくくって保留してある。だから、本稿の描いた鳥瞰図がどこまで妥当性を有するのかを個別的に再検証し、叙述を端折った明清時代について「郷祀」の問題なども絡めて検討を更に進めることももちろんであるが、浙東内外にある他地域の「物語」との関連性を究明し比較検討すること、を今後の最大の課題として掲げたい。もし仮に「大きな」物語を語り得るとすれば、このような営みの後に語られるべきであろう。

註

（1）この分野に関する研究に、（檀上　一九九五）（Bossler　1998）などがある。

（2）（荒木　一九七二）所載「思想家としての宋濂」は、宋濂の「文名を支える思想の内容を、正確に検討し評量すること」を目的に書かれた論文であるが、金華地方の思想動向についても多くの指針を与えてくれる。そこには「由来金華の地は、朱子の親友呂東萊の学風にも見られるように、中華文献の伝を維持し、物理を該ね歴史を纂めることを、必須の教養と見なす気習が存した」（八頁）という指摘がある。

（3）その概要については、（早坂　一九九八）で紹介した。

（4）『宋元学案』は「婺学」を「浙学」と称することがある」という批判もある。だが例えば、「私は九州（福岡、北九州）に住んでいる」「愛知で生まれ育った」「広島で学んだ」という発言のどれをとっても、私にとって真実である。場に応じてそれを使い分けて（分けられて）いるだけの話である。だから、私は、「九州（福岡、北九州）学派」「愛知学派」「広島学派」のいずれでもないつもりだが、そのいずれにもなり（なされ）得る。戦略的な思考、あるいは情緒・欲望、つまりは場所の力学に支配されて、私はそのいずれにもなり（なされ）得る。いずれにせよ、学派にまつわる史料を扱う際に、それらが多分に、当時の人々の「イメージ」を「語った」ものであることは、もう少し注目されて良い。

（5）前註の補足となるが、婺学の中にもこのような、歴史的推移と絡み合った地域差がある。これを研究者があらかじめ「義烏学派」などと括ってしまっていると、その多様性が却って見えにくくなることもある。本稿では、上述の意味での地域差まで論述を進めることができなかったが、この点もまた、「漠然とした見方」に便乗した所以である。

(6) 本稿で使用する「物語」という概念は、(野家 一九九六)に負っている。「歴史的出来事は、(「神の視点」から見下した歴史ではない－早坂)この「人間的テキスト」の中で生成し、増殖し、変容し、さらには忘却されもする。端的に言えば「過去は変化する」のであり、逆説的な響きを弱めれば、過去の出来事は新たな「物語行為」に応じて修正され、再編成されるのである」(一一頁)、「歴史的出来事は、物語行為によって語り出されることによってはじめて、歴史的事実としての身分を確立することができる。物語行為は、想起されたさまざまな出来事を時間系列にしたがって配列し、さらにそれらを一定の「物語」のコンテクストの中に再配置することによって、歴史的事実を構成する」(一一五頁)。また、(小島 一九九六)の第九章は「明代福建朱子学の物語」と名づけられており、ここからも示唆を受けている。

(7) (東 一九九二)四八一頁。

(8) (周 一九七三)一〇頁、一一八頁。

(9) 宋濂の「唐仲友補伝」(佚)、蘇伯衡の「説斎文鈔序」(『蘇平仲文集』巻五)などがその代表である。

(10) その朱熹の「史学」観は、次の発言に如実に表われている。「先生のお言葉、歴史書を読むのは人が喧嘩をしているのを見るようなものだ。喧嘩にどんな見るべきものがあるのだろうか。陳亮の一生は歴史に台無しにされたようなものだ。黄幹の発言、呂祖謙は、学生に歴史書を読むよう教育しています。彼もまた歴史に台無しにされたのですね」(先生説、看史只如看人相打。相打有甚好看処。陳同甫一生被史壊了。直卿言、東萊教学者看史、亦被史壊)(『朱子語類』巻一二三・第一六条・泳録)

(11) 「金華四先生」の思想については、(侯 一九八四)の第二三章「金華朱学的主要特点和歴史影響」が詳しい(黄宣民氏担当)。

(12) もちろん荒木氏が「金華の地に何・王・金・許と朱子学を滴々伝承したその功績は相応に認めなければならぬとしても、その間どれだけ清新潑剌とした学髄の伝授が行なわれたか、疑問とすべき点もあ」るとしている(荒木 一九七二：一二頁)ように、価値的にそれがどれだけ優れていたかは別問題である。ただ以下の叙述では、「学髄」という観点からでは抜け落ちてしまう彼らの個性を積極的に拾っていきたい。

（13）（伊原　一九七四）の取り上げた義烏の何氏と同族か不明だが、この金華の何氏も、先述の唐氏・王氏と結び付きが強い。何基の祖父・松（隆興元年の進士）と、唐士恥の母とは兄妹の関係にあった。唐士恥は、『四庫全書総目提要』（巻一六四）では「唐仲友の猶子」とされ、『宋人伝記資料索引』では「唐仲友の次子」とされている。仲友の子である士俊・士特・士濟もみな何氏と姻戚関係にあった。また、何基の孫は王師心の孫に嫁いでいる。

（14）婺州王氏については、（伊原　一九七四）（程　一九七五）（Bossler　1998）を参照。なお、前註で指摘したように、唐氏と何氏の結び付きも強く、王氏・何氏・唐氏という宗族の側から「婺学」を捉え直してみる必要もあるかもしれない。婺州には、他にも、呂氏や義門鄭氏、蘇轍の流れを汲み元末明初の文学者蘇伯衡を産んだ蘇氏、黄庭堅の流れを汲み元の文学者黄溍を産んだ黄氏などがいる。呂氏については（衣川　一九七三）、義門鄭氏については（檀上　一九九五）、婺州蘇氏については（舒　一九九五）を参照。また、（井上　二〇〇〇）は、浙東地方の宗族結合の状況についても見取り図を与えてくれる。

（15）王柏の父の瀚は朱熹・呂祖謙に、瀚の弟の洽・漢は朱熹に師事し、祖父の師愈は楊時に従学した。ちなみに、『西漢年紀』の著者・王益之、『輿地紀勝』の著者・王象之、『元史』編纂に携わった王褘（後出）なども、同じ一族の出である。

（16）（金谷　一九九七）所収の「疑古の歴史―南宋」では「王柏の疑古が、朱子学の「格物窮理」を受けるものとして意識されていること、そして、それが上に欧陽脩を受けると考えられていたこと、……この点は、従来必ずしも重視されないが、朱子学の一つの流れとして重要だと私は思う。王柏はこの自信に立って、多くの経伝を独自の立場で勇敢に批判したのである」という指摘がなされているが、私がここで述べていることは、このような指摘と対立するものではない。「朱子学の正統」という看板にこだわりすぎて、重要な面が「必ずしも重視されない」事態に陥ることを危惧しているのである。また、孫奇逢の『理学宗伝』（後出）が、王柏を「古博の士、辞芸上にて工夫をなす者」としている点も、併せて挙げておきたい。

（17）孫克寛氏は「金履祥の史学と経世の志は表裏を為しており、この点は「東萊の文献」と「龍川の事功」の伝統を引き継いでいるのではなかろうか」「金華の学は、金履祥以後、史学を重視し経世済民に心を留め、呂・朱・陳の学を統合した」と指摘している（孫　一九七六）。なお、入手困難なこの論文のコピーをお送り下さった馬淵昌也氏に謝意を表したい。

（18）そして、ここで最も重要なことは、「相互性」ということである。この点で、次の二つの研究が示唆的である。①（楊　一九九七）は、近代思想史に関する研究であり、扱う対象も本稿とは全く異なるが、その第五章「権力凝聚の象徴：湖湘書院と区域文化覇権」は、興味深い視点を与えてくれる。岳麓書院では、郷土の先賢を崇祀する数千年の伝統があったが、「朱熹と張栻が講会した」という事実が「符号資本」と化した、つまり「区域崇祀対象」（張）と「官学偶像」（朱）が相互に呼応融合して地域性を超えた凝集力を持った権力を作りだし、「区域文化覇権」を建立した、と言うのである。岳麓書院に関する認識の当否はともかくとして、婺州における「朱子学の正統」のあり方を、ここで言われているような権力構造を参照にして捉えてみることは可能なように思われる。②市来津由彦氏は、A「官僚、科挙システム等を含む中央の王朝統治システムに参与することに由来する結合」とB「地域社会における結合」という両側面から朱熹と呂祖謙の講学のあり方を考察し、「呂祖謙人脈はよりAの側に、朱熹人脈の結合は相対的によりBの側に傾く」と指摘する（市来　一九九八：二七三頁）。何王金許らは全て、基本的には官職に背を向け、地域社会における講学に一生を費やした人物達である。その意味から言えば、「金華四先生」は確かに「朱子学の嫡子」であった。そして、許謙以後、この学統は一挙に中央政界との結び付きを強くする（次註参照）。この時は、逆に呂祖謙の伝統がうまく作用したのかも知れない。中央への志向を強く持つ「地域の伝統」と、地域への志向を強く持つ「外からの正統性」とが、ねじれながらも絶妙のバランスで婺州に活力をもたらしたのではなかろうか。以上の①②は、相反する見解に見えるかもしれないが、婺州という「地域性」と朱子学という「外から来た正統性」との結合、相互作用、あるいは弁証法的止揚という点から言えば同じことである。

（19）「時代」という点では、檀上寛氏の指摘が参考になる。「（脱脱兄弟の師傅であり、順帝＝脱脱体制の陰の顧問だった―早坂）この呉直方の出身地こそ金華の浦江に他ならなかった。当時の金華は朱子学の正統を受け継ぐ思想の淵叢で、いわゆる「金華学派」なるものが形成されていた。……この時代の中央政界には、金華出身者が目立つ。例えば金華学派の系統からいえば……呉直方の代には、黄溍・柳貫がいる」（檀上　一九九五：二〇二頁）、「（宋濂の弟子の―早坂）方孝孺こそ当時の浙東（金華）学派の領袖であり、その背後には伝統的な浙東の思潮が存在していた。……建文政権内部に方孝孺を代表する「浙東グループ」が存在し、翰林院を中心として自分たちの理想の実現を図っていたのではないか」（同前：四一六頁）。また、幅広い視点から「江南史」を扱った中砂明徳氏の研究にも、元代の金華地方についての言及があり、参考になる（中砂　一九九七）。

（20）宋濂については（荒木　一九七二）の他、（三浦　一九九八a・b）が詳しい。三浦論文はどちらも、宋濂にとどまらず、元末明初の思潮を考える際の必読論文であるが、特に（b）における、「文」や「心」をめぐる王禕と宋濂の比較検討は、実に興味深い。王褘や宋濂を含む当時の文学者たちについては、（龔顕宗　一九八八）も参照。

（21）呉渭（字は清翁、号は潜斎）は浦江の人で、元初、浦江仙華山に月泉吟社を開いた。月泉吟社は、方鳳、謝翶、呉思斉（彼の祖母は陳亮の娘）といった宋の遺民を中心とした、当時の当地を考える上で無視できない詩社であり、本稿でも積極的にこれを取り上げるべきであったが、果たせなかった。月泉吟社を中心としたこの時代の詩社活動については、（欧陽　一九九六）を参照。

（22）ただ、一方の柱を「永嘉の学」とし、しかもそれを「程朱の学」と全く対立的に捉える見方には、賛同しかねる。挙がっている名前から言えば婺州の方が多いし、「実用的」「思弁的」というラベル貼りがどれほど有効か疑問だからである。「功利」「事功」というラベルについては、（早坂　一九九三）でも疑義を述べておいた。

（23）「標抹」については繰り返さぬが、「文」「史」については、（劉昭仁　一九八六）の書名、『呂東萊之文学与史学』を掲げるだけでも、それを看取できよう。また、「史」については註（10）で引用した朱熹らの会話が、「文」については、呂祖謙が科挙に関わる文章の学に肯定的であったという前掲市来論文の指摘（三七一頁）が参考になる。

（24）檀上氏は「方孝孺の思想と行動は浙東の思潮の結晶でもあり、それゆえ、建文政権の崩壊は、そのまま浙東学派の崩壊にもつながったのである」とする（前出…四一六頁）。また、廖可斌氏は「浙東派文人のその後の運命は実に悲惨であった。……浙東派の衰退の後も、その文学思想は引き続き正統の地位に奉られ、ついで興起した江西派に継承された」と指摘する（廖　一九九二）。解縉・胡広・楊士奇らが成祖永楽帝時代の学術界を主導していくことを勘案すれば、浙東の時代から江西の時代へと移行したと言えるだろう。

（25）もちろん、何王金許の後を継ぐ者として「金華五先生」に数えられることもある章懋（一四三七～一五二二）や、『詩藪』の著者として有名な文学者・胡応麟（一五五一～一六〇二）らも後に登場するが（どちらも蘭渓の人）、総体としては、あるいは「語るに足る問題」としては終焉したと言わざるを得ない。

（26）陸隴其（一六三〇～九二）、字は稼書。没後、雍正二年（一七二四）孔子廟に従祀され、乾隆元年（一七三六）には清献と追謚された。浙江省平湖の人。著に『松陽講義』『問学録』『三魚堂文集』などがある。「稼書の学問は、醇正な朱子学一すじといえる。朱子学を正学として継承し護持し、陸王学系統の思想を禅学に近い誤った学問として排撃した、というその一事に尽きる」。以上の記述は全て、（山井　一九七八）による。

（27）この書については、まだ調査・分析が甚だ不充分である。ここでは問題提起にとどまり、後日に期したい。

（28）もちろん、清代とて一色であったわけではない。例えば、第一章で触れた『宋元学案』の黄百家（一六四三～？）、全祖望（一七〇五～五五）王梓材（一七九二～一八五一）たちはみな、浙東（黄は余姚県、全・王は鄞県、現在の行政区画から言えば、みな寧波市区）の人である。（小島　一九九六）が『明儒学案』について指摘した地域的な偏向性・自尊主義は、当然『宋元学案』を扱う際にも留意されなければならないが、同じ浙東人である章学誠（一七三八～一八〇一）は、山口久和氏が詳細に分析したように、自らの「浙東学術」構想の中から「婺学」の思想家を排除している。逆に、現在の河北省容城の人・孫奇逢（一五八五～一六七五）の『理学宗伝』では、呂祖謙・何基・王柏・金履祥・胡長孺・章懋らが取り上げられており、『理学宗伝』が両『学案』と比べて扱う人数の少ない点を勘案すれば、大きな扱いが為されていると言える。余姚の人・王守仁の教えを継ぐ孫奇逢であるから多少の留保が必要ではあるが、他地域の人である孫奇逢から見ても、彼らは重要な思想家だったのである（ただし、孫奇逢に、「婺学」「金華」という枠組で彼らを捉えようという姿勢が微塵も感じられないという点も、当たり前とは言え、あわせて指摘しておかねばなるまい）。また、清代から民国期にかけての注目すべき動向に、いわゆる「郡邑類」の叢書が相次いで刊行されたという点がある。一九二四（民国十三）年に傅増湘によって書かれた「続金華叢書」の序文によれば、――咸豊・同治年間に軍事事件（主に太平天国の乱を指すのであろう）が起こって、典籍が散逸したため、各省が出版印刷事業に力を注ぎ出した。「士大夫の賢にして力有る者」も善本を印刷して学術界に貢献し出した。その内、永康の胡月樵先生（鳳丹）が金華一郡の書籍を同治年間に印刷刊行したのが「金華叢書」であり、その影響を受けて、杭州・嘉興・温州・常州・畿輔・湖北などで郡邑的叢書が陸続と刊行されていった。そして月樵先生の子・胡季樵氏（宗楙）が、前集の欠を埋めるべく「続金華叢書」を刊行することになった――ようである。この時代に地域色の濃い叢書が相次いで出版された点、そして現代の我々はその土台に立って、その枠組の中で（悪く言えばそれに踊らされて）研究を行っている点を忘れてはならない。

（29）宗沢（一〇五九～一一二八）、字は汝霖、謚は忠簡。元祐の進士。南宋初期における彼の活動については、（寺地　一九八八）を参照。義烏の出身である彼もまた、婺州の伝統の一翼を担っていた。

（30）何炳松についても、註（27）と同じコメントを繰り返さざるを得ない。

## 参考文献

荒木見悟（一九七二）『明代思想研究』、創文社
市来津由彦（一九九八）「朱熹・呂祖謙講学試論」（宋代史研究会研究報告第六集『宋代社会のネットワーク』、汲古書院）
井上徹（二〇〇〇）『中国の宗族と国家の礼制――宗法主義の視点からの分析』、研文出版
伊原弘（一九七四）「宋代婺州における官戸の婚姻関係」（『中央大学大学院論究』五―一）
金谷治（一九九七）『金谷治中国思想論集（下）』、平河出版社
衣川強（一九七三）「宋代の名族――河南呂氏の場合」（神戸商科大学『人文論集』九―一・二）
小島毅（一九九六）『中国近世における礼の言説』、東京大学出版会
高津孝（一九九〇）「宋元評点考」（『鹿児島大学法文学部紀要・人文学科論集』三一）
檀上寛（一九九五）『明朝専制支配の史的構造』、汲古書院
寺地遵（一九八八）『南宋初期政治史研究』、渓水社
中砂明徳（一九九七）「江南史の水脈――南宋・元・明の展望――」（岩波講座『世界歴史十一・中央ユーラシアの統合』）
野家啓一（一九九六）『物語の哲学――柳田國男と歴史の発見』、岩波書店
早坂俊廣（一九九三）「陳亮の道学――「西銘説」を中心にして――」（『日本中国学会報』四五）
――（一九九八）「浙江省の中国哲学界および浙東学術史研究の現況」（『東洋古典学研究』五）
馬淵昌也（一九九二）「元・明性理学の一側面――朱子学の瀰漫と孫作の思想」（『中国哲学研究』四）
三浦秀一（一九九八ａ）「宋濂『龍門子凝道記』と元末明初の諸「子」」（『集刊東洋学』七九）
――（一九九八ｂ）「元末の宋濂と儒仏道三教思想」（『東洋古典学研究』六）
山井湧（一九七八）「陸稼書」（朱子学大系第十一巻『朱子の後継（下）』、明徳出版社）
山口久和（一九九八）『章学誠の知識論――考証学批判を中心として』、創文社
歩近智（一九八三）「呂祖謙的〝婺学〞特征」（『中国哲学史研究』一九八三―二）
程元敏（一九六九）「宋元之際的学者金履祥及其遺著」（『宋史研究集』第四輯）
――（一九七五）『王柏之生平与学術』、学海出版社

龔道運（一九八五）『朱学論叢』、文史哲出版社
龔顕宗（一九八八）『明初越派文学批評研究』、文史哲出版社
侯外廬他（一九八四）『宋明理学史』、人民出版社
廖可斌（一九九二）「論浙東派」（『浙東学刊』一九九二−二）
欧陽光（一九九六）『宋元詩社研究叢稿』、広東高等教育出版社
舒大剛（一九九五）『三蘇後代研究』、巴蜀書社
束景南（一九九二）『朱子大伝』、福建教育出版社
孫克寛（一九七六）『元代金華学術』、私立東海大学出版
楊念群（一九九七）『儒学地域化的近代形態——三大知識群体互動的比較研究』、三聯書店
周学武（一九七三）『唐説斎研究』、国立台湾大学
朱仲玉（一九八九）「試論金華学派的形成、学術特色及歴史貢献」（『浙江師範大学学報・社会科学版』一九八九−四）
劉寅生他（一九九〇）『何炳松紀念文集』、華東師範大学出版社
劉昭仁（一九八六）『呂東莱之文学与史学』、台湾文史哲出版社
Beverly J.Bossler（1998）*Powerful Relations:Kinship, Status, & the State in Sung China*（*960-1279*）, Harvard University Press.

# 蘇氏蜀学考——出版から見た蘇学の流行について——

田中正樹



## はじめに

蘇軾（号は東坡。一〇三六～一一〇一）の詩文がその生存当時から絶大な人気があり、出版も数多くされていたことは、父洵の死を悼む曾鞏（一〇一九～八三）の哀詞に「欧陽脩が洵の文を皇帝に献じ、軾・轍兄弟を上位合格させると、三人の文章は盛んに世に伝えられ、読む者は皆驚嘆し、ある者はとても敵わないと嘆き、ある者は慕ってまねをした。都から国の隅々に至るまで、知識人でその名を知らぬ者はなく、家毎にその書を持っている」[①]とあることからもわかる。もちろん、これは蘇洵を顕彰することを目的とする文章であり、その点を割り引いて考える必要があろうが、「家毎にその著作がある」との記述については、孝宗が蘇軾に太師を贈る時の制にも「家ごとに眉山の書有り」と見えることから、単なる修辞というよりは、ある程度実状を反映した言説ととらえることができよう。更に、その流行の状況は宋の版図内にとどまらず北方異民族の地域にまで至ったことも既に指摘されている（吉川　一九七四など）。そして、それらの版本の中から編輯が粗雑で贋作混じりの営利出版物を弁別し、信用のおける版本・テクストを確定しようという試みは、当の蘇軾生存中から現代に至るまで脈々と続けられ、膨大な成果が残されている。

このような、善本を選定して蘇軾本人の作品を確定するという地道な作業は、蘇軾の文学・思想の研究に於て重要かつ中心的な役割を果たすことは贅言を要しない。しかし、蘇軾イメージの形成について考えるに際しては、もちろん厳密なテクストクリティークの成果を前提としてではあるが、粗悪でいかがわしい出版物は、むしろ貴重な資料となりうるのではないか、と思われる。というのは、杜撰な編輯の俗書としての多種多様な蘇軾詩文集の存在そのものが、知識人の蘇軾に対する関心の高さを表しており、たとえそれが偽書であったとしても、それらが出版された様々な背景・理由が存在したことを教えてくれるからである。

本稿では、出版メディアの発達が蘇軾の詩文の流行に資し、蘇軾イメージの形成に与ったことを論ずるが、その前に蘇軾の学術に対する従来の見方について、概観しておこう。

多方面にわたり活躍した宋代士大夫の一典型たる蘇軾に対する見方を対立の構図に於てごく簡略にまとめると、次のようになる。政治的・学術的には、まず王安石の「新法党」「三経新義」に対する「旧法党」「詩賦の学」として、更に「旧法党」内に於ける程氏らの「洛党」・劉摯らの「朔党」に対する「蜀（川）党」として、また蘇軾死後の南宋になると「朱子学」に対する「蘇学」として、位置づけられている。

一方、科挙の背景としての経学に焦点を当てれば、科挙試のイデオロギーとなったが性急に推進したため短命で滅んだ王安石の「新学」、その晩年には禁学の憂き目を見たが結果的には国家学問としての科挙テクストとなり宋代学問の代名詞となる朱熹の所謂「朱子学」、それらに対して、少なくとも表面的には科挙の中心的テクストとはなり得なかったが、滅びることもなかった蘇氏の「経解」（蘇軾の『易伝』『書伝』『論語解』、及び蘇轍の『詩伝』『春秋伝』）という見方もできよう。

また、科挙のもう一つの柱である詩賦・論・策、現代的に言えば文学・史学、或いはレトリックの視点から見れば、蘇軾は漢の文章を復古的に継承する韓愈・柳宗元・欧陽脩のいわば「道統」（文が道を載せ、表現する媒体であると認識される以上こう言っても良いだろうが）に連なり、且つ大成する者と位置づけられていると言うことができよう。その事は、あとで見るように随筆・詩話などの記述が示しているが、蘇軾及びその追随者の文章が科挙対策の教科書として出版されていること、またレトリックを学ぶ要点を記し圏点をつけた韓・柳・欧・蘇を含む古文家のアンソロジー『古文関鍵』や『文章軌範』が出版されたことなどからもわかる。

ここで問題になるのが、蘇軾の学術とその後世への影響のあり方である。蘇軾・轍兄弟及びその父洵、さらにその追随者達の学術を「蜀学」あるいは「蘇氏蜀学」と呼ぶことがある。その由来としては、旧法党内の一派としての「蜀党」「川党」といった呼称も関係するであろうが、より直接的には全祖望が『宋元学案』に於て「蘇氏蜀学略」を置いたためと思われる。というより、寧ろ『学案』以外で「蜀学」という言い方を見ること自体稀である。「蘇氏蜀学略」は王安石の「荊公新学略」と並べられており、北宋思想界に於て儒学の正統を引くと目される「濂渓」・「明道」・「伊川」・「横渠」の各学案の付録のように『学案』のほぼ最後に収録されていることからも伺えるように、特に二程の学問に対し同時期に異なる立場を表明した邪学の如き扱いをうけている。その「序録」（全祖望補本）『宋元学案』

巻九九「荊公新学略序録」）には、

私（全祖望）が思うに、王安石が『淮南雑説』を世に出した時、読んだ者は孟子のようだと思った。蘇洵の文章が初めて世に出た時、読んだ者は荀子のようだと思った。新法党と旧法党の争いが激化し、『三経新義』は数十年たってやっと廃されたが、今度は蜀学が遂に（道学の）敵となった。『宋元学案』を閲する者、その本末を窮めなくてはならない。さらに王安石は聖人の学問を明らかにしようと思いながら禅を雑え、蘇氏は縦横の学から出て禅を雑えている。何と甚だしいことか、インドの（学問）が中国にその軍勢を張っていることは。荊公新学略及び蜀学略を述べる。②

とあるように、王安石も蘇氏も皆禅を受容したことが批判されている。またよく知られたことではあるが、当の内容紹介に至っては、蘇洵については「易論」「礼論」など『老泉文集』から六篇そのまま引かれているが、軾・轍兄弟になると、『蘇氏易解』及び『蘇黄門老子解』をそれぞれ朱熹の批判付きの『雑学弁』から引くのである。

蘇軾らの学問の特徴として、仏老を受容した点と捉えることは、あながち誤りとはいえない。しかし、その学問に「蜀」の文字を冠する理由として、その他の学案が出身地を付しているという事以外に積極的な要素が有るか否かについては、検討が必要だろう。もちろん、すでに明らかにされているように、或る特定の地域と学問が密接に関わる場合もあることは事実で、特に書院などの教育機関を有して子弟に学問を伝授する場合などは、地縁・血縁のネットワークを生かし地域独自の学問を展開する可能性は大きいといえるだろう。この点に関して、蘇軾兄弟の場合は父母の葬式の時以外は蜀（眉山）に帰っておらず、また子孫を見ても蜀に定住するのは軾の長子邁の子符と第三子過の子籍であり、いずれも孫の代になってからであることを考えれば、蘇氏の学術と蜀を直接的に結びつけるだけの十分な理由とはなり得ないように思われる。ちなみに「四学士」あるいは「六君子」と呼ばれる蘇軾・轍兄弟の弟子たちの中には蜀出身者はいいない。

以上の疑問に対する答えとして、清末の張佩綸（一八四八～一九〇三）の考えが参考になる。彼は『澗于日記』〔癸巳巻上〕に於て、次のような事を述べている（以下は概略）。

蘇氏の学問が批判される理由は洛学と対立関係にあったためであり、また『雑学弁』に於て蘇轍の『老子解』が批判されるのは孔子と老子とを並び称する過ちを犯しているからだが、蘇軾の『易伝』が批判されるのは、内容に問題があるためではなく、単に伊川の『易伝』と合わないからだ。また軾の『書伝』『論語解』も蔡沉・朱熹に取られているのに、ひとえに『雑学弁』の批判のみに従って抹殺している。洛閩の学と蘇学との違いは講学の有無によるものである。それ故『学案』が蜀学に於て設定する講友・同調の項目、果ては「蜀学」そのものも「洛学」に対比さるため全祖望が創作したもので、風や影のように実体のないものだ③。

つまり、張は『学案』の蘇学批判の原因を洛学に合わないという一点に求めており、そもそも洛閩と蘇学との差異を講学の有無によると断じ、更に「蜀学」そのものも、「洛学」との対比を強調するための創出だとしている。この張の説は、『学案』の批判としては的を得たものといえよう。

では、「蜀学」と呼べるような蜀地方独特の学術が全く無いのかに関しては、近年、蘇氏蜀学は蜀に伝播した洛学と融合し、南宋にかけて吸収されたとする研究も発表されている（胡・劉・粟　一九九七、粟　一九九八）。いずれにしても、『学案』的な「蘇氏蜀学」の呪縛を断ち切り、より実態に即した「蜀学」像を構築することが必要であろう。

本稿では、そのような試みの一環として出版の問題に注目してみた。まず蘇軾詩文とメディアとの関係を概観した後、多様な蘇軾詩文集に対する宋代士大夫の評価や扱い方について、詩話や随筆などを材料に窺う。次いで、他に例を見ないほど数多く見られる詩話や詩注の制作態度には訓詁学と共通するものがあり、いわば出版メディアによる蘇氏詩文の規範化を生み出したことを指摘し、それは古文運動と密接に関連することを論じる。

# 一　蘇軾詩文集の流行とメディア

蘇軾の生きた北宋後期は、程朱学という意味での所謂「宋学」の形成期にある。蘇軾の学術は、後世への影響という観点からすると、敢えて誤解を恐れずに言えば学問の表の顔としての経学の地位を朱子学に譲り（とは言っても蘇軾自身が朱子学の先駆である程学と覇権を争ったという意味ではないが）、まさに「文」の学——蘇軾の詩文は「散文で詩を作る（文を以て詩と為す）」「レトリック（文）［のうまさ］で議論を組み立てる（文を以て論を為す）」と評される——と目されるのであり、それはまさに古文の復活或いは古文スタンダードの完成を意味するのである。儒学の基本経典解釈を示す経注が南宋以降、「程兄弟——朱熹」の方向になるのに対し、個人詩文集、特に詩集につけられた注釈という観点からすると、蘇軾のそれは、準経典としての『楚辞』や『文選』を除けば他に例を見ないほど多種多様な注釈が施され、恰も経書に対して施す注疏の方法論をそのまま引き継いでいるともいえるのである。この傾向は、詩話や随筆などをもふくめて「注疏学の俗化」とも呼べそうな状況を呈する。そして、その傾向に拍車をかけたのが、出版メディアの発達である。

本稿の目的は、さしあたり蘇氏蜀学の有無やその内容を直接論ずるのではなく、蜀学の中心人物とされる蘇軾の詩文の流行の実態とその理由について、主として出版メディアに焦点を当てて検討しようとするものである。つまり、程学とは異なり講学という手段を用いて自らの学術を広めようとしなかった蘇学がいかにして流行しえたのか、という問いに対して、出版物を媒介にした伝播によるというのが、とりあえず最も自然な答えと思われるからである。

例えば、南宋の楊万里（一一二七～一二〇六）には、福建にいる友人が東坡新集を送ってくれたことに感謝する詩（『誠斎集』巻一六）がある。そこには、友人が新たに出版された『東坡集』を送ってくれたが、それはかつて持っていた粗悪な紙に不明瞭な印刷の文集とは異なり、白い紙に美しく印刷された書物であった云々と歌われており[④]、士大夫の交友関係が書物の拡散を推し進める要因の一つになったであろうことを窺わせる。

宋代に於ては、幾度か禁書が行われたこと（後述）を考えれば、このように出版が時間的・空間的に最も強い影響力を有したメディアだったと言ってよいだろうが、情報伝達の手段はもちろんそれだけではない。まず、本題の出版に話を進める前に、それ以外の情報伝達のあり方を、蘇軾の詩文の流行に即して確認しておこう。

最も原初的な方法は、口承による伝播である。つまり、蘇軾の詩が、直接本人から聞くか、草稿の段階で一人の記憶にとどまり、それが口承により広まる場合である（ただし、これはすぐに紙などに書き留められたはずだが）。例えば、朱弁（?～一一五六）は、

東坡の文は、書くそばから人に伝誦された。欧陽脩（一〇〇七～七二）は一篇が手に入る毎に、終日喜んだ[⑤]。

と記録し、口伝えでも伝播したことがわかる。また、軾が文章を作るや忽ち筆写され、それが伝えられたことが釈恵洪（一〇七一～一一二八）の記録に見える。

舒王（王安石）が鍾山にいた時、黄州から客が来た。安石が「東坡には最近何か好い文章が有るか」と尋ねたところ、客は、「東坡は臨皋亭に泊まったおり、酔って眠ったあと起きると、『成都聖像蔵記』千余言を作ったが、手直しをしたのは僅かに一、二字であった。（私は）写本を（乗ってきた）舟の中に持っている」と答えた[⑥]。

このエピソードそのものが実際にあったことか否かはわからないが、黄州流謫中の蘇軾の文章がすぐに写し取られている事は興味深く、出版される以前に既に詩文が写本の形で出回っていたことがわかる（もちろんこれは出版が一般的になる以前における普通の情報伝達手段である）。

また、書家としても一家を成した軾の真筆は、珠玉よりも重んぜられ、収集の対象となっていたことは有名である（王闢之『澠水燕談録』巻四）。そして、このような真筆は場合によっては石に刻まれ、情報の媒体となることもある。

『王直方詩話』には次のような話を載せる。

東坡は、黄州に流されて定恵院の東に居た時、様々な花が山に咲いている中、海棠が一株有ったが、土地の人はその価値を知らずにいた。そこで東坡は長編の詩を作り、いつも喜んで人の為に書き写していた。思うに、世間に石に彫ったものが五、六種あり、東坡は「私の最も上手くできた詩だ」と言っていた。[7]

一編の詩が石に刻まれて五、六ヶ所にたてられた事がわかるが、後に蘇軾ら旧法党に属すると目される士大夫達の文集・印板が焚毀されるのに伴い、碑額など軾の手になる文字も除毀されるのである。つまり、石碑は当然モニュメントとして象徴的な意味も有するが、情報伝達のメディアとしても認識されていたと考えられる。そして、後述するが、宋代に於て既にテキストクリティークの材料としても、利用されている。

さて、以上宋代以前にも行われていたであろう、メディアのあり方を口承・写本・石刻という三方法として概観した。次に、出版メディアに目を向け、以下ではどのような種類の蘇軾関連出版物が流通していたのか、またそれらについて読者たちがどのような扱いをし、また評価をしたかなどに関して、詩文や詩話などから窺ってみよう。

## 二　蘇軾詩文集の多様性

宋代に出版された蘇軾の詩文集については既に詳細な研究によって整理されており、また蘇学の流行についても言及されている。しかし、ここで問題にするのは「版本」そのものではないので、その成果をふまえながらも詳細は先行論文（村上　一九七七、西野　一九八六、吉井　一九八六）に譲り、あくまでも蘇学の流行の実態解明に資すると考えられるもののみを取り上げる。

蘇軾生前に刊行された正統的詩文集として『東坡集』『東坡後集』があるが、読者が常にこれらのテクストだけを読んでいたわけではない。村上哲見氏によると「宋人の手に成ると考えられる」『東坡先生外集』の出版の由来を記した文（以下「外集宋人序」と呼ぶ）[8]に、宋代に編輯されていたと思われる二十四種類の詩文集の名前が列挙されている。そのうち『東坡前集』、『後集』を除いた二十二種類は「すべて現在みることができないばかりでなく、比較的早く失われたであろうことは、それらがいずれも『宋史』「芸文志」に著録されていないことからも窺える」（村上　一九七七）のである。ただし、完本は存在しなくても、内容の一部が別の書物に収録されているものも若干あり、また、詩話などに言及されている詩文集もあり、ものによってはその性格の一端を知ることができる。

例えば、軾と同時代の王安石は『眉山集』なる詩（文）集を読んでいたことが、軾に次韻した詩を作っていることからわかる。それは、「読眉山集次韻雪詩五首」及び「読眉山集愛其雪詩能用韻復次韻一首」で、軾の「雪後書北台壁二首」のうち「其二」の韻を用いる。

また、『眉山集』について、所謂「蘇門四学士」の一人秦観が傅彬老に宛てた書簡の中で「題眉山集後」なる文章——恐らく傅彬老が書いた『眉山集』の跋文であろう——を送ってくれたことに対して謝意を示す文面が見える。この書簡が書かれたのが王安石の没年でもある元祐元年（一〇八六）、先の軾の詩が煕寧七年（一〇七四）の作であることからすると、『眉山集』はその間に出版されたはずである。『東坡集』は嘉祐六年（一〇六一）から元祐六年（一〇九一）までの作品を収録していることを考えると、『眉山集』は『東坡集』より早い刊本の一つであることになる。先の詩は『東坡集』巻六にみえる。

更にこの書物にまつわる面白いエピソードも記録されている。章元弼は美しい妻を娶ったが、『眉山集』を手に入れると夢中になり妻を顧みなかったので、妻が離縁を申し出たところ章は承知した、というものである。これは所謂「蘇門六君子」に数えられる李廌（一〇五九～一一〇九）が王豊甫に聞いた話として『師友談紀』に記す所である。章元弼については、元祐中に学官となった会稽出身の人であること以外詳しい事跡は分からず、また王豊甫についても、王仲嶷、字豊父（甫）のこととすれば、李廌の没年大観三年（一一〇九）以前の事跡は未詳である。しかし、この資料が蘇軾の詩は士大夫にとって中毒になるほど好まれたということを言い表わしているのは確かであろう。この『眉山集』は、『師友談紀』に「雕本」とあるから写本ではなく印刷された刊本であることがわかるが、作品が詩のみであるのか、文も収められていたのかについては今のところ判断材料がない。

ただし、一方『眉山小集』なるものも有り、洪邁（一一二三～一二〇二）によれば、それには蘇軾が碑銘を書かない基本姿勢を述べ、趙瞻の神道碑の作成を断った「元祐中の奏稿」が収められており、それは「杭州本の奏議十五巻」には見えない、とされる（『容斎四筆』巻第六「東坡作碑銘」）。「杭本奏議十五巻」とは、陳振孫の『直斎書録解題』に見える杭州刊本、つまり東坡生前に刊行されていたテキスト、所謂正統的全集に数えられるものと考えられる。とすれば『眉山小集』には文が収められており（詩の収録については不明）、しかも正統的全集を補うものであること（所引の「元祐中の奏稿」が偽物でないことが前提だが）がわかる。

次に、『百斛明珠集』、『玉局集』については、南宋・阮閲の編輯した『詩話総亀』前集にその一部が収録されている。『百斛明珠集』については七十条見える。内容は『志林』『仇池筆記』「題跋」などと重なるものもあり、その場合も多少文字の異同・増減があるようである。また、『詩話総亀』に見える『玉局文』『玉局遺文』は『玉局集』と同じものと考えて良いだろうが、それぞれ十一条と一条収められている。内容は、先に詩の由来を説明してから詩を載せるという基本形式を持つようだが、その詩は現在の蘇軾の詩集には見えないものもある。この二集は詩文集というより詩話に近い。

その他では、『東坡備成集』の名が南宋・胡仔（一〇八二～一一四三）『苕渓漁隠叢話』後集に見え、まず巻二八に、

東坡は〔「劉灰都曹に答ふるの書」で〕述べている、「世間には私の詩文を集めている者が多いが、率ね真偽が相い半ばしている。又た俗子が改竄した詩も多く、それを読むと人に落ち着きの悪さを印象づける。しかし、そ

れも怪しむに足りず、真実を見抜く者が少ないのは、思うに昔から困っていることである。李太白・韓退之・白楽天の詩文は、皆平凡で俗な人によって混乱させられているのである。嘆かわしいことだ」と。苕渓漁隠は言う、「世間に流通する東坡の文集は、様々な名称のものがある。ただ『大全』、『備成』の二集は詩文が最も多く、まさに東坡が述べているように、真作と偽作が相い半ばしている。……」[9]

とあり、『大全』に関しては未詳だが（あるいは『大全集』のことか）、『備成（集）』が偽作、或いは他人の作を交えた粗雑な俗本であることを指摘している。この状況は、ここに引かれる東坡自身の言葉からもわかるように、生前すでに起こっていた事態でもある。更に、その具体例として、同書の巻三三では、

「夜涼しくして江海近く、天闊くして斗牛（北斗星と牽牛星）微かなり」は、『張右史集』中の佳句である。『備成集』中にも見える。思うに誤って入れてしまったもので、東坡が作った詩ではない。[10]

と、張耒（一〇五四～一一一四）の「暮帰」詩が『東坡備成集』に紛れ込んでいることを指摘し、その杜撰な集であることを述べる。この詩は多少文字が異なる部分があるが確かに蘇軾・張耒どちらの詩集にも収録されており、現在に至るまで『備成集』の誤りを引き継いでいることになる。

また、『東坡大全集』とは、村上氏が言うように（村上　一九七七）杜撰な営利出版物としての所謂『麻沙本大全集』のことであろうが、しかし誤りは多くとも「志林」なども収録する作品数の多い書物であり、広く普及し、利用されることも多かったと考えられる。

上に列挙した詩文集には含まれていないが、特に優れている版本として言及されるのが、居世英の刊本である。[11]南宋・陳鵠の『西塘集耆旧続聞』巻第三では、「姑胥の居世英が刊行した『東坡全集』は、特に秩序だっており、又た過ちも極めて少なく、大いに称賛すべきである」ものとし、編輯に秩序があり、信頼するに足るテクストと評価されていたことが分かる。また胡仔も先程引いた『苕渓漁隠叢話後集』（巻二八）に続けて、

其の後 居世英の家刊の大字『東坡前後集』は、最も善本である。世に伝わる『前集』はとりもなおさず東坡自ら編纂したもので、その作った場所に従っているので、古詩と律詩が相い混ざっている。間違いは極めて少ない。御史府の諸詩の如きは、世間に伝えたくなかったのであろうし、「老人行」、「題申王画馬図」は東坡の作ではないので、これらの詩は収められていない。『後集』は後人の編纂である。「和陶」の諸詩を載せないのは惜しいことだ。[9]

と述べ、居世英が刊行した大字本が蘇軾が自ら編輯した『前集』によっているため、時代順に並べ古詩と近体詩とが入り交じった形であること、また軾以外の詩の混入が無いことを指摘し、善本と評している。「御史府の諸詩」とは、『烏台詩案』中の詩のことであろう。とすれば「世に伝えんと欲せず」とは居世英本には収録されていないことを意味すると思われるが、この点は未詳である。『魚隠叢話』では、『前集』が蘇軾の編輯とあり、他の条でも『東坡前集』『東坡後集』と見え東坡の詩の真偽を判定する基準の一つとしていること、また『和陶詩』を含んでいないことなどから、胡仔が見た居世英本は所謂「東坡七集」本の系統に属するが最初の二集だけだと思われる。一方、陳鵠の記録では『全集』とあり、これだけでは判断しかねるが、あるいは居世英刊本は、蘇轍の墓誌銘に記載される諸集すべて揃った、『直斎書録解題』で「杭本」と呼ばれるものと同じ内容をそろえていた可能性もある。

さて、村上氏の論文（村上　一九七七）に挙げられる正統的編輯を経た八種類の刊本以外にも、少なくとも以上のような夥しい種類の蘇軾の詩文集や詩話・雑著が世に行われていたことになり、これは他の士大夫では考えられない状況である。つまり、本人の好むと好まざるとに関わりなく、蘇軾は宋代に於ける「メディアの寵児」となっていたのである。しかし、蘇軾が当時の知識人の中で例外であるのは出版物の多さだけではない。それは、既に宋代に於て蘇軾の個人詩文集に対し複数の注釈がつけられている、という事実である。そこで、次に蘇軾詩文研究の成果としての注釈に話題をうつそう。

## 三　詩話と注釈

これまで宋代に出版された東坡詩文集や善本と称される版本に言及した詩話を見た中で先ず気付くことは、蘇軾の多くの版本から善本を判断し、掲載されている詩文の真贋を見極め、蘇軾の作品を確定しようという詩話の作者の意図である。そのことは、「外集宋人序」にも「これまでの蘇軾詩文集を編輯する者は、或いは題跋中で話が詩に及ぶものを摘取して聚めて詩話とし、或いは雑記と題跋とを総て取て、志林と呼ぶのは、皆東坡先生の本意ではない。よってここでは敢えて妄りに品目を立てず、但だ題跋と曰い、雑記と曰う」とあり、なるべく東坡の意図に沿った編輯を目指す姿勢が窺える。そして、その本文確定の手続きは、洪邁がより具体的に示している。

東坡が翰林にいた時「擒鬼章奏告永裕陵祝文」を作った。……今眉山の功徳寺が出版した大小の二種類の本、及び季真給事が臨安で出版した本、幷びに江州本・麻沙書坊『大全集』はどれも只だ「耘耔」の句から下は、すぐに「憬彼西戎、古称右臂」に続いている。ちょうどここは好処であるのに、かえって削られている。何と惜しいことか。ただ成都の石本法帖は真跡で、それのみが完全である。『東坡集』中の奏議に見える登州にて上殿した三割は、皆真作ではない[11]。

この条は、「擒鬼章奏告永裕陵祝文」という文章の校定作業を通して、成都にある石刻資料が最もよいテキストであることを示すものである。洪邁は、ここで五種類もの版本と石本法帖（恐らくは石碑の拓本であろう）を挙げている。「眉山大字本」は村上（一九七七）や吉井（一九八六）にも見えるが、「小字本」もあったことがわかる。また、「季真給事」は軾の曾孫蘇嶠のことで、杭州本とほぼ同じとされる建安本を刊行したことは知られているが、ここでは「臨安で出版」とあり、或いは杭州でも出版していた可能性も窺える。さらに、営利出版の所謂「坊刻」本である麻沙書房『大全集』まで使って校定に念を入れている。

詩話はこの例のように校定に関することだけを説くわけではなく、詩の詠まれた背景や詩の評価・作詩法など、雑多な内容を持つことが多い。しかし、テキストの異同や偽作の指摘、詩句の由来・出典の明示などもその主要な内容であり、それは実は注釈作成の作業と基本的には違いはなく、残された詩注と比べてみてもそのことは確認出来る。

ところで、宋人の手になる宋人個人詩文集の注釈は、一体どのくらいあるのだろうか。『直斎書録解題』に著録されているのは三種類だけである（巻二〇「詩集類下」）。則ち、施元之・顧景蕃注『注東坡集』四十二巻、所謂「施顧注」、そして任淵注『注黄山谷詩』二十巻、『注后山詩』六巻である。すぐに気付くことだが、黄庭堅（一〇四五～一一〇五）と陳師道（一〇五三～一一〇一）は「蘇門六君子」の二人であるが、詩の世界では「江西詩派」の詩人と言った方がよいだろうか。どちらにしても蘇軾と深い関係にある二人である。この他、李壁の王安石詩注が現存し、また陸游（一一二五～一二一〇）によれば、任淵には宋祁（九九八～一〇六一）の詩注もあったようだが、どちらも『解題』には見えない。

一方、宋人の手になる唐代詩人の注釈は多くありそうに思えるが、実は杜甫（七一二～七〇）でさえ、注釈が施されるのは蘇軾のそれとほぼ時を同じうするのである。つまり、別集に分類される個人詩文集に注がつけられるようになるのは、宋代後期以降ということになる。その中でも質量ともに他を圧倒して突出するのが蘇軾の詩注である。そして、そのことと符合すると思われるのが詩話の出現である。『詩話』の名称を用いた最初は欧陽脩の『六一詩話』だと言われているが、実際内容的にも充実するのは北宋後半以降といえるだろう。更に、宋人で取り上げられる詩人の中では、やはり蘇軾が群を抜いているように思われる。例えば、『苕渓漁隠叢話』前集では、欧陽脩二巻分、梅堯臣（一〇〇二～六〇）一巻分、王安石四巻分、黄庭堅三巻分であるのに対し、蘇軾は九巻分を割いている（因みに杜甫は八巻分）。もちろん、『苕渓漁隠叢話』は、『詩話総亀』が載せていないという「元祐以来の諸公の詩話」を取ることをその席で述べていることからすれば当然ともいえる。しかし、実際には先程みたように『詩話総亀』にも蘇軾の詩話（及び蘇詩に関する詩話）は収録されているのであり、蘇軾の詩の多さを割り引いて考えても、詩話の世界に於ける蘇軾の扱いの大きさは無視できないものがある。

詩話と注釈に関して、その方法論的に近似する態度として認められるのは、注釈に対する批評と更なる注釈という重層的な発展ないし反復をする点である。つまり、ある人の見解に対しその真偽について検討・訂正し、修正を加えるという作業が繰り返されるのである。『苕渓漁隠叢話』を例にとれば、各種詩話から各詩人に関する条を集めているが、時に語釈や出典について「その説は正しくない」と否定して自説を示す。これは『叢話』だけに限るものではなく、詩話に広く見られる形式である。注に対する注、それに対する注……の循環は漢唐以来の注疏の形式をまず思い起こさせ、また北宋以後の様々な新注の出現と考え合わせると、経典注釈の方法がその応用範囲を拡大して個人の詩の分野にまで及んだと言えるように思われる。

## 四　東坡詩注と詩文禁令

宋代の東坡詩注は現在みることが出来るものの他にも試みられていたことは、洪邁の記録によって知ることができる。それによると、政和の初め蔡京が蘇氏の学問を禁止したとき、蘄春の一人の士大夫が世間との交渉を断って蘇軾の詩に注をつけ、「数十冊の大著」になった。銭紳が黄岡の尉になったおりに頼み込んでその注を見せてもらったが、注の不備を指摘したところ、その士大夫は色を失い、銭紳の制止にもかかわらず、十年の成果である注を燃やしてしまった、とある[12]。

この記事は、蘇軾の詩句の出典・背景に関して正確かつ十分に明らめることの難しさを指摘するもので、陸游も范成大に蘇注制作を勧められた際に同様の見解を述べている（後述）。また、興味を引かれるのが、詩注の作業が蘇学禁令の時期に行われていることである。蘇軾を始め元祐党籍に挙げられた士大夫の詩文集がしばしば禁止されたことはよく知られており、逆に蘇軾詩文の人気の高さを証明することとなった事実も様々な記録から窺え、既に指摘されている（村上　一九七七、章・安　一九九四）。

ここで、禁止の時期と内容について概観すると、徽宗の崇寧二年（一一〇三）『東坡前・後集』、蘇門四学士の文集などの印板を焚毀する詔が出され[2]、崇寧五年（一一〇六）には元祐党碑が毀されるなど禁令が一時ゆるんだことを窺わせるが[3]、宣和五年（一一二三）に福建などで出版された蘇軾・司馬光の文集などを毀すことを命ずる詔がだされ、更に科挙を目指す者が元祐の学術を学ぶことや文集の出版や販売も禁止し[4]、翌年冬には蘇軾・黄庭堅の「僅かな文や一文字（片文隻字）」をも焚毀することを命ずる詔が出され、靖康の初めまで続き[5]、欽宗の靖康元年（一一二六）二月元祐の学術禁止が解除された[6]。

詩話に於てもこの間の事情がしばしば記録されている。朱弁は元祐の学術が禁止されていた崇寧・大観期（一一〇二〜一一一〇）に蘇軾が海南島で詠んだ詩（海外詩）が流行し、禁令が厳しくなるほど詩の価値が高騰したことを記す[⑤]。何薳は、蘇軾の翰墨は崇寧・大観期に焚毀された結果殆ど失われたが、宣和期に内府が再び収集を始めると、一紙が万金の値にまで高騰し、宦官達が高値で買い求め数多くを所蔵したと述べる[7]。楊万里は、王庭珪・劉才邵の二先生は、禁を犯して欧陽脩・蘇軾・黄庭堅の書を太学に持ち込み、昼は隠し夜になり同舎の学生が寝静まるのを待って読みふけったこと、また書肆が罪を恐れ蘇・黄の二書の印板を毀した中で一貴戚が禁令を犯して出版、東坡の文十編が黄金一斤に相当し、禁令の程度に比例して文の価値が上がったこと、現在はどの家にも蘇軾・黄庭堅の書があり、その学術を学んでいることを記録している[⑬]。

これらの記述を見てもわかるように、禁令期には書籍や筆跡は確かに失われたものが多いが、研究に関しては衰えるどころかむしろこの時期に深められた節が窺える。（因みに詩注をつけた趙夔も崇寧年間から蘇軾の詩を研究している。）

では、次に注釈者の作注態度について見てみよう。

## 五　詩注序に見える作注態度

宋代に刊行された蘇軾詩注で、現在その序が見られるのは王十朋（一一一二〜七一）が編纂したとされる分類注本『百家註分類東坡先生詩』(8)、施元之と顧禧の手になる編年体の『註東坡先生詩』である。前者には編者の王十朋の序とともに趙夔の序も見え、後者には陸游の序が付されている。趙夔単独の詩注本は現存しないが、北京図書館に宋刊の趙夔等撰『集註東坡先生詩前集』の残巻が四巻（一から三巻までは王十朋序にいう十註本であり、四巻は五註本）残されている。またこの本については、乾道（一一六五〜七三）の初めに孝宗が丞相の梁克家（一一二八〜八七）に「近頃趙夔等が蘇詩に注したものがありとても詳細であるが、卿は見たことがあるか」と尋ね、梁が見たことがないと答えると、「朕が持っている」といって見せたという逸話を陳巖肖が伝えており(14)、乾道年間の初め頃には出版されていたことがわかる。趙夔の経歴の詳細については不明だが、序の中で崇寧年間（一一〇二〜〇六）に十五歳を迎えたと述べていることから、元祐三年（一〇八八）から同七年（一〇九二）までの間に生まれたことになる(9)。趙夔序が王十朋本に付されるのは、趙注が「百家註」に吸収されたので趙注単行本にあった序を残したためであろうが、その体裁は王本とは全く異なる分類注である。

さて、これらの詩注本の序を一瞥してすぐ気付くのは、どれも『尚書』や『周易』『春秋左氏伝』などの経典や『漢書』、『文選』などの経典に準ずる書に対する「訓註の学」と対比・並置されていることである。趙夔序では冒頭

に、

昔、杜預は『春秋左伝』に註し、顔師固は『漢書』に註を施したが、時の人は彼らを左丘明・班固の忠臣と呼んだ。また李善は梁・宋時代に『文選』学を開き、その註六十巻は世に流通したが、これらは皆自分が喜び慕うものである。これが東坡詩集に註をした理由である。[15]

と述べ、蘇詩注が伝統的な注釈の学にならったものであることを表明している。

又王十朋は、

昔、秦恭は「堯舜」の二字に注をつけ十余万言にも至り、君子はその繁雑さを譏った。丁寛は『周易』一書に僅か二、三万言しか注釈をつけず、君子はその簡略さを恨んだ。（このように）訓注の学は、今も昔もなしがたいもので、多くの学者の長所を集めるのでなければ、殆どその全てにわたり備わったものにすることは簡単ではない。まして東坡先生のように優れた才能と並はずれた知識で、時代に卓絶する場合には。[16]

と述べ、過不足のない適当な注を施すことの難しさを経伝の例で示し、また蘇軾のあらゆる分野にわたる学識とその自由な創造性は「どうして一人や二人の学問でその涯を窺うことなどできよう」と、蘇詩の注は複数の学者の注解を集めその優れたものを取る集注形式とならざるを得ないことを説く。

陸游の「序」はまず、ごく簡潔に詩注の歴史を説く。

周商の詩は、経典（詩経）に定められて訓釈がつけられ、漢以降の詩では、『文選』に見えるものと高祖・項羽など歴史書に見える詩歌には注釈がある。唐代は優れた詩人が最も多く、名家は百を以て数えるほどだが、詩注はといえば杜甫の詩に数家が注しただけで、それも概ね識者に採用されるものではない。近世では蜀の人任淵が宋祁・黄庭堅・陳師道の詩に注をつけ、その詳しく満足のいくものであることを称賛されている。しかし、東坡先生の詩となると、その引き用いる典拠は広大で、その意味は深遠なので、任淵は蘇詩注をつくろうとはしなかった[17]。

陸游はこの後で、范成大との会話を記録し、蘇詩注の作成がいかに困難であるかを具体例を挙げて説く。それによれば陸游は軽々しく蘇詩注をつくるべきではないとの考えを持っていたようであり、他の二序と対照的であるかのように思われるが、蘇詩注を「経書注――『文選』及び史書注――(宋代の唐宋詩注)」の流れの中に位置づけている点では異ならない。

また、注釈の姿勢に関して見ると、趙夔の序には、崇寧年間、十五歳の時から三十年間、力を尽くして一句一字の来歴を調べ、経書・史書から小説・詩集・仏典・道典にいたるまで見ざる書はないこと、老人達(恐らくは蘇軾を直接知る人)を訪ねて見聞した事柄を知り得たこと、更にしばしば蘇軾の子蘇過を訪ね、わからない箇所に関する質問に対して答えてもらったことが記されている[15]。要するに、詩句の来歴の確定と作詩の状況解明を目指していたのである。また、王十朋の序では、既存の注釈を集めては余計な部分を削り、一人の調査では為し得ない完成度にまで高めるという方法が記されている。

さて、これらの序は異なった立場から書かれている、つまり趙夔は自らの研究成果としての詩注の序として、王十朋は既存の注を集め編集した集注の序として、そして陸游は注釈者施元之の子に依頼されて書いた序として、という三者三様の立場で蘇詩の注を見ている。それにも関わらず注の捉え方で共通しているように思われるのは、蘇軾の詩は高遠な学識が基盤にある優れたもので、それ故詩句の来歴を調べ意味を確定するという注作成の作業は、経典・準経典の注釈態度と軌を一にするものだ、という認識である。本来経典に行うべき注疏作成の手続きを、個人の士大夫の詩に行うこのような現象は、三で詩話の傾向分析の折りにも触れたが、これはより端的に「詩注」に於て見られるのであり、仮に「訓詁学の俗化」現象と呼んでおこう。

## 六　蘇軾詩注と杜甫詩注

この「訓詁学の俗化」が現れる第一の前提が科挙受験者増加による知識人層の拡大であることは言うまでもないであろう。そして、もう一つの要因が出版メディアの普及である。つまり、書き手の増加は読み手の増加でもあるが、彼らの求める情報の質と多様性は知識人の増加との相乗効果で発展した出版によるところが大きかったと想像できる。それなくしては注釈・批評の重層化などは起こり得ない、少なくとも短期間では無理だからである。しかし、このような現象が比較的気軽に自説を表明できる詩話・随筆を除くと蘇軾の詩文にのみ特徴的に現れ、他の士大夫にはあてはまらないのはなぜだろうか。その事を考える上で興味深いのは、宋代に於ける杜甫評価と杜甫詩集編纂及び杜詩注の出現である。これまでの研究（許　一九九六、及びその加藤注、など）によれば、杜詩を重視する傾向は既に中唐期にはみられるが、特に尊崇を集め流行するのは北宋中期以降とされる。先ず北宋中期に杜詩テクストの整理が行われ、北宋末から南宋期に杜詩注が多数出現する。そして、この杜詩注が蘇詩注と奇妙な符合をみせるのである。

例えば、宋代に著された杜詩注の一つに『趙次公註杜詩』（『杜詩正誤』）があるが、趙次公は蘇軾の詩にも注をつけており、更に南宋の詩人劉克荘（一一八七～一二六九）は杜詩趙注を杜預の『左伝注』、李善の『文選註』と並び称したとされる（許　一九九六の第四章第三節加藤注）。これは、蘇詩の注を経典に対する伝と重ね合わせて見る趙夔序などと同様の見方といえよう。また、王十朋撰とされる『王状元集百家註編年杜陵詩史』なる杜詩注本が存在し、これも王状元の名を冠しているが偽書であり、王集註蘇詩の場合と類似点が多く認められるのである。更にこの王状元本を底本にした『分門集註杜工部詩』二十五巻は、蘇詩註と巻数が同じで分門の門類が酷似し、注釈家の九割が重なるとされる（西野　一九八六）。タイトルの「王状元」「集百家註」は一種の広告で有名人の手になる内容的に充実している書物であることを示し、「分門」は科挙の詩賦対策に便利であることを示すもので（清水　一九九一、許　一九九六の第四章第四節加藤注）営利目的の出版にはよく見られる手法である。ここで指摘したいのは、杜甫と蘇軾の詩がほぼ似た体裁で出版され普及したという事実である。実際、これに類似する版本が宋代に複数刊行されていたようで、この二人の詩注本は他の詩集と比べ突出していたことがわかる。この他にも、両者の詩注本には編年体のものと分門体の両種があったこと、両者とも宋代に年譜が複数種類つくられ、詩人の事績も注目されていたことなどが共通点として挙げられる。

この編年体、年譜という共通点に関しては、浅見洋二氏の論文（二〇〇〇）に触れるところだが、ここでは先に見た陸游の「序」に示される作注の難しさに対する言及を一瞥しておこう。陸游は范成大に作注の困難なことを蘇軾の二つの詩の解釈をめぐって説明するが、詳細は近藤光男氏の論文（一九八二）に譲り、本稿との関連で「詩の注釈に必要なもの」に関してまとめると次の二点になる。一つは典拠を見抜く高度な古典や歴史の知識、もう一つは詩人の生涯に関する知識である。第一の「典拠の知識」は、『漢書』や『揚子法言』などの古典や李商隠の詩が挙げられる他、制度史（具体的には三館の廃止）といった所謂有職故実に属する細かな知識も求められる。ここで注目されるのは、それに加えて「詩人の生涯」に関する知識も、詩の正しい理解には不可欠とされていることである。陸游の言によると、蘇軾の作詩状況と詩句に用いられた典拠とを正しく組み合わせ、解釈する事によって、初めて「作者の意」を知ることができるのである。つまり、南宋期にこのような認識がある程度一般的であったことが、編年詩や年譜が作られるようになった原因の一つと考えられるのである。そしてその焦点に位置する詩人が杜甫と蘇軾なのである。

では、杜甫と蘇軾のこのような符合にはどのような理由があるのだろうか。先に蘇軾詩に対して特徴的に見られる注釈の態度を「注疏の俗化」と捉えたが、逆に見れば「東坡詩の経典化」とも言い得るのではないか。「経典」の語が言い過ぎであれば「規範」化とでも言うべきか、ともかく宋代士大夫の到達点としてそこから学ぶべき良き「手本」

との認識が知識人の間にひろくあったのではないだろうか。というのも、北宋期には、杜甫が詩の世界に於ける「大成者」であり、徳の大成者としての孔子になぞらえる見方があり（秦観「韓愈論」）、まさに「詩の聖人（詩聖）」とされるが、蘇軾も宋代詩壇において同様の見方をされていたのではないかと思われる。勿論、蘇軾詩の典拠の誤りを指摘する記事などが詩話に見え、厳しい批評にさらされることはある。しかし、「東坡の文章は、黄州（流謫）以後は、及ぶ者は無く、唯一黄庭堅の詩のみ、時に拮抗しえたが、東坡が晩年海南島に流されて以降は、黄庭堅でさえ後ろで目を瞠るばかりであった」[18]とも評されるように、特に晩年の詩は並ぶ者のない域に達していると考えられているのである。

以上論じてきたように、蘇軾は杜甫とともに多くの士大夫・詩人の一人ではなく、研究され学ばれる対象と目されるようになったが、それは単に蘇軾や杜甫の詩が優れていただけでなく、詩話や注釈などの書籍メディアによる情報伝達の力にもよると言えるだろう。それにより、宋以前に比べ遙かに迅速かつ広範囲に相互評論の場を広げ、且つ杜・蘇の「虚像」（「詩聖（詩の聖人）」や理想的な士大夫イメージ）をも生み出すことになったのである。また、詩注の出版と普及の背景として当然科挙対策としての意味もあると思われ、それは分門注の存在や先に見た科挙受験生に対する元祐の学術の禁止令などからも窺える。

## 七　蘇文評価と古文

宋代において個人文集に注を施した希な例として『経進東坡文集事略』六十巻があることは良く知られているが、その他にも南宋の呂祖謙（一一三七～八一）の名を冠した『東莱標注東坡文集』（『東莱標注三蘇文集』の一部）なる書物の残巻が北京図書館に存在するようである。この標注本がどのような体裁のものかについては、未見であるためわからない。ただし、呂祖謙には別に古文家のアンソロジー『古文関鍵』があり、そこでは文章作法の要点を標注として付しているのを考えると、それに類するものかもしれない。既に見たように、宋代には多種多様な蘇軾の詩文集が編纂され流通しており、当然それは蘇軾個人の優れた能力によるものであるが、また古文復興運動に連なる士大夫であった事も無関係ではないだろう。

そもそも、宋人には楊万里が言うように「古今の文章は、我が宋代に至って集大成した」という意識があり、「仁宗の時には欧陽脩が学問の統合を司り、神宗の時には蘇軾が欧陽脩の大宗を伝え、哲宗の時には黄庭堅が詩経の伝統を継いだ。漢の司馬遷・班固・司馬相如・揚雄、唐の李白・杜甫・韓愈・柳宗元に比べても、その全てを包含している」[13]。詩についてはひとまずおくとして、文に関しては欧陽脩－蘇軾の系譜が漢唐の古文を包括的に引き継いだという認識が窺える。また、王十朋も「唐宋の文は、法るべきものに四つある。古の徳を韓愈に法り、独創性を柳宗元に法り、純粋さを欧陽脩に法り、無限の広さを蘇軾に法る。その他の文は博く見てもよいが、それに法ることはないようにする」[19]と韓・柳・欧・蘇を唐宋の文の代表としている。更に政和の進士李良臣は「論ずる者は古今の文章は唐の韓愈に至って集大成するというが、それは全く違う。そういう人はその後に所謂東坡居士なる者がいることを知らないのであろう」[20]と述べ、特に蘇軾を古今の文章を集大成する者と位置づける。これに似た主張は、南宋の代表的知識人の一人葉適（一一五〇～一二二三）にも見え、「文章（文字）の興りは、柳開・穆修に芽吹き、欧陽脩が発展に最も貢献し、曾鞏・王安石・蘇洵親子（蘇軾・蘇轍）がそれを継承し、やっと大いに盛んになった」[21]とする。多少顔ぶれの変化はあるものの、唐の韓愈・柳宗元から宋の蘇軾に至る系譜は、古文における「道統」と言い得るように思われる。

このように、優れた文章家の系譜を想定する傾向は広く詩話に見られるが、『古文関鍵』にもその事が反映している。まず、取り上げる文章家だが、韓愈（十三篇）・柳宗元（八）・欧陽脩（十一）・蘇洵（六）・蘇軾（十四）・蘇轍（二）・曾鞏（四）・張耒（二）の八人、計六十編が収められている。この顔ぶれは、明代の所謂「唐宋八家」とほぼ同じ、王安石を張耒と替えただけであり、宋代には既に手本とすべき古文家の系譜の出来ていたことがわかる。また、『古文関鍵』は単なるアンソロジーではなく、文章作法の要点を具体的な作品に即して解説したもので、恐らくは科挙受験者の教科書的役割を果たしたであろう。そして、より明確に科挙受験用の参考書と目されるものに謝枋得（一二二六～八九）の『文章軌範』があることは言うまでもない。

このように、蘇軾は古文の集大成者として認識されているが、それは多様な蘇氏文集の出版とともに、科挙論策対策の古文教科書としてのアンソロジーの出版も後押しするかたちとなっていると考えられる。

ところで、蘇軾の学術・文学の流行は、これまで検討してきたように蘇軾自身の詩文の出版メディアを通してであった。しかし、「古文関鍵総論」の中の「諸家の文を見るの法」に蘇を学ぶ者として秦観・張耒・晁補之（一〇五三～一一一〇）の三人の名前をのせ、前出の黄庭堅をあわせると所謂「蘇門四学士」が揃う。また、呂祖謙と同様朱熹と親交のあった陳亮（一一四三～九四）の撰とされる『蘇門六君子文粋』なるアンソロジーも出版されるが（六君子とは四学士に陳師道・李廌を加えた呼称）、『四庫全書総目提要』によれば、「その収録された文章を観ると、議論の文章が多く、思うに営利出版業者の発行で、科挙の準備の為のものだろう」とされる。このような書籍の流通にともない、また、詩話に記録される蘇氏とその弟子達とのエピソードが広く読まれるようになるのに伴って、また古文の系譜に組み入れられることで多くの科挙受験者の手本となるに伴って、蘇氏学派のイメージが形成され、定着したと考えられる。

## おわりに

これまでの蘇軾の版本研究は、版本相互の系譜を明らかにし、より古い版本・より善い版本を探し、蘇軾詩文のテクストを確定することを第一の目的として来たように思われる。それは、蘇軾研究の基礎となるものであり当然の作業と言えるだろう。蘇軾の詩文は優れた内容を有するが為に、様々な形で出版され、流行した。これは疑いない評価であろう。しかし、後世の学術界に多大の影響力を誇った蘇軾の、その影響力の由来の一端は、折しも発達期にあった出版メディアにあるのではないだろうか。少なくとも、そのイメージ形成には出版による時空を超えた情報伝達力が関わっているのではないだろうか。

蘇軾のテクストは、その編輯が生前から始まり、南宋期には科挙出身者の厳密な校定を経た刊本も出現する一方、民間書肆の手になる偽作や蘇軾の作でない詩文の混在する杜撰な詩集・文集、詩とその詠まれた背景などを記した詩話形式の単行本など、購買意欲を刺激する工夫を凝らした（と思われる）出版物が流通し、広く読まれた。多様な出版物の出現に伴い、蘇軾の詩そのものを評論する詩話や、注疏学のテキストクリティークを思わせる手法を用いて善本と俗書、真作と偽作を弁別しようとする内容を含む詩話が現れる。同時に、それは蘇軾詩文に対する注釈作成の試みという形をとり、蘇軾は杜甫と並んで他の詩人とは一線を画す存在となる。このような出版メディアの発達が生み出した現象は、科挙受験者即ちスタンダードな詩文作成能力を求める人々の増加とも連動しており、教科書としての古文家のアンソロジーも様々な形で編輯・出版されたのである。本論で述べた以上のような捉え方は、善本のみを正しい出版物としてあつかう態度からは見えないものである。

本稿で扱い得たのは南宋までであり、明代以降は更に多様な出版物が出現する。今後、明清も射程に入れた上で、俗書の多様性や、実際に普及していた版本に焦点を当て、それらがどのように受容され、また評価されたのか、またその編輯態度はどのようなものか、などの出版メディアにおける情報の送り手と受けてとの相互関係を細かく検討することが課題となるであろう。

## 原文

①嘉祐初、始與其二子軾・轍、復去蜀遊京師。今參知政治歐陽公脩爲翰林學士、得其文而異之、以獻於上。既而歐陽公爲禮部、又得其二子之文、擢之高等。於是三人之文章盛傳於世、得而讀之者皆爲之驚、或嘆不可及、或慕而效之。自京師至于海隅障徼、學士大夫、莫不人知其名、家有其書。……（「蘇明允哀詞」）

②祖望謹案、荊公『淮南雜說』初出、見者以爲孟子。老泉文初出、見者以爲荀子。已而聚訟大起。『三經新義』累數十年而始廢、而蜀學亦遂爲敵國。上下『學案』者、不可不窮其本末也。且荊公欲明聖學而雜于禪、蘇氏出于縱橫之學而亦雜于禪、甚矣、西竺之能張其軍也。述荊公新學畧及蜀學畧。

③全謝山『宋元學案』一以程・朱爲宗、是也。卷末立「荊公新學略」、「蘇氏蜀學略」、則非是。汪玉山與朱子書曰、「東坡初年亦闢禪學、其後乃溺之。謂其不知道可也、概與王氏同貶、恐太甚。」餘謂荊公新學、使天下棄注疏而入於空陋、此爲學之大害也。蘇氏之學、何害於人。朱子立道之大閑、本無取辭而闢之。所以與王氏同貶者、以洛・蜀交鬨之故。以東坡『易傳』與潁濱『老子解』同入『雜學辨』、則潁濱之支離、孔・老竝稱、實爲大謬、而東坡之『易傳』何罪、特不合於伊川『易傳』而已。朱子論二蘇乃云小蘇勝於大蘇、豈定論哉。謝山之學亦未能優入聖域。千載而下、平心論事、亦宜取蘇氏『書傳』、『論語解』細爲參攷、瑕瑜並見、折衷定論。乃於蔡氏〔沉〕之取蘇氏『書傳』、朱子之取東坡『論語解』、一概抹殺、而徒取朱子之『雜學辨』列之。且以李屏山爲王・蘇餘派、鍛錬周内、於蘇氏何損毫末。以此尊程・朱、所見亦甚陋矣。且講學之名、亦惟洛・閩始有之、坡・潁本未嘗講學、乃爲之創立講友同調名目、一若三蘇呼朋引類、創興蜀學以與洛學角者、豈非補風捉影乎。……（〔　〕は論者の補）

④　謝福建茶使吳德華送東坡新集

黃金白璧明月珠、清歌妙舞傾城姝。他家都有儂家無、卻有四壁環相如。此外更有一床書、不堪自飽蠹魚故。故人遠送東坡集、舊書避席皆讓渠。兒時作劇百不嬾、說著讀書偏起晚。乃翁作惡嗔兒癡、强遣飢腸饞蠹簡。老來萬事落人後、浪取故書遮病眼。病眼逢書輒著花、筆下蠅頭成老鴉。病眼將奈故書何、故書一闋一長嗟。東坡文集儂亦有、未及終篇已停手。印墨模糊紙不佳、亦非魚網非科斗。富沙棗木新彫文、傳刻疏瘦不失眞。紙如雪繭出玉盆、字如霜鴈點秋雲。老來兩眼如隔霧、逢柳逢花不曾覷。只逢書冊佳且新、把翫崇朝那肯去。東坡癡絕過於儂、不將一褐易三公。只將筆頭拄月脅、萬古凡馬不足空。故人憐我老愈拙、不寄金冊扶病骨。卻寄此書來惱人、挑落書燈搔白髮。

⑤東坡之文、落筆輒爲人所傳誦、每一篇到、歐陽公爲終日喜。前輩類如此。一日、與棐論文及坡公、嘆曰、「汝記吾言、三十年後

世上人更不道著我也。」崇寧・大觀間、海外詩盛行、後世不復有言歐公者。是時、朝廷雖嘗禁止、賞錢增至八百萬、禁愈嚴而傳愈多、往往以多相夸。士大夫不能坡詩、便自覺氣索、而人或謂之不韻。（『曲洧舊聞』卷八）

⑥舒王在鍾山、有客自黃州來、公曰、「東坡近日有何妙語。」客曰、「東坡宿于臨皐亭、醉夢而起、作『成都聖像藏記』千餘言、點定纔一兩字。有寫本、適留舟中。」公遣人取而至。時月出東南、林影在地、公展讀於風簷、喜見眉鬚曰、「子瞻人中龍也。然有一字未穩。」客曰、「願聞之。」公曰、「『日勝日貧』、不若曰『如人善博、日勝日負』耳。」東坡聞之、拊手大笑、亦以公爲知言。（『冷齋夜話』卷五「東坡藏記」）

⑦東坡謫黃州、居於定惠院之東、雜花滿山、而獨有海棠一株、土人不知貴。東坡爲作長編、平生喜爲人寫、蓋人間刊石者、自有五六本、云、「吾平生最得意詩也。」

⑧　東坡先生外集

| | |
|---|---|
| 南行集 | 坡梁集 |
| 錢塘集 | 超然集 |
| 黃樓集 | 眉山集 |
| 武功集 | 雪堂集 |
| 黃岡小集 | 仇池集 |
| 毗陵集 | 蘭臺集 |
| 眞一集 | 岷精集 |
| 掞庭集 | 百斛明珠集 |
| 玉局集 | 海上老人集 |
| 東坡前集 | 後集 |
| 東坡備成集 | 類聚東坡集 |
| 東坡大全集 | 東坡遺編 |

右

文忠蘇先生文集之傳世者、蓋如此。惟姑蘇所傳前後集六十卷編次有倫。雖歲月間有小差、而是者十九矣。其他諸集皆雜取同時諸人文字。苟充部帙、有一章而兩見者、有題異而文同者、叢冗互複良悞學士大夫覽觀。今將如上諸集詳加校定、其文既出他集者、所不敢取。〔如碧雲三酌賦、睡鄉記之類、凡數百篇、具見卷末湏知中〕其疑非先生文而未見孰可者、亦未敢刪削。〔如菜羹賦、靜常・醉鄉等記、凡十餘篇〕乁乁以　先生出處　　〔一人〕次序間不可考、輙以類附合爲一編、目曰外集。踰

　〔百　　　〕親蹟出於　先生孫子與凡當時故家者皆在。庶幾觀是集者、併前後二集。則　先生之文、無復逸遺之憾。而如上諸集皆可廢也。編舊集者或摘取題跋中及詩者、聚爲詩話、或總取雜記與題跋、而目爲志林、皆非　先生本意。今故不敢妄立品目、但曰題跋、曰雜記。覽者其鑒之晚進生寔欲使　先生之文流布天下。大字鍥板與衆公共、非直以規利云。（〔　〕は割り注。空白部分は脱字と思われる。）

⑨東坡云、「世之蓄某詩文者多矣、率眞僞相半、又多爲俗子所改竄、讀之使人不平。然亦不足怪、識眞者少、蓋從古所病。李太白・韓退之・白樂天詩文、皆爲庸俗所亂、可爲太息。」苕溪漁隱曰、「東坡文集行於世者、其名不一、惟『大全』、『備成』二集詩文最多、誠如所言、眞僞相半。其後居世英家刊大字『東坡前後集』、最爲善本。世傳『前集』乃東坡手自編者、隨其出處、古律詩相間、謬誤絶少。如『御史府』諸詩、不欲傳之於世、『老人行』、『題申王畫馬圖』、非其所作、故皆無之。『後集』乃後人所編、惜乎不載『和陶』諸詩、大爲闕文也。」（『苕溪漁隱叢話』後集卷二八）

⑩苕溪漁隱曰、「『夜涼江海近、天闊斗牛微』。『張右史集』中佳句也。『備成集』中亦有之。蓋誤收入、非東坡所作。」

⑪東坡在翰林作『擒鬼章奏告永裕陵祝文』云、…今蘇氏眉山功德寺所刻大小二本、及季眞給事在臨安所刻。幷江州本・麻沙書坊『大全集』、皆只自「耘耔」句下、便接「憬彼西戎、古稱右臂」。正是好處、却芟去之、豈不可惜。唯成都石本法帖眞跡、獨得其全。坡集奏議中登州上殿三劄、皆非是。……（『容齋五筆』卷第九「擒鬼章祝文」）

⑫政和初、蔡京禁蘇氏學、蘄春一士獨杜門注其詩、不與人往還。錢伸仲爲黄岡尉、因考校上舍、往來其鄉、三進謁然後得見。首請借閱其書、士人指案側巨編數十、使隨意抽讀、適得『和楊公濟梅花十絶』、「月地雲階漫一尊、玉奴終不負東昏。臨春結綺荒荆棘、誰信幽香是返魂。」注云、「玉奴、齊東昏侯潘妃小字。臨春・結綺者、陳後主三閣之名也。」伸仲曰、「所引止於此耳。」曰、「然。」伸仲曰、「唐牛僧孺所作『周秦行紀』、記入薄太后廟、見古后妃輩、所謂月地雲階見洞仙、東昏以玉兒故、身死國除、不擬負他、乃是此篇所用。先生何爲沒而不書。」士人恍然失色、不復一語、顧其子然紙炬悉焚之。伸仲勸使姑留之、竟不可。曰、「吾枉用工夫十年、非君幾貽士林嗤笑。」伸仲每談其事、以戒後生。……（洪邁『容齋續筆』卷第一五「注書難」）

⑬古今之文章、至我宋集大成矣。……在仁宗時則有若六一先生、主斯文之夏盟。在神宗時則有若東坡先生、傳六一之大宗。在哲

宗時則有若山谷先生、續國風・雅・頌之絶弦。視漢之遷・固・卿・雲、唐之李・杜・韓・柳、蓋奄有而包擧之矣。中更羣小、崇姦絀正、目爲僻學、禁而錮之、蓋斯文至此而一厄也。惟我盧陵、有瀘溪之王・杉溪之劉、兩先生身作金城、以郛此道。自王公遊太學、劉公繼至、獨犯大禁、挾六一・坡・谷之書以入、晝則庋藏、夜則繙閲。同舍生息燭酣寢、必起坐吹燈、縱觀三書。逮暇、或哦詩句、或續古文、每一篇出、流布輦轂、膾炙薦紳、紙價爲高。……瀘溪又云、是時書肆畏罪、坡・谷二書皆毀其印、獨一貴戚家刻印印之、率黄斤而易坡文十、蓋其禁愈急、其文愈貴也。今家有此書、人習此學、有知當時斯文之難得如此者乎。是小人之厄斯文、乃所以昌斯文也。然厄斯文者、今皆泯然與草木共盡、而斯文之傳與日月爭光、然則斯文病不厄耳、厄奚病哉。

(『誠齋集』卷八三「杉溪集後序」)

⑭……今上皇帝(孝宗)尤愛其文。梁丞相叔子、乾道初、任掖垣、兼講席。一日、内中宿直召對、上因論文問曰、「近有趙夔等注蘇詩甚詳、卿見之否。」梁奏曰、「臣未之見。」上曰、「朕有之。」命内侍取以示之。至乾道末、上遂爲軾御製文集敍贊、命有司與集同刊之。因贈太師、謚文忠。又賜其曾孫嶠出身、擢爲臺諫侍從。……(『庚溪詩話』卷上)

⑮昔杜預註『春秋左傳』、顏籀註班固『漢書』、時人謂征南、祕書爲丘明、孟堅忠臣。又李善於梁・宋間、開『文選』學、註六十卷、流傳於世、皆僕所喜而慕之者。此註東坡詩集所以作也。……崇寧年間、僕年志於學、逮今三十年、一句一字、推究來歷、必欲見其用事之處。經史子傳、僻書小說、圖經碑刻、古今詩集、本朝故事、無所不覽。又於道釋二藏經文、亦常遍觀鈔節、及詢訪耆舊老成間、其一時見聞之事、有得既已多矣。頃者赴調京師、繼復守官、累與小坡叔黨游從至熟、叩其所未知者、叔黨亦能爲僕言之。……

⑯昔秦延君註堯典二字、至十餘萬言、而君子譏其繁。丁子襄註『周易』一書、纔二三萬言、而君子恨其畧。訓註之學、古今所難、自非集衆人之長、殆未易得其全體。況東坡先生之英才絶識、……

⑰…商周之詩、皆以刊於經、故有訓釋。漢以後詩、見於蕭統『文選』者、及高帝・項羽・韋孟・楊惲・梁鴻・趙壹之流歌詩見於史者、亦皆有註。唐詩人最盛、名家者以百數、惟杜詩註者數家、然概不爲識者所取。近世有蜀人任淵、嘗註宋子京・黄庭堅・陳無已三家詩、頗稱詳贍。若東坡先生之詩、則援據閎博、指趣深遠、淵獨不敢爲之說。……

⑱東坡文章、至黄州以後、人莫能及。唯黄魯直詩、時可以抗衡。晩年過海、則雖魯直、亦瞠若乎其後矣。或謂東坡過海雖爲不幸、乃魯直之大不幸也。(『風月堂詩話』卷上)

⑲唐宋之文、可法者四。法古於韓、法奇於柳、法純粹於歐陽、法汗漫於東坡。餘文可以博觀、自無事乎取法也。(『梅溪王先生文

集』巻十九「雑説」)

⑳……議者以古今文章至唐韓退之而集大成、是大不然。彼蓋不知其後復有所謂東坡居士者也。……(「九峰先生文集序」(『國朝二百家名賢文粹』巻百所收))

㉑……文字之興、萌芽於柳開・穆修、而歐陽脩最有力、曾鞏・王安石・蘇洵父子繼之、始大振。……(『習學記言序目』巻四七、「皇朝文鑑一・周必大序」)

## 註

(1) この居世英なる人物については、詳しい事績はわからない。ただ范成大(一一二六～九三)の『呉郡志』巻二八「進士題名」に「宣和六年(一一二四)沈晦の牓……居世英……」とあり、また字が彦実で、枢密院編修であったこと、父が居四郎と呼ばれる煉丹術マニアだったことなどが何薳の『春渚紀聞』巻三(「居四郎丹」)から知られる程度である。ちなみに、『西塘集耆旧続聞』に「姑胥の居世英」とある姑胥は呉県の姑蘇山で居の出身地と考えられる。

(2) 『続資治通鑑長編記事本末』巻一二一、四月丁巳・乙亥条など

(3) 『九朝編年備要』巻二七、春正月条

(4) 『宋会要輯稿』一六五「刑法」二之八八など

(5) 『九朝編年備要』巻二九、宣和五年秋七月条

(6) 『九朝編年備要』巻三〇

(7) 『春渚紀聞』巻六「翰墨之富」

(8) 『王状元集百家注分類東坡先生詩』は書賈が王十朋に偽託した書とされており、それ故「序」も王の手になるものではないとも考えられる。しかし、ここでは蘇詩註に対する考え方を問題にしているので、とりあえず作者については問わないこととする。偽託説については西野論文(一九八六)参照。

(9) 『四庫提要』では、趙夔の「序」に述べる自身と蘇過の来歴に食い違いがある(趙夔の言う通りに年代を計算すると蘇過の死後七、八年後に面会したことになる)ことを指摘し、趙序が仮託であるとする。ただし、「序」に見える年の数え方(「三十

年」）がどれほど正確であるのか、また副詞（「頃者」）の解釈の巾がどのくらい見込めるのか、などによって年代にかなりの「揺れ」が生じる可能性もあり、加えて「序」に列挙する蘇詩の分類法が王状元注の分類と全く異なっていることが、逆にその存在の信憑性を伺わせるとも言えることなどから、現行の趙夔「序」を偽物と断定することには若干の躊躇がある。

## 参考文献

浅見洋二（二〇〇〇）THE STUDY OF POETRY AS HISTORICAL SOURCE MATERIAL: FOCUSING ON THE TERMS 'POETIC HISTORY' "THE STUDY OF SONG HISTORY FROM THE PERSPECTIVE OF HISTORICAL MATERIALS"（ICANAS 2000 提出論文）

筧文生・野村鮎子（二〇〇〇）『四庫提要北宋五十家研究』、汲古書院

許総（加藤国安訳注）（一九九六）『杜甫論の新構想　受容史の視座から』、研文出版

胡昭曦・劉復生・粟品孝（一九九七）『宋代蜀学研究』・巴蜀書社

近藤光男（一九八二）「詩注の難きこと」（『漢文学会会報』第二八輯、のち『清朝考証学の研究』研文出版、一九八七）

清水茂（一九九一）『中国目録学』、筑摩書房

章培恒・安平秋（氷上正・松尾康憲訳）（一九九四）『中国の禁書』（新潮選書）、新潮社

西野禎治（一九八六）「蘇詩の註と年譜について」（『神田喜一郎博士追悼中国学論集』二玄社）

村上哲見（一九七七）「蘇東坡書簡の伝来と東坡集諸本の系譜について」（『中国文学報』第二七号、のち『中国文人論』汲古書院、一九九四）

吉井和夫（一九八六）「両足院本『東坡集』初探」（『神田喜一郎博士追悼中国学論集』二玄社）

吉川幸次郎（一九七四）「朱子学北伝前史」（宇野哲人先生白寿祝賀記念会編『宇野哲人先生白寿祝賀記念東洋学論叢』、のち『吉川幸次郎全集』第二二巻、筑摩書房、一九七五）

粟品孝（一九九八）『朱熹与宋代蜀学』、高等教育出版社

# 地域に生きる士人と朱熹思想
## ――朱熹五、六十代の門人、交遊者達――

市来津由彦



## 一　朱熹思想と朱熹門人、交遊者

本論文は、朱熹（一一三〇～一二〇〇）の五、六十代における朱熹門人、交遊者たちと朱熹との関わりのあり方を検討しようとするものである。

門人以外の交遊者はさておき、朱熹門人の数については、朱熹と同時代人の陸游の言に「数百千人」といい、『朱子語類』記録者の一人襲蓋卿がはじめて講席に侍った夜に聴講者が「七十余人」いた等のことがいわれている。(1)陳栄捷『朱熹門人』（〔陳栄捷　一九八二〕）の巻頭論文「朱門之特色及其意義」は、『朱子実紀』『考亭淵源録』をはじめとする、明以降に編集された朱熹学派に関する諸書に掲載されている朱熹門人の人数をあげており、それら諸書の記述を整理してこの『朱熹門人』では「六百二十九」名（この巻頭論文の言。その実、見出し六百四十五）をあげて、四百六十七名を資料に名が残る門人とする。

こうした数字を踏まえてここで考えたいのは、彼ら門人、交遊者の内面に沿っては、彼ら門人、交遊者はなぜ朱熹に師事し交渉をもつのか、朱熹の学説をどう受けとめたのか、その学説は彼らにどう機能したのか、また彼らの存在に即しては、彼らの地域的広がり、朱熹説の社会的影響度はどうなのかといったことである。交渉の理由や朱熹思想受容の様相といった前者の検討は思想史研究的側面、交渉者の地域的広がり、朱熹説の社会的影響度といった後者の検討は社会文化史研究的側面ということになろう。

前者についていえば、周知のように、朱熹の死の時点ではその学は禁圧の中にあった。その朱熹の思想・学術が「朱子学」へと変貌を遂げて社会的進出を果たし、元代以降科挙に採用される過程の究明には、何段階ものステップを想定する必要がある。しかしその広がりに向かう原初のエネルギーは、朱熹生前に彼と交渉を持った士人たち、特にその学術にひかれて師事、従学した門人の心の中にあろう。従学した士人の好みや朱熹との相性ということももちろんあったろうが、そうした個人的好みを超えて、彼ら交遊者・初伝の門人の社会的あり方と心に訴えるものがあればこそ、初伝の門人から再伝の人々にその学が伝えられて再生産されていったとみられる。この間、刊行されていた朱熹の編著を通してのその学の尊奉というケースももとより考えられる。(2) しかし党禁からその解除の頃でいえば、やはりその学を伝える人の意志がそこに介在しなければ、その再生産は危うくなっていたろう。極端なことをいえば、朱熹の語りは朱熹のみによって成り立つのではなく、これらの人々との協同作業の産物であり、朱熹思想・学術を受容し再伝へと伝えようと共振、共鳴する彼らの主体的な意志がなかったならば、学ばれるものとしての後の「朱子学」

は形成されなかったといってもよい[3]。そのような彼らについて、その心性の内面およびその存在の社会的あり方から解析することが要請される。筆者はかつてこのことに関して「福建における朱熹の初期交遊者達」という一文（『市来 一九九〇』。以下、「前論」と略記）を書き、朱熹の四十代までに交渉がはじまった諸人について論じた。本稿はそれに続くものとして、朱熹交渉者との交渉の現場を示す『朱文公文集』（以下、朱集と略記）書簡部分および『朱子語類』（以下、語類と略記）などの現存基本資料を量的な観点から整理し、朱熹五、六十代にその交渉の密度の濃かった門人、交渉者を割り出し、次いでその人々が師事、交渉しはじめる機縁、動機を概括的に追跡検討しようとするものである。

次に後者の社会文化史研究と重なる側面についていうと、本稿の問題設定から意識せざるを得ないのは、「地域と思想」という問題である。この課題は近年のホットな話題の分野であるが、地理空間的視点からみた思想現象の地域分布の確認といった報告はもとより現象レベルの理解であり、そのように現象化するしくみとか構造とかがつねに考察されなければなるまい[4]。そのときに考えるべきは、地域、地方を孤立してみるのではなく、やはり中央との連動の中での中央との距離においてこれを捉えることである。それは単なる地理的里程のことではない。思想史研究という視線でいえば、文化的精神的な距離感ということが問題になろう。王朝統治という視点で政府がおかれている臨安からの距離感を一般論としていえば、両浙、淮東、江東あたりが社会的には中心地域、夔州路は別格として、淮西、福建、湖北が中間近接地域、江西、湖南が中間遠隔地域、それ以外が周縁地域といった位置づけにあたろう。この社会的距離感の中でいうと、政府の威令は中心地域では確立されていても、遠隔の地域では県レベルの官を充足できていたかも疑問であり、土着の土豪的勢力の秩序形成力に政府側が依存せざるをえない部分も相当にあったのではないか[5]。こうした一般的社会的距離感を踏まえて士大夫思想における地域性の問題ということを問うとすれば、中央とのこの距離感は、科挙システムにおける精神文化、心理的距離という視点で捉えていく必要があろう。科挙合格者も、夔州路は別扱いとして、右の社会的距離感に対応して中央が多く辺境が少ない。ただし福建は中間地域ながら例外的に多い。試験問題の傾向、試験官人脈、太学における学術の傾向などの科挙に関わる情報も、中心地域には速やかに流布し、周縁地域は遅れる。[6]それぞれの地域に拠点を置く士大夫思想家の学を受容する側からこのことをみれば、臨安との精神文化的、心理的遠近としての中心地域、中間地域、周縁地域それぞれの地域ごとに学術需要のあり方が相違し、科挙システムの浸透度や王朝の統治力の深まりに応じて、その需要のあり方が相違することが予想される。こうした視角をもって、それぞれの地方、地域に拠点をおく各中心思想家に師事する人々の出自、師事の機縁などを検討する必要があると筆者は考える。

そして、本稿で取りあげる朱熹が棲む福建北部は、右でいえば中間近接地域にあたることになる。以下、交渉を求めてその朱熹のもとに来遊する人士のあり方について考えたい。

## 二　書簡宛人の動向からみた朱熹交渉者

身内とか呂祖謙との関係のように、特殊な事情がある交遊者であるとかの場合は別として、朱熹が書簡の往復をするという場合、その宛人が朱熹説にきわめて批判的であれば、その人は交渉を長続きさせようとはせず、朱熹側も厳しく論難して交渉は続かない。逆に朱熹説と一致するのであれば、何回も質疑応答する必要はない。つまり思想、学術的議論としての書簡往復が継続されるときには、その朱熹書簡宛人は、朱熹説にある部分で共感を覚えていると同時に、その人の考え方との間に違和感があり、そのために応酬を継続すると予想される。朱熹との接点には、その人にとっての違和感と共感が同時にある。南宋人にとっての朱熹説の新鮮さ、またその新鮮さを覚える前提にある思考の旧い枠組を考える材料が、応酬の継続には刻みこまれていよう。書簡往復継続の意義をこのように捉え、それを年代ごと、交渉相手の人脈ごとに整理することにより、朱熹の言葉がその実、どういう考えに向かって表出されるのか、朱熹の言葉の前提にある質問者の立場や思考が透視できるであろう。そこで本節では以下、この視点から朱熹の書簡群のうちの思想的議論部分を整理し、朱熹書簡が多数いまに残る宛人が誰で、その社会的立場はどうであり、年次的にはどう推移しているのかといったことについて、概括的に検討を加えることとする。

数え方にもよるが、『朱集』続集、『朱集』別集をも含め、『朱集』に収録された書簡は、およそ二千四百通である。その内訳は、『朱集』巻二四～二九「時事出処」には、のべ百二十八人宛（人数は見出しの数。以下同じ）百八十余通が収録されている。これらはほぼ編年で並べられている。『朱集』巻三〇～六四「問答」等には、のべ三百九十九人宛千五百余通の書簡が収録されている（巻六四末尾の「答或人」十三通の宛人は複数であろうが、仮に一人分とする）。一人に多数の書簡が送られている場合は、その順番が送られた順序通りの場合と、乱れている場合とがある。概して前者の方が多い。あとの約七百通は、『朱集』続集、別集に収められている。『朱集』続集の書簡は、仮に同一宛人一節ごとに一通と数えた場合には、のべ五十八人宛約四百五十通ある。同様に『朱集』別集には、のべ百二十一人宛約二百三十通ある。

このうちで『朱集』正集巻三〇以降の「問答」等部分において、二十通以上書簡が残る宛人は十一名である。十通以上は三十八名、すなわち十～十九通残る宛人は二十七名である。さらに五～九通残る宛人を数えると三十九名である。そこでこの正集の二十通以上十一名と十～十九通二十七名、五～九通三十九名とについて、出身地（もしくは居住地）を福建と福建外とに、また年次が推定できるものの初出を朱熹五十歳の南康軍知事着任以前とそれ以降とに分けつつ、それぞれ表にすると、別表A、B、C表のようである。現存書簡数が、実際に書かれた書簡数と同じとはいえない。しかし朱熹側からみた、思想議論に関わる交渉のおよその傾向をこれらの表は反映していよう[7]。

ここで五十歳で区分けするのは、単に切りのいい数字のためではなく、朱熹四十代はその学説の整備期であり、その五十歳の南康軍知事としての赴任以降、その人とともに学説も評価されるという、彼の学説の社会的認知度という

［Ａ表、『朱文公文集』正集（問答）朱熹書簡、二十通以上の宛人一覧］

※　福建の内と外、師事開始が朱熹五十歳の前と後で区分する。福建外は、出身地が両浙、江東、江西、両湖、その他の順で、各地域内は巻数順で並べる。「語類」欄、○は語類記録者、△は記録者ではない語類登場者。Ｂ、Ｃ表も同じ。

| 氏名 | 字 | 巻 | 通 | 出身・居住地 | 官 | 語類 | 朱熹との関係 |
|---|---|---|---|---|---|---|---|
| 〈Ａ１＝福建内、朱熹49歳まで〉 | | | | | | | |
| 許升 | 順之 | 39 | 27 | 泉州同安 | | | 門人。書簡は朱熹30歳以降（30～。と略記。以下同）。 |
| 何鎬 | 叔京 | 40 | 32 | 邵武軍邵武 | ○ | ○9 | 朱熹講友。37～。 |
| 林用中 | 択之 | 43 | 32 | 福州古田 | | △ | 門人。38～。 |
| 方士繇 | 伯謨 | 44 | 24 | 興化軍・田 | | △ | 門人。42～。 |
| 〈Ａ２＝福建内、50歳以降〉＝なし。 | | | | | | | |
| 〈Ａ３＝福建外、49歳まで〉 | | | | | | | |
| 呂祖謙 | 伯恭 | 33-34 | 103 | 婺州金華 | ◎ | | 朱熹講友。34～。 |
| 呂祖倹 | 子約 | 47-48 | 48 | 婺州金華 | ○ | | 呂祖謙の弟。朱熹講友。44頃～。 |
| 程端蒙 | 正思 | 50 | 20 | 饒州鄱陽 | | ○200 | 門人。朱熹47歳婺源墓参時に初会面。 |
| 張栻 | 敬夫 | 30-32 | 49 | 潭州長沙 | ○ | | 朱熹講友。37～。 |
| 〈Ａ４＝福建外、50歳以降〉 | | | | | | | |
| 鞏豊 | 仲至 | 64 | 20 | 婺州武義 | ◎ | | 呂祖謙門人。朱熹講友。書簡は70～。 |
| 劉黼 | 季章 | 53 | 23 | 吉州廬陵 | ◎ | △ | 門人。61～。 |
| 呉必大 | 伯豊 | 52 | 24 | 興国軍大冶 | ○ | ○200 | 門人。51～。 |

［Ｂ表、『朱文公文集』正集（問答）朱熹書簡、十～十九通の宛人一覧］

| 氏名 | 字 | 巻 | 通 | 出身・居住地 | 官 | 語類 | 朱熹との関係 |
|---|---|---|---|---|---|---|---|
| 〈Ｂ１＝福建内、朱熹49歳まで〉 | | | | | | | |
| 王力行 | 近思 | 39 | 12 | 泉州同安 | | ○20 | 門人。39～。 |
| 蔡元定 | 季通 | 44 | 14 | 建州建陽 | | △ | 朱熹講友、親密な同調者。38～。 |
| 范念徳 | 伯崇 | 39 | 14 | 建州建陽 | ○ | | 朱熹夫人の妹の夫。 |
| 呉翌 | 晦叔 | 42 | 13 | 建州建陽 | | | 朱熹講友。長沙に住む湖南学の士。40～。 |
| 陳焞 | 明仲 | 43 | 16 | 建州建陽 | ◎ | | 朱熹講友。35～。 |
| 江黙 | 徳功 | 44 | 13 | 建州崇安 | ◎ | | 陸学の影響も受けている朱熹地元の門人。45～。 |
| 廖徳明 | 子晦 | 45 | 18 | 南剣州順昌 | ◎ | ○300 | 門人。45～。 |
| 王遇 | 子合 | 49 | 18 | 漳州龍渓 | ◎ | △ | 門人。46～。 |
| 〈Ｂ２＝福建内、50歳以降〉 | | | | | | | |
| 袁枢 | 機仲 | 38 | 11 | 建州建安 | ◎ | | 朱熹講学の相手。『通鑑紀事本末』編者。57以後～。 |
| 胡大時 | 季随 | 53 | 15 | 建州崇安 | | | 胡氏湖南学の胡宏の男。湖南居住。55～。 |

| | | | | | | | |
|---|---|---|---|---|---|---|---|
| 李閎祖 | 守約 | 55 | 14 | 邵武軍光沢 | ◎ | ○200 | 門人。59～。 |
| 鄭可学 | 子上 | 56 | 17 | 興化軍莆田 | ○ | ○400 | 門人。57以後～。 |

〈B 3＝福建外、49歳まで〉

| | | | | | | | |
|---|---|---|---|---|---|---|---|
| 石𡼏 | 子重 | 42 | 12 | 台州臨海 | ○ | | 福建赴任により朱熹講学に参加。36頃～。 |
| 陳亮 | 同甫 | 36 | 13 | 婺州永康 | ◎ | | 朱熹講学の相手。漢唐事功の論の論争相手。53～。 |
| 潘景愈 | 叔昌 | 46 | 10 | 婺州金華 | | | 朱熹の長男塾夫人の父潘景憲の弟。44～。 |
| 汪応辰 | 聖錫 | 30 | 11 | 信州玉山 | ◎ | | 朱熹縁戚。隆興・乾道頃の高官。34～。 |
| 程洵 | 允夫 | 41 | 13 | 徽州婺源 | ○ | | 朱熹の内従弟。31頃～。 |
| 滕璘 | 徳粋 | 49 | 12 | 徽州婺源 | ○ | ○100 | 朱熹婺源墓参時からの門人。47～。 |
| 劉清之 | 子澄 | 35 | 16 | 吉州廬 | ◎ | | 朱熹講友。鵞湖の会参加。『小学』編集。32～。 |

〈B 4＝福建外、50歳以降〉

| | | | | | | | |
|---|---|---|---|---|---|---|---|
| 程迥 | 可久 | 37 | 10 | 紹興府余姚 | ◎ | | 楊時門人喩樗の門人。朱熹講学の相手。51～。 |
| 方誼 | 賓王 | 56 | 15 | 嘉興府嘉興 | | | 朱熹講友。59～。 |
| 潘時挙 | 子善 | 60 | 11 | 台州天台 | ○ | ○400 | 門人。66～。 |
| 林至 | 徳久 | 61 | 11 | 嘉興府華亭 | ○ | | 門人。65～。 |
| 周謨 | 舜弼 | 50 | 10 | 南康軍建昌 | | ○200 | 朱熹知南康軍以来の門人。50～。 |
| 董銖 | 叔重 | 51 | 10 | 饒州徳興 | ◎ | ○400 | 門人。57～。 |
| 陳文蔚 | 才卿 | 59 | 16 | 信州上饒 | | ○230 | 門人。朱熹55歳から師事。 |
| 黄𤲞 | 子耕 | 51 | 15 | 隆興府分寧 | ○ | ○400 | 門人。59～。 |

［C表、『朱文公文集』正集（問答）朱熹書簡、五～九通の宛人一覧］

| 氏名 | 字 | 巻 | 通 | 出身・居住地 | 官 | 語類 | 朱熹との関係 |
|---|---|---|---|---|---|---|---|
| 〈C 1＝福建内、朱熹49歳まで〉 | | | | | | | |
| 劉玶 | 平甫 | 40 | 9 | 建州崇安 | ○ | | 朱熹の師劉子翬の嗣。書簡は29～。 |
| 胡実 | 広仲 | 42 | 6 | 建州崇安 | ○ | | 湖南学胡宏の従弟。42～。1173死。湖南在住。 |
| 楊方 | 子直 | 45 | 5 | 汀州長汀 | ◎ | ○200 | 講友。42～。語類記録は41～、記録の最古層部。 |
| 黄榦 | 直卿 | 46 | 7 | 福州閩 | ○ | ○150 | 門人。朱熹娘婿。朱熹47～、師事。 |
| 〈C 2＝福建内、50歳以降〉 | | | | | | | |
| 陳孔碩 | 膚仲 | 49 | 6 | 福州信官 | ◎ | △ | 門人。もと張栻、呂祖謙に学ぶ。55～。 |
| 李相祖 | 時可 | 55 | 7 | 邵武軍光沢 | ◎ | ○60 | 門人。59～。 |
| 李唐咨 | 堯卿 | 57 | 5 | 漳州龍渓 | | △ | 門人。陳淳の岳父。62～。 |
| 陳淳 | 安卿 | 57 | 6 | 漳州龍渓 | | ○600 | 門人。62～。 |
| 楊履正 | 子順 | 59 | 5 | 泉州晋江 | | △ | 門人。朱54に会面か。現存書簡は59～。 |

〈C 3＝福建外、49歳まで〉

| | | | | | | | |
|---|---|---|---|---|---|---|---|
| 潘景憲 | 叔度 | 46 | 5 | 婺州金華 | ◎ | | 朱熹男塾の岳父。44～。 |
| 潘友恭 | 恭叔 | 50 | 9 | 婺州金華 | ○ | △ | 46～。張栻、呂祖謙とも関係。 |
| 陸九淵 | 子静 | 36 | 6 | 撫州金渓 | ◎ | | 陸学の旗手。46歳鵞湖の会初見。現存書簡は55～。 |

〈C 4＝福建外、50歳以降〉

| | | | | | | | |
|---|---|---|---|---|---|---|---|
| 沈煥 | 叔晦 | 53 | 5 | 慶元府定海 | ○ | | 陸氏兄弟門人。甬上四先生の一人。52～。 |
| 応恕 | 仁仲 | 54 | 6 | 処州麗水 | | | 朱熹共鳴者。58～。 |
| 周介 | 叔謹 | 54 | 5 | 処州麗水 | | △ | 別字公謹。もと呂祖謙に学ぶ。56～。 |
| 郭津 | 希呂 | 54 | 5 | 婺州東陽 | | | もと呂祖謙に学ぶ。59～。 |
| 趙彦粛 | 子欽 | 56 | 7 | 厳州建徳 | ◎ | | 陸学私淑。57～。 |
| 輔広 | 漢卿 | 59 | 6 | 嘉興府崇徳 | | ○400 | 門人。もと呂祖謙に師事。65～。 |
| 趙師珙 | 恭父 | 59 | 6 | 台州天台 | ◎ | △ | 門人。61～。 |
| 杜煜 | 良仲 | 62 | 6 | 台州黄岩 | ◎ | | 石辥門人。朱書は弟知仁とセット。62～。 |
| 黄灝 | 商伯 | 46 | 5 | 南康軍都昌 | ◎ | ○3 | 朱熹共鳴者。50～(別集書簡)。 |
| 汪徳輔 | 長孺 | 52 | 5 | 饒州鄱陽 | | ○10 | 門人。61～。 |
| 李煇 | 晦叔 | 62 | 7 | 南康軍都昌 | | ○20 | 門人。66～。語類は64～。 |
| 孫自修 | 敬甫 | 63 | 6 | 寧国府宣城 | | ○？ | 門人。65～。 |
| 劉孟容 | 公度 | 53 | 6 | 隆興府 | ○ | △ | 劉清之の族員。張栻、陸九淵とも関係。56～。 |
| 曾三異 | 無疑 | 60 | 6 | 臨江軍新淦 | ○ | | 66以降～。江西流謫中の呂祖倹を通じて朱熹に接触。 |
| 曾興宗 | 光祖 | 61 | 5 | 贛州寧都 | ○ | △ | 門人。62以後～。 |
| 曾極 | 景建 | 61 | 7 | 撫州臨川 | | | 陸学と関係あり。67～。 |
| 張洽 | 元徳 | 62 | 9 | 臨江軍臨江 | ○ | ○30 | 門人。61～。語類は58～。 |
| 王峴 | 晉輔 | 62 | 5 | 居江西 | | | 江西流謫中の呂祖倹を通じて朱熹に接触。68～。 |
| 万人傑 | 正淳 | 51 | 7 | 興国軍大冶 | | ○400 | 門人。もと陸氏兄弟に学ぶ。50～。 |
| 項安世 | 平父 | 54 | 8 | 江陵府江陵 | ◎ | | 朱陸両者と往来。53～。 |
| 李壁 | 季章 | 38 | 5 | 眉州丹稜 | ◎ | | 李燾の子。67～。 |
| 宋之源 | 深之 | 58 | 7 | 成都府双流 | ○ | | 劉清之門人。55頃以後～。 |

〈C 5＝諸データ不詳〉

| | | | | | | | |
|---|---|---|---|---|---|---|---|
| 姜大中 | 叔権 | 52 | 5 | ？ | | △ | 門人。方誼、汪徳輔と関係あり。50代後半～か。 |
| 路一 | 徳章 | 54 | 5 | ？ | | | もと呂祖謙に学ぶ。 |
| 呉南 | 宜之 | 54 | 5 | ？ | | | |
| 蘇湊 | 晉叟 | 55 | 7 | ？ | | | |
| 余？ | 正甫 | 63 | 5 | ？ | | △ | 門人。礼制に詳し。 |

**参考＝［D表、『朱文公文集』続集・別集朱熹書簡、十通以上の宛人一覧］**

※　続集・別集の巻数順で並べる。

| 氏名 | 字 | 巻 | 通 | 出身・居住地 | 官 | 語類 | 朱熹との関係 |
|---|---|---|---|---|---|---|---|
| 黄榦 | 直卿 | 続1 | 多 | 福州 | ○ | ○150 | 朱熹娘婿。〈C 1〉に既出。 |
| 蔡元定 | 季通 | 続2 | 多 | 建州建陽 | | △ | 朱熹講友、親密な同調者。38～。〈B 1〉に既出。 |
| 蔡淵 | 伯静 | 続3 | 16 | 建州建陽 | | △ | 蔡元定の男。 |
| 劉爚 | 晦伯 | 続4 | 27 | 建州建陽 | ○ | | 朱熹没後、高官となり朱熹顕彰に努力。 |
| 劉炳 | 韜仲 | 続4 | 11 | 建州建陽 | ◎ | △ | 劉爚の弟。 |
| 儲用 | 行之 | 続6 | 11 | 泉州晋江 | ◎ | | 知建陽県になり朱熹と良好関係をもつ。 |
| 朱塾 | 受之 | 続8 | 10 | | | | 朱熹長男。 |
| 劉允迪 | 徳華 | 続11 | 12 | 信州玉山 | ◎ | | |
| 劉光祖 | 徳修 | 別1 | 11 | 簡州陽安 | ◎ | | |
| 劉崇之 | 智夫 | 別2 | 27 | 建州建陽 | ◎ | | |
| 向浯 | 伯元 | 別4 | 13 | 臨江軍○ | | | |
| 林用中 | 択之 | 別6 | 19 | 福州古田 | | △ | 古参門人。〈A 1〉に既出。 |
| 黄灝 | 商伯 | 別6 | 44 | 南康軍都昌 | ◎ | ○3 | 〈C 4〉に既出。 |

**［E表、『朱子語類』記録多数条（百条以上）記録者一覧］**

※　条数は陳栄捷書の記述による。A、B、C表と同じく福建の内と外、師事開始が朱熹五十歳の前と後で区分する。福建外は、出身地が両浙、江東、江西、両湖、その他の順で、また県レベルも適宜まとめて並べ、出身県が同じ場合は条数が多い者から並べた。氏名下線実線はA、B表に、点線はC表に既出の者。

| 氏名 | 字 | 条数 | 出身・居住地 | 官 | 巻 | 通（書簡正集） | |
|---|---|---|---|---|---|---|---|
| **〈E 1＝福建内、朱熹49歳まで〉** | | | | | | | |
| 廖徳明 | 子晦 | 300 | 南剣州順昌 | ◎ | 45 | 18 | 1169進士 |
| 楊方 | 子直 | 200 | 汀州長汀 | ◎ | 45 | 5 | 1163進士 |
| 黄榦 | 直卿 | 150 | 福州閩 | ○ | 46 | 7 | |
| **〈E 2＝福建内、50歳以降〉** | | | | | | | |
| 周明作 | 元興 | 100 | 建州建陽 | | | | |
| 呉雉 | 和中 | 100 | 建州建陽 | | | | |
| 楊道夫 | 仲思 | 160 | 建州浦城 | | 58 | 4 | |
| 李方子 | 公晦 | 200 | 邵武軍邵武 | ◎ | 59 | 3 | 1214進士 |
| 李閎祖 | 守約 | 200 | 邵武軍光沢 | ◎ | 55 | 14 | 1211進士 |
| 黄卓 | 先之 | 150 | 南剣州剣浦 | | | | |
| 林夔孫 | 子武 | 250 | 福州古田 | ○ | | | |
| 林学蒙 | 正卿 | 100 | 福州永福 | | | | |
| 林学履 | 安卿 | 100 | 福州永福 | | 59 | 4 | |
| 劉礪 | 用之 | 100 | 福州長楽 | | | | |

| | | | | | | | |
|---|---|---|---|---|---|---|---|
| 鄭可学 | 子上 | 400 | 興化軍莆田 | ○ | 56 | 17 | |
| 陳淳 | 安卿 | 600 | 漳州龍渓 | | 57 | 6 | |
| 〈E 3＝福建外、49歳まで〉 | | | | | | | |
| 滕璘 | 徳粋 | 100 | 徽州婺源 | ◎ | 49 | 12 | 1181進士 |
| 金去偽 | 敬直 | 100 | 饒州楽平 | | | | |
| 程端蒙 | 正思 | 200 | 饒州鄱陽 | | 50 | 20 | |
| 〈E 4＝福建外、50歳以降〉 | | | | | | | |
| 呉振 | 子奇 | 100 | 慶元府鄞 | ◎ | | | 1187進士 |
| 沈僩 | 仲荘 | 700 | 温州永嘉 | | | | |
| 葉賀孫 | 味道 | 400 | 温州永嘉 | ◎ | 58 | 4 | 1220進士 |
| 徐寓 | 居父 | 300 | 温州永嘉 | | 58 | 2 | |
| 潘時挙 | 子善 | 400 | 台州天台 | ○ | 60 | 11 | |
| 林恪 | 叔恭 | 100 | 台州天台 | | 60 | 1 | |
| 輔広 | 漢卿 | 400 | 嘉興府崇徳 | | 59 | 7 | |
| 湯永 | 叔永 | 100 | 鎮江丹陽 | | | | |
| 銭木之 | 子升 | 100 | 常州晉陵 | | | | |
| 董銖 | 叔重 | 400 | 饒州徳興 | ◎ | 51 | 10 | 嘉定年間、特奏名か。 |
| 呂燾 | 徳昭 | 300 | 南康軍建昌 | | | | |
| 周謨 | 舜弼 | 200 | 南康軍建昌 | | 50 | 10 | |
| 胡永 | 伯量 | 200 | 南康軍建昌 | | 63 | 2 | |
| 陳文蔚 | 才卿 | 230 | 信州上饒 | | 59 | 16 | |
| 余大雅 | 正叔 | 150 | 信州上饒 | | 59 | 3 | |
| 黄甾 | 子耕 | 400 | 隆興府分寧 | ○ | 51 | 15 | |
| 黄義剛 | 毅然 | 700 | 撫州臨川 | | | | |
| 甘節 | 吉父 | 300 | 撫州臨川 | | 62 | 2 | |
| 曾祖道 | 択之 | 100 | 吉州廬陵 | | 60 | 4 | |
| 万人傑 | 正淳 | 400 | 興国軍大冶 | | 51 | 7 | |
| 呉必大 | 伯豊 | 200 | 興国軍 | ○ | 52 | 24 | |
| 包揚 | 顕道 | 300 | 建昌軍南城 | | 55 | 2 | |
| 襲蓋卿 | 夢陽 | 200 | 衡州常寧 | ◎ | | | 進士後1194に師事。 |
| 鄭南升 | 文振 | 100 | 潮州潮陽 | | | | |
| 林賜 | 聞一 | 100 | | | | | |

視点からみるためである。

表中、「官」欄の「◎」は進士になった者、「○」は進士ではないが官職についた者、「語類」欄の「○」は『朱子語類』記録者、数字はそのおよその記録条数、「△」は、記録者ではないが『語類』に登場する者である。同群に入るものは、『朱集』巻数の若いものから並べた。『語類』記録者の記録条数は［陳栄捷　一九八二］(以下、陳栄捷書とも略記)を、朱熹書簡の初出年については［陳来　一九八九］(以下、陳来書とも略記)を参考にした。なお、『朱集』続集には講学に関する重要な宛人および書簡も多いが、それは一部である。また後に補足的に集められた資料である『朱集』別集はさらに少なくなる。ここでは正集にみえる動向を中心に述べ、続集、別集については参考としてD表を載せるにとどめる。また、『語類』記録者、特に多数条記録者は、一定期間以上は朱熹のもとにいて親しく会話を交わした門人と予想される。この人々と朱熹書簡多数通宛人との関係について考察するために、E表として「『語類』記録多数条記録者(百条以上)一覧」を掲げる。

さてこれらの表を検討しよう。まず全体的な動向を考える。ここで踏まえる必要があるのは、社会的認知という視点からみたときの朱熹の社会活動と学術情報流布の様態である。

右にふれたように本稿では朱熹五十歳で各表を区分けする。しかし『四書集注』及びそれに関連する著作により、朱熹の四十代末までにはその思想の基本部分は表記されている。だが著作を表記しているその時期は、古参門人の林用中や義弟の范念徳のような内弟子や近親者のようなかたちでごく身近にいる者、また陸九淵や湖南学の胡実などのように、関連する議論の批判対象者で講論の相手となっている者など、朱熹学説を知る立場にある者はいるものの、後者はその説を受け入れるはずもなく、前者も福建北部の限られた人脈内のことなので、その学説が広く認知される条件にはさほどない。この段階では朱熹は一部の人々を除き、なお斬新な学説の保持者としてではなく、陳亮や呂祖謙らとともに活動している北宋道学の顕彰者の一人としてみられていたと思われる。[8] しかし南康軍知事赴任以降はその条件はかわる。知事時代には南康軍でその著作の刊行をはかったとみられ、[9] また白鹿洞書院の整備に象徴される学術振興活動や、旱災に対する地域の賑恤、その手練が認められての次の浙東提挙としての広域の賑恤活動により、朱熹その人の存在が福建を越えて中央、また両浙から両湖、江西にかけての士人層に認知されたと考えられる。好感を持たれたかは別として、唐仲友批判問題も、士人層の関心をかうのに寄与したであろう。[10] この間、張栻、呂祖謙が死去する。このことにより道学顕彰運動の中心的震源分布がかわり、これも朱熹学術の伝播にとっては好条件となる。朱熹五十代の後半に行なった陳亮との論争、陸九淵との論争は、広義の道学系他思想との差異を江湖に示威する意味をもつ活動となった。この時期を承けて、六十一歳に漳州知事になると、その地位を積極的に利用して再び自著の刊行流布を企てる。またその五十代からは、朱熹自身の認可もなしに著作が刊行されたりもする。そして潭州知事、ついで侍講となり、六十代半ばには学者としての声望がピークを迎える。その後は六十六歳から偽学の禁が始まってその学を奉ずることが禁圧され、人々は朱熹から遠ざかっていき、その中で朱熹は亡くなる。

以上の経緯を朱熹と交渉する者の側からみると、朱熹の五十代に入って朱熹学術を感知して福建外から師事する者が増え始め、朱熹五十代後半からは彼らは他の道学系思想との差異を踏まえて交渉することとなり、六十代前半以降からは、朱熹と出会う前に朱熹学説をその著作によって理解していることを前提として交渉するようになってくるという展開になろう。右に挙げた三表をあれこれ眺めると、そこにはこの経緯があらわれているようである。そこで以下、A、B、C三表からみえる問題について説明を加えることとする。

まず三表全体についていうと、C表の人々は、「門人」という視点からみた場合には、A、B両表と比較して関わりは質的にさほど深くはなく、一方、A表は特別の関わりの人であり、全体を通しては、A表に加えてB表の「五十歳以降」に名があがる人あたりの師事、交渉の心理が、「朱門」形成の指標として重要な意味を持っているとみられる。

すなわち、書簡が二十通以上いまに残るA表の十一名は、おおむね朱熹と対等の交遊者か、または門人として書簡往復が継続する特別な理由をもった交渉者である。B表の二十七名は、縁の深い対等の講友にあたる人も多いが、同時にこの中には『語類』の記録者として朱熹と深く関わった門人も多くいる。なおA、B両表の人との書簡往復ないしは交渉の開始期はおおむね朱熹六十歳以前である。これに対しC表では、朱熹六十代以降の交渉開始の人が多く、五十代に交渉を開始した人にはもと呂祖謙や陸氏兄弟に学んだ者が多くおり、そうした人々は一部を除いて『語類』にもあまり登場せず、『語類』に登場しないそうした人の朱熹書簡はおおむね交渉期間のある時期に集中し、朱熹晩年まで通交する者は多くない。そうした中で、朱熹説に魅力を覚えて朱熹晩年まで師事した者として、はじめ陸氏の説を聞いた万人傑と呂祖謙に師事した輔広とがいる。この両名以外のC表の純門人といえる人は、朱熹六十歳以後に交渉を開始した者が多い。この人々は、右の経緯からして朱熹の著作をその人の学の出発点にしているとみられる。例えば陳淳はその典型である。そしてこのC表五十歳以降で『語類』多数条記録者といえるのは、万人傑、輔広とこの陳淳だけである。偽学の禁という状勢や、師弟の年齢差も大きくなる朱熹晩年のことなので、朱熹五十代以前からの交渉者、古参門人と朱熹六十歳以後に交渉を開始した人々とでは、相対的に親密度で隔たりがあったとみられる。万人傑、輔広、陳淳といった一部を除いて、C表の朱熹五十代以降に交渉を開始した人々は、A、B両表の門人といえる人と比べると、関わりの密度はさほど深くはないとみてよいのではないか。

三表全体からまず推し量られるのはこのようなことである。

そこで相対的に関わりの密度が濃い人々のリストということになるA、B両表を中心として、人名もあげてさらに検討しよう。なお、多数の交渉者を問題とするとなると、その出身ないしは居住の地域に興味が惹かれるが、第一節末でふれたように、思想と地域という視点に関わっては科挙との関わりが見逃せない。そこで地理空間的意味の地域性に加えて、各人がこの科挙の象徴としての進士資格を持つに至っているかにも注意してみていきたい。その科挙と朱熹思想との関わりについてひとことというと、まず社会背景的なこととしては、隆興の和議後の乾道から淳熙にかけては、呂祖謙などの努力もあって、科挙システムの中で道学系学術が伸張し、道学系の経書解釈で答案を書くことに追い風が吹いていたとみられる。その呂祖謙と深く交わっていた朱熹は、右にふれたようにその流れの中にいるものと一面ではみられたであろう。と同時に、朱熹の主観としては、官身分権益を得るために科挙に向かうといった功利心に引きずられない自己修養の学、「為己の学」として道学を捉える志向がその若き頃よりあった。このことから彼は、科挙システムの中でのみ道学を捉えるとみえた呂祖謙に対して違和感も覚えていた。[11]すなわち外面的には、道学伸張活動を科挙の中で進める者という像と、科挙に距離を置く「為己の学」の提唱者という像という、一見齟齬する二つのベクトルを朱熹はもち、朱熹と交渉したり師事しようとする人士個々にはそのいずれかが前面に立ち現れていたと考えられる。

さて前論と登場者が重なるが、まず朱熹五十歳以前に交渉を開始した書簡宛人をみてみよう。福建内〈A1〉〈B1〉については、より多数の書簡が残る〈A1〉の人々は、何鎬のような対等の講友のみならず、門人をも含め、基本的には朱熹三十代に交渉が始まる。〈B1〉の范念徳は朱熹義弟、C表〈C1〉の劉玶は朱熹寄寓先劉氏族員でかつ范念徳の姉妹を夫人とする身内なので考察の外に置く。〈A1〉にみえる許升は朱熹の最初の任地泉州同安県への赴任以来の朱熹師事者、林用中は地元の最古参門人である。門人とはいっても、両名が朱熹に出会った頃は朱熹独自の学術は未完成であった。彼らはいわば学説ではなく朱熹の人格に共鳴して師事したという関係になる。朱熹四十代になってからの師事ではあるが、朱熹という人の存在を知って朱熹が住む崇安五夫里に寄寓した方士繇も、同じタイプの関わりである。〈B1〉にのる蔡元定は、D表『朱集』続集の書簡をも含めれば本来は〈A1〉に入るべき人であるが、やはり人格的交わりにより互いに共鳴した人である。〈C1〉にのる朱熹の娘婿となった黄榦も、正集の書簡は多くないが、D表のように『朱集』続集に多くの書簡が残り、本来は〈A1〉に入るべき人である。なお、以上の許升、林用中、方士繇、蔡元定、黄榦らはすべて進士となってはいないことに注意しておきたい。

〈B1〉の江默（一一六九年の進士）と廖徳明（一一六九年の進士）、また〈C1〉の楊方（一一六三年の進士）は、ともに進士となって以後に朱熹と交渉を始めている。すなわちその交渉は、科挙合格のためという意味での功利を求めてのものではなく、地元の福建北部人脈の中で人格的交わりを求めての交渉であり、そしてその後も交渉が続いた点で、林用中、蔡元定とのような人格的な親密な関わりと後年の一般門人との関わりとの中間にあたる関係ということができる。

以上の福建内出身者に対し、福建外五十歳以前交渉開始の〈A3〉〈B3〉部分は、遠方から通交を求め交渉を継続する人々である。表の人物をみると、おおむね朱熹と彼らとの関わりには、汪応辰や程洵との関わりのような姻戚関係、張栻、呂祖謙兄弟との関わりのような学術上の深い関係といったなんらかの特筆すべき前提要素が絡む。また単純に朱熹が師となり相手が門人となるような関係ではなく、その多くは対等の関係である。門人といえるのは程端蒙、滕璘だけであるが、彼らと朱熹との出会いは朱熹四十七歳の婺源墓参時であり、その時にその婺源及び近隣の州にいたという地縁的機縁による（次節後述）。

以上を踏まえて、次に〈A2〉〈B2〉〈A4〉〈B4〉欄の朱熹五十歳以後の交渉開始者をみると、まず福建内〈A1〉〈B1〉が、人格的交わりによって地縁が学縁に発展したような、朱熹とことに関わりが深い人々であったのに対し、〈A2〉欄は零名である。この表にあらわれた限りであるが、人格的交わりによって共鳴するという質の交渉が福建内の地元の人と新たに始まることは、朱熹五十代になってからはあまりなかったらしい。朱熹五十代に至るまで朱熹が長く本拠を置いた崇安地区（五夫、武夷）、六十代になってから本拠地とした隣の建陽地区の在地の士人で志を同じくする朱熹と同世代の人々は、朱熹の背後にいる崇安の名士劉子羽・子翬兄弟一族や劉勉之、胡憲らの著名士人人脈との交際の判断をも含めて、おそらくは朱熹四十代末までには互いに知り会い、自身のみならずそれぞれの父祖の代からの地域人脈の中でのつきあいの持ち方の判断を下しているためであろう。また朱熹よりも世代が次になる若い人々は、朱熹学説を前提とした一般的門人として師事するようになるためということも、その理由として考えられる。

次にB表の福建部分では、〈B2〉の袁枢は居住地、胡大時は本貫という意味では地縁のある人であるが、両名とも会面によるのではなく書簡による対等の講学相手である。『語類』多数条記録者の李閎祖、その弟〈C2〉の李相祖は、朱熹の父朱松ともからむ福建の楊時学系人脈の末裔であり、長じて朱熹と交渉を持つことが約束されていたような人である（次節後述）。次の興化軍莆田県出身の鄭可学は、純門人ともいえる人。彼が入門したのは、朱熹の親しい知人で福建出身で高官になった莆田の名士陳俊卿の弔問のために朱熹が莆田を訪れた淳熙十四年（一一八七）頃である。鄭は省試に二度失敗して人生に迷いを覚えていたときに、「為己の学（自己修養の学）」を唱える朱熹のことを聞いて参じたという（次節。また［田中　二〇〇一］八三頁。以下、田中書とも略記）。科挙合格という功利からではなく、利益に惑わされない生き方を学ぶ「為己の学」としての道学に共鳴して師事することを願うという、朱熹の主観に沿った門人が、朱熹五十代後半以降、朱熹の評判を聞いて参じ始める。そうした師事動機の典型ともいえる人である。

福建外の朱熹五十歳以降に交渉を開始した者の動向を反映する〈A4〉〈B4〉からは、『語類』の記録者として多くの記録条を残す本格的な門人といえる人々が福建外から多く来訪するようになっているのがうかがえる。その出身地域は両広、夔州路にまでは及ばず、両浙、両江、両湖あたりである。この地域分布は、〈C4〉でも、夔州路が若干入るが基本的にはかわらない。朱熹が棲む福建北部との空間的距離、また朱熹の赴任地（南康軍、浙東、漳州、潭州、臨安）での初見を機縁としての師事、そして第一節でふれた科挙システム文化の浸透度からみた中央との文化的距離の複合としてこの分布があらわれていると考えられる。〈A4〉〈B4〉で計十一名の名があがるが、そのうち『語類』

の多数条記録者となっているのは呉必大、潘時挙、周謨、董銖、陳文蔚、黄㽦で、六名という高い比率にのぼる。注意すべきは、そのうち五名が進士となっていないことである。十一名のうち進士となっているのは四名で、そのうち鞏豊、程迥は門人ではなく書簡による対等の講学相手である。この時代には士人は科挙システム文化のもとに存しているのであるが、深い関わりの門人ともいえる右の『語類』の多数条記録者六名のうち五名が進士になっていないことをみると、単に科挙合格のためだけではなくして人々が朱熹のもとに集まっている様子が想像できる。朱熹門人集団は、朱熹の四十代にではなく、この五十代、特にその後半以降に本格的に形成され始めるということがいえよう。

A、B両表からうかがえるのは以上のようなことであるが、『朱子語類』の記録多数条記録者のリストであるE表は、朱熹門人集団の形成ということに関して示唆的である。そこでA～D表との重なりという視点からこの表を少しくみてみよう。

『語類』巻前「語録姓氏」には約九十名の名があがるが、そのうちの四十三名がE表にのる。地域的には、右の書簡の分布と同じ傾向である。その四十三名のうちA～D表と重なるのは、下線（実線＝A、B表。破線＝C表）を引いた廖徳明（B）、楊方（C）、黄榦（C、D）、李閎祖（B）、鄭可学（B）、陳淳（C）、程端蒙（A）、潘時挙（B）、輔広（C）、滕璘（B）、董銖（B）、周謨（B）、陳文蔚（B）、黄㽦（B）、万人傑（C）、呉必大（A）の十六名である。そしてA、B、C表と重ならないのは二十七名である。

後者の二十七名について先にふれると、その中で進士となっているのは李方子、呉振、葉賀孫、襲蓋卿の四名である。呉振、襲蓋卿は進士となってから朱熹に師事したらしい。両名の『語類』の記録は朱熹の潭州知事期に限られる。(12)残る李方子が進士となったのは嘉定七年（一二一四）、葉賀孫は嘉定十三年（一二二〇）で、慶元六年（一二〇〇）の朱熹没後のかなり後のことである。つまりその師事期間中は必ずしも科挙合格だけを課題として師事していたのではないとみられる。他の二十三名は進士になっておらず、うち二十二名は資料上は官職についた形跡もみえない。E表で

A～C表とは重ならない朱熹五十歳以降の交渉開始者は二十六名だが、官職にもついていない右の二十二名のうち、林賜は出身地未詳、他の二十一名のうち十三名は福建外からの、かつ朱熹五十歳以降の師事者である。このE表は『語類』記録者のリストであるから、なんらかの形で朱熹の側に侍り朱熹の発言を記録した直弟子の人々である。進士にもならず官職にもつかないという結果からしかいえない（なれず、つけずということもあろう）が、リストのこうした人々は、師事の動機が科挙の学にある者もあったではあろうが、直接の師事期間中は朱熹とともに暮らし、直ちには科挙に結びつくものではない、むしろ科挙の学に批判的視座を提供する「為己の学」としての朱熹の学に共鳴しつつこの学に向き合っていたのではないかと推測される。

話をA～D表と重なる十六名に戻すと、五十歳前に交渉を開始した人も含めたこの十六名こそが、現存資料の限りでは、朱熹との書簡往復と直接の談話の記録との両面が重なることにおいて関わりの密度が濃い人々であり、朱熹生前の直接の門人集団の核をなす人々ということができる（ただし朱熹没後の朱熹顕彰活動については別に考えるべきである）。

そこで右の二十七名と同様にこの十六名における科挙との関わりをみてみると、進士となっているのは、廖徳明、楊方、李閎祖、滕璘、董銖である。廖徳明、楊方は先にふれたように進士となってから朱熹と出会う。李閎祖は嘉定四年（一二一一）、朱熹の没後だいぶ後の合格の進士であり、また彼が朱熹と出会った機縁は、先に述べたように科挙のためではなく、北宋末南宋初以来の福建道学人脈ゆえである。董銖もおそらく嘉定の進士だが、後述のように、朱熹師事期間中は自己修養の学として朱熹思想を捉えていたとみられる。残る滕璘が進士となったのは、朱熹への師事中の淳熙八年（一一八一）であるが、進士となって交渉が途絶えるのではなく、彼はさらに朱熹晩年まで交渉を求めていった。やはり科挙合格のためだけの関わりではないことがうかがえる。十六名のうち朱熹五十歳以降の交渉開始者は十一名で、そのうち進士になったのは後にだが李閎祖、董銖だけである。ただし、その他の彼らが官システム文化からまったく離れた存在だったかというとそうではなく、官職についた形跡がある者が約半数の六名いる。これは書簡多数通宛人でなく進士にもなっていない先の二十三名とは傾向を異にする。またE表の朱熹五十歳以降の交渉開始者の書簡多数通宛人十一名と多数通宛人ではない二十六名とを比べると、田中書によって表にメモした朱熹発言記録開始期によれば、後者は朱熹六十代以降に交渉が始まっている者が多いのに対し、前者はおおむね朱熹五十代に始まっているのがわかる。この前者の人々こそが、門人集団の中でも朱熹と密接な者たちといえる。その彼らは進士にはおおむねなってはいない。しかし官職についた形跡が多くあり、進士とはなっていなくても、総体として彼らは宋朝官僚システム、科挙文化とまったく離れているのではなく、士としての人生を官システム文化の中で歩んでいることがうかがえる。

本節を振り返りここで再度指摘しておきたいのは、彼ら門人の中で進士資格をもつ者も科挙合格後に朱熹と出会ったり（廖徳明、楊方）、また合格以前から師事した者が合格後にも師事する（滕璘）といった経緯にみられるように、彼らが朱熹と交渉をもつ動機の多くは、科挙のためという、とかく予想されがちな理由からではないことである。「朱子学」は科挙に適合する学だったという通念からすると、一見このことは奇妙である。しかしそのような感想は、明代以降からの視線、あるいは南宋のものとみてはいても後世の影響を前代に遡らせて朱熹生前にその学が権威あるものとなっていたとする前提があるためではないか。もしそうであれば、そこからは自由になってみていく必要があろう。そのためには朱熹生前に戻って彼らの個々に即して朱熹に師事した機縁を検討することが求められる。そこで以下、A～D表とE表とで重なるという量的観点から析出された、門人としての朱熹と関わりの密度が相対的に濃いと予想される右の十六名の人士について、その出自や師事の機縁をみていくこととしたい。

## 三　朱熹と関わりの密度が濃い門人たち

本節では、前節で析出した廖徳明、楊方、黄榦、李閎祖、鄭可学、陳淳（以上、福建内）、程端蒙、潘時挙、輔広、滕璘、董銖、周謨、陳文蔚、黄䓀、万人傑、呉必大（以上、福建外出身）の出自や朱熹師事の機縁をみていく。その各人について『宋史』、『宋元学案』、同『補遺』、地方志といった二次資料よりも資料的に先行する伝記資料があればあげる。また田中書、陳来書、陳栄捷書の掲載頁を提示する。『朱子語類』巻一一三〜一二〇の「訓門人」に項目があれば巻数を示す。一次伝記資料が確認できない者については『宋元学案』等によって挿話を記述することもある。一々は記さないが、いずれもおよそはもと元・明の地方志資料による。なお、朱熹四十代までに交渉を開始した人々については前論［市来　一九九〇］があり、記述の重なりがあることをお断りしておく。

**廖徳明**　字子晦、南剣州順昌の人。乾道五年（一一六九）の進士。伝記資料類として陳淳「為廖師挙哀」「奠廖師」（『北渓大全集』巻四九）がある。田中書一七頁、陳来書一二四頁、陳栄捷書二八七頁。「訓門人」は『語類』巻一一三。筆者はかつてその交渉経過の全体と交渉内容について考察した（［市来　一九九二］）。それによると、廖徳明は進士登第後、まず漳州で経理関係の職につき、その後、福建、広東の州県クラス、広東の路クラスの官を歴任した。『語類』巻首「朱子語録姓氏」では筆頭にその名があがる。朱熹と縁戚の汪応辰が廖の科挙試験官であった。『宋史』本伝は、徳明が若い頃、仏教を学び亀山楊時の書を得て悟ることがあったといい、彼が閩北の楊時系程学人脈圏にいたことがわかる。この二つが二人が結びつく要因である。交渉は乾道九年（一一七三）、朱熹四十四歳に始まり朱熹の死まで続くが、科挙合格後に始まったことに注意したい。交渉初期の朱熹書簡をみると、廖徳明は、天地陰陽が個物の生死を越えるように自身の生死を越える心の本体としての「性」があるとし、静坐澄心によりこの「性」に覚醒しようとするという、心の問題を抱えており、その問題が「理」の視点からする朱熹思想によって氷解したことがうかがえる。彼にとっての朱熹との出会いはここにあった。詳細は右の論を参照。

**楊方**　字子直、汀州長汀の人。隆興元年（一一六三）の進士。田中書一一七、一八二頁。陳来書八五頁。陳栄捷書二六七頁。「訓門人」は『語類』巻一一九。趙汝愚の幕僚となり、光宗、寧宗期は知州クラスの官、党禁時は斥けられたが嘉定年間に広西提点刑獄に至る。諸伝に七十八歳で没したとあるから、年齢は朱熹とほとんど同じである。彼の『語類』記録条は乾道六年（一一七〇）という最も早期の記録であり（「語録姓氏」）、李侗の思い出など、朱熹四十代の談話として貴重。資料上では廖徳明と同じく科挙登第後に交渉が始まっていることに注意したい。なお、朱熹の義弟范念徳の父范如圭宛の朱熹二十九歳の書簡（『朱集』巻三七「与范直閣」一。年次考証は陳来書八五頁、参照）に、「（『論語』の「一貫」に関連して）子直の説を聞く。吾丈猶お未だ卑論を以て然りと為さず、敢えて其の説を復すること此くの如し」とみえる。この「子直」が楊方だとすると、朱熹は二十代末には楊方を認知していたことになる。そこに范如圭が介在しているとすると、その関わりは福建北部の地縁、血縁、学縁が重なった朱熹の原初的社会関係に由来することになる。朱熹五十代以降はおそらくは会面していないが、書簡による楊方との交渉は朱熹の死まで続く。ただし彼宛の朱熹書簡（『朱集』巻四五）によると両者の意見はかなり異なり、『語類』「訓門人」には名があがるとはいえ、純「門人」といえる関わりとまではいえない。朱熹が南康軍知事時代に白鹿洞書院を再建したことに関係する「白鹿洞賦」（『朱集』巻一）の朱熹自注には、劉清之とともに楊方を「客」といい、講友として遇している。

**黄榦**　字直卿（一一五二～一二二一）、福州閩県の人。田中書三〇頁。陳来書一四四頁、陳栄捷書二六一頁。「訓門人」は『語類』巻一一七。朱熹は彼の父瑀の墓誌銘を書く（『朱集』巻九三「朝散黄公墓誌銘」）。［近藤　一九九六］は、主として朱熹没後の地方官としての姿勢を扱うが、黄榦伝記資料の考証も行い有用である。本稿での黄榦の記述は簡略にとどめるので、出自と生涯の詳細についてはこの近藤論文を参照されたい。黄榦の族は祖父の代から科挙に挑戦し、父瑀が紹興八年（一一三八）に進士となる。黄榦の出自は「士」の層に属する。ただし父瑀が黄榦十七歳で亡くなり、経済的には豊かではなかった。榦は福州で李深卿、林之奇に学び、淳熙元年（一一七四）に応挙するも不合格。その後、朱熹講友の劉清之の紹介により、翌々年、黄榦二十五歳のときに朱熹に初見する。淳熙九年（一一八二）には朱熹の娘を娶り、秘書役のようにしてしばらくは朱熹の側に侍る。朱熹の学にふれて黄榦は目指す科挙に距離を置くようになるが、それからの経緯に大いに迷いがあったことについては、［田中　一九七六］及び近藤論文、参照。

なお、朱熹晩年の『儀礼経伝通解』編纂に関係して喪礼、祭礼部分を朱熹没後も含めて編集し続けたこと、没後に朱熹生涯の「正統」伝記ともいうべき『朱子行状』を書いたことが、朱子学学説史的思想史という視点では重要であるが、本稿ではふれない。

**李閎祖**　字守約、邵武軍光沢の人。嘉定四年（一二一一）の進士。田中書一〇一頁。陳来書二七六頁、陳栄捷書一二四頁。「訓門人」は『語類』巻一一四。弟相祖、壮祖も朱熹に師事。後に朱熹はこの李氏兄弟の父李呂（一一二二～一一九八）の請願で呂の父李純徳の墓誌銘を書く（『朱集』巻九一「特奏名李公墓誌銘」）。それによると李氏は進士になる人もいるが高官に登るまでは至らない北宋以来の「士」の層の一族であり、旧法党系に属し元祐党籍碑に入れられた人もいる。純徳の従弟李郁は楊時門人で楊時の娘婿の一人。純徳の娘は同じ邵武軍の、朱熹の親友である何鎬に嫁ぐ。李呂が朱熹に会ったのは、右の墓誌銘に「淳熙六年、呂始めて予を廬阜の陽に見ゆ」とあり、朱熹五十歳のときであったが、墓誌銘は「旧より相識るが如し」という。楊方の項で述べた、地縁、血縁、学縁が重なった朱熹の原初的社会関係の延長ゆえであろう。李閎祖兄弟はその子であり、師事の機縁はやはりこの原初的社会関係にあるといえる。そして閎祖について諸伝は、朱熹が家塾にとどめて孫の訓育にあたらせ、また『中庸』の章句、或問、輯略を編ませたという。後者は祖型は朱熹四十代にできているから、朱熹六十歳時の「章句序」作成時点での整備の助手のようなことをさせたことをいうか。朱門で重用されたことを物語る。田中書が考証するように、この初回も含めて朱熹の最晩年にまでわたり少なくとも三回の会面を含めて師事した。

**程端蒙**　字正思（一一四三～九一）、饒州鄱陽の人。伝記資料として朱熹「程君正思墓表」（『朱集』巻九〇）がある。田中書七三頁。陳来書一四三頁。陳栄捷書二四五頁。「訓門人」は『語類』巻一一七。朱熹は彼の祖父汝能の墓表も書く（『朱集』巻九〇「程君公才墓表」）。端蒙、汝能両墓表によると、端蒙の父まではその族は庶の世界におり、端蒙に至って科挙の学に向かった。彼は「（郷里で）能く師友を博求して以て自から開益し、遂に詞芸を以て薦書に名せら」れて太学に入る（一一八〇年＝端蒙三十八歳）。それに先立ち、次述の滕璘兄弟と同じく、淳熙三年（一一七六）の朱熹の婺源墓参時に朱熹に初見、端蒙三十四歳。朱熹の五十歳、知南康軍のとき以降に本格的に師事する。その翌年、右のように太学生とはなったが、その後に彼は、朱熹の唐仲友弾劾に発して唐仲友の背後にいた宰相王淮が道学排除策を行うのに遇い、科挙でこれに抗議する答案を書いて不合格、郷里に帰り病死した。朱熹が夭折したこの門人を哀惜することきわめて深い（墓表。陳栄捷書の記述も参照）。太学における同輩との関わりを述べる墓表の、

其の太学に在るや、儕輩は類むね時好に趨り、復た聖賢の学有るを知らず。正思は其の告語すべき者を択び、事に因りて誠を推し、誨誘して倦まず、従て化する者亦た頗る衆し。然れども其の人と為りや、剛介にして苟合せず。人の学を講じ政を議して、未だ安からざる所有れば、輒ち門に造りて弁質し、或いは書を移して譬曉して、必ず其の是非可否の分を極めて後に已む。

という一節は、科挙システムの中での朱熹門人の振る舞いという点で興味深い。この後に右の王淮の道学排除政策との邂逅のくだりが続く。右は、進士とならなくとも「士」としてかくあれかしという姿を描こうとする、朱熹の思い入れの形象としてみるべき記述であろうが、その期待に応える要素を程端蒙が持っていたのであろう。朱熹はあたかも、「我が唐仲友弾劾もこうだったのだ」といいたいかのようである。ここで程端蒙は、「時好」の文を作成する本山

ともいうべき太学という場でそれに対比される「聖賢の学」を喧伝するという、常識では受け入れられそうもないことをしていることになる。その一徹を朱熹は称える。科挙批判を唱えても科挙文化の外に出るのではない、また出られるのでもないという朱熹学術の両義的あり方、また門人におけるその学の機能、そのことについての朱熹自身の理解の有り様と形象などが、この記述にはみてとれる。なお、朱熹生前に書いた初学入門向けの術語集『性理字訓』が彼には残る。(13)

**滕璘**　字徳粹（一一四五～一二二九）、徽州婺源の人。淳熙八年（一一八一）の進士。伝記資料として真徳秀「朝奉大夫賜紫金魚袋滕公墓誌銘」（『西山先生真文忠公文集』巻四五）がある。田中書一八五頁。陳来書一四二頁。陳栄捷書三二五頁。「訓門人」は『語類』巻一一八。本籍が朱熹と同地である。朱熹は後に兄弟の父洙（一一二九～九三）の墓誌銘を書く（『朱集』巻九四「滕君希尹墓誌銘」）。朱熹四十七歳の婺源墓参時に滕璘は弟珙とともに朱熹に初見、三十二歳。滕珙も淳熙十四年（一一八七）に進士となる。この珙は後に『朱子経済文衡』前後続集七十七巻を編む。田中書と重なるが、滕洙墓誌銘によると、滕璘兄弟の一族は、祖父は仕えなかったが叔祖父が進士となっている「士」の層であった。兄弟の父も科挙の勉強をして何度か受験したが受からず、希望を息子に引き継いだ。その後に関して、真徳秀の滕璘墓誌銘は、

> 新安の滕公徳粹　時に甚だ少くして、弟の徳章と与に其の尊君の命を奉じて、書を以て自から通じて教えを諏（もと）む。後ち数年して、子朱子　寓里（崇安）自り来帰し、始めて弟子の礼を以て見ゆ。

という。次いで、郷里で朱熹に教えを受けた後、しばらくして科挙に比較的優秀な成績で合格したという。以上の経緯からすると滕璘は科挙のためだけに朱熹に学んだかのようである。しかし師事させているのは彼らの父であり、郷里出身の儒学の大師があらわれたので、帰省したこの大師に息子を会わせたということであろう。先にも述べたように、時あたかも隆興の和議を承けて宋金戦時態勢が小康状態となり、乾道から淳熙にかけて道学系の経書解釈で科挙

の答案を書くことに追い風が吹いていたとみられる。その流れの中、北宋道学を総合的に捉えて新しい解釈を施す朱熹の名が識者にしだいに広まる。朱熹本籍の婺源では江湖に先んじてその名が知られていたのではないか。ただし滕璘の主観に立った場合、その師事は当初は科挙に対応できる道学を学ぶということではあったろうが、進士資格を得た後も官のつとめの合間をぬって朱熹の膝下に参じていること（田中書）からすると、後には進士か否かに関わらない自己修養のためのものとみたのであろう。その意味で科挙合格以後の彼の師事は、廖徳明など進士資格を持つ者の師事と同型といってよい。

**董銖**　字叔重（一一五二～一二一四）、饒州徳興の人。伝記資料として黄榦「董県尉墓誌銘」（『黄文粛公文集』巻三五）がある。田中書二七九頁。陳来書二四六頁。陳栄捷書二七六頁。朱熹は董銖の父琦の墓誌銘を書く（『朱集』巻九三「迪功郎致仕董公墓誌銘」）。田中書は右の伝記資料によりつつ師事に至る経緯を推測する。それと重なるが簡略に述べれば、董氏は徳興県の「著姓」で官にも人を代々出しており、基本的にはやはり「士」の層に属する。父董琦は朱熹の祖父朱森の夫人の弟程鼎に春秋を学ぶも官には就かなかった（董公墓誌銘）。董銖の朱熹師事は、この程鼎もしくはその息子の程洵（允夫）の紹介によるかと田中氏はいう。黄榦の董銖墓誌銘は次のようにいう。

既に冠し、郷の儒先の程公洵に従い游ぶ。語るに晦庵先生の人を教うる所以の者を以てす。叔重尽く学ぶ所を棄て、大学、中庸、語、孟の諸書を取り、日夜玩習す。糧を裏にして閩に入り、摳趨函丈して、労苦を憚らず。先生も亦た其の勤且つ敏なるを愛し、倦まずして以て教ゆ。

「尽く学ぶ所を棄て」とある「学」は科挙の学を、「大学、中庸、語、孟の諸書」は朱熹の四書説をいおう。黄榦はその四書学説を科挙の学に対置するものとして位置づけ、それに感銘して朱熹に師事したとする。董銖における朱熹思想の意味がここにあった。

その交渉開始時期については、朱熹書簡の早いものによると朱熹五十七歳、董銖三十五歳からとなり（陳来書）、

『語類』の記録は朱熹六十四、五歳以降になる（田中書二八三頁）。彼は先述の程端蒙とともに郷里の塾の学則を作り、朱熹思想に沿った「士」の再生産を志向する。朱熹はその跋文を書く（『朱集』巻八二「跋程董二先生学則」）。董銖三十六歳）。程端蒙とは州レベルでは同郷。朱熹のその跋文からすると、朱熹のもとにいないときには董銖は程端蒙とともに郷里で塾をやっていたらしく、董銖三十代半ばにはそうした朱熹思想再生産者として活動するようになっていた。黄榦は墓誌銘で、

　幹嘗て従いて晦庵先生に游び、今や四十年なり。相与に始終し周旋すること最も久しく且つ厚き者は、惟だ叔重のみ然りと為す。

というが、その表記時点（「先師没して十有六年」とみえる）から逆算すると、田中氏も示唆するように（二八〇頁）、あるいは淳熙三年（一一七六）の黄榦の朱熹師事開始期の頃にまで董銖の師事開始は遡るか。それは董銖二十五歳頃となり、年齢からすればそれもむしろ自然である。朱熹婺源墓参時に程端蒙が朱熹に会うのも関わるかも知れない。
　なお、諸伝もふれることだが、董銖について特筆すべきは、朱熹六十六歳以降、建陽の竹林精舎の講学で塾頭のような地位についていたことである。黄榦の墓誌銘はいう。

　慶元の初め、先生は講筵より帰り、日に諸生と竹林精舎に学び、叔重に命じて其の事に長たらしむ。諸生の日に誦習する所は、叔重先に之と反覆弁難し、然る後に先生に即きて焉を折衷す。

彼は朱門の中で指導的立場にあった（董銖四十四歳以降）。墓誌銘は、この後、偽学の禁が厳しくなり、学舎に動揺がはしるようになると、厳しく叱りつけて諸生は落ち着いたという。朱熹晩年には彼はこのように高弟として遇されていた。
　墓誌銘には、「其の晩年に迨び、始めて進士第に中り、迪功郎、婺州金華尉を授けらる」とみえ、進士となったらしい。ただし書き方、年齢からすると特奏名だったかもしれない。

**陳文蔚**　字才卿（一一五四～一二三九）、信州上饒の人。田中書九五頁。陳来書二七八頁。陳栄捷書二〇九頁。「訓門人」は『語類』巻一一四。この陳文蔚の資料として残る『克斎集』に拠りつつ、筆者はかってその交渉について考察した［市来　一九九三a］。陳文蔚は科挙を志したが受からず、中年からは地域の地方官の子弟などに学を講じ、官途にはつかなかった。父邦献（一一三三～一二二六）の生涯もほとんど同じであり（『克斎集』巻一二「先君竹林居士壙記」）、その一族は代々科挙に志すが進士にまでは至らず、地域に埋もれる在地士人に属する層であった。陳文蔚を朱熹に紹介したのは、郷里の州学の先輩余大雅（字正叔、信州上饒の人。一一三八～八九）であった。余氏一族も科挙を志したがうまくいかず、余大雅も「薦送に預」ったが、程頤初伝の尹焞門人であった王時敏と交渉があって挙業に距離を置く気持ちがあったためか、「志は是に在らず」であり（『克斎集』巻一二「余正叔墓碣」）、「為己の学」を唱道する朱熹の評判を聞いて朱熹の下に参じた。挙業に埋没することに同じく迷っていた陳文蔚は、郷里の先輩であるこの余大雅の紹介により朱熹と出会う。同様の気持ちを抱きやはり州学で同学だった徐昭然も朱熹に会う。彼らは朱門で信州グループを形成する。詳細は筆者の論を参照されたい。

**鄭可学**　字子上（一一五二～一二一二）、興化軍莆田の人。伝記資料としては、陳宓「持斎先生鄭公墓誌銘」（『復斎先生龍図陳公文集』巻二一）がある。田中書八三頁。陳来書二五一頁。陳栄捷書三四〇頁。「訓門人」は『語類』巻一一八。鄭可学における朱熹師事の機縁についての考証は、陳宓の墓誌銘を基礎に論述する田中書が詳しい。その梗概は第二節で記したが、省試に二度失敗して彼が人生に迷いを覚えていたときに、「為己の学」を唱える朱熹のことを聞いて、墓誌銘が引く鄭可学の言葉によると、

> 我　始め官を覔（もと）むるを以て急と為す。今や年は壮たりて、乃ち未だ道を聞かざること尤も急為るを知る。我　朱先生の道の統を伝うるを聞く。真に愿（つつ）しみ学ぶ所なり。

といって参じたという。淳熙十四年（一一八七）、可学三十六歳のことであった。「朱先生伝道之統」は「覔官」に対

置されるものであった。科挙との逆説的関わりが機縁となっているのである。なお、この後の朱熹六十一歳の知漳州期には、彼は子弟の師範として招かれたとあり（墓誌銘）、李閎祖、董銖らと同じく高弟として遇されたのがわかる。

**陳淳**　字安卿（一一五三～一二一七）、漳州龍渓の人。伝記資料としては、陳宓「北渓先生主簿陳君墓誌銘」（『復斎先生龍図陳公文集』巻二二）がある。田中書一三四頁。陳来書三三四頁。陳栄捷書二二〇頁。「訓門人」は『語類』巻一一七。朱子学術語集であるいわゆる『北渓字義』の講説者である。朱子学説史世界では黄榦とともに有名なこの陳淳については邦文の論文も数編あり、[14]田中書に加えて朱熹師事の経緯についてはそちらを参照されたい。ここではごく簡略に説くにとどめる。陳淳の父祖と科挙との関わりは不詳だが、陳淳自身は科挙に志し、その中で郷里の林宗臣に陳淳二十二歳のときに『近思録』を授けられて朱熹の学にあこがれ、朱熹の他の著作をも読んでいたが、朱熹が知漳州として赴任したときに会面、師事した。陳淳三十八歳。その後、慶元五年（一一九九）には建寧府建陽まで出かけて師事した。この陳淳の姿は、はじめ朱熹の編著を読み後に朱熹に直参するという、朱熹思想がある程度広がった段階の師事の型をあらわしている。

**潘時挙**　字子善、台州天台もしくは臨海の人。田中書二二〇頁。陳来書三八九頁。陳栄捷書三二八頁。「訓門人」は『語類』巻一一四。潘時挙の出自は不詳。『宋元学案』に、「嘉定十五年（一二二二）、上舎を以て釈褐し、無為軍教授に終わる」（巻六九）とみえることからするとやはり科挙システムの中にいたことになるが、ただし朱熹生前から科挙につとめていたかは不明。「語録姓氏」によれば彼は紹煕四年（一一九三）以来の朱熹師事者で、この年を含めて三期にわたり師事した（田中書）。ただしその師事の機縁も不詳である。

**輔広**　字漢卿、嘉興府崇徳の人。田中書二七二頁。陳来書三六六頁。陳栄捷書三〇二頁。「訓門人」は『語類』巻一一三。父逵は、宋金戦争のときに戦功を立てた後、邵州防御使、知泰州となったというから、士の層の人ではあるが軍官系の人だった。輔広ははじめ呂祖謙に学び、後に朱熹に師事した。呂祖謙の死は淳煕七年（一一八〇）で輔広の朱熹師事は紹熙五年（一一九四）からである。その間は、輔広宛て朱熹書簡第一書に、「漢卿 身は都城俗学声利の場の中に在るも、能く門を閉じ自から守り、衆人の味わわざる所を味わい、向来の金華の同門の士と雖も、亦た其の比を見す者有ること鮮し」（『朱集』巻五九）とみえることからすると、科挙の勉学にいそしんでいたか。この書簡末尾に「大業を究めよ」とあるのも科挙を指そう。しかし『宋元学案』は四回落ちたといい（巻六四「朝奉輔伝貽先生広」）、その一回は朱門に参じた後の党禁のさ中、慶元五年（一一九九）であった。つまり輔広は一貫して科挙を志向していた。このことを踏まえると興味深いのは、『宋元学案』の、

偽学の禁 厳にして、学徒は避去するもの多きも、先生は為めに動かず。文公曰く、此の時に当たり脚を立て得て定むるは甚だ難きも、惟だ漢卿の風力は稍や勁し、と。

という記述である。状勢からすると常識でいえば、朱門に在ることまたその学をまなぶことは科挙合格から遠ざかるはずである。しかし輔広の心にあっては、この状勢でも朱熹説を学ぶことが科挙に距離を置くことにはならなかった。彼は、科挙の学と背反的に科挙に対置すべき「為己の学」として朱熹の学を捉えるのではなく、「為己の学」のままで科挙の合格が果たせるとみているかのようである。科挙に対する心のこうしたあり方は、他の者とはいささか異なる。ただし彼は合格しないまま、郷里で開いた書院の教授で終わった。

**黄𥻘**　字子耕（一一五〇～一二一二）、隆興府分寧の人。伝記資料として葉適「黄子耕墓誌銘」（『水心先生文集』巻一七）がある。田中書一〇九頁。陳来書二七四頁。陳栄捷書二六二頁。「訓門人」は『語類』巻一一七。有名な黄庭堅は黄𥻘の従祖父にあたる。すなわち黄𥻘の一族は代々官僚を出す層である。『宋史』（巻四二三）本伝は、「太学進士に挙げられ、瑞昌主簿と為る」といい、𥻘が科挙からではなく太学から任官したことをいう。その朱熹への師事について葉適の墓誌銘は「郭子和・朱元晦に従うこと甚だ久し」といい、『宋史』本伝も「嘗て郭子和・朱元晦に従い学ぶ。熹深く之に期して、𥻘も亦た道を以て自から任じ、反復論弁して、必ず疑う所無くして、然る後に止む」という。ただ

しその機縁についてはふれない。その他の資料からも不詳である。なお、郭雍、字子和は、北宋の程頤門人郭忠孝の子である。田中書が推測する第一師事期の淳熙十五年（一一八八）は黄罃三十九歳であり、それ以前に任官していたかは年齢的に微妙である。

**周謨**　字舜弼（一一四一～一二〇二）、南康軍建昌の人。伝記資料として黄榦「周舜弼墓誌銘」（『黄勉斎集』巻三五）がある。田中書一四六頁。陳来書一六三頁。陳栄捷書一四一頁。「訓門人」は『語類』巻一一七。黄榦の墓誌銘は、周謨の八世の祖が南唐の御史中丞となったというが、直接の父祖については不詳。謨については、「両たび郷薦に預かる」というので、科挙を志向する「士」の位置にいたことがわかる。続けてその墓誌銘は、南康軍知事として赴任してきた朱熹との出会いを、

　文公朱晦庵先生　南康に守たり。君は衣を摳げて門に登り、尽く其の学を棄てて学ぶ。

と説く。先にみた董銖の墓誌銘と同じ型の表現であるが、「尽く其の学を棄て」というのは科挙の学をやめることをいう。朱熹の学術がやはり科挙の学に対置するものとして位置づけられている。すでに周謨は四十歳になっていた。逆にいえば、この歳まで合格にも至らず科挙の勉学を行っていた。中年にかかる中で科挙への思いや疑念が沈殿していたからこそ朱熹の学に向かったのであろうが、ここで地域に埋没する士となることを選びとるわけである。その後はたびたび遠路朱熹のもとに訪れて師事した。朱熹の没時には、偽学の禁が厳しい中、六十歳を越えているにも関わらず南康の朱門を引き連れて夜を徹して駆けつけ葬儀に参加した、と墓誌銘はいう。

**万人傑**　字正淳、興国軍大冶の人。田中書六二頁。陳来書一八四頁。陳栄捷書二四八頁。「訓門人」は『語類』巻一一五。父祖については不詳。田中書、陳栄捷書ともに『宋元学案』（巻六九）により、陸九齢が興国軍教授となったときに教えを受け、さらに撫州金渓に出かけて陸九淵に師事した後に朱熹に会ったことをいう。ただし陸氏兄弟に師事したという言の一次資料は不詳。陸九淵に直接会って教えを受けたことについては、『朱子語類』巻一一四「陸氏」

第三六条により淳熙五年（一一七八）、第三七条により淳熙十年（一一八三）の少なくとも二回あることが確かめられる。万人傑は進士にもならず官職にもついていないが、興国軍で陸九齢に教えを受けたというのは、彼がやはり科挙システム文化世界の中で生きていたことを示すものである。そして彼は、陸氏の学ではなく、後に出会った朱熹の学の方に引かれて朱熹の晩年まで師事することとなる。

**呉必大**　字伯豊、興国軍の人。田中書一〇九頁。陳来書一八四頁。陳栄捷書九〇頁。「訓門人」は『語類』巻一一七。父については、『宋元学案』（巻六九）の「父の任を以て官に補せられ、吉水県丞と為る」とあることからすると、ある程度高位の官員であったか。ただし基づく一次資料は不詳。父がそうであれば必大も科挙システム文化を生きることになる。呉必大が朱熹に会う以前に張栻、呂祖謙に師事したと『宋元学案』がいうのもこのことに関わろう。ただし基づく一次資料はやはり不詳。前述の万人傑とは朱熹と出会う以前から交遊しており、また『語類』の呉必大の記録は淳熙十五年（一一八八）以降だが（「語録姓氏」）、早くに呉必大が朱熹を知っていたということが、呉必大宛て朱熹書簡第一書からはわかる（『朱集』巻五二「答呉伯豊」。朱熹五十一歳。田中書六三頁）。田中氏は、万人傑に言及するその表現から、呉必大も大冶の人かと推測する。この呉必大については、朱熹がことに褒め称えた愛弟子であることがいわれている。田中書、陳栄捷書、［三浦　一九七九］二一九頁以下など。このことを踏まえて筆者が注意したいのは、朱門における彼の親友とみられる万人傑とともに、彼が朱熹学術に関連する議論が行われているいろいろな所に出てくることである。それらを整理することにより、門人集団形成後の朱門における朱熹説受容の質や深さを検討することができるように思われる。ただ、その検討は本稿の役割を越えることなので別に考えたい。

以上、朱熹多数通書簡宛人と『語類』多数条記録者との重なりという、現存の朱熹資料を量的な観点からみて析出した、生前の朱熹との関わりの密度が相対的に濃いとみられる朱熹門人達十六名の出自とその朱熹師事の機縁である。

ただし、以上は、人選の恣意性を排除するため、現存資料を量的な、いわば外側から探る視点で検索して抽出した人々である。彼らは、「朱子学」が権威を持っていた社会、時代における朱子学学説史、朱子顕彰史からみた場合に注目される人々とは必ずしも一致しない。また、あくまで朱熹側の資料から析出された人々であり、朱熹の交渉相手側からみた場合には、交渉の機縁、内実は様々であり、個別に検討すればここには入らない人々の中に、今日の思想史的観点からみるならばより本質的問題を抽出できる人がいる可能性も大いにある。ただし概括的調査にとどまる本稿はそこまでは踏み込めない。その前段階として、より深い検討へ向けての方向を探ることを役割とするものである。

## 四　朱熹思想と地域に生きる士人たち

では本稿の調査の範囲の限りでは、どういうことがいえるのか。

朱熹師事の機縁をみた以上の十六名について、科挙システムとの関わりをいうと、

a、すでに進士となった後に、あるいは後も朱熹に師事した人……廖徳明、楊方、滕璘

b、進士とはならなかったが、朱熹生前に官職についている人……鄭可学、呉必大

c、朱熹の没後に進士になったり官職についた人……黄榦、李閎祖、潘時挙、董銖、黄㽦

d、朱熹思想にふれて科挙の学をやめたり距離をおくようになった人…陳文蔚、鄭可学、周謨

e、科挙は断念しなかったが合格もせず官にもつかなかった人……程端蒙、陳淳、輔広

f、資料上は科挙志向ともみえず、また官にもついていない人……万人傑

といったように、科挙、官との距離は様々である。a、d、fは、科挙のために朱熹に師事したのではないことになる。cの中にも、董銖のように師事期間中は科挙の学には距離をおく「為己の学」志向だった者もいる。しかし、主

観的には朱熹の学が科挙の学に距離を置くものであったにしても、b、cのような人がいるように、彼らは科挙システム文化、また宋朝の官システムからまったく離れるのでもない。また十六名の出自は、本人のみならず先代以前から科挙志向であった者が多かった。以上から、主観としては科挙の学に距離を置く「為己の学」を朱熹が唱えようと、科挙との関わりからみた場合の朱熹思想受容者における朱熹学説の機能は単純なものではないことが予想される(15)。

いったい、地方の、狭い意味の地域で生まれ育った士人にとって科挙システムは、その地域に埋没して生涯を送る人生に対し、狭い意味での地域から離陸してより広域の地方社会、あるいは「天下」において「士」としての社会的責任を果たすという抱負を実現させてくれるものとして機能しよう。科挙合格というこの資格ぬきには地域からの究極の離陸は困難である。一方、科挙を運営する王朝側からすれば、この科挙システムは、そうした人材を基層社会から天下統治のための手駒として収納するとともに、王朝統治システムの精神文化的側面を基層社会に浸透させる装置として機能する。この二重の機能の実現のために、王朝側は官身分の者に税制その他の特権を与える。そのことにより、科挙システムに身を投じた者の中には、士としての社会的責任を果たすという理念とは裏腹に、その特権を行使しつつ地域社会での権益を拡充するために科挙に邁進する者も出現しよう(16)。

朱熹は、官身分に伴う特権、権益を得るために科挙の勉強をするというそうした動機の学に対し、それには距離を置く「為己の学」ということを若い頃から唱える。しかし宋朝体制下、士人たろうとすれば科挙システムからは逃れられない。それは朱熹にとっても前提である(17)。功利、権益の追求に心が埋没すると士としての生き方を見失いかねず、そこで学は「己の為めにする」ものだと批判する。とはいえ、心のそうした自己規制や迷いの払拭を仏教、道教に求め、宗教文化にのめり込むことは、そもそもの経世済民を志す「士」であることからの離脱に向かいかねない。科挙に距離を置くことを唱えるのも、士であることの廃棄に向かうものではなく、あくまで士としての生き方のためであり、そのための「為己の学」である。それゆえにその学は、科挙に埋没しつつもふと挙業に疑問を抱く者から大いに関心を持たれる（d群）。同時に、すでに進士となった後に朱熹に師事、交渉しようとする人も出てくる（a群）。先に第二節で、朱熹門人が朱熹と交渉をもつ動機の多くが科挙合格のためだけからではないことに注意を促したが、しかし以上の事例をみると、その「為己の学」の提唱が「士」の再生産システム、現実には科挙システムの外に立つことを単純に意味するものではないことにも、あらためて注意しておきたい。

その上で、朱熹思想受容者のうちのd、またe、fという人々をみると、彼らは科挙から離脱したり、合格できなかったり、官につかなかったり、つけなかったりする者である。右にのべた科挙の社会的機能からいえば、彼らは、狭い意味での地域からは離陸しない、ないしはできないで地域に埋もれて生きることになる。第二節のE表における朱熹書簡多数通宛人と重ならない人についてみたように、朱熹六十代以降に師事し始めた門人にはむしろこのような人々が多数派であった。『語類』で朱熹の言葉を熱心に引き出すこういう人々が、朱熹一次資料の形成という意味ではきわめて重要な役割を果たしているのである。

狭い意味での地域に生きるこうした士人の社会的あり方を考えると、彼らは右のように地域に埋もれて生きることになる。ただし官システム、科挙文化から離れてまったく埋没するのでもない。ときには州官、県官として赴任してきた官の幕僚ともなる。地域内の士でありあるいは「士」を志向するこの人々の協力なしには、地域事情に疎い官はやっていくのが困難である。地域に生きるこの士人たちはあるいは科挙を前提とした私塾や有力家庭の教師となり、士の再生産システムの末端に関与する。[18] 唐から宋に至り、官の末端として数えられていた吏が官員から分離して土着の胥吏と化した。[19] この胥吏層及び庶の世界と官との中間層として、中央からの統治の課題を地域の課題として消化し、地域の課題を中央に吸い上げるといった中央と地域とのすりあわせの場面に彼らは関わる。科挙の繰り返しとともに科挙下第者が増加するはずなので、こうした存在は北宋から南宋へと量的に拡大し社会的に一定の役割をなす層と化していく。社会史研究において南宋における「中間領域」社会の登場ということがいわれているが〔斯波　一九九六〕、それも地域に生きるこうした士人層の増大と並行するものであろう。

そして朱熹学説は、その『大学』解釈でいえば、「修己治人」論を基軸にして「家」から「国」、「天下」へと個が活動領域を広げていく各レベルとその相関に対する見通しを与える内容を持つ。また『儀礼経伝通解』の構想でいえば、『大学』解釈では曖昧な「家」と「国」との間に「郷礼」が挿入され、県以下の狭い意味での地域社会の秩序について思索する。この学説は、狭い領域から広い領域へとレベルを拡大する視点とともに、天下側から地域としての「郷」を捉え、同時にまた社会から自己を捉える視点を、その説を受容する者に提供する。一方、地域に生きる士人には、地域の事情と中央からの視点との両方から地域の課題をみることが求められる。そこでは特に自己のあり方をも含めて地域の権益べったりではなく、地域への埋没には距離を置く、より拡大した領域からの視線を持つことが要請される。[20]そして、朱熹学説が持つ、右のような「修己治人」論と『儀礼経伝通解』にみられる社会構成論、実践プログラム論は、進士となり地域から離陸した人に対して訴える内容をもとより持つとともに、しかしそこにとどまるのではなく、科挙合格には至らないまま地域に生きる、増大していくこうした士人達に対し、そのあり方に生じる右のような要請に言葉を与えるものとしても機能しよう。主観としては「為己の学」を唱えながらも、a～fと多様に分化しつつ朱熹に師事している門人の様態の量的データから概括的にうかがえるのは、いささか抽象的な説明ではあるが、朱熹学説がそのような幅広い機能をもつ言葉として受け入れられているということではあるまいか。

なお、第一節において、地域と思想という問題は中央との連動において、本稿のテーマに沿っては科挙に関わる文化的距離という視点からみるべきとし、中心、中間近接、中間遠隔、周縁各地域に南宋をわけて福建北部はその中間近接地域だとした。朱熹学術の視線が以上にみたように天下と郷里の両方に同時に向かっているのは、この中間近接地域に生きる思想家の論としてふさわしいものではなかろうか。粗っぽい論であるのを承知で他の道学系士大夫思想家とその居住地との関係とを試みに比較すると、呂祖謙は中心地域ともいえる浙東婺州に棲み、科挙の中で道学伸張をはかる。その門人もそれを前提に師事するかのようである（［市来　一九九八］）。一方、そうした科挙との関わり以前の、人としての心の権能の高揚として道学を捉える陸九淵兄弟は、中心地域から離れた中間遠隔地域江西撫州に棲む。心の権能を問うという課題は、個々の主体に即しては高官となろうとただの庶人であろうと共有され得る。このことに対応するかのようにその門人には二派があり、その一は中心地域の浙東陸門であり、彼らは科挙を通り後に学術関係の高官となっていく（［市来　一九九三］）。その二は陸氏地元の江西陸門であり、彼らの中から高官になるものはおらず、その多くは地域に生きる人生を送る。思想家とその居住地とのこうした関係をみると、結果論ではあるが、各道学系思想の中心講説者に師事する門人たちの科挙システム文化との関わりの密度が、科挙システムの中の中央との文化距離にそれぞれ対応しているようにみえて興味深い。そしてこの呂祖謙と陸氏との討議を通してその両方の学が目指すものをその主観としては取り込みつつ、「修己」から「治人」へというかたちでその学を構成し科挙文化の中で流通する経解の形でそれを表象し得たことが、かれら道学大師の没後に朱熹学術が広まっていく力となっているのではなかろうか。

さてこのように考察してくると、次には「地域に生きる」と表現したその士人たちの精神生活の具体的様相について説くことが求められる。しかしこれ以上のことについては、朱熹との往復書簡や『語類』における応答といった個別事例の集積によって検討しなければならず、本稿の領分を越えることとなる。第三節でふれた廖徳明や陳文蔚、また五、六十代ではなく三、四十代の地域内の親しき講学相手であった何鎬における朱熹との交渉（［市来　一九九四］）など、筆者はそのいく人かの事例についてすでに検証した。今後ともこの方向の検討を進めていくことを表明して、本稿をひとまず結ぶこととしたい。

## 註

（1）陸游『渭南文集』巻三六「方伯謨墓誌銘」、『朱子語類』巻一一六第一五条。［田中　二〇〇一］八頁、参照。

（2）［小島　一九九八］は、朱子学の広がりを考察するときに書物の流布について注意すべきことを論ずる。

（3）例えば［三浦　一九七九］は、「朱子学は朱子という個人が密室に閉じ籠もって編み出したというより、朱子という猛々しい闘将に率いられた朱子学団の思想、さらにいうなら、思想というより思想運動として動的に捉えた方がよいのではないか」という。二〇五頁。

（4）土田健次郎氏は、「任意の思想を抜き出してその地域性をあてさせようとした場合、果たしてどの程度まで正解が可能なのか」と、地理的意味での「地域」を単純に持ち出して事足れりとすることに注意を促す。［土田　一九九〇］四三七頁。

（5）南宋初、中央地域においても県官を充足しきれなかったことについては、［寺地　一九八八］第一三章「秦檜専制体制の限界」、とくに三「秦檜専制期における江南知県層の動向」、また地方における土豪的勢力の秩序形成力については、［大沢　一九九六］の「エピローグ」、参照。

（6）南宋の科挙の状況については、［チェイフィー　一九八五］が現在の基本認識となろうが、路ごとの進士数については、同書、中訳一九八頁、表21「根拠地方史志的名録編列的宋代各路進士数」参照。［岡　一九九八］は、南宋期科挙の試験官を地域的偏差という関心からその出身地を調べて数量的に表化し、各路の進士数との対応、また最も進士数が多い浙東路出身者の人脈について考察する。

（7）［東景南　一九九一］は、朱熹の佚文を丹念に集める。［吉田　一九八五］は、通行本『朱集』とは編集が異なる南宋本『文集』と通行本とを比較する。厳密にいえばこうした資料に対する配慮も必要である。

（8）［吉原　一九八〇］九六頁以下は、後に朱熹と論争する陳亮がこの時期、呂祖謙、朱熹とともに道学関係の文章、書物を多々著しまた刊行していることを、書簡をはじめとする呂祖謙と陳亮との交渉資料に拠って描く。

（9）自著の刊行に朱熹が熱心だったことについては、［陳栄捷　一九八八］、また［佐野　一九八八］二〇三頁以下、参照。

（10）唐仲友批判の顛末については、［石田　一九七五］、参照。

（11）乾道以降の科挙の中での程学の伸張については、［市来　一九九三］第二節「浙東士人としての袁燮」、参照。呂祖謙と朱熹との関わりと呂祖謙に対する朱熹の違和感については、［市来　一九九八］参照。

（12）呉振については田中書二六三頁、襲蓋卿については同二六〇頁、参照。

（13）『性理字訓』については、［侯外廬等　一九八四］、［本間　一九九三］がふれる。

（14）［佐藤　一九八九］［佐藤　一九九〇］［小島　一九九三］など。

（15）科挙の中で道学伸張活動をはかる者と科挙に距離を置く「為己の学」の提唱者という二つの像を人々が朱熹に対して持つ可能性があることに加え（二七二頁）、後者の問題だが、［田中　一九七六］は、科挙に向かう門人の姿勢への評価が朱熹六十歳前後で変化しているという。

（16）漳州知事になった際の朱熹の「勧諭榜」に、「一勧諭。官戸既称仕宦之家、即与凡民有異。尤当安分循理、務在克己利人。又況郷鄰無非親旧、豈可恃強凌弱、以富呑貧。盛衰循環。所宜深念。」（『朱文公文集』巻一〇〇）とみえる。「恃強凌弱、以富呑貧」という点が進士となり官戸となった輩の現状だと朱熹はみてとっている。

（17）孔子が現代に生きていたら、として、「嘗論科挙云。非是科挙累人。自是人累科挙。若高見遠識之士、読聖賢之書、拠吾所見而為文以応之、得失利害置之度外、雖日日応挙、亦不累也。居今之世、使孔子復生、也不免応挙。然豈能累孔子耶。自有天資不累於物、不須多用力以治之者。」（『語類』巻一三第一五七条）という。

（18）科挙下第士人の下第後のあり方については、［川上　一九八七］、参照。

（19）胥吏制度の概観については［梅原　一九八五］参照。

（20）注（16）の「勧諭榜」でいえば、「恃強凌弱、以富呑貧」という現状に対し、士としてのあるべき姿を、「士」と「民」の立場の相違を踏まえて狭い意味での地域社会の権益に対し自己規制する「安分循理」「克己利人」する人として朱熹は描く。

## 参考文献

石田　肇（一九七五）「唐仲友覚書」（『社会文化史学』第一二号）
市来津由彦（一九九〇）「福建における朱熹の初期交遊者達」（『東北大学教養部紀要』第五四号）
――――（一九九一）「廖徳明――福建朱熹門人従学の一様態――」（『東北大学教養部紀要』第五六号）
――――（一九九三ａ）「陳文蔚における朱子学の受容」（『東北大学教養部紀要』第六一号）
――――（一九九三ｂ）「南宋朱陸論再考――浙東陸門袁燮を中心として――」（宋代史研究会研究報告第四集『宋代の知識人

――思想・制度・地域社会』、汲古書院）
――（一九九四）「中国南宋初における閩北士人の心性論と朱子学――朱熹と何鎬の交遊をてがかりとして――」（『国際文化研究科論集』第二号、東北大学大学院国際文化研究科）
――（一九九八）「朱熹・呂祖謙講学試論」（宋代史研究会研究報告第六集『宋代社会のネットワーク』、汲古書院）
梅原　郁（一九八五）「宋代胥吏制の概観」（『宋代官僚制度研究』第六章、同朋舎）
大沢正昭（一九九六）『主張する〈愚民〉たち――伝統中国の紛争と解決法』、角川書店
岡　元司（一九九八）「南宋期科挙の試官をめぐる地域性――浙東出身者の位置づけを中心に――」（宋代史研究会研究報告第六集『宋代社会のネットワーク』）
川上恭司（一九八七）「科挙と宋代社会――その下第士人問題――」（『待兼山論叢　史学編』第二一号）
小島　毅（一九九三）「福建南部の名族と朱子学の普及」（宋代史研究会研究報告第四集『宋代の知識人――思想・制度・地域社会』）
――（一九九八）「思想伝達媒体としての書物――朱子学の『文化の歴史学』――」（宋代史研究会研究報告第六集『宋代社会のネットワーク』）
侯外廬、邱漢生、張豈之等（一九八四）『宋明理学史　上』第一八章第一節「程端蒙《性理字訓》――理学教育的啓蒙教材」
近藤一成（一九九六）「宋代の士大夫と社会――黄榦における礼の世界と判語の世界――」（佐竹靖彦他編『中国史学史の基本問題3　宋元時代史の基本問題』、汲古書院）
佐藤隆則（一九八九）「陳淳の学問と思想――朱熹従学以前――」（『大東文化大学漢学会雑誌』第二八号）
――（一九九〇）「陳淳の学問と思想――朱熹従学期――」（『大東文化大学漢学会雑誌』第二九号）
佐野公治（一九八八）『四書学史の研究』、創文社
斯波義信（一九九六）「南宋における「中間領域」社会の登場」（佐竹靖彦他編『中国史学史の基本問題3　宋元時代史の基本問題』）
束　景南（一九九一）『朱熹佚文輯考』、江蘇古籍出版社
田中謙二（二〇〇一）「朱門弟子師事年攷」（『田中謙二著作集　第三巻』汲古書院。本稿では田中書とも略記する。初出は、原

「朱門弟子師事年攷」（『東方学報　京都』第四四冊）は一九七三年、同「続」（『東方学報　京都』第四八冊）は一九七五年。本論文は両者を併せ増補改訂したものである。）

――――（一九七六）「朱熹と科挙」（吉川幸次郎、三浦國雄『中国文明選　朱子集』月報⒂、朝日新聞社）

チェイフィー（一九八五）John W. Chaffee, *The Thorny Gates of Learning in Sung China : A Social History of Examinations*. Cambridge University Press. 中国語訳、賈志揚『宋代科挙』、台北、東大図書股份有限公司、一九九五年

陳　栄捷（一九八二）『朱子門人』、台湾学生書局。本稿では陳栄捷書とも略記する。

――――（一九八八）「朱子之印務」（『朱子新探索』、台湾学生書局、所収）

陳　来（一九八九）『朱子書信編年考証』、上海人民出版社。本稿では陳来書とも略記する。

土田健次郎（一九九六）「社会と思想――宋元思想研究覚書」（佐竹靖彦他編『中国史学の基本問題3　宋元時代史の基本問題』）

寺地　遵（一九八八）『南宋初期政治史研究』、渓水社

本間　次彦（一九九三）「甦る朱子」（『中国哲学研究』第五号）

吉田　公平（一九八五）「宋本『朱子文集』について」（『東北大学教養部紀要』第四五号）

吉原　文昭（一九八〇）「陳亮の人と生活」（『中央大学文学部紀要　哲学科』第二六号）

三浦　國雄（一九七九）『朱子』、人類の知的遺産、講談社

〔付記〕この論文作成にあたっては鹿島学術振興財団および三菱財団の研究助成を受けている。また平成十一～十三年度文部省科学研究費の助成を受けている。

# 南宋期の地域社会における知の能力の形成と家庭環境
## ――水心文集墓誌銘の分析から――

岡　元　司



## 一　問題の所在

地域社会史研究とは、決して単に地域社会を検討対象とした歴史記述にとどまるものではない。地域性が歴史の歩みのなかでいかなる意味をもったのか、地域性が当時の人間にどのように認識されていたのかなど、地域そのものの意味づけに関わって設定される問題もある。また、それとは別に、さまざまな要素が混在する地域社会を取り扱うことにより、歴史学のなかで新たな問題を柔軟に見つけだす起点としての役割を帯びることもある。

日本における宋代地域社会史研究がどのような歩みを見せてきたかについては、本書の総論に既に示されているが、その中で重要な分析課題の一つとなってきたのがエリート層の役割についてであった。一九八六年にロバート・ハイムズ氏が江西撫州のエリートに関する著書を刊行（Hymes 1986）して以後、エリート層についての研究は日本においても再び活発化しつつある。

筆者もこれまで、南宋期の温州を事例として、温州出身のエリートたちが、科挙や地方行政を通して国家とどのような関係を築き、また地域社会内部において、どのような相互関係を形成していたのかを、一連の論考において論じてきた（岡　一九九五・九六・九八・九九）。

こうした地域社会におけるエリートの研究で、共通した特色の一つとなっているのは、エリートを思想史と関連づけて捉えようとしていることである。ハイムズ氏が撫州について陸九淵の出身地であることを強く意識して論じ、また、近年ではビバリー・ボズラー氏が、「南宋期の道学の重要なセンター」"An important center of tao-hsueh (Neo-Confucian) learning in the Southern Sung" としての金華に対する関心も込めて、浙東婺州の婚姻関係についての詳細な研究をまとめるなどしている（Bossler 1998）。前掲の一連の拙稿においても、薛季宣・陳傅良・葉適といった南宋期温州出身の思想家の存在は、温州を検討対象として選択するために重要な理由であった。

ところで、このように地域社会史研究と思想史をリンクさせて分析していくことについては、今後、更なる深化が求められようが、中国伝統社会の固有の特色という点を考えるならば、同時に、地域社会においても、多様な人的結合について、より意識的に着目していく必要があるように思う。そしてこの問題は、最近の日本の宋代史研究において議論の対象となっている二つのキーワード、すなわち、「ネットワーク」、「再生産」とも密接な関係をもっている。

「ネットワーク」については、宋代史研究会研究報告第六集『宋代社会のネットワーク』で、「中国独特の社会結合原理の一端」として取り上げられ、所収の諸論文において、政治、思想・文化、社会、流通の各面から検討がおこなわれた。また、「再生産」は、社会学者ピエール・ブルデューの概念から示唆を得て、主として科挙に関連する研究において取り上げられている（エルマン　一九九一、平田　一九九七）。

かたや「柔構造社会としての宋代社会の側面」としての「ネットワーク」、それに対して、階層の実質的な固定性をもたらす家族の「再生産」の戦略。両者の視角は一見、正反対に見える。しかし、柔軟で競争的・流動的な社会であればこそ、表面上は公平に見える試験制度や教育が内包する隠された構造に着目する意義は増すと言える。これまでの拙稿において、地域社会におけるエリートの婚姻関係や思想家どうしの交流を分析し、また、科挙試験をめぐる「不釣り合いな影響力」に着目してきたのも、こうした問題意識によるものである。

そして本稿では、中国伝統社会の特質を踏まえ、「ネットワーク」と「再生産」とをさらに交差させて統合的にとらえるために、宋代地域社会における「知」のあり方に注目してみたい。西洋やイスラム世界などと比較して考えた場合、知識人が直接政治の担い手となり、しかもそのステータスの認定が国家的な資格・任用試験によっておこなわれていた宋代中国は、「知」が比類なしに重要な役割をしめていたと言えるであろう。こうした比較史の視角については別の機会に述べているので（Oka 2000、岡　二〇〇一）、ここではこれ以上立ち入らないが、少なくとも、地域社会をとらえるうえでも、知識人の日常空間に、より実態的に即したかたちでの研究の進展が望まれるであろう。

宋代の地域社会における人的結合を、こうした観点から分析していく場合、前稿（岡　一九九九）にも述べたように、墓誌銘や手紙[1]は、文集中に少なからぬ数が収められており、恰好な材料となる。そこで本稿の前半においては、永嘉学派の思想を集大成した葉適の『水心文集』に収録された墓誌銘を材料としてデータ化をおこない、まずはそこから窺うことのできる人的結合を整理したうえで、その中における「知」の意味を考えてみたい。

## 二　水心文集墓誌銘の統計的分析

墓誌銘とは、周知のごとく棺とともに墓中に埋葬されるものである。しかし、近藤一成氏によれば、「実際は執筆されると直ちに巷間に広まり、少し時間がたてばその人の文集に収録されたり、筆記で論議されたりして、同時代人が共有する話題となっていた」（近藤　一九九七、一八四頁）とされる。

そして墓誌銘が文集の中にどの程度の数、収録されているかは、それぞれの文集によって異なるが、紹興二十年（一一五〇）に生まれ、嘉定十六年（一二二三）に没した葉適の場合、開禧用兵直後の開禧三年（一二〇七）に政治の舞台から去って、以後の晩年の人生を温州永嘉県城外にて過ごしており、その時期に執筆した大量の墓誌銘を併せて、『水心文集』中に百四十八点の墓誌銘と三点の行状が収録されている。同じ永嘉学派でも、数えで四十歳の時に没した薛季宣に、僅か墓誌銘五点と行状四点が残っているに過ぎないのとは対照的である。

一般に墓誌銘の執筆と言えば、士大夫が文を売って潤筆を受領する面が強調されることもあるが、後の明清時代とは異なって、宋代には潤筆に対する道義的な考え方がまだかなり広く存在していた時代であり、必ずしも報酬を得ることばかりが第一義とはなっていなかったと見られる（佐伯　一九七八、井波　二〇〇〇）。

実際、墓誌銘の文章の中には、執筆者と依頼者（または依頼者の親類など）との日常の諸関係が示されている場合が多く、北宋期について平田茂樹氏は、「個々の事例を丹念に見ていく限り、知人、友人に執筆を依頼するケースの方が多かったと思われる」と述べている（平田　一九九八、四三頁）。

また、周夢江氏によれば、葉適が墓誌銘の執筆にあたって、依頼者からの要望といえども筆を曲げることを拒否する事例があり、黄震ら後の文人から葉適の墓誌銘が高い評価を受けているのは、根拠のあることだとの指摘がなされている（周　一九九二）。数が多くとも、粗製濫造に走らず、執筆内容には一定の信憑性が得られていたと見なしてよいものと思う。

さらに言えば、ビバリー・ボズラー氏は、唐代の墓誌銘に比べると、宋代の墓誌銘が、古い先祖についての記述よりも、科挙に関連して子孫の業績へと関心がしだいに移行し、女性についての記述も息子の教育についての母親の行動が称えられることが多くなったことを指摘している。そして、執筆者と執筆対象者との関係についての情報も、より多く提供するようになったと述べている（Bossler 1998）。

以上のことは、本稿の以下の部分からも窺えるように、葉適の場合にもあてはまることであり、宋代の墓誌銘全般についても、当時の人的結合に対する認識や実態を分析するうえで、少なくとも有用な材料の一つと考えてよいであろう。

そこで、『水心文集』巻一三～巻二五所収の墓誌銘と、『同書』巻二六所収の行状について、執筆対象となった人物たちの出身地と階層を示したのが《表1》である。女性については、備考欄に夫もしくは子などの階層や官職を可能な限り示すようにした。

そして、この《表1》の結果をもとに、執筆対象者の出身地を分類したのが《表2》であり、また、執筆対象者の階層を分類したのが《表3》である[2]。

まず、執筆対象者の地域性から見ていきたい。葉適の地元である温州の執筆対象者は五十四人であって、執筆対象者総計百五十四名のうちの三十五・一%、すなわち約三分の一をしめている。裏を返せば、約三分の二は温州以外の人物を対象として執筆されたことになる。

しかし、温州以外の者が多いとしても、全国に均等的に分布しているのではない。温州を含む両浙東路として見れば、計百十人となり、七十一・四%をしめていたことになる。両浙路における葉適の墓誌銘等の執筆対象者の地域的

《表1》葉適『水心文集』墓誌銘・行状の執筆対象者リスト

| №. | 巻 | 墓　誌　銘　等 | 姓　名 | 出身地 | 官職 | 備　　考 |
|---|---|---|---|---|---|---|
| 1 | 13 | 陳少南墓誌銘 | 陳鵬飛 | 温州永嘉県 | ☆ | |
| 2 | 13 | 葉君墓誌銘 | 葉　梓 | 池州貴池県 | × | 「大家」、弟＝☆ |
| 3 | 13 | 墓林処士墓誌銘 | 何　傅 | 温州永嘉県 | × | №41☆の友人 |
| 4 | 13 | 宋故孟夫人墓誌銘 | 仲氏 | 揚州 | | 夫＝孟嵩★は哲宗后の一族 |
| 5 | 13 | 宋故宣教郎通判平江府姚君墓誌銘 | 姚　穎 | 明州鄞県 | ☆ | |
| 6 | 13 | 将仕郎嵇君墓記 | 嵇居易 | 紹興府上虞県 | ★ | 父＝☆ |
| 7 | 13 | 宋杜君墓誌銘 | 杜　椿 | 台州黄巖県 | × | 「善士」、子＝☆ |
| 8 | 13 | 媛女瘞銘 | 葉　媛 | 温州永嘉県 | | 葉適☆の三女(早卒) |
| 9 | 13 | 陳君墓誌銘 | 陳　巖 | 温州平陽県 | × | 陳傅良門人(早卒) |
| 10 | 13 | 故朝散大夫主管建寧府武夷山沖佑観周先生墓誌銘 | 周淳中 | 温州瑞安県 | ☆ | |
| 11 | 13 | 故太碩人臧氏墓誌銘 | 臧氏 | 江陰軍 | | 子＝☆ |
| 12 | 13 | 葉君墓誌銘 | 葉　権 | 池州貴池県 | × | №2の弟、兄弟に☆ |
| 13 | 13 | 厲君墓誌銘 | 厲邦俊 | 婺州東陽県 | ▲ | №104△の父 |
| 14 | 13 | 翰林医痊王君墓誌銘 | 王克明 | 饒州楽平県 | ☆ | |
| 15 | 13 | 郭府君墓誌銘 | 郭良臣 | 婺州東陽県 | △ | 書院の創立者、№123△の父 |
| 16 | 13 | 郭処士墓誌銘 | 郭良顕 | 婺州東陽県 | × | №15の弟 |
| 17 | 14 | 安人張氏墓誌銘 | 張氏 | 臨安府 | | №80の妻、子＝☆ |
| 18 | 14 | 高夫人墓誌銘 | 翁氏 | 温州永嘉県 | | №44★の妻、葉適☆の妻の母 |
| 19 | 14 | 徐徳操墓誌銘 | 徐　定 | 泉州晋江県 | ★ | №97★の父、妻は永嘉人 |
| 20 | 14 | 忠翊郎致仕蔡君墓誌銘 | 蔡待時 | 台州臨海県 | ▲ | 「家世豪族」、№21△の父 |
| 21 | 14 | 忠翊郎武学博士蔡君墓誌銘 | 蔡　鎬 | 台州臨海県 | △ | |
| 22 | 14 | 陳彦羣墓誌銘 | 陳季雅 | 温州永嘉県 | ☆ | |
| 23 | 14 | 姜安礼墓誌銘 | 姜処恭 | 嘉興府嘉興県 | × | 子＝☆、№137★のいとこ |
| 24 | 14 | 楊夫人墓表 | 楊氏 | 婺州武義県 | | №112☆の母 |
| 25 | 14 | 丁君墓誌銘 | 丁世雄 | 台州黄巖県 | × | 子＝☆ |
| 26 | 14 | 張令人墓誌銘 | 張幼昭 | 温州永嘉県 | | №47☆の妻 |
| 27 | 14 | 参議朝奉大夫宋公墓誌銘 | 宋　傅 | 温州永嘉県 | ☆ | |
| 28 | 14 | 呂君墓誌銘 | 呂師愈 | 婺州永康県 | △ | 子＝△ |
| 29 | 14 | 丁少詹墓誌銘 | 丁希亮 | 台州黄巖県 | × | №25の一族 |
| 30 | 14 | 姚君兪墓誌銘 | 姚献可 | 婺州義烏県 | × | 「資富」 |
| 31 | 15 | 鄭仲酉墓誌銘 | 鄭　噩 | 温州平陽県 | ☆ | |
| 32 | 15 | 彭子復墓誌銘 | 彭仲剛 | 温州平陽県 | ☆ | |
| 33 | 15 | 宋武翼郎新製造御前軍器所監造官邵君墓誌銘 | 邵叔豹 | 温州平陽県 | △ | |
| 34 | 15 | 沈元誠墓誌銘 | 沈大経 | 温州瑞安県 | △ | 「士」(兄＝☆) |
| 35 | 15 | 奉議郎鄭公墓誌銘 | 鄭耕老 | 興化軍莆田県 | ☆ | |
| 36 | 15 | 宋鄒卿墓誌銘 | 宋希孟 | 温州平陽県 | × | |
| 37 | 15 | 承事郎致仕黄君墓誌銘 | 黄正己 | 温州平陽県 | ▲ | 子＝☆ |
| 38 | 15 | 朝奉大夫致仕黄公墓誌銘 | 黄仁静 | 紹興府新昌県 | ▲ | №90☆の父 |
| 39 | 15 | 司農卿湖広総領詹公墓誌銘 | 詹体仁 | 建寧府崇安県 | ☆ | |

| | | | | | | |
|---|---|---|---|---|---|---|
| 40 | 15 | 林伯和墓誌銘 | 林　鼐 | 台州黄巌県 | ☆ | |
| 41 | 15 | 翁誠之墓誌銘 | 翁　忱 | 温州楽清県 | ☆ | |
| 42 | 15 | 夫人薛氏墓誌銘 | 薛氏 | 温州永嘉県 | | 薛季宣の姉、胡宗☆・胡守☆の母 |
| 43 | 15 | 致政朝請郎葉公壙誌 | 葉光祖 | 温州永嘉県 | ▲ | 葉適☆の父 |
| 44 | 15 | 高永州墓誌銘 | 高子莫 | 温州永嘉県 | ★ | 葉適☆の妻の父、英宗后の一族 |
| 45 | 16 | 朝散大夫主管沖佑観鮑公墓誌銘 | 鮑　瀟 | 温州永嘉県 | ☆ | |
| 46 | 16 | 荘夫人墓誌銘 | 荘　則 | 婺州金華県 | | 王淮☆の従子の妻 |
| 47 | 16 | 宝謨閣待制中書舎人陳公墓誌銘 | 陳傅良 | 温州瑞安県 | ☆ | |
| 48 | 16 | 著作正字二劉公墓誌銘 | 劉　夙 | 興化軍莆田県 | ☆ | |
| | | | 劉　朔 | 興化軍莆田県 | ☆ | |
| 49 | 16 | 朝請大夫司農少卿高公墓誌銘 | 高子溶 | 温州永嘉県 | ★ | №44★の一族 |
| 50 | 16 | 夫人林氏墓誌銘 | 林氏 | 婺州永康県 | | 父＝☆、夫＝☆ |
| 51 | 16 | 孫永叔墓誌銘 | 孫椿年 | 紹興府余姚県 | × | 父＝官職有り |
| 52 | 16 | 林正仲墓誌銘 | 林頤叔 | 温州瑞安県 | ☆ | |
| 53 | 16 | 夫人徐氏墓誌銘 | 徐氏 | 衢州龍游県 | | №100☆の妻 |
| 54 | 16 | 提刑検詳王公墓誌銘 | 王聞詩 | 温州楽清県 | ★ | 父＝☆ |
| 55 | 17 | 蔡知閤墓誌銘 | 蔡必勝 | 温州平陽県 | ☆ | |
| 56 | 17 | 徐道暉墓誌銘 | 徐　照 | 温州永嘉県 | × | 永嘉四霊（詩人） |
| 57 | 17 | 運使直閣郎中王公墓誌銘 | 王聞礼 | 温州楽清県 | ★ | 父＝☆、№54★の弟 |
| 58 | 17 | 陳叔向墓誌銘 | 陳　葵 | 処州青田県 | ☆ | |
| 59 | 17 | 黄子耕墓誌銘 | 黄　罃 | 隆興府分寧県 | ☆ | |
| 60 | 17 | 台州教授高君墓誌銘 | 高　松 | 福州長渓県 | ☆ | |
| 61 | 17 | 戴夫人墓誌銘 | 戴氏 | 台州黄巌県 | | №25の妻、子＝☆ |
| 62 | 17 | 劉子怡墓誌銘 | 劉士偲 | 台州仙居県 | × | 父＝温州州学正 |
| 63 | 17 | 劉夫人墓誌銘 | 劉善敬 | 温州永嘉県 | | №45☆の妻 |
| 64 | 17 | 沈仲一墓誌銘 | 沈体仁 | 温州瑞安県 | × | 「瑞安名家」（№34の一族） |
| 65 | 17 | 胡崇礼墓誌銘 | 胡　撙 | 紹興府余姚県 | △ | 父＝☆、子＝☆ |
| 66 | 18 | 校書郎王公夷仲墓誌銘 | 王　衜 | 台州臨海県 | ☆ | |
| 67 | 18 | 華文閣待制知廬州銭公墓誌銘 | 銭之望 | 常州晉陵県 | ☆ | |
| 68 | 18 | 陳秀伯墓誌銘 | 陳堯英 | 温州平陽県 | × | 「豪士」、太学生 |
| 69 | 18 | 著作佐郎銭君墓誌銘 | 銭易直 | 温州楽清県 | ☆ | 呉越国銭氏の子孫 |
| 70 | 18 | 劉建翁墓誌銘 | 劉起晦 | 興化軍莆田県 | ☆ | №48劉朔☆の子 |
| 71 | 18 | 朝議大夫知処州蔣公墓誌銘 | 蔣行簡 | 温州永嘉県 | ☆ | 妻は薛季宣の妻と姉妹 |
| 72 | 18 | 高令人墓誌銘 | 高氏 | 温州永嘉県 | | 葉適☆の妻、№44★の娘 |
| 73 | 18 | 葉君宗儒墓誌銘 | 葉士寧 | 温州楽清県 | × | 若き日の知人 |
| 74 | 18 | 李仲挙墓誌銘 | 李伯鈞 | 温州永嘉県 | △ | 父も官職有り |
| 75 | 18 | 朝請大夫主管沖佑観煥章侍郎陳公墓誌銘 | 陳景思 | 信州弋陽県 | ★ | 祖父＝☆ |
| 76 | 19 | 太府少卿福建運判直宝謨閣李公墓誌銘 | 李　浹 | 湖州徳清県 | ★ | 父＝☆ |
| 77 | 19 | 中奉大夫太常少卿直秘閣致仕薛公墓誌銘 | 薛　紹 | 温州永嘉県 | ☆ | |
| 78 | 19 | 国子監主簿周公墓誌銘 | 周　泊 | 台州臨海県 | ☆ | |
| 79 | 19 | 建康府教授恵君墓誌銘 | 恵　哲 | 常州宜興県 | ☆ | |
| 80 | 19 | 朝奉郎致仕兪公墓誌銘 | 兪　寛 | 臨安府 | ▲ | 子＝☆ |

| | | | | | | |
|---|---|---|---|---|---|---|
| 81 | 19 | 中奉大夫直龍図閣司農卿林公墓誌銘 | 林 湜 | 福州長渓県 | ☆ | |
| 82 | 19 | 草廬先生墓誌銘 | 林 鼒 | 台州黄巖県 | × | №40☆の弟 |
| 83 | 19 | 袁声史墓誌銘 | 袁直友 | 建寧府建安県 | ▲ | 弟＝☆ |
| 84 | 19 | 京西運判方公神道碑 | 方崧卿 | 興化軍莆田県 | ☆ | |
| 85 | 20 | 文林郎前秘書省正字周君南仲墓誌銘 | 周 南 | 平江府呉県 | ☆ | |
| 86 | 20 | 宝謨閣直学士贈光祿大夫劉公墓誌銘 | 劉 穎 | 衢州西安県 | ☆ | |
| 87 | 20 | 故吏部侍郎劉公墓誌銘 | 劉彌正 | 興化軍莆田県 | ☆ | №48劉夙☆の子 |
| 88 | 20 | 邵子文墓誌銘 | 邵持正 | 温州平陽県 | ★ | №33△の子 |
| 89 | 20 | 虞夫人墓誌銘 | 虞氏 | 紹興府山陰県 | | 子＝☆ |
| 90 | 20 | 故礼部尚書龍図閣学士黄公墓誌銘 | 黄 度 | 紹興府新昌県 | ☆ | |
| 91 | 20 | 太学博士王君墓誌銘 | 王 度 | 紹興府会稽県 | ☆ | 上舎同出身 |
| 92 | 21 | 朝請大夫直龍図閣致仕沈公墓誌銘 | 沈有開 | 常州無錫県 | ☆ | |
| 93 | 21 | 宜人鄭氏墓誌銘 | 鄭氏 | 徐州 | | 夫＝浙東参議 |
| 94 | 21 | 宝謨閣待制知隆興府徐公墓誌銘 | 徐 誼 | 温州平陽県 | ☆ | |
| 95 | 21 | 中奉大夫尚書工部侍郎曾公墓誌銘 | 曾 漸 | 建昌軍南城県 | ☆ | |
| 96 | 21 | 毛積夫墓誌銘 | 毛子中 | 温州瑞安県 | × | 読書人 |
| 97 | 21 | 徐文淵墓誌銘 | 徐 璣 | 温州永嘉県 | ★ | 永嘉四霊(詩人)、父＝★、弟＝☆(刑法科) |
| 98 | 21 | 故通直郎清流知県何君墓誌銘 | 何 澹 | 処州龍泉県 | ★ | |
| 99 | 21 | 夫人陳氏墓誌銘 | 陳氏 | 温州平陽県 | | 林善補☆の母 |
| 100 | 21 | 劉靖君墓誌銘 | 劉 愚 | 衢州龍游県 | ☆ | |
| 101 | 21 | 鄭景元墓誌銘 | 鄭伯英 | 温州永嘉県 | ☆ | |
| 102 | 21 | 東塘処士墓誌銘 | 陳 瑾 | 温州平陽県 | × | №9の父、築塘堰に功績、№88★の妻の父 |
| 103 | 21 | 中大夫直敷文閣両浙運副趙公墓誌銘 | 趙善悉 | 明州定海県 | ☆ | 宗室 |
| 104 | 22 | 厲領衛墓誌銘 | 厲仲方 | 婺州東陽県 | △ | |
| 105 | 22 | 趙孺人墓銘 | 楼氏 | 明州鄞県 | | 趙汝鐸(宗室、№103☆の子)の妻、従父＝楼鑰☆ |
| 106 | 22 | 故知広州敷文閣待制薛公墓誌銘 | 薛 弼 | 温州永嘉県 | ☆ | 薛季宣の伯父 |
| 107 | 22 | 故朝奉大夫知峡州宋公墓誌銘 | 宋紹恭 | 紹興府山陰県 | △ | 曾祖父・祖父＝官、父＝▲、№136☆の父 |
| 108 | 22 | 故運副龍図侍郎孟公墓誌銘 | 孟 猷 | 平江府呉県 | ★ | 哲宗后の一族 |
| 109 | 22 | 太孺人唐氏墓誌銘 | 唐氏 | 台州寧海県 | | №66☆の妾、子＝☆ |
| 110 | 22 | 故大宗丞兼権度支郎官高公墓誌銘 | 高子潤 | 温州永嘉県 | ★ | №44★の一族 |
| 111 | 22 | 舒彦升墓誌銘 | 舒 杲 | 信州永豊県 | ☆ | 葉適の「同年進士」 |
| 112 | 22 | 鞏仲至墓誌銘 | 鞏 豊 | 婺州武義県 | ☆ | |
| 113 | 22 | 史進翁墓誌銘 | 史 漸 | 明州鄞県 | ▲ | 子＝☆ |
| 114 | 22 | 林徳秀墓誌銘 | 林 穎 | ? | × | (早卒) |
| 115 | 23 | 宣教郎夏君墓誌銘 | 夏庭簡 | 台州黄巖県 | ☆ | |
| 116 | 23 | 兵部尚書蔡公墓誌銘 | 蔡幼学 | 温州瑞安県 | ☆ | |
| 117 | 23 | 福建運使直顕謨閣少卿趙公墓誌銘 | 趙彦倓 | ? | ★ | 宗室 |
| 118 | 23 | 故宝謨閣待制知平江府趙公墓銘 | 趙彦橚 | 厳州建徳県 | ☆ | 宗室 |

| | | | | | | |
|---|---|---|---|---|---|---|
| 119 | 23 | 孺人周氏墓誌銘 | 周氏 | 福州閩県 | | 夫＝☆ |
| 120 | 23 | 故大理正知袁州羅公墓誌銘 | 羅克開 | 吉州龍泉県 | ☆ | |
| 121 | 23 | 夫人銭氏墓誌銘 | 銭氏 | 台州臨海県 | | 子＝☆ |
| 122 | 23 | 朝議大夫秘書少監王公墓誌銘 | 王　枏 | 温州永嘉県 | ☆ | |
| 123 | 23 | 郭伯山墓誌銘 | 郭　江 | 婺州東陽県 | △ | №15の子 |
| 124 | 23 | 竹洲戴君墓誌銘 | 戴亀朋 | 台州黄巌県 | × | 祖父＝☆、父＝△、№20▲の娘婿 |
| 125 | 23 | 包顒叟墓記 | 包　昂 | 温州楽清県 | × | 子＝☆ |
| 126 | 23 | 資政殿学士参政枢密楊公墓誌銘 | 楊　愿 | 平江府 | ☆ | |
| 127 | 24 | 夫人王氏墓誌銘 | 王　氏 | 台州臨海県 | | 趙汝言當(宗室)☆の母 |
| 128 | 24 | 滕季度墓誌銘 | 滕　宬 | 平江府呉県 | × | 曾祖父・祖父・父は官職有り |
| 129 | 24 | 国子祭酒贈宝謨閣待制李公墓誌銘 | 李　祥 | 常州無錫県 | ☆ | |
| 130 | 24 | 周鎮伯墓誌銘 | 周鼎臣 | 温州永嘉県 | ☆ | |
| 131 | 24 | 兵部尚書徽猷閣学士趙公墓誌銘 | 趙師䍐 | 台州臨海県 | ☆ | 宗室 |
| 132 | 24 | 長潭王公墓誌銘 | 王思文 | 紹興府嵊県 | ▲？ | 子＝☆ |
| 133 | 24 | 故枢密参政汪公墓誌銘 | 汪　勃 | 徽州黟県 | ☆ | |
| 134 | 24 | 陳同甫王道甫墓誌銘 | 陳　亮 | 婺州永康県 | ☆ | |
| | | | 王自中 | 温州平陽県 | ☆ | |
| 135 | 24 | 故知枢密院事資政殿大学士施公墓誌銘 | 施師点 | 信州玉山県 | ☆ | |
| 136 | 25 | 宋廏父墓誌銘 | 宋　駒 | 紹興府山陰県 | ☆ | |
| 137 | 25 | 朝奉大夫知恵州姜公墓誌銘 | 姜処度 | 台州臨海県 | ★ | 父＝工部侍郎 |
| 138 | 25 | 陳処士姚夫人墓誌銘 | 陳　昺 | 台州臨海県 | × | 子＝☆ |
| | | | 姚氏 | 台州臨海県 | | |
| 139 | 25 | 孟達甫墓誌銘 | 孟　導 | 平江府呉県 | ★ | №108★の弟 |
| 140 | 25 | 黄観復墓誌銘 | 黄　章 | 紹興府新昌県 | ★？ | №90☆の子、兄＝☆ |
| 141 | 25 | 修職郎監和剤局呉君墓誌銘 | 呉　葵 | 婺州東陽県 | △ | |
| 142 | 25 | 戴仏墓誌銘 | 戴　丁 | 台州黄巌県 | × | 子＝☆ |
| 143 | 25 | 趙孺人墓誌銘 | 趙汝議 | ？ | | 宗室、王夢龍☆の妻 |
| 144 | 25 | 朝請大夫提挙江州太平興国宮陳公墓誌銘 | 陳　謙 | 温州永嘉県 | ☆ | |
| 145 | 25 | 陳民表墓誌銘 | 陳　燁 | 温州永嘉県 | × | 「隠君子」、子＝☆ |
| 146 | 25 | 宋葛君墓誌銘 | 葛自得 | 台州黄巌県 | × | 「世儒家、蓄書千巻、皆父祖手筆」 |
| 147 | 25 | 毛夫人墓表 | 詹氏 | ？ | | 夫＝知珍州 |
| 148 | 25 | 母杜氏墓誌 | 杜氏 | 温州瑞安県 | | 葉適☆の母、№43の妻 |
| 149 | 26 | 故昭慶軍承宣使知大宗正事贈開府儀同三司崇国趙公行状 | 趙不憙 | 婺州 | ☆ | 宗室 |
| 150 | 26 | 通直郎致仕総幹黄公行状 | 黄　雲 | 平江府長洲県 | 特 | 子＝☆ |
| 151 | 26 | 宋故中散大夫提挙武夷山沖佑観張公行状 | 張季樗 | 温州永嘉県 | ★ | 父＝☆ |

☆＝進士、特＝特奏名、★＝恩陰、△＝進納、武挙、その他、不明（官職有）
▲＝贈官（官職にはつかなかったが、子などの官職によって死後贈官された者）、×＝無官者

《表２》葉適『水心文集』墓誌銘等の執筆対象者の出身地

| | | | | | |
|---|---|---|---|---|---|
| 両浙東路 | 温　州 | 永嘉県 | 28 | 54 | 110 |
| | | 楽清県 | 6 | | |
| | | 瑞安県 | 8 | | |
| | | 平陽県 | 12 | | |
| | 台　州 | 臨海県 | 10 | 22 | |
| | | 黄巖県 | 10 | | |
| | | 仙居県 | 1 | | |
| | | 寧海県 | 1 | | |
| | 婺　州 | 金華県 | 1 | 14 | |
| | | 武義県 | 2 | | |
| | | 永康県 | 3 | | |
| | | 東陽県 | 6 | | |
| | | 義烏県 | 1 | | |
| | | (不明) | 1 | | |
| | 紹興府 | 会稽県 | 2 | 11 | |
| | | 山陰県 | 2 | | |
| | | 上虞県 | 1 | | |
| | | 余姚県 | 2 | | |
| | | 嵊　県 | 1 | | |
| | | 新昌県 | 3 | | |
| | 明　州 | 鄞　県 | 3 | 4 | |
| | | 定海県 | 1 | | |
| | 衢　州 | 西安県 | 1 | 3 | |
| | | 龍遊県 | 2 | | |
| | 処　州 | 青田県 | 1 | 2 | |
| | | 龍泉県 | 1 | | |
| 両浙西路 | | | 16 | | |
| 福建路 | | | 12 | | |
| 江南東路 | | | 7 | | |
| 江南西路 | | | 3 | | |
| 淮南東路 | | | 1 | | |
| 華北 | | | 1 | | |
| 不明 | | | 4 | | |
| 合計 | | | 154 | | |

《表3》葉適『水心文集』墓誌銘等の執筆対象者の階層

| | A 進士 | B 特奏名 | C 恩蔭 | D 進納 武挙 他 不明 | E 贈官 | F1 無官（血縁に任官者あり） | F2 無官（血縁に任官者なし） | 合計 |
|---|---|---|---|---|---|---|---|---|
| 温州 | 28 | 0 | 9 | 3 | 3 | 3 | 8 | 54 |
| | A～D：74.1% | | | | | | | |
| | A～F1：85.2% | | | | | | | |
| 両浙東路（温州以外） | 24 | 0 | 4 | 8 | 5 | 13 | 2 | 56 |
| | A～D：64.3% | | | | | | | |
| | A～F1：96.4% | | | | | | | |
| 他路 | 25 | 1 | 6 | 1 | 3 | 4 | 0 | 40 |
| | A～D：82.5% | | | | | | | |
| | A～F1：100% | | | | | | | |
| 不明 | 1 | 0 | 1 | 1 | 0 | 0 | 1 | 4 |
| 合計 | 78 | 1 | 20 | 13 | 11 | 20 | 11 | 154 |
| | A～D：72.7% | | | | | | | |
| | A～F1：92.9% | | | | | | | |

分布を地図上に示したのが《図1》であるが、同じ両浙の中でも「浙東」との結びつきの強さが際立っていることがわかる。[3] この点は、葉適自身が、「隆興・乾道中、浙東の儒学は特に盛んなり」（『水心文集』巻二五「朝請大夫提挙江州太平興国宮陳公墓誌銘」）と表現しているように、思想上の交流による要因が多分にあると言えるであろう。

また、そのこととも関連するが、浙東の他州の中でも執筆対象者の多い台州、婺州、紹興府が、単に温州から近いというだけでなく、いずれも温州から臨安に向かう際に通るルートに位置することにも気づかされる。《図2》は宋元時代の主要な交通路を示したものである（李　一九九七）が、これを参考にすれば、《図1》で多く分布している県が、温州人にとって頻繁に通りやすいルートおよびその周辺に位置していることを見てとれよう。葉適の交遊関係については、墓誌銘以外の史料も含めて、更に総合的に分析していく必要はあるが、このように旅行・移動の際にじかに接する機会[4]の多い地域については、交通・通信に制約の多かった当時においての交遊の特色を考えるうえで重視する必要のあることを、ここでは確認しておきたい。

《図１》『水心文集』墓誌銘等執筆対象者の地域分布（両浙路）

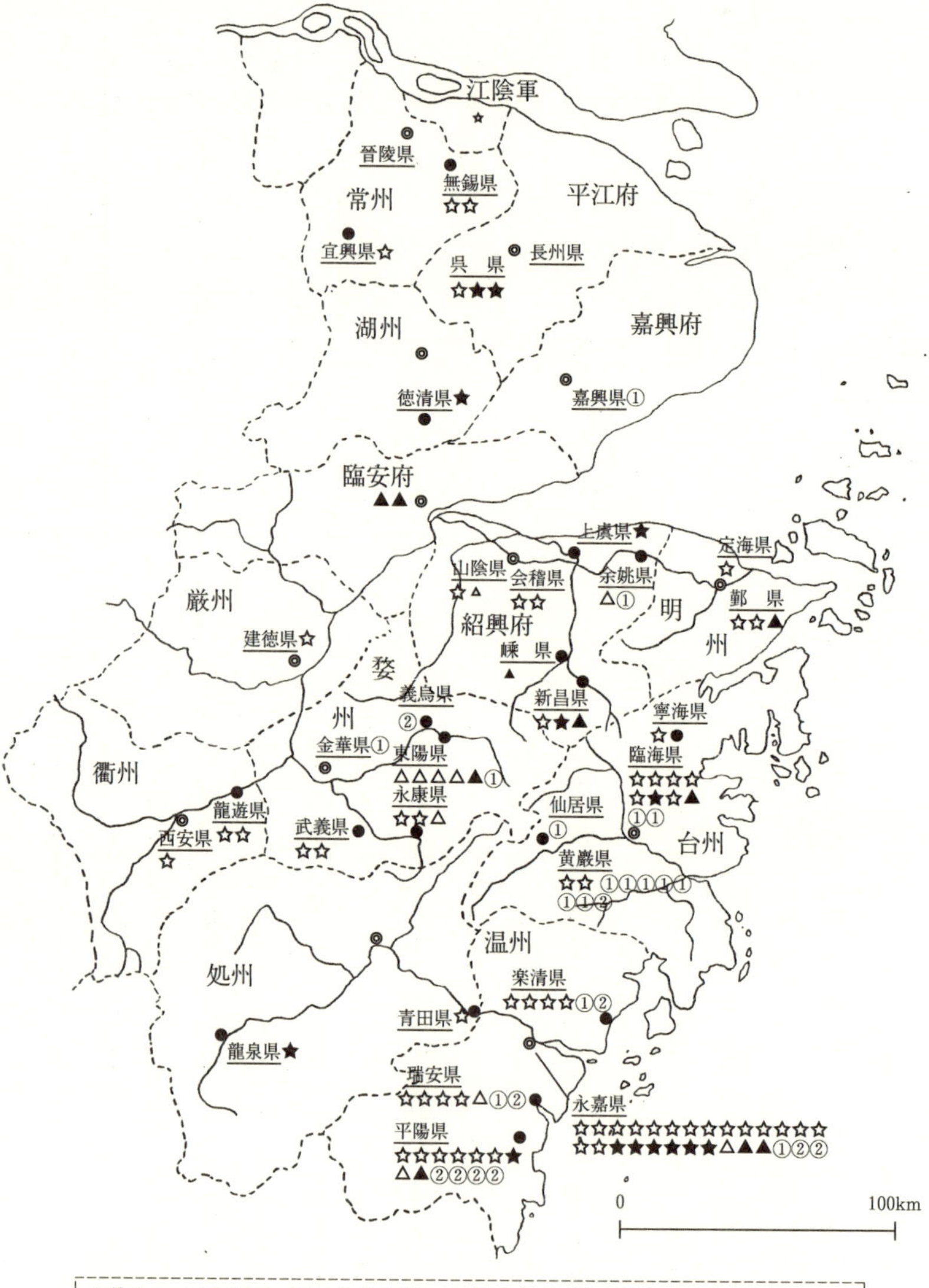


☆特★△▲の記号は《表１》と同じ。女性は夫（不明の場合は子など）に準じる。

①②は、《表３》のＦ１・Ｆ２にあたる。

なお、婺州・平江府には県の不明な人物が各１人含まれる。

——は州境を、……は河川・水路を示す。

《図２》宋元時代の浙江の主要道路（李　1997、269頁によって作成。地名は常用漢字に改めた）

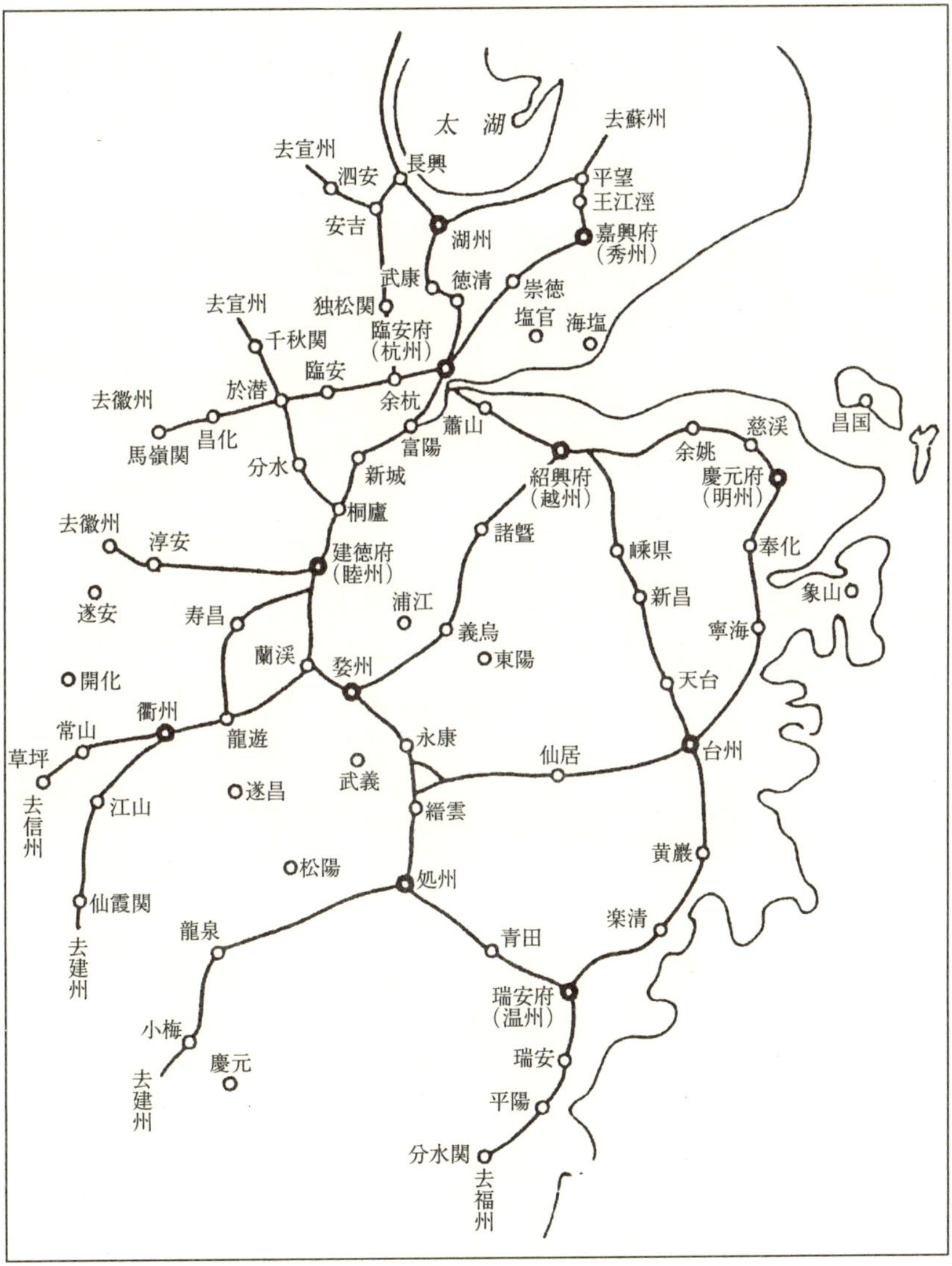

つぎに、《表3》によって、執筆対象者の階層を見てみたい。執筆対象者本人が何らかの官職に就いたことのある人物は、全体の七十二・七％をしめている。さらに、子が官職を保有したことなどによって贈官された人物や、それ以外で父・子・兄弟など近い血縁者で官職に就いた人物を含めると、九十％以上の多きにのぼることになる。墓誌銘の執筆は、執筆者と執筆対象者の間に人間関係があった場合以外に、執筆対象者の家族などが故人のために自分の交遊関係などをいかして執筆依頼をする場合が見られる。一々は示さないが、『水心文集』の場合にもこうしたケースは数多く含まれており、こうしたことからすれば、圧倒的多数の執筆対象者が、官職に就いたことのある人物であるか、もしくは血縁者に官職保有者がいることになる。

しかし、その一方で、本人が無官者であることはもちろん、血縁者にも官職保有者のいない人物が、少ないながらも含まれていることは、決して無視してはならないであろう。更にこれについては、仔細に見れば一つの傾向を見出すことができる。《表3》のF2の人数計十一名、そのうち出身地のわからない一名をのぞいた十名を地域分類別に見れば、温州が八名、それ以外は浙東の二名に限られている。すなわち、本人も血縁者も官職とは無関係の執筆対象者は、『水心文集』墓誌銘等においては、浙東以外の地域には分布していないことがわかる。

こうしたF2の人物群は、具体的にはどのような人物なのであろうか。《表1》にしたがえば、温州の八名とは、収録順に、何傅（巻一三、永嘉県）、陳巖（巻一三、平陽県）、宋希孟（巻一五、平陽県）、徐照（巻一七、永嘉県）、陳堯英（巻一八、平陽県）、葉士寧（巻一八、楽清県）、毛子中（巻二一、瑞安県）、陳瑾（巻二一、平陽県）であって、温州内の四県にそれぞれ分布している。温州以外の浙東の二名とは、姚献可（巻一四、婺州義烏県）、葛自得（巻二五、台州黄巖県）である。

これらの人物は、確かに官職にこそ就かなかった。しかし、墓誌銘やその他の史料から見る限り、経歴その他の判じがたい宋希孟をのぞくと、葉適と学問面で何らかのつながりがあった人物が多く含まれていることがわかる。すなわち、平陽県の陳瑾・陳巖父子は、永嘉学派の代表的思想家である陳傅良とは別房の一族にあたり、平陽県の水利事業にも積極的な関与を見せていた（本田　一九八四）。子の陳巖は数え三十五歳で亡くなったが、父陳瑾の墓誌銘に「昔、平陽の陳巖、学は能く微に造り、陳君挙・徐子宜の密かに授くるところと為る。不幸にして早夭し、二公哀傷し、余をして其の蔵を記さしむ」（『水心文集』巻二一「東塘処士墓誌銘」）とあるように、陳傅良らから学問を授けられていた。[5] また南宋の詩人グループとして名高い「永嘉四霊」は、次節で述べるように葉適とも関係が深く、四人ともに『宋元学案補遺』巻五五「水心学案補遺下」に名を列ねており、徐照は、その「四霊」の一人にあたる。葉適の門人の家族としては、「平陽の豪士」（『同』巻一八「陳秀伯墓誌銘」）であった陳堯英が挙げられる。彼自身、太学に入ったことのある人物であるが、「余に従うこと三十年」（同）と記される葉適の門人陳昂の祖父にあたり、孫・陳昂の求めで墓誌銘の執筆がなされた。

葉適の若き日の修学時代に関わりをもった人物も含まれており、たとえば葉士寧は、数え十六、七歳で知り合った人物である（葉士寧については次節で触れる）。また、姚献可は葉適が数えで二十歳の時に婺州方面へと遊学に出た際に知り合った人物であるが、「時に君兪（姚献可の字）、科場に応じ、詞賦を学習して鋭きこと甚だし」（『同』巻一四「姚君兪墓誌銘」）と記されている。

これ以外に毛子中と何傅の二人も、葉適と直接の交遊関係のあったことが確認できる。そのうち、毛子中については「師友に親しみ、今古を学習す」（『同』巻二一「毛積夫墓誌銘」）と記されており、何傅については、「処士、少きより攻めて詩を為る」（『同』巻一三「墓林処士墓誌銘」）と記されている。また、台州黄巖県は、やはり科挙合格前から葉適が訪問したことがあり、関係の深い土地であるが、その黄巖県の葛自得は、「世々儒家」（『同』巻二五「宋葛君墓誌銘」）とされる家柄であった。

こうして見てくると、葉適執筆の墓誌銘に登場する、本人、血縁者ともに無官の人物群は、確かに官に就かなかったとはいえ、永嘉学派に明らかにつながりをもつ者たちや、葉適の若き日以来、遊学をしたり、学問上の交流をする中で得られた知人・友人である場合が多く、したがって、少なくとも、詩や学問に関する教養ある人物たちであったと言える。

とするならば、もう一度『水心文集』墓誌銘等の人物群をまとめて整理すると、次のような二重の構造の人物群から成立しているように捉えることができるのではないだろうか。すなわち、一つは、官僚社会を通じての人的結合である。これは、葉適にとって、地元温州から浙東といった地域に比較的多いながらも、臨安での交遊や葉適の赴任地でのつながりなどを機縁として、かなり幅広い地域にまたがって分布しており、階層的には官職保有者であった。

もう一つは、官職とは無縁の人物群であり、葉適が若年時代から学問上の研鑽を積む過程で形成された人的結合である。これは、前者以上に地元に重心があり、温州内部の四県を中心としたつながりではあるが、婺州や台州のように、州境をこえた比較的近い他州にも広がっている。

この二重の人物群は、地域社会において交流があり、決して相互に分離した存在ではないが、ここで強調しておきたいのは、少数とはいえこのように本人も血縁者も無官であった者が墓誌銘執筆の対象となっているということの意味である。つまり、葉適とつながりのある人物群は、墓誌銘執筆からうかがえる範囲で言えば、多くが官職に就いた人物であり、近い親戚の官職経験も含めると圧倒的多数が官界に少しでも足を踏み入れた人物であるが、それと同時に、少数ながらそうでない人物も含まれていた。そして、本人、血縁者ともに無官の少数の墓誌銘執筆対象者たちが、やはり、学問の素養ある知識人であり、葉適をめぐる知的交流の日常性のなかに登場する人物たちであることは、地域社会における知識人のあり方を考えていくうえで、見逃してはならないことであろう。

すなわち、葉適の墓誌銘執筆対象者の範囲は、「官」の有無が重要な意味をもちつつも、もう一つ、「知」の有無も重要な意味を帯びていたということを、以上の分析から導き出すことができるように思う。

## 三　墓誌銘に見られる知の能力

さて、以上、葉適の墓誌銘執筆対象者を通してみる限り、宋代の地域社会においては、文学や儒教についての素養の有無としての「知」が、単に科挙合格者が官界入りするという意味において役割を果たすばかりでなく、科挙の合格・不合格を必ずしも問わない者どうしのあいだでの、日常的な場面における交流を可能にする一つの条件となっていたことが窺える。

このような「知」がどのような性質をもったものであったかに関連して注目されるのは、帝政後期中国におけるエリートの「リテラシー」（"literacy"、読み書き能力）に着目するベンジャミン・エルマン氏の最新作である。氏は、主として明清の科挙を対象に論じながら、科挙合格のために必要とされるものとして、識字能力を前提とした古典の暗記能力と、作文能力、作詩能力などを挙げる。そして、科挙が理論上はすべての人に開かれていながら、現実には多くの人が言語的な面で排除されていることを指摘した（Elman 2000）。

ところで、「知」の分析の前提となるものとして、日本の中国史研究においても、文人としての士大夫、士人、文人などに焦点を合わせる研究が、徐々に多く成りつつある。[6] このような中で、たとえば、寺田隆信氏は、「宋代以降の士大夫＝近世士人」の条件として、①古典（経書）に通暁すること、②詩文（韻文と散文）を立派につくること、③策論のための歴史的知識をもつこと、これら三つの条件を必ず具備しなければならなかったと述べている（寺田　一九九二）。

これに関わるものとして、中国伝統社会の特権者のあり方が他の旧体制の社会と相違することに注目していた吉川幸次郎氏の論文を思い起こすならば、そこで吉川氏が特権者の資格として挙げていたのは、「言語能力」であった。

そして具体的には、古典の暗誦、作文作詩能力のうちでも、吉川氏は、士人と非士人とを別つ基準として、とくに後者の能力の重要性を強調している（吉川　一九六七）。

本稿で取り上げている『水心文集』の著者葉適も、単に永嘉学派の思想家、あるいは官僚としてだけでなく、実は、宋代文学史のなかで散文の巧みさを称賛される一人の文章家でもあった。[7] 何忠礼・徐吉軍両氏の『南宋史稿』においても、葉適の執筆した墓誌銘の評判が当時高かったことと併せて、政論や奏議について、博引旁証ぶりと論理性の高さが指摘されている。[8]

そこで、本節においては、再び『水心文集』墓誌銘を材料として、地域社会において知識人たちが、どのような「知」の能力を磨いていたのかを、自身が文章家でもある葉適の目をかりて、初歩的な分析をおこなってみたい。多数の墓誌銘であるので、こうした点に関連する記述は多いが、温州やその近辺の地域の出身者についての記述を出来るだけ多く取り上げていきたい。

## （1）　作詩能力

「知」のあり方に深い関わりをもつ進士科の試験内容は、時代・時期によって変更がなされることがあるが、南宋期の省試においては、おおむね詩賦・経義の両科制となっていた。受験者は、そのどちらかを選択したのだが、経義科の全及第者数は、全及第者数の三割を超えてはならないとされており、詩賦が重視されていた（古林　一九七七）。

葉適の墓誌銘の中には、温州の詩人グループである「永嘉四霊」の四人のうち、前節で触れた無官の徐照のほか、父の恩蔭で地方官を歴任した徐璣に対しても墓誌銘を執筆している。宋代は各地に詩社が形成され、詩人の活動が高まりを見せた時期であるが（欧陽　一九九六）、こうした詩人のグループによる活動は、科挙合格を目指して相互の詩作能力を切磋琢磨することも重要な目的の一つとしていた。ちなみに、「永嘉四霊」のあと二人の人物、翁巻（温州楽清県）[9]は淳熙十年（一一八三）の発解試をへて、省試に赴いたことがあり、趙師秀（温州永嘉県、宗室）は紹熙元年（一一九〇）の進士である（陳　一九八六）。また、徐璣の弟は刑法科によって官員となるなど、永嘉四霊とその近親者の全体に、進士合格者は多くなくとも、試験制度との関わりはやはり深いと言える。また、ここでは詳しくは触れないが、南宋期の温州で最も進士合格者を多く輩出した薛氏一族の薛師石・薛嵎と永嘉四霊との個人的つながりが深かったことも、併せて指摘しておきたい[10]。

葉適自身も、『水心文集』の中に多数の古詩・近体詩を残している。そして、墓誌銘の中で、前節の何傅以外にも、たとえば鞏豊（婺州武義県、進士）について、「尤も工みに詩を為り、多きこと三千余首に至る」（『水心文集』巻二二「鞏仲至墓誌銘」）と記し、また、翁忱（温州楽清県、進士）について、「詩は尤も句律を得、之を読む者は廟朝に在りて韶濩の音を聴くが如し」（『同』巻一五「翁誠之墓誌銘」）と記すなど、作詩能力に秀でた者への称賛の言葉を挟んでいる。

### （2）　暗記能力

しかし、作詩の能力だけでは、科挙合格を目指すうえで不十分であった。経義科の選択の場合は言うまでもないことだが、詩賦科を選択する場合においても、併せて論・策の試験を受ける必要があり、そこでは経史子にまたがる幅広い知識が要求されるのは当然であった。また、作詩そのものに関しても、単に平仄・押韻の規則にしたがうだけでなく、出題の範囲や典故の必要から、やはり同様の知識は必須のものであった。

そこでまず重要になってくるのは、経書などを暗記する能力である。たとえば、銭易直（温州楽清県、進士）について、「君、十歳にして『春秋三伝』を能く通記し、……」（『同』巻一八「著作佐郎銭君墓誌銘」）と記され、高子潤（温州永嘉県、北宋英宗の高皇后の弟の子孫、葉適の妻の一族）について、「学は古今に通じ、『左伝』・『漢書』を暗記し、……」（『同』巻二二「故大宗丞兼権度支郎官高公墓誌銘」）と記されているように、具体的に記えた書名が墓誌銘に書かれている場合も少なくない。また、周鼎臣（温州永嘉県、永嘉学派の先駆・周行己の一族）について、「大書叢巻の多きこと数百なるものは、親しく手ずから伝写し、記憶は略ぼ遍し」（『同』巻二四「周鎮伯墓誌銘」）と記されているように、書きながら記憶したという方法もとられたようである。

墓誌銘におけるこうした暗記に関する記述は、他に同じ温州で、たとえば、王十朋の門人にあたる宋晉之（温州楽清県）の墓誌銘には、「君、幼くして穎悟なり、日々数百千言を誦す」（楼鑰『攻媿集』巻一〇九「朝散郎致仕宋君墓誌銘」）と記されているように、『水心文集』以外の墓誌銘においても幅広く見られるものであった。

なお、こうした暗記という作業は、常識的には、かなりの面倒や苦痛を伴ったであろうと考えられるが、中には周南（平江府呉県、進士）について、「君の、書に耽り、誦するを喜ぶは、天性より出づ」（『水心文集』巻二〇「文林郎前秘書省正字周君南仲墓誌銘」）と記されていたり、また、小児の頃から読書・暗記に親しんでいた劉夙（興化軍莆田県、進士）が、「我、心より此を楽しみ、誦すること久しければ、楽しみも益々深し」と同学に対して言った（『同』巻一六「著作正字二劉公墓誌銘」）と記されているなど、暗誦を苦にせず、進士に合格したような人物もいたようである。

### （3）文章力

経義にせよ論策にせよ、実際の科挙においては、その内容とともに、文章の表現が重視され、作文の試験としての要素を多分に含んでいた。また、手紙・墓誌銘なども文言で書かれるわけであり、知識人の日常においても、文言の文章力は必要不可欠な能力であった（吉川　一九六七）。自身が文章家として高い評価を受けていた葉適は、墓誌銘の中でも文章能力の高い人物に対する称賛をおこなっている。

たとえば、陳鵬飛（温州永嘉県、進士）について、「布衣たりしより、経術・文辞を以て当世に名あり、諸生数百人に学を教う」（『同』巻一三「陳少南墓誌銘」）とあり、周泊（台州臨海県、進士）について、「子及（周泊の字）少くして文を以て自ずから名あり」（『同』巻一九「国子監主簿周公墓誌銘」）と記すがごとくである。

それでは、葉適はどのような文章能力を高く評価していたのであろうか。さらに具体的に称賛している記述を挙げてみたい。まず、陳傅良の門人である蔡幼学（温州瑞安県、進士）について、「幼くして文を以て顕らかなりと雖も、浮巧軽豔えんの作無し」（『同』巻二三「兵部尚書蔡公墓誌銘」）と記し、また杜椿（台州黄巌県）について、「学は其の質を厚くするを以てし、浮華枝葉の言を為さず」（『同』巻一三「宋杜君墓誌銘」）と記している。これらからすれば、見かけの華麗さを求めたり、内容の薄いことを長々と書く文章に対して、葉適は嫌悪感を抱いていたことが窺える。

裏を返せば、戴亀朋（台州黄巌県）について、「文記詩歌は、務めて奇卓清簡と為し……」（『同』巻二三「竹洲戴君墓誌銘」）と述べているように、簡潔な文章を好んだということになる。ただし、葉適の場合、文章を書くにあたっても、彼の思想と同様に実効性を重んじたことが特色とされており（孫・常　一九九六）、決して短ければそれでよいということではない。不必要な枝葉の言葉を嫌っただけであって、姚穎（明州鄞県、進士）について、「其の文は精俊にして詳実なり」（『同』巻一三「宋故宣教郎通判平江府姚君墓誌銘」）との評価が見られ、また、先に「経術・文辞を以て当世に名あり」との引用を示した陳鵬飛の学問について、「其の学は通博なり、而して多く治乱を知る」（『同』巻一三「陳少南墓誌銘」）とあることからすれば、幅広い知識にもとづいた確かな内容を詳しく述べることについては、むしろ肯定的な評価をくだしていると言えるであろう。

### （4）読書量

このように、文章を書くにあたって幅広い知識を要すること自体は、中国の文言一般における「典故」の重要性を考えれば、決して葉適に限ることではないが、しかし歴史に関する知識を踏まえて現実的な提言をおこなっていた葉適にとっては、とりわけ必要度の高いことであったと見なしてよいであろう。その意味で、幅広い知識を得るため、読書を熱心におこなうことは、当然、葉適の墓誌銘執筆においてもしばしば称賛の対象となっており、たとえば、「古書に博く通じ」（『同』巻二五「修職郎監和剤局呉君墓誌銘」）、あるいは、「益々読書し、今古を明習し……」（『同』巻二三「宣教郎夏君墓誌銘」）など記されている。また、朱熹の門人であるが詹体仁（建寧府崇安県、進士）の墓誌銘にも、「已にして徧く諸書を観、百家を博く求め、融会して通浹す」（『同』巻一五「司農卿湖広総領詹公墓誌銘」）と記されている。

こうした読書については、いろいろな苦労談も多く記されている。たとえば、葉適の同年進士にあたる舒杲（信州永豊県）は、「幼くして学を知りてより、夜読書するに、水を設け木を加うること地に於てし、困れて寐ぬる毎に、足は跌して声有り、輒ち驚きて寤め復た読み、以て常と為し、其れ志を励ますこと此の如し」（『同』巻二二「舒彦升墓誌銘」）とあるように、眠り込んでしまわないように工夫をしながら読書に励んでいた。また、既に官員となった後でも、王度（紹興府会稽県、上舎同出身）のように、「君は戸を閉め読書し、自言せず。朝廷、之を賢とし、特に用いて太社令と為し、太学博士に遷す」（『同』巻二〇「太学博士王君墓誌銘」）とあるように、懸命な読書が昇進につながった例も見られる。[11]

### （5）　議論する力

しかし、宋代の「知」は、暗誦を単純に繰り返したり黙々と読書をするような作業によってばかり支えられているのではなかった。先に述べた詩作という創作活動のために、相互に切磋琢磨するグループが形成されていたのと同様に、学問内容についても相互の交流の中で鍛え合う場面も必要であった、周夢江氏の指摘するように、葉適は、師友相互の講学がもたらす作用を重視し、また、教える側として独創的な見解をもっていてこそ学生を啓発できるという考えを抱いていた（周　一九九二）。

したがって、墓誌銘の中でも議論についての記述がいろいろと見られる。たとえば、恵哲（常州宜興県、進士）について、「弁論して往々にして終夕睡りに就かず」（『同』巻一九「建康府教授恵君墓誌銘」）と述べられているように、徹夜での議論もおこなわれることがあったようである。そして、前節の無官の者について触れた中に登場した葉士寧（温州楽清県）について、「余、十六、七にして君を識り、時に君も亦た尚お少く、言論英発にして、是を是とし非を非として仮借を肯んぜず、余、頗る之に傾下し、因りて仲長統の語を思い、甚だ君の為す所を羨む」（『同』巻一八「葉君宗儒墓誌銘」）と記し、後漢時代に敢えて直言をしたことで知られる仲長統を引き合いに出して、葉士寧の議論力を称えるなどしている。

やはり無官であった陳巖（温州平陽県）について、「其の成童たりしより、智の開く所は、師友の問学たるのみ」（『同』巻一三「陳君墓誌銘」）と述べられている。南宋の温州の地域社会においても、「知」の形成にとって、相互の間で「問う」ことの意味は決して失われてはいないのである。

なお、こうした議論についての記述は同じ永嘉学派の陳傅良による墓誌銘にも見られる。たとえば、陳傅良は劉春（温州永嘉県、進士、字＝端木）との関係について、「余、端木と同に太学に入り、同に乾道八年進士と為る。議論の往復は最も密にして相好に至るなり」（陳傅良『止斎先生文集』巻四八「劉端木墓誌銘」）と記している。議論の積み重ねを通してかけがえのない相手を得ていたことへの言及は、こうした議論が、単に有名な思想家どうしのみではなく、そうした思想家をとりまく知識人たちによっても日常的に幅広くおこなわれており、またそうしたことが重んじられていたことを示すものであり、彼らの「知」の世界のあり方の一端を垣間見せてくれるように思う。

以上、『水心文集』の墓誌銘の記述によって、葉適が重視していたとみられる知の能力を、五つに分けてあげてきた。(12)

明代の経書学習について分析した佐野公治氏の研究成果によれば、墓誌銘をはじめとする伝記資料において、記誦がどの程度の重要性をもっていたかについては、時期による変化があったようである。元末明初に記誦能力への称賛が多かったのに対し、陽明学の登場した晩明においては、そうした記誦能力や学習努力を称賛する記事が伝記から乏しくなり（もちろん記誦が撤廃されたわけではないが）、読者の主体性が重んじられる方向へとむかう（佐野　一九八八）。

もちろん南宋期においても、以上見てきたように、暗記能力に対する称賛も見られるし、眠気をおさえて読書する努力も見られる。しかし、前述のような葉適自身の文章観、教育観や、当時各地に学派が分立していた思想界の状況などを考え併せると、葉適の周辺に見られた知の形成のあり方が、少なくとも、個性を無視した機械的な暗記ばかりによっていたものではなく、創造性や自己表現力の要求される場面が少なからずあったことは、当時の地域社会に於ける人的結合を分析していくうえで見逃してはならないであろう。

ところで、以上の墓誌銘の記述からは、個人個人の知の能力の形成に、家庭がきわめて重要な役割を果たしていたことが見てとれる。そこで、節を改め、その家庭環境についての分析を進めていきたいと思う。

## 四　知をはぐくむ家庭環境

科挙に合格するうえで「富める家」が有利であったことは、宮﨑市定氏の指摘（宮﨑　一九四六）をはじめとして既に繰り返し言われてきたことであろう。また実際、『水心文集』の中の葉適の父葉光祖の墓誌銘の中で、「祖公済、太学に遊びて成ること無く、貲は衰え、処州龍泉を去り、温に居し、公に至り、定まりて永嘉の人と為る」（『水心文集』巻一五「致政朝請郎葉公壙志」）とあるように、葉適の曾祖父葉公済が太学に行ったものの、財産が尽き、居も処州から温州へとかえたことが記されている。

しかし、そうした家庭における財産と「知」の能力の形成との相関性を認めたうえでだが、本節では、その側面とは別に、文化的側面からみた家庭環境と「知」の能力の育成の関係を見ていきたいと考えている。そこで、以下、名族、官員、儒者の家の有利性と女性の役割という二つの点にまとめて整理し、そのうえで、家庭に関してこれまで十分には重視されていなかった交流の場としての側面にも注目してみたい。

### （1）名族、官員、儒者の家の有利性

南宋期の温州において多くの官員を輩出した名族の存在については、既に明らかにしたことがある（岡　一九九五）が、本稿では、できるだけ温州を中心にしつつも、墓誌銘執筆対象者に関わる限りで温州以外の地域も含めて考察の対象としたい。

まず、そうした名族を含めて、官員の家に生まれた子弟にとって、「知」の能力を向上させるうえで直接的に有利であるのは、身近な家族が教師となってくれることである。たとえば工部尚書張闡を父にもつ張季樗（温州永嘉県）は、出世には頓着しなかったが、「惟だ家門の素業を以て事と為す。二子既に登第し、諸孫を誨（おし）うること尤も切なり」（『同』巻二六「宋故中散大夫提挙武夷山沖佑観張公行状」）とあるように、二人の子が進士合格した後は、孫の教育に熱心にあたっていた。[13]

同時に、直接的に有利な条件としては、名族の場合、しばしば蔵書が豊富に存在することである。既に拙稿の中で、『止斎先生文集』巻四七「胡少賓墓誌銘」を引用して、母親の実家である薛季宣の一族の蔵書を利用して胡氏の兄弟が勉強し、後にそのうち二人が進士合格した例を挙げたことがある（岡　一九九五）が、これ以外にも温州に関連した事例は『水心文集』の中にも見られる。

たとえば、前掲のように、「大書叢巻の多きこと数百なるもの」とある周行己の一族の周鼎臣（永嘉県）の家は、永

嘉県の松台山の下に居すること二百年になる名族であった。また、葉適の妻の高氏の一族は、先にも触れたように、英宗の高皇后の弟の子孫であるが、「昔、后は自ら閤内銭を以て国子監の書を買いて其の私第に賜い、款識に曰く：『元祐丙午崇慶殿賜書安仁坊高氏家蔵』と。然らば則ち読書の効は、不倚に至り、始めて之に当たる」（『水心文集』巻一六「朝請大夫司農少卿高公墓誌銘」）と記されており、皇后の世代以後、恩蔭にばかり頼っていた高氏に、初めて高不倚という進士合格者（嘉泰二年＝一二〇二）が誕生したことを、葉適は高皇后の時にできた蔵書の効果と結びつけて認識していた。

こうした蔵書に対する葉適の関心は、台州臨海県の例であるが、『同』巻一四に登場する蔡鎬の一族の蔵書について、巻一二「石菴蔵書目序」にて、「蔡君は、族人に貧多く、尽くは学ぶこと能わざるを念い、始めて書を買いて石菴に寘く。其の屋を増して便房と為し、読者の焉に処るを願い、田百畝を買いて之に食を助く」と記していることからも窺えるように、学問のための条件として非常に重視していたことがわかる。蔵書の多さは、読書量の多さにも直結することから、知識人の「再生産」に重要な意味をもっていたと言ってよいであろう。(14)

このように名族に育った子弟は、たとえば、宗室の趙不悳（婺州、進士）について、「浙東、閩の建上に転徙し、其の賢士と遊び、書を求めて手もて自ら写読し、昼夜学びて去らず」（『同』巻二六「故昭慶軍承宣使知大宗正事贈開府儀同三司崇国趙公行状」）と記されているように、その交遊関係を通して、自分の家以外の書物にも接する機会が多かったと見られる。また、官員を経験した父をもつ高松（福州長渓県、進士）について、「然るに君は科挙を専らにせず、毎ね黎明より読書し、夜丙に止む。書益々多ければ、見聞も益々高遠にして、華枝蔓葉は自然消落し、是を以て俗に縣合せず」（『同』巻一七「台州教授高君墓誌銘」）と記されているように、科挙を第一目的とせずとも進士合格している。このように、交遊の中で、あるいは書物を通して、自然に知識を身につけていく過程は、名族や官員の家がもつ知的環境と深く関わっているであろう。

そして、墓誌銘の中にしばしば登場する早熟性をあらわす事例も、しばしばこうした家庭の状況と関係しているように思う。たとえば、代々官員の家柄であった鮑濂（温州永嘉県、進士）が、「生まれて六、七年にして、読書すれば迎ち解き、筆を下せば奇語有り」（『同』巻一六「朝散大夫主管沖佑観鮑公墓誌銘」）と記されていたり、唐代以来、官僚を輩出していた平江府の楊氏の楊愿（進士）が、「始め太学に在り、年尚お少きも、文は甚だ敏なり」（『同』巻二三「資政殿学士参政枢密楊公墓誌銘」）とあるのは、そうした例と言えよう。また名族とは言えないが、永嘉県丞として温州に赴任した恵哲（常州宜興県、進士）は、承事郎の父が苦学のために心の病にかかったため、祖父から教育を受け、「君、夙に悟り、幼くして成り、兄国子博士迪とともに志を励まして読書す」（『同』巻一九「建康府教授恵君墓誌銘」）とあるように、早熟性を示して、兄とともに進士となった。

ただし、第二節で述べたことと関わるが、南宋の地域社会においては、名族や官員の家だけが「知」を担っていたのではなかった。この点で注目したいのは、官に就いていないながらも「儒者」「儒家」などとして登場する階層の存在である。牧野修二氏は、「宋元時代に士と庶を分つ基準は学問徳行の有無にあった」と指摘して、「儒士」「儒家」などについて言及し、その中には、『水心文集』から、兪寛という人物が四代にわたって臨安の「儒家」であった例を挙げている（巻一九「朝奉郎致仕兪公墓誌銘」）（牧野　一九九一）。

温州およびその近辺の地域社会に限ってみても、こうした「儒者」「儒家」は、牧野氏が挙げた以外に、『水心文集』の中にも続々と登場する。たとえば、王枏（温州永嘉県、進士）に関して、「曾祖震、祖延齢、父贈朝議大夫畧、及び其の先三世は、皆な儒者にして仕うるを得ず」（巻二三「朝議大夫秘書少監王公墓誌銘」）とあるように、王枏にいたって初めて進士合格者を出すまでは、王氏は代々儒者であった。また、前掲の人物だが、葛自得（台州黄巌県）についても、「君の姓は葛氏、名は自得、字は資深。曾祖及、祖藻、父天民、建由り台に徙り、黄巌の人と為る。世々儒家たり、書千巻を蓄うるは、皆父祖の手筆たり」（『同』巻二五「宋葛君墓誌銘」）と記されている。さらに、葉適の門人である陳耆卿（台州臨海県、進士）が、「二大父幷・賓は、皆な儒先生たり、数十世に伝わる。吾が父、諱は昺、字は叔明、吾が母、姚氏、亦た臨海の儒家にして、人は嫁の娶らるること適当なりと謂う」（『同』巻二五「陳処士姚夫人墓誌銘」）と述べている。これら以外に、「儒者」などの表現は使われないものの、第二節で出てきた毛子中（温州瑞安県）について、「居する所は瑞安の深谷にして、毛家山と号し、毛姓の者二千人を以てす。祖鐣、九十三、父驤、八十六、皆な学に篤く善を好み、郷に於て称えらる」（『同』巻二一「毛積夫墓誌銘」）と記されているような場合も、相似たような存在であったものと考えられる。

以上のような「儒者」「儒家」の子弟がしばしば進士合格を果たしていたことは、右の例にも含まれているが、温州に関して言えば『水心文集』以外にも見られ、たとえば思想家とも関係する人物で言えば、王十朋（温州楽清県、紹興二十七年状元）の父で、死後、左朝散郎を贈られた父王輔は、「其の先、銭塘より徙（うつ）り、朝散公に至り、始めて儒を業とし、声有り」（汪応辰『文定集』巻二三「龍図閣学士王公墓誌銘」）と記されているように「儒」をなりわいとしていた。

そして、右の例で、葛自得の家に書物千巻が蓄えられているように、「儒家」の蔵書も、その家の子弟の知の能力の形成に有利な環境を提供していた。そして同時に、温州以外の事例ではあるが、曾祖父・祖父が「儒先生」であった曾漸（建昌軍南城県、進士）のように、「公、生まれて未だ十年せずして、徧（あまね）く経史を読む」（『水心文集』巻二一「中奉大夫尚書工部侍郎曾公墓誌銘」）といった早熟性も、知識人たる家族の影響抜きには語れないであろう。

### （2）　家庭教育における女性の役割

文化面から家庭環境を見た場合、以上のように、家族による教育や、家の蔵書など、身近な知的雰囲気が、無理なく知の能力を形成することにつながっていた。そして、そうした「身近さ」という点から言えば、母親の役割もたい

へん大きかったと言えるであろう。(15)

これに関して、墓誌銘の中で目立つのは、母親からの叱咤激励である。とくに、父親が既に死んでいながら子が進士合格を果たした場合、そこにはしばしば母親の関わりが見られた。たとえば、林善補（進士）の母・陳氏（温州平陽県）は、夫の死後も「猶お力めて其の子に学を課して怠らず」（『同』巻二一「夫人陳氏墓誌銘」）とあるように、子に勉強をさせ続けた。そして、こうした女性がどのように子どもを叱咤激励したかと言えば、丘崈（進士）の母・臧氏（江陰軍）の場合、夫の死後、子に夜は必ず書物を持たせ、その傍に従って、「我、婦人なり、書の義を知る能わず。其の玩誦反復するを観れば、清切にして寐ねざるは、学に於て深きの験なり」（『同』巻一三「故太碩人臧氏墓誌銘」）と言ったとある。また、鄭耕老（興化軍莆田県、進士）の母林氏は、知識人であった夫の死後、子の教育にあたって、「余は婦人なり、汝、余を欺くは易きのみ、場屋を欺くは難きなり」（『同』巻一五「奉議郎鄭公墓誌銘」）と子に対して語っていた。さらに、母が子を敢えて突き放して見せることもあり、鞏庭芝（進士）の孫である鞏豊・鞏嶸（ともに進士）の母楊氏（婺州武義県）は、二人の息子を呂祖謙のもとで学ばせる際に、「爾、学成らざれば、帰するを庸いざるなり」（『同』巻一四「楊婦人墓表」）との言葉を発している。つまり、ものにならなかったら家の敷居はまたがせないよと言って、子の奮起を促す場合もあったのである。

右に掲げた例に登場する母親自身は、文言の能力や古典の知識がない場合も見られるが、『水心文集』に登場する女性には、明らかにそうした能力を示す者も、決して少なくはない。たとえば、永嘉学派の思想家である陳傅良の妻張氏（温州永嘉県）について、「夫人の父兄は皆な儒先生たり、幼きより詩礼間事に陶染し、絶えて他女より異なる」（『同』巻一四「張令人墓誌銘」）と記されている。また、周洎（台州臨海県、進士）の妻王氏は、「夫人王氏、経史は通習し、文を能くし詩に工みなり」（『同』巻一九「国子監主簿周公墓誌銘」）とある。

したがって、こうした学ある女性が母親である場合は、劉允廸（進士）の母銭氏（台州臨海県）のように、「儒を以て顕らかなり」とあり、「諸子、方に携抱され、習う所の経は皆な口授し、以て師を煩わさず」（『同』巻二三「夫人銭氏墓誌銘」）とあるように、子の教育に直接あたる場合もあった。さらに、知温州莫子純（進士）の母虞氏（紹興府山陰県）は、「已にして夫人生まれ、英悟にして夙に成り、勁き画、麗しき語は、学ばずして能くし、詩書古文は素習のごとく有り」という教養の持ち主であったが、夫の死後、子をますます学問に向かわせ、「爾、未だ解けずとも、他を庸いて質すこと無かれ」（『同』巻二〇「虞夫人墓誌銘」）などと厳しい要求をしているのは、母親自身の教養の高さの裏付けあってこその発言と言えるであろう。莫子純は、慶元二年（一一九六）の省元となっている。

以上のように、父親（夫）の死などによって家庭が危機に陥れば陥るほど、女性の役割が増したと言えるであろう。知識があれば、それを直接子に教え、また、知識が十分にはない場合でも、学問に対する心構えを授けるなど、女性はさまざまな形で家庭の知的な雰囲気を形成し、子の「知」の育成に可能な限りの力を尽くしていたのである。

### （3）交流の場としての家

地域の子弟が勉学をしたり、さらに思想家どうしの交流を深める場として、南宋期においては、書院や学塾などの役割が重要視されるが、そうした教育施設以外に、各家庭においても、思想家が呼ばれてそこに知識人が集まったりすることはおこなわれていた。たとえば、葉適が子どもの時に遊びに行ったことのある林元章（温州瑞安県、林頤叔＝進士　の父）の家について、「元章は、能く斂め、散ずるを喜び、郷党は楽い附く。諸子は自ら刻琢し、陳君挙を聘請して師と為し、一州の文士は畢く至り、正仲・懿仲は皆な進士第に登る」（『同』巻一六「林正仲墓誌銘」）と記されているように、陳傅良（君挙は字）を招いて師とし、温州の文士が集まったことがわかる。そうした家の条件の有利さによって、家の二人の息子までが進士合格している。

また、葉適が若き日に遊学した婺州東陽県の郭良臣の家について、良臣の息子・郭江の墓誌銘の中で、その学問の盛んな様子を、「君の父兄は最も力有り、四方の豪俊、門に逮ばざる者は幾ばくも無し」（『同』巻二三「郭伯山墓誌銘」）と記しているのも同様の例と言えよう。陸九淵の門人である胡撙（紹興府余姚県、字＝崇礼）の家についても、「越人、其の学を為すもの尤も衆く、雨ふれば笠を併べ、夜は燈を続ね、崇礼の家に聚まり、皆な澄坐して内観す」（『同』巻一七「胡崇礼墓誌銘」）として、越、すなわち紹興府に多かった陸九淵の門人たちの、集合の場となっていた。

このように家が知識人の交流や勉強の場となると、妻の役割もまた生じた。胡撙の妻周氏については、「周氏は賢明にして、身ずから鮭菜を治め、飯羹を供し、歴歳閲閏して、其の度を改むること無し」（『同』巻一七「胡崇礼墓誌銘」）と記されており、食事の供応に忙しくしていた女性の姿が浮かび上がる。また、葉適と交遊関係にあった林鼐（台州黄巖県、進士）の母について、「宜人（林鼐の母）、尤も淑善なり、夫子の為す所を聴き、家事は貧しきも理なり、賓友往来し、門内は和らぎ楽しむ」（『同』巻一五「林伯和墓誌銘」）とある。林鼐の母は「義を重んじて吝ならず」（同上）という性格でもあり、こうした女性のかもし出す家庭の雰囲気が、客や友の多い理由の一つになる場合もあったようである。

かように家に訪問客が来た場合、振る舞われるのは、もちろん食事ばかりではなかった。黄正己（温州平陽県）の家について、「凡用を約嗇すること、鮭菜の細瑣に至り、往々にして人は堪うること能わず。然るに客至らば、輒ち酒食を具して礼に中て、或いは一日にして忽ち嚢を倒にして人に銭を与え、吝ならざるなり」（『同』巻一五「承事郎致仕黄君墓誌銘」）とあるように、ふだんは切りつめた生活をしていても、いざ来客があれば、失礼のないように酒や食事を振る舞いなどして、けちらなかったとされている。黄正己については、この記述に続けて、親戚が集まる時のこととして、「君、未だ嘗て先に赴かざるはなく、掌を抵ちて論を極め、大いに笑いて楽しみを為す」（同）とあり、大勢で楽しく話をして盛り上がるのが好きな人物であったようである。

また、丁世雄（台州黄巖県）の場合も、天台や雁蕩から客が来ると、「必ず留まりて張飲し、蘭を佩び茗を瀹し、日夜を窮めて娯楽を与にす」とあるように、帳をおろして客と飲んで楽しんでいた。この時、「夫人は裏向に整坐し、杯酒・甌羹、凡そ贈遺の物は、親しく自ら経手す」(『同』巻一七「戴夫人墓誌銘」)とあって、酒のお酌やあつものをよそうのは夫人がしていたようである。

これらの事例から、『水心文集』の墓誌銘に登場する家庭は、学問的な交流から、客や友人との飲みに至るまで、さまざまな場として利用されていたことが窺える。漢人社会の人的結合のあり方の特色の一つとして「選択肢の多様性」が挙げられることがある(末成　一九八三)が、そのような個人的関係をつくりあげるためには、相手に対する歓迎の意思を示す行為がともなうことも少なくないであろう。ふだんの生活水準を多少こえてでも奮発して客をもてなす態度が、宋代の地域社会にもしばしば見られていたという点は、そうした人的結合の特色との関連性においても興味深いように感じられる。

以上、まとめて言えば、「知」の能力の形成は、確かに知識人とそうでない人間とのあいだに壁をつくった。しかし、「知」を有した人々どうしのあいだでは、さまざまな形での交流がおこなわれていた。そうした中で家庭は、決して暗誦の声ばかりが響く場ではなく、人が出入りし、ともに食べ、楽しく飲む声のする交遊の場としても、活気を呈していたのである。

## 五　結　語

本稿では、『水心文集』所収の墓誌銘を通して、執筆対象者の地域・階層を分析し、「官」の有無と同時に「知」が重要性をもっていることを見出し、その「知」が各家庭においてどのように形成されていたかを、やはり墓誌銘によって分析してきた。本書の共通目標である「当時の人々がどう認識していたか」に重点をおいたため、あえて墓誌銘にこだわって史料を示してきたつもりである。もちろん、本稿が扱ったのは、葉適という思想家をめぐる人物群であり、これらのみを以て南宋期の知識人の姿の典型と考えることができるかどうかは、他の地域の思想家をめぐる人物群などとの比較検討が必要であるので、その考察は今後に俟たねばならない。しかし、朱熹、陸九淵らと鼎立する永嘉学派を代表する思想家であり、文章家として知られ、また政界においても活躍をしていた葉適という人物と関わりをもった人物群を、葉適自身の目を通していかに描かれていたかを整理しておくことによって、活気を呈する思想状況にあった南宋期における少なくとも一人の思想家・知識人の周辺でおこっていた現実の一端が示されているものと考えたい。

そこで、本稿を締めくくるにあたり、「知」の能力に関する分析から窺い得たことを、もう一度、地域社会における人的結合の文脈にも絡めながら、最後にまとめておきたい。

まず、葉適をめぐる知識人の世界において、「知」は、単に暗記能力だけでなく、作詩・作文の能力が必要であり、それを支える読書量の多さ、あるいは議論する力も必要とされていた。したがって、そうした「知」を身につけるためには、単に長い勉学期間を維持するための家庭の経済力が必要とされるだけでなく、蔵書の多さや、子弟に直接教育をおこなう親族の存在は、家庭の勉学の条件を左右する重要な要素であり、場合によってはそうした直接的な教育は女性（とくに母親）によって担われることも見られた。こうした家庭の知的環境は、子弟が無理なく学問に親しむ機会を提供し、また、時として学問的に早熟な子を登場させることもあった。また、官に就いていない「儒者」「儒家」などにしても、知的な家庭環境をそなえている点では、他の無官の家とは異なっており、子孫に進士合格者を生み出すこともしばしば見られている。これらを背後で支えていたのは、官・無官を問わず知識人たる親族であり、また、知識を有する、あるいは知識の育成に理解を有する母親、およびその母親を送り出した姻族の存在であった。こうしたことからすれば、科挙によって開かれていた門戸の表面的な平等性にかかわらず、単に経済力のみならず、こうした家庭をとりまく「知」の環境も、科挙に接近（アクセス）するための実質的な条件を大きく差異づけていたと言えよう。

しかし、こうしたいわば閉鎖的な側面ばかりを取り上げることが本稿の目的ではない。先にも触れたように、南宋中期の思想界との関連で言えば、この時期は朱子学形成期にはあたるが、同時に陸九淵の学問や、永嘉学派に見られるような地域的な学派に至るまで、多様な思想が共存する時期でもあった。そして、強調しておきたいのは、単に思想上・学問上の交流が朱熹や陸九淵、陳亮、葉適といった有名な思想家どうしでおこなわれるにとどまらず、地域社会の「日常空間」のレベルにおいても、討論、遊学、情報交換、あるいは食事や飲酒の機会まで含めて、多様なかたちで活発におこなわれ、またそうした「相互性」の行為が、地域の知識人の「知」の能力の形成に意味をもっていたことである。

ただし、このような地域社会レベルでの人的交流については、社会史の視角からの研究はまだ少なく、多くは今後の課題と言えるであろう。最近の思想史研究の新たな動向[16]などにも目配りをしながら、中国伝統社会における「知」の独特のあり方を視野に入れた地域社会史の分析を、さらに続けていきたいと思う。

## 註

（1）手紙を利用した思想家どうしの人的結合については、市来津由彦氏によって分析が進められている。本書所収の市来論文を参照されたい。

（2）《表2》については、拙稿（一九九八）二六三頁の《表12》を訂正したものである。また、《表3》は、拙稿（一九九九）五一頁の表を訂正し、少し細かく分類したものである。拙稿（一九九九）では紙幅の関係からごく簡単に述べたにとどまっていたので、本稿において、根拠たる《表1》を示し、詳しく述べたい。なお、《表3》で、女性の階層は、夫・子・父などにもとづいてカウントしている。

（3）葉適と同様に多数の墓誌銘等を残した明州（慶元府）出身の楼鑰による『攻媿集』の場合も、約七十五％の執筆対象者が明州を含む両浙東路の人物であった。この数字は葉適における両浙東路の数字に近い。ただし、近藤論文における北宋の王安石の墓誌銘では江南西路（安石の本貫である撫州臨川県が属する）の占める割合に比べると、葉適・楼鑰にとっての浙東の場合の方がはるかに高い割合を示し、墓誌銘執筆の地元志向が高くなっている。こうした墓誌銘執筆対象者の地域性については、更に多くの事例によって比較考察が必要である。

（4）陸遊『入蜀記』などに典型的に見られるように、南宋の旅行記には、旅先での在地有力者との交流についての記述がたいへん多い（伊原　一九九五）。

（5）陳瑾の娘の夫は、《表1》No.88の邵持正（恩蔭出身）である。

（6）村上哲見氏は、文人・士大夫・読書人の条件を論じている（村上　一九九四）。また、官僚や庶民とは区別される士人を取り上げた高橋芳郎氏の研究は、社会的身分、法的身分の視角からのものである（高橋　一九八六）。

（7）たとえば、孫望・常国武主編『宋代文学史』、参照（孫・常　一九九六）。

（8）『南宋史稿』には、「葉適の散文は、『文章雄贍にして、才気奔逸し、南渡に在りて卓然として一大宗と為る』（『四庫全書総目』巻一六〇「集部・別集類一三」）。彼の墓志の作は、文章が人の心を動かし事実を記録することができ、当時において称賛された。このほか、彼の政論文や奏議は、いずれも博引旁証であり、分析は微に入り、ロジック性が強く、強い説得力に富んでいる」と述べられている（何・徐　一九九九、六三五頁）。

（9）以下、人名の後の（　）内の州県名は、いずれも出身地を示す。

（10）永嘉四霊と薛氏との関係については、紙幅の関係でここでは詳しくは述べないが、別の機会に言及したい。

（11）同様に官員となった後のこととして、夏庭簡（台州黄巖県、進士）についても、「益々読書し、今古を明習す」（『同』巻二三「宣教郎夏君墓誌銘」）と記されている。

（12）これ以外に、たとえば、高子潤（温州永嘉県、恩蔭）について、「引筆は高麗なり」（『同』巻二二「故大宗丞兼権度支郎官高公墓誌銘」）と記されているような書道のたしなみや、楽器、医学など、地域社会におけるエリートたちの「知」は多岐にわたるが、紙幅の関係もあり省略する。なお、葉適の文学技巧については、『中国文学批評通史　肆　宋金元巻』第三編第五章に詳しい（王運熙・顧易生　一九九六）。

（13）張季檮の子のうち張爟・張燡の二人は、慶元二年（一一九六）、嘉泰二年（一二〇二）にそれぞれ進士合格している（岡　一九九五）。

（14）このことは、中国の文言の特性とも関わる。前野直彬氏が典故の技法について、「作者と読者が同じ知識を持つことが、暗黙の前提になっているのである。これが中国の古典文学を知識階級の独占物とする大きな手段となっていた」（前野　一九八二、三一頁）と述べているのは、「知」と社会との関係を考えるうえで、あらためて思い起こされるべき指摘である。
（15）最近は日本での研究においても、家庭教育に関する女性の役割についての関心が高まっている（大島　一九九九　など）。
（16）たとえば、ロジェ・シャルチエの手法を参照しつつ、思想を「解釈」・「受容」の側面から見直そうとする小島毅氏の提言がある（小島　一九九八・九九）。社会史で言えば、言論やコミュニケーションのあり方、ひいては人的結合とも関わってくる問題であり、今後、思想や歴史の研究者によって相互に刺激しあいながら深めていくべき興味深い課題の一つであろう。

## 参考文献

〈日本語〉

井波律子（二〇〇〇）『中国文章家列伝』、岩波書店
伊原　弘（一九九五）『宋代中国を旅する』、NTT出版
大島立子（一九九九）「元代における女性と教育」（中国女性史研究会編『論集　中国女性史』、吉川弘文館）
岡　元司（一九九五）「南宋温州の名族と科挙」（『広島大学東洋史研究室報告』第一七号）
同　（一九九六）「南宋期温州の地方行政をめぐる人的結合――永嘉学派との関連を中心に――」（『史学研究』第二一二号）
同　（一九九八）「南宋期科挙の試官をめぐる地域性――浙東出身者の位置づけを中心に――」（宋代史研究会研究報告第六集『宋代社会のネットワーク』、汲古書院）
同　（一九九九）「宋代地域社会における人的結合――Public Sphere の再検討を手がかりとして――」（『アジア遊学』第七号）
同　（二〇〇一）「宋代の地域社会と知――学際的視点からみた課題――」（伊原弘・小島毅編『知識人の諸相――中国宋代を基点として』、勉誠出版）
小島　毅（一九九八）「思想伝達媒体としての書物――朱子学の「文化の歴史学」序説――」（宋代史研究会研究報告第六集『宋代社会のネットワーク』、汲古書院）

同（一九九九）「朱子学の伝播・定着と書物」（『アジア遊学』第七号）
近藤一成（一九九七）「王安石撰墓誌を読む－地域、人脈、党争－」（『中国史学』第七巻）
佐伯　富（一九七八）「士大夫と潤筆」（『内田吟風博士頌寿記念東洋史論集』、同朋舎）
佐野公治（一九八八）『四書学史の研究』、創文社
末成道男（一九八三）「社会結合の特質」（橋本萬太郎編『漢民族と中国社会』、山川出版社）
高橋芳郎（一九八六）「宋代の士人身分について」（『史林』第六九巻三号）
寺田隆信（一九九一）「近世士人の読書について」（平成元年度・二年度科研費（A）研究成果報告書『中国社会における士人庶民関係の総合的研究』）
平田茂樹（一九九七）『科挙と官僚制（世界史リブレット九）』、山川出版社
同（一九九八）「宋代の朋党形成の契機について」（宋代史研究会研究報告第六集『宋代社会のネットワーク』、汲古書院）
古林森廣（一九七七）「宋代の受験参考書（前編）――その必要性――」（『明石工業高等専門学校研究紀要』第一九号）
本田　治（一九八四）「宋元時代温州平陽県の開発と移住」（中国水利史研究会編『佐藤博士退官記念中国水利史論叢』、国書刊行会）
前野直彬（一九八二）『中国文学序説』、東京大学出版会
牧野修二（一九九一）「宋元時代の儒士」（『愛媛大学人文学会創立十五周年記念論集』、愛媛大学人文学会）
宮崎市定（一九四六）『科挙』、秋田屋
村上哲見（一九九四）『中国文人論』、汲古書院
吉川幸次郎（一九六七）「士人の心理と生活」（吉川幸次郎編『講座中国　Ⅱ　旧体制の中国』、筑摩書房）

〈日本語（翻訳）〉

ベンジャミン・A・エルマン（小島毅・解題、秦玲子・訳）（一九九一）「再生産装置としての明清期の科挙」（『思想』第八一〇号）

〈英語〉

Beverly J. Bossler (1998), *Powerful Relations: Kinship, Status, & the State in Sung China (960-1279)*, Harvard

University Press.

Benjamin Elman (2000), *A Cultural History of Civil Examinations in Late Imperial China*, University of California Press.

Robert P. Hymes (1986), *Statesmen and Gentlemen: The Elite of Fu-chou, Chiang-hsi, in Northern and Southern Sung*, Cambridge University Press.

Oka Motoshi (2000), "Openness and Exclusiveness: Personal Ties among the Elite of Southern Song Wenzhou," Symposium on *Middle-period Chinese History and Its Future* at Harvard University, The Research Group of Historical Materials in Song China.

〈中国語〉

王運熙・顧易生（一九九六）『中国文学批評通史　肆　宋金元巻』、上海古籍出版社

何忠礼・徐吉軍（一九九九）『南宋史稿』、杭州大学出版社

李志庭（一九九七）『浙江地区開発探源』、江西教育出版社

周夢江（一九九二）『葉適与永嘉学派』、浙江古籍出版社

欧陽光（一九九六）『宋元詩社研究叢稿』、広東高等教育出版社

孫望・常国武主編（一九九六）『宋代文学史（下）』、人民文学出版社

陳増傑（一九八六）「永嘉四霊――徐照・徐璣・翁巻・趙師秀」（潘善庚主編『歴代人物与温州』、温州風貌編輯部）

〔付記〕本稿は、財団法人鹿島学術振興財団研究助成金、および、三菱財団人文科学研究助成による成果の一部である。

# あとがき

新しい編集委員として、岡元司、勝山稔、小島毅、須江隆、早坂俊廣の五名が組織されたのは、一九九七年八月の宋代史研究会夏合宿の折りであった。それ以来、三年半余りの年月が経過したことになる。その間、われわれ編集委員は、それぞれの居住地の分散という障壁を乗り越え、何度となく勉強会を開催し、編集会議をもち、絶えず電子メールを駆使し、相互の意見を交換し、意思の統一をはかってきた。本書のテーマ、内容、コンセプトをはじめ、書名や執筆者の選定、さらには所収論文の厳密な査読に至るまで、編集委員どうしの間で、常に緊張感のある議論が戦わされてきたといっても過言ではあるまい。時には、出版が危ぶまれるほどの（？）激論が交わされたこともあった。そのかいあってか、ここにようやく本書、『宋代人（そうだいびと）の認識――相互性と日常空間――』の上梓にこぎつけることができた。先ずは何よりも、編集委員を励まし続けてくださった宋代史研究会のメンバーの方々に感謝の意を表したい。

宋代史研究会は、今まで六集にわたる研究報告集を刊行してきた。とりわけ第四集からは、特集主義を重視し、第四集『宋代の知識人』、第五集『宋代の規範と習俗』、第六集『宋代社会のネットワーク』が順次出版された。このような研究報告集を生み出し続けてこられたのも、研究会発足当時から今に至るまで、宋代という共通項によって結びつけられた、様々な領域の研究者たちによる自由闊達な議論が展開されてきたからに他ならない。第七集のテーマについては、本書巻頭論文「相互性と日常空間――「地域」という起点から――」を参照していただきたい。

以下、編集委員それぞれの「地域」に対する思いを、より「日常空間」に近づける形で述べることにより、編集後記としたい。

＊　＊　＊

十八歳までのほとんどの時期を「大阪」という地域ですごしていました。大学に入り、各地から来た友人たちが、お国自慢をするのを聞き、さしたる地元意識も感じられないベッドタウン出身の私には、彼らの話がとても羨ましく感じられたことを記憶しています。しかし、長い学生時代をすごした「広島」という場所は、戦後、国際的な注目をあびる都市となっており、さまざまな形での交流の場にも、一人の市民として参加しようと思えばそれが可能なところでした。土のにおいのする地域観ではないかもしれませんが、自分で選択して行った大学があった場所の、そうした特色を、私は今でも結構気に入っています。（岡　元司）

生粋の道産子の私は、数年前祖父の故郷・岡山を訪れました。祖父の事跡を辿るべく岡山各地を歩きましたが、見るもの、聞く言葉、どれも私には「異文化」に見えるものばかり。まさか自分の祖先の言葉が関西に近いとは思いもよりませんでした。それとともに、人間は親から子へと受け継がれるもののほかに、その地域から有形無形の影響を受け、無意識のうちに受容しているものもあるのだと痛感しました。仙台でわざわざ北海道のＡＭ放送を拾っている私ですが、息子の代は何の躊躇いもなく仙台を「日常空間」と認識するのでしょうね。（勝山　稔）

夏の甲子園でベスト8にいくつ関東勢が残るか……それが少年時代の地域意識でした。関東一都六県、栃木県を除くすべてに住んだ経験があるからです。でも、プロ野球の贔屓球団が別儀なのは、箱根以東に暮らす者の関西文化への憧れゆえでしょうか。今年こそ頑張ってや！　幼年時代を過ごした浦和市や保谷市が消滅した年にこの本を出すことに、言い知れぬ感慨を覚えます。今住んでいる市も、この本が重版（！）される頃には合併しているかもしれません。宋代人は政府の州県統廃合措置をどう受け止めていたのでしょう？　両親ともに海無し県出身という家庭に育った者にとっては、北九州での編集会議のあと皆で食べた「ふく」の味が、忘れられません。（小島　毅）

「山の神温泉」と「湯福神社」に「御岳神社」、あとはリンゴ畑と山々と、「湯福川」に囲まれた、そんな、なんにもない長野の片田舎に育った私にとって、そうした神々の宿る、神秘的かつ幻想的な場？が、まさしく自分の「日常空間」でした。ちなみに、近くには「往生地」という地名もありました。一体、どんな所なのでしょう？　しかし、今の私の研究テーマを考えると、地域意識との連関性を否応なく痛感させられます。「信州は、月と仏と、おらが蕎麦」とあるように、「おらが、おらが」と自慢気に、頑固に自己主張をしてしまうのが、長野の閉鎖的県民性といわれます。そんな私が、ファンでもない、某在阪球団の応援を神宮球場の三塁側で実習し（させられ？）、トラ好きな人々の「相互性」を認識し、少しは開放的になれたのも、すべて本書の編集に携わることができたおかげです。（須江隆）

見渡す限りの「田んぼ」に囲まれて育った私ですが、サラリーマンの子供だったため、農作業の経験はありません。「田んぼ」の西方はるか彼方には、映写機で映し出された幻影のような、妙に現実味の乏しい伊吹山の姿がいつも浮かんでいました。初めて一人暮らしをした広島宇品港近くの下宿では、物憂げな汽笛の音をよく耳にしたものですが、あれが本当に現実世界の音だったのか、アリスの曲がもたらした幻聴だったのか、あまり定かではありません。ともあれ、こんな環境が、私を空想好きの道学先生にしてしまったような気がします。そんな私に現実の様々な「地域」への旅を強要し、常に「日常空間」の論理をつきつけてくれる妻に心より感謝します。おかげで、少しは気質が変化したようです。（早坂俊廣）

＊　　＊　　＊

最後になりましたが、英文・中文のタイトル、及びサマリー作成に当たってご協力をいただいたブルース・ラスク（UCLA大学院博士課程）、林松濤（東京大学大学院博士課程）の各氏、そして出版に際してご尽力をいただいた汲古書院の石坂叡志氏、小林詔子さんに、この場を借りて御礼申し上げます。

二〇〇一年三月

宋代史研究会研究報告第七集編集委員会

| 回 | 発表者 | 報告内容 | 日時・場所 |
| --- | --- | --- | --- |
| 24 | 鈴木陽一 | 物語と史実<br>——防風、伍子胥、銭鏐、胡公大帝に見える英雄形象と信仰を素材として—— | 98・8・24～26<br>千葉厚生年金休暇センター<br>（千葉県千葉市） |
| | 塩井克典 | 宋朝における求書と献書<br>——特に求書政策の理念をめぐって—— | |
| | 小林和夫 | 宋真宗景徳四年考校進士新格考<br>——唐制から宋制への変遷をめぐって—— | |
| | 後藤久勝 | 北宋時代の和糴の財政的意義に関する一考察 | |
| 25 | 山形欣哉 | 宋代の河船（かわぶね）と海船（うみぶね）<br>——「清明上河図」、日本の絵巻物そして中国発掘船を基として—— | 99・8・21～23<br>戸山サンライズ<br>（東京都新宿区） |
| | 岸本美緒 | 「亡国」と「亡天下」——秩序のかたちと歴史認識—— | |
| | 〔シンポジウム・中国人の〈地域〉像——宋代史研究者からの提言——〕 | | |
| | 早坂俊廣 | シンポジウム開催の趣旨説明 | |
| | 総論<br>須江隆 | 中国「地域社会」史研究の回顧と展望 | |
| | 各論<br>田中正樹 | 蘇氏蜀学考 | |

| | | |
|---|---|---|
| | 緒方賢一　家訓に見る宋代士大夫の生活倫理<br>前村佳幸　宋代江南市鎮社会の一齣――烏青鎮より――<br>横手　裕　中国各地の土着信仰と道教 | |
| 26 | 川村　康　宋勅刑罰考<br>森田憲司　元朝科挙研究をめぐって<br>――資料状況と研究状況のかかわりで――<br>氏岡真士　〝通俗史書〟と〝幼学書〟――講史の素材をめぐって――<br>北田英人　神の誕生日祭祀の歴史民俗――時間意識と即象性――<br>塩　卓悟　宋代牛肉食考 | 00・8・19～21<br>かんぽの宿　奈良<br>奈良県中小企業会館<br>（奈良県奈良市） |

## 執筆者紹介

岡　元司（おか　もとし）一九六二年生。和歌山工業高等専門学校一般教育科助教授。「宋代地域社会における人的結合――Public Sphereの再検討を手がかりとして――」（『アジア遊学』七、一九九九）「南宋温州士大夫的相互関係」（杭州大学古籍研究所・杭州大学中文系古漢語教研室編『古典文献与文化論叢』二、杭州大学出版社、一九九九）

勝山　稔（かつやま　みのる）一九六六年生。東北大学大学院国際文化研究科助教授。「白話小説記事に現れる媒酌人の史学的考察――特に媒酌の専門化と牙人との関係を中心として――」（『中国―社会と文化』一一、一九九六）「宋元代における聘財に関する一考察――高額聘財の推移から見る婚姻をめぐる社会――」（『アジア史研究』二二、一九九八）

小島　毅（こじま　つよし）一九六二年生。東京大学大学院人文社会系研究科助教授。『中国近世における礼の言説』（東京大学出版会、一九九六）『宋学の形成と展開』（創文社、一九九九）

須江　隆（すえ　たかし）一九六三年生。日本大学生物資源科学部専任講師。「福建莆田の方氏と祥応廟」（『宋代社会のネットワーク』汲古書院、一九九八）「宋代における祠廟の記録――「方臘の乱」に関する言説を中心に――」（『歴史』九五、二〇〇〇）

早坂俊廣（はやさか　としひろ）一九六五年生。北九州工業高等専門学校総合科学科助教授。「陳亮の道学――「西銘説」を中心にして――」（『日本中国学会報』四五、一九九三）「黄宗羲と厳子陵釣台の記憶」（『東洋古典学研究』一〇、二〇〇〇）

前村佳幸（まえむら　よしゆき）一九七一年生。名古屋大学大学院文学研究科博士後期課程。「宋代の鎮駐在官」（『史学雑誌』一〇七―四、一九九八）「南宋における新県の成立――江西・江浙・広東を中心として――」（『史林』八三―三、二〇〇〇）

鈴木陽一（すずき　よういち）一九五〇年生。神奈川大学外国語学部教授。「白話小説はどのように解読されねばならないか――小説研究におけるパラダイムの転換を踏まえて――」（神奈川大学中国語学科創設十周年記念論集『中国通俗文芸への視座』東方書店、一九九八）「小説における引用（intertextuality）――『西湖二集』に引用された小説と戯曲について――」（神奈川大学『人文研究』一三五、一九九九）

緒方賢一（おがた　けんいち）一九六五年生。大谷大学特別研修員。「朱子の国家再生の試み」（『中国学志』泰号、一九九六）「『孝経刊誤』と朱子」（『集刊東洋学』八一、一九九九）

田中正樹（たなか　まさき）一九六一年生。山形女子短期大学（平成十三年度から「山形短期大学」と改称）助教授。「張耒の思想」（『集刊東洋学』七五、一九九六）「中国の聴覚Ⅱ――風景に音声はあるか――」（『山形女子短期大学紀要』三〇、一九九八）

市来津由彦（いちき　つゆひこ）一九五一年生。広島大学文学部助教授。「朱熹・呂祖謙講学試論」（『宋代社会のネットワーク』汲古書院、一九九八）「程門初伝と二程語録資料　上・下」（『東洋古典学研究』八、九、一九九九、二〇〇〇）

宋代史研究会研究報告第七集

宋代人（そうだいびと）の認識——相互性と日常空間——

平成十三年三月三十日発行

編　者　宋代史研究会©
事務局　東京大学文学部中国思想文化学研究室内
〒113-0033　東京都文京区本郷七-三-一
電　話　〇三-五八四一-三七四六

発行者　石　坂　叡　志

発行所　株式会社　汲　古　書　院
〒102-0072　東京都千代田区飯田橋二-五-四
電　話　〇三-三二六五-九七六四
FAX　〇三-三二二二-一八四五

富士リプロ

ISBN 4-7629-2658-2 C3322
KYUKO-SHOIN,Co.,Ltd. Tokyo. 2001

# *Perceptions of Mutuality and Everyday Space in Song China*

(宋人之認識：相互性與日常空間)

## Research Report of the Song History Research Group: Issue 7

## Mutuality and Everyday Space: "Local Society" as a Starting Point

by OKA Motoshi 岡　元司, KATSUYAMA Minoru 勝山　稔,
KOJIMA Tsuyoshi 小島　毅, SUE Takashi 須江　隆,
HAYASAKA Toshihiro 早坂　俊廣

This book, *Perceptions of Mutuality and Everyday Space in Song China,* is composed of two parts, an introduction and several individual essays. We have further divided the individual essays into two sections. Section I includes five discussions in which each writer has tried to study how Chinese at the time conceived of everyday spaces by thinking from the perspective of the producers of their historical source. Section II contains four whose authors consider and schematize, with the same critical intent as in Section I, the concept of "mutuality."

In this essay, by way of introduction, we as editors explain the process of trial and error by which the final theme of the book was arrived at and indicate both our aims and what we feel is unique about the volume.

At first, under the influence of past studies of local history, we chose as an editorial basis the theme of "local society." We explain this point in Parts One to Three. But the concept of "local society" was no more than a

starting point for us, rather than a conclusion. Why did we leave "local society" out of our title? Our reasons are explained in Part Four where we summarize the proceedings and fruits of "the Symposium on The Local Image of Chinese: A Suggestion from Song Study Group", held in August, 1999. In Part Five, we describe in concrete terms what is meant by the concepts of "mutuality" and "everyday space" at which we eventually arrived from our starting point of "local society." At the same time, we discuss the utility of this concept in improving our understanding of "local society" by getting as close as possible the thought patterns of its members in the Song dynasty. Finally, in Part Six, we summarize the nine individual essays and indicate, in terms of the keywords of mutuality and everyday space, how they intersect and interrelate.

We started out from "local society," but a regional study should, rather than ending up at this same local society, make clear what more can be garnered from this perspective. The "localities" we deal with are not fixed geographical spaces but fundamental sites in which human senses and perception intersect and social order is brought about. We have tried to read from our sources the sense of the life world (everyday space) and of mutuality (flexible social interrelation) of Song Chinese. Not every study of a particular locale is a "regional study." Our intention is to offer a new method for regional studies.

## Section I　Aspects of Everyday Space

### A View of "Local Society" Found in Temple Records

by SUE Takashi　須江　隆

In this essay, I note a view of "local society" found in a passage of a stele

inscription. By studying it carefully as a historical document, I have tried to read between the lines of the inscription whose and what view of "local society" it presents. The stele inscription describes an everyday, ritually ordered space, organized with the temple of the earth god (tushen 土神) at its core, and bounded by the territories of towns (zhen 鎮) or villages (xiang 鄉). At first glance, it seems that this everyday space was defined by native elders (fulao 父老) in terms of the local residents. But, in fact, the inscription was an official temple document (miaodie 廟牒), granted by the Department of State Affairs (Shangshusheng 尚書省). Therefore the everyday space found in the inscription was a space imagined within the imperial civil service as it exercised its political power in the Southern Song dynasty (Nan Song 南宋), trying to keep a private order with the help of the god's and the elder's power, and to rule "local society". This everyday space did not have a concrete existence. However, it is an obvious fact that the Song court, by making use of gods' powers, tried to intervene and rule "local society". Since the civil service had such a view, we must suppose that a "local society" organized with the temple of the earth god at its core, continued to function in this world.

## The Internal Structure of Wuqingzhen 烏青鎮: A Social History Approach to Market Towns of Song Jiangnan 江南

by MAEMURA Yoshiyuki 前村佳幸

The Chinese word shizhen 市鎮 refers to settlements with concentrations of commerce and industry, while the character zhen 鎮 can be translated as "town." This essay is based on an examination of the following aspects of Wuqingzhen under the Song Dynasty: 1) the spatial composition of

Wuqingzhen, a town built on both banks of a bypass of the Grand Canal; 2) its inhabitants and their lifestyle; 3) reform of labor service (xiyi 徙役); and 4) religious beliefs and worship.

From the above points the following conclusions are drawn. Although the urban character of the town, whose economy was based on trade but which also served as a focus of rent revenues, is clear, those who acted as social leaders and upheld its social order and the public interest were not merchants but literati. A fluid social organization like that of the *universitas civium* in the medieval West, in which residents were united in a corporate fashion, did not develop. Rather, literati addressed local problems through their close connections with local officials such as the overseeing officer (jianzhenguan 監鎮官) in charge of the town's administration. During this period, two shrines to the earth god (tudishenmiao 土地神廟), who as a guardian deity of the town drew its residents' awe and heightened their sense of solidarity and identity, were built through the efforts of the literati and with the support of the overseeing officer. The evidence from Wuqingzhen in the Song indicates that the development and prosperity of cities do not necessarily entail the formation of local autonomy or to opposition to outside rule.

## Gods and Local Culture in Eastern Liangzhe: Case Studies of Wu Zixu, Fangfeng, and Qian Liu

(浙東諸神與地域文化——以伍子胥、防風、錢鏐爲例)

by SUZUKI Yoichi 鈴木　陽一

本文力圖探討浙東地區從古代到現代民間所信仰的治水神的形象，從而證明神的形象與區域文化之間有非常密切的關係。

諸神之中特別重要的是伍子胥、防風和錢鏐。伍子胥死後變成了錢塘江的「潮神」，爲人們所恐懼。盡管人們爲了防止大海潮，在吳山修建了鎮撫「潮神」的廟。但是由于伍子胥畢竟是來自吳國的「神」，所以不能成爲老百姓普遍信仰的治水神。與此相反，被大禹誅殺的防風，雖然死後未建廟宇，但仍爲老百姓悄悄信仰。在紹興盡管有着大禹廟，老百姓仍信仰防風神。

在浙東的治水神形象中留下了最深刻印象的歷史人物，是吳越國的錢鏐。在他統治江南地區時，對西湖與錢塘江的治水傾注了全力，帶來了經濟繁榮。這一歷史事實及防風的治水功能和巨人神形象都集中到他的身上，于是誕生了巨人神錢鏐。

至于保護城市的城隍神，明朝政府曾給他們起過姓名，試圖把這些民間信仰納入統治系統中。但是老百姓對沒有鄉土關係的神甚爲冷淡，他們只信仰沒有姓名的城隍神。

神和有關神的各種故事往往產生于神話、傳說與現實的社會背景相交叉的地方，因此故事常常發生變化，并且與區域文化之間，具有密不可分的關聯。

## On “The Neighboring Area” as Seen in Chinese Colloquial Fiction

by KATSUYAMA Minoru 勝山　稔

This essay studies changes in the concept of the neighborhood under urbanization. For the purposes of this examination, I view the proliferation of matchmaking as a profession in cities as one measure of urbanization. I infer that matchmaking became established as a profession because of some societal demand for it. The first aspect of this demand was the taboo on women’s venturing outside the home, and the second was the reduction in cities of the area of the local neighborhood.

While in villages marriages were arranged through introduction by neighbors, in cities the area of the neighborhood was smaller and the number of eligible

members of the opposite sex decreased greatly. This led to a problem of rapidly increasing numbers of unmarried men and women in cities.

Against this backdrop, the profession of matchmakers who introduced members of the opposite sex developed in the Song and Yuan dynasties. However, a new social problem arose as matchmakers became professionalized and their fees increased sharply.

## The Ethics of the Everyday Life of Song Literati as Seen in Family Instructions

（從家訓來看宋代士大夫的日常倫理）

by OGATA Kenichi 緒方　賢一

家訓具有詳細地記述日常生活的特徵，是探索古人當時心理的重要資料。通過對家訓的研究可以了解到過去的思想史研究中未曾涉及的人物形象和道德觀。本稿試圖通過剖析關于「家」的言論，找出宋代士大夫們的日常倫理觀。宋代在對「家」的認識上起了很大的變化，士大夫們便是利用家訓，通過道德教化來盡力保持「家」本身。

在家訓中把作爲教化對象的族人視爲「常人」。所謂「常人」是指無特殊才能、無成爲聖人君子理想的普通人。這些「常人」以「俗」和「人情」做爲行動的基礎。「俗」卽當時的某個地方、某個時代的生活方式。而「人情」卽人生而俱來的感情。兩者都深受習慣的影響，並不具有「天理」和「人性」那樣的超越時空的普遍性。「常人」通過這一幷不具有普遍性的「人情」觀念，好不容易才結合在一起，而他們在千變萬化的「俗」的基礎上，又是如何建立起「家」的呢？

在「家」中常常是紛糾多發，血緣紐帶已無法發揮已往的力量，祖傳下來的道德規範更是不可能發揮原有的機能。可是能用以維繫家族關係的，只有血緣意識以及在其基礎上建立的人倫。

于是，宋代的家訓制定者們，在使用「節儉」、「清廉」、「忠孝」等傳統的德目的同時，對其有所增益。他們對無法通過實踐德目本身來體驗其喜悅的「常人」

宣傳說，只要實踐道德就會得到益處。他們還强調徹底貫徹這些德目會阻碍人際關係，因此主張實踐時，最重要的是「適宜」。

## Section II　Aspects of Mutuality

### Wuxue as a Narrative of Place

(婺學：一個地域的故事)

by HAYASAKA Toshihiro 早坂　俊廣

本文目的是把“婺學”也就是浙東婺州地方的學問傳統作爲一篇“故事”進行研究。本文强烈地意識到了描寫“婺學”歷史的史料都受其時代性與地域性的限制這一事實。

“婺學”這個詞是南宋的朱熹爲了批評當時活躍在婺州周邊的“事功功利學派”而使用的詞。不過，被朱熹批評過的“婺學”後來發展成了壓倒其他地方的活躍的學術思想。婺州金華的“金華四先生”被稱爲“朱子學的嫡子”。經過“金華四先生”的努力，“婺學”成了一個值得自豪的概念。

但是現代的我們沒有必要把“婺學”看作“朱子學的嫡子”。“婺學”說到底只是婺州產生的學問，除了受到朱子學的影響以外，還有很多別的形成要因（比如“文”、“史”、“標抹”）。“朱子學的嫡子”這樣的說法只是一篇“故事”罷了。

這個“故事”一直被熱心地宣講到明初方孝孺被慘殺。那一事件之後，“婺學”的歷史才宣告結束。不過，這個故事的影響力仍然持續着。比如民國時期的何炳松著的《浙東學派溯源》，對現代也有很大的影響，但這本書仍是“婺學故事”的產物。

# The Su 蘇 Family Shu 蜀 School : as Seen through Publication

by TANAKA Masaki 田中　正樹

It is well known that Su Shi 蘇軾 was not only one of the most prominent poets but also a famous scholar of the Northern Song period. He was also considered the central figure of Su studies, which was the school of learning that developed out of the philosophies of Su Shi, his father Su Xun 蘇洵 and his younger brother Su Che 蘇轍.

It is not my intention to discuss the validity of the concept of Su studies or its philosophical content. Instead, I would like to focus on the publication media of Song times in order to elucidate how Su Shi's literary works were transmitted. More precisely, I would like to discuss how the scholars of the time accepted the various editions of Su's works published and circulated during the Song, and to cast light upon the image of Su Shi created through such media. For this study, I will not deal with the "good editions" (shanben 善本) that have been studied heretofore as authentic material with few errors. Instead, I focus on vulgar versions and, at times, will even look at forgeries. This is because I believe that at the time vulgar commercial versions published by private bookstores circulated in greater volume and variety than shanben. Comments and critiques by the literati in these vulgar editions contain clues indispensable for understanding the popularity of Su Shi's poetic works as well as the process by which his image was created and through which Su studies developed. I will discuss the following three points: First, Su Shi's poetic works were published and widely circulated during his lifetime and that in variety and volume these works were beyond comparison with the works of other literati. Second, during the Southern

Song an attempt was made to annotate Su's works. I will call this application of an approach commonly used in annotating the Classics to collections of poetry by elite men a "popularization of xungu xue (訓詁學 glossography)". And third, this newly emerging trend correlated with an increase in the number of civil service examination candidates.

It is also well known that Zhu Xi 朱熹 severely criticized the learning of Su Shi and those who agreed with him. How did Su Shi's philosophy and learning become popular to the extent that Zhu Xi was threatened by it? This is an inevitable question because, unlike the Cheng brothers and Zhu Xi, Su Shi did not propagate his philosophy to later generations by lecturing. I propose two answers to this question. First, Su Shi's poetic works, being supremely great, were able to serve both as the standard of composition during the revival of classical-style writing and as models to be copied by the increasing number of examination candidates. Second, during the Northern Song, works published by the newly developing media became a shared platform for public discussion of poetry, and Su Shi became the "darling of the media."

## The Local Elite and Zhu Xi's 朱熹 Thought: Disciples and Associates from his Fifties and Sixties

by ICHIKI Tsuyuhiko 市来　津由彦

In this essay, I would like to examine the nature of the relationships between Zhu Xi (1130-1200) and his disciples and associates, and to consider the meaning Zhu Xi's philosophy held for them.

First, I selected from the extant materials those disciples and associates whose involvement with Zhu Xi was closest. For this purpose, I made two lists: one of individuals with over 5 letters exchanged with Zhu Xi collected

in *Zhu Wengong Wenji* 朱文公文集, and another of individuals referred to in 100 or more entries in *Zhuzi Yulei* 朱子語類. I then compiled a list of 16 disciples and associates appearing on both lists.

Second, I traced from biographical sources the motives or connections of these disciples and associates in interacting with Zhu Xi, paying especial attention to their involvement in the civil examinations.

Their relationship with the civil examinations is diverse. Zhu Xi's philosophy resonated with both those who had jinshi 進士 degrees and those bewildered by contradictions between pursuing fame and following the way of shi士. This multiplicity shows us both that Zhu Xi's ideas provided material useful for the civil examinations, and that his statements could give expression to the demand for ethical awareness among local elites concerned with the development of public order in local society.

## The Formation of Intellectual Capacities and Family Background in Local Society in the Southern Song: An Analysis of Funerary Inscriptions in *Shuixin Wenji* 水心文集

by OKA Motoshi 岡 元司

The present essay is based on a consolidation of data concerning the subjects of funerary inscriptions in *Shuixin Wenji* 水心文集 by Ye Shi 葉適. I have found that a large number of these individuals were from locales in the Eastern Liangzhe Circuit兩浙東路, many lying along the route from Wenzhou溫州 to Lin'an 臨安. Although most were officeholders or their relatives, I also wish to focus on intellectuals who did not hold office.

Funerary inscriptions can serve as a source for understanding how the

Southern Song elite's intellectual capacities were formed. From Ye Shi's inscriptions, we learn that in elite households it was not only capacities for rote memorization and voluminous reading that were developed: the skills of poetic composition, prose-writing, and argument were also formed.

The household environment was crucial to the development of intellectual capacities. Being the son of an elite lineage or a family of officeholders or Confucians was beneficial to one's intellectual development. But it is incorrect to see the household as a closed entity: it was a locus of scholarly exchange and, as the site of meals and banquets, provided opportunities for a variety of interactions.